本书系2015年度国家社科基金重大项目“习近平总书记关于全面深化改革的方法论思想研究”（项目批准号：15ZDA003）结项成果。

国家出版基金项目
NATIONAL PUBLICATION FOUNDATION

"十四五"时期国家重点出版物出版专项规划项目

马克思主义理论研究与当代中国书系

新时代改革方法论研究

陈曙光 周正刚 等 著

中国人民大学出版社
·北京·

前　言

本书包括四个逻辑单元。第一单元是“总论”，即第一章，主要是总结改革开放的重大意义。改革开放改变了中国，也深刻影响了世界，新时代要增强改革开放的战略定力，将改革开放进行到底，蹄疾步稳走好新时代的改革之路。第二单元是“历史篇”，即第二章，回顾改革方法论的探索、创立、丰富、发展的历史。毛泽东是社会主义建设规律的伟大探索者，为改革方法论的创立积累了正反两方面的经验；邓小平是改革开放的总设计师，为改革方法论的奠基作出了决定性贡献；江泽民、胡锦涛在新的时代条件下丰富发展了改革方法论；习近平作出了全面深化改革的重大战略部署，创立了新时代改革方法论。第三单元是“理论篇”。这个部分是全书的主体。新时代改革方法论内容丰富、博大精深、自成体系。这个部分共9章，结构安排为“1＋8”。“1”是从总体上概述新时代改革方法论的逻辑起点、科学内涵、逻辑层次、理论属性和价值定位，“8”是从哲学基础、实践方法论、认知方法论、评价方法论、思维方法论、改革关系论、策略与艺术、坚强保障等八个方面展开研究，全面揭示新时代改革方法论的丰富内容和体系结构。第四单元是“世界篇”，共两章。这个部分阐释新时代改革方法论体现在全球治理上，就是中国提出了解决人类共同难题的中国方案，为优化全球治理体系作出了中国贡献。

（一）

中国崛起是21世纪最为重大的世界历史事件。在21世纪的“历史剧本”中，中国必将成为当之无愧的主角之一。这一切，无疑归功于中国特色社会主义，归功于中国共产党和中国人民，归功于改革开放。改革开放是党和人民事业大踏步赶上时代的重要法宝，是坚持和发展中国特色社会主义的必由之路，是决定当代中国命运的关键一招。只有社会主义才能救中国，只有改革开放才能发展中国，只有全面深化改革才能富强中国。这是历史的结论、人民的选择。

改革开放深刻改变了中国。改革开放40多年来，中国的发展方位迎来了历史性变化，中国开启了从大国走向强国的新征程，中国特色社会主义进入了新时代；中国的国际方位迎来了历史性翻转，中国从世界体系边缘日益走近世界舞台中央，中华民族站在了重回世界之巅的门槛上；中国的政党方位迎来了历史性拐点，中国共产党从世界第一大党正在成长为世界上最强大的政党，成为世界政治舞台上一支不可或缺的重要力量。

改革开放深刻影响了世界。中国经济的快速发展，为全球发展注入了中国动力；中国式现代化道路的成功开辟，拓展了发展中国家走向现代化的路径；中国特色社会主义制度的创立、发展、完善，为人类探索更好社会制度提供了中国方案；中国理念、中国主张、中国方案走向世界，开创了一种东方气质的人类新文明；中国发展优势、制度优势、治理优势的充分彰显，在全世界高高举起了中国特色社会主义伟大旗帜；中国和平主义道路的成功崛起，为维护世界安全稳定增添了中国力量，这是载入人类文明史册的重大历史事件。

“将改革开放进行到底!”这是新时代中国共产党人须臾不可撼动的强大定力，也是中国共产党展望未来发出的时代最强音。十一届三中全会以来，党领导改革开放的历史经验，浓缩为两句话就是：没有改革开放，就没有中国的今天；离开改革开放，也没有中国的明天。我们的改革开放是有方向、有立场、有原则的。这个方向、立场和原则，概括起来说就是五句话：不走封闭僵化的老路，不走改旗易帜的邪路，一以贯之坚持和发展中国特色社会主义，坚持社会主义市场经济的改革方向，坚定不移将改革进行到底。这五句话的总要求是新时代改革的底线原则，也是全面深化改革的重要遵循。

走好新时代的改革之路，一是要准确把握新时代改革的新特点。与改革开放之初相比，新时代改革出现了许多新的历史特点，改革已升级为整体性的全面改革，改革的深度、广度、难度、力度、关联度世所罕见，前所未有。全面深化改革必须准确把握新时代改革的新特点，精准施策、稳扎稳打，确保改革行稳致远。二是要完整、准确理解新时代改革的总目标。党的十八届三中全会明确提出，“全面深化改革的总目标是完善和发展中国特色社会主义制度，推进国家治理体系和治理能力现代化”。改革总目标包含两句话，构成一个有机整体，为新时代全面深化改革指明了方向。三是要严格执行新时代改革的时间表路线图，完成改革的各项重点任务，到 21 世纪中叶全面实现国家治理体系和治理能力现代化。四是要全面贯彻新时代改革的总要求。新时代全面深化改革是一场深刻的社会变革，是一项艰巨复杂的系统工程，必须坚持党的集中统一领导，坚持科学的理论指导，坚持以人民为中心的改革立场，坚持正确的改革导向，坚持重在落实的改革实践观。

(二)

中国的未来靠发展，发展的关键在改革，改革的成败在方法。方法决定看法，方法决定做法，方法决定成败。改革开放是前无古人的崭新事业，中国的改革越深入，改革的任务越繁重，越需要坚持正确的改革方法论。

新中国成立初期，毛泽东提出“以苏为鉴”的命题，开始独立探索社会主义建设规律，写出了以《论十大关系》为代表的系列方法论著作。《论十大关系》堪称一座丰碑，它提出了一系列符合中国国情的社会主义建设基本方针和重大原则，闪烁着社会主义改革开放的思想光辉，具有“很大的针对性和理论指导意义”①，对后来10年社会主义建设道路的探索有过巨大指导作用，为今天的改革开放事业积累了经验、奠定了基础。

党的十一届三中全会以来，以邓小平同志为主要代表的中国共产党人作出了实行改革开放的伟大决策，立足经济社会发展全局，立足国际国内两个大局，深入把握社会主义改革的特点和规律，对“为什么改、改什么、怎么改、谁来改、改得怎么样”等一系列基本问题作出了科学回答，形成了系统完整的改革方法论，为中国的改革事业提供了方法论指导和行动指南。邓小平同志是改革开放的总设计师，也是改革方法论的主要创立者。

党的十三届四中全会以来一直到党的十八大之前，以江泽民同志、胡锦涛同志为主要代表的中国共产党人立足于改革开放新时期和新世纪新阶段的改革实践，接力探索和不断深化改革的科学路径与有效方法，丰富和发展了改革方法论的科学体系。这一时期，我们党从原则上高度划清了两种改革观，深刻阐明了改革发展稳定的辩证关系，提出正确处理社会主义现代化建设的十二个重大关系，确立了建立社会主义市场经济体制的改革目标，科学总结了改革开放“十个结合”的基本经验，科学回答了“要不要改革”的重大问题，以一系列新理念新论断丰富和拓展了改革方法论。

党的十八大以来，以习近平同志为核心的党中央高举改革开放的鲜明旗帜，作出全面深化改革的重大战略部署，系统谋划改革的实践路径、重大原则和科学方法，创立了新时代改革方法论，形成了改革开放以来最为丰富、全面、系统的改革方法论体系，为全面深化改革提供了科学指导和行动指南。习近平同志是全面深化改革的顶层设计师，也是新时代改革方法论的主要创立者。

(三)

新时代改革方法论内容丰富、博大精深、自成体系。从逻辑起点来

① 中共中央文献研究室. 邓小平思想年谱：1975—1997. 北京：中央文献出版社，1998：12.

说，问题是时代的声音。改革是由问题“倒逼”出来的，问题的性质决定改革的方法，问题的演化推动改革方法的创新。从科学内涵来说，新时代改革方法论是对全面深化改革一般规律的揭示，是关于改革一般方法的理论，是关于改革方法的系统化的理论，是新时代改革经验的哲学总结。从逻辑层次来说，新时代改革方法论是一个结构完整、层次分明的方法论学说体系，最高层次的“元方法”是改革方法论的哲学基础，构成改革方法论的“本体”；一般层面的“总方法”是“管总”的改革方法，是在任何时代、任何情况下推进改革都必须坚持的方法；具体层次的“子方法”是指导改革的具体方法，属于操作层面的改革措施、改革策略和改革艺术。从理论属性来说，新时代改革方法论是马克思主义性质的改革方法论，是马克思主义哲学方法论在全面深化改革实践中的具体运用，是社会主义改革方法论的最新形态，是马克思主义改革理论的最新成果，是习近平新时代中国特色社会主义思想的重要内容。从功能定位来说，新时代改革方法论既源于改革实践，又指导改革实践；既能规范改革行为，又可评判改革成败；既具有中国意义，又具有世界历史意义。

（1）新时代改革方法论的哲学基础。任何方法论都由一定的世界观统领和支配，也就是说，必有其哲学基础。新时代改革方法论的哲学基础，就是辩证唯物主义和历史唯物主义。具体地说，主要包括以“求真务实论”为特色的唯物论基础、以“系统辩证法”为特色的辩证法基础、以“知行合一论”为特色的认识论基础、以“人民主体论”为特色的唯物史观基础，它们是马克思主义哲学方法论在新时代全面深化改革实践中的具体运用。

（2）新时代改革实践方法论。实践的观点是马克思主义哲学首要的基本的观点。坚持实践第一，是马克思主义认识论区别于其他认识论的显著特征。全面深化改革必须坚持理论同实践相统一，“坚持知行合一、真抓实干”。不干、不实践，不仅无法获得真知，更无法有效地改造世界。从改革实践的展开过程看，全面深化改革的实践方法主要包括：前期谋划方法、中期运作方法和后期反馈方法。

（3）新时代改革认知方法论。改革认知源于改革实践，反过来又指导改革实践。全面深化改革必须坚持认识与实践的辩证统一，掌握改革认知方法论，科学谋划改革。新时代改革认知方法论包括：调查研究方法、本质分析方法、经验总结方法、理论先导方法。

（4）新时代改革评价方法论。全面深化改革，既要回答“改什么、怎么改”，也要回答“改得怎么样、改的成效如何”，后者就是改革的评价问题。评价改革的标准可以从四个方面来理解：一是生产力标准，这是评价改革成败得失的根本标准；二是人民利益标准，这是评价改革成败得失的最高标准；三是“三个有利于”标准，这是评价改革成败得失的综合性标准；四是“两个是否”标准，这是改革评价标准的时代表达。科学评价改革，必须坚持历史尺度与道德尺度相统一，历史尺度优于道德尺度；坚持总体标准与个体标准相统一，总体标准高于个体标准；坚持效果与动机相统一，效果重于动机；坚持成绩与代价相统一，利大于弊；坚持中国立场与世界眼光相统一，反对西方中心史观，这是新时代改革评价的辩证法。

（5）新时代改革思维方法论。全面深化改革是一场伟大的社会革命，涉及面广、影响深，必须坚持科学的思维方法。习近平关于全面深化改革的系列重要讲话和论述，贯穿着丰富的科学思维方法。这些思维方法主要包括战略思维、历史思维、辩证思维、创新思维、法治思维和底线思维。其中，辩证思维是核心，其他思维都是辩证思维在不同方面、不同层面的具体体现、具体展开、具体运用。

（6）新时代改革关系论。全面深化改革是一项系统工程，涉及各个领域、方方面面，需要处理好解放思想与实事求是、顶层与基层、政府与市场、改革发展稳定、中央与地方、党的领导与群众创造、改革与法治、胆子与步子等若干重大关系，要讲辩证法，要讲两点论，找准平衡点，防止任何一种片面性。

（7）新时代改革策略与艺术。改革的任务越是繁重，改革的头绪越是繁多，越是要讲究改革的策略与艺术。今天，全面深化改革已经步入攻坚期、深水区，面对的都是“硬骨头”，唯有遵循一与多的统一、上与下的联动、变与稳的协调、底与顶的兼顾、点与面的配合、先与后的贯通、破与立的结合等改革艺术，才能打好全面深化改革攻坚战。

（8）新时代改革的坚强保障。改革开放以来，中国取得了举世瞩目的发展成就，中华民族伟大复兴展现出光明前景，中国的国际地位与世界影响与日俱增。辉煌的成绩单，正是中国共产党为什么能赢得人民长久信任的深刻原因。解开中国改革的成功密码，一些人有意无意地绕开马克思主义中国化的指导思想，绕开中国特色社会主义制度，绕开中国共产党的领导。其实，马克思主义中国化的理论优势、中国特色社会主义的制度优势、中国共产党的治国理政优势是无法绕过的，这是中国改革成功的关键密码，是新时代全面深化改革的坚强保障。不了解马克思主义中国化的理论成果，不了解中国特色社会主义制度，不了解中国共产党，就无法解码当代中国，也无法破译中国改革的成功密码。新时代，一以贯之坚持马克思主义的指导地位，一以贯之坚持和发展中国特色社会主义制度，一以贯之坚持党对全面深化改革的集中统一领导，是确保改革取得新突破的根本保障。

（四）

新时代改革方法论智慧也体现在中国共产党对人类问题的思考上。党的十八大以来，习近平着眼于推动国际关系民主化、塑造更加公正合理的国际新秩序，提出全球治理的新方案，建设国际交往的新平台，为优化全球治理体系作出了中国贡献。

（1）全球治理体系改革的中国方案。“这是最好的时代，也是最坏的时代”。英国文学家狄更斯对工业革命后世界景象的描述似乎仍然适应于当今时代。世界怎么了、我们怎么办？这是习近平总书记发出的“世界之问”。发展赤字、治理赤字、信任赤字、文明赤字、和平赤字和制度赤字，是当今世界面临的共同难题。二战后，西方主导的全球治理体系为维系战后总体稳定的世界格局发挥了重要作用，但是，“合则用之、不合则弃之”的全球政治秩序，大国操控的货币金融体系，一元主导的世界文明格局，抱团结盟的国际安全秩序，公器私用的国际法治体系，在很大程度上构成了当今世界诸多问题的制度根源。“世界之问”，制度是表象，根子在哲学。西方秉持线性进化的发展理性，大国共治的治理理性，零和博弈的经济理性，“普世”主义的价值理性，自我至上的安全理性，历史终结的制度理性，才是当今世界诸多乱象背后的哲学本原。世界那么大，问题那么多。在不确定的世界中寻找确定性，国际社会的目光投向中国，期待听到中国声音，看到中国方案，中国没有缺席。中国方案直指人类面临的共同难题，中国方案不是一个单数，而是一个复数，包括“1＋6”的方案体系。“1”是指一个总方案，即构建人类命运共同体，这是元哲学层面的中国方案，是中国方案的理念形态、轴心原则。“6”是指从六个方面推动构建人类命运共同体的具体方案，即：改写全球发展观念的中国方案，优化全球治理体系的中国方案，增进全球信任的中国方案，重构世界文明格局的中国方案，维护世界和平的中国方案，探索更好社会制度的中国方案。中国方案旨在推动国际关系民主化，推动全球治理体系改革，旨在建设美好世界。中国方案走向世界，决不是追求中华文化殖民世界，决不是走向东方中心主义。

（2）全球治理体系改革的新平台。“一带一路”是中国为推动世界经济复苏、优化全球经济治理、重建世界交往理性而提出的中国方案。“一带一路”国际合作倡议，不仅关乎世界各个区域的均衡发展，也关乎世界经济地理的重构；不仅关乎国家治理体系的现代化，也关乎全球治理体系的优化；不仅关乎世界经济版图的重塑，也关乎国际政治格局的变迁；不仅关乎资本主义世界化的终结，也关乎新型全球化的开启；不仅关乎民族文化的交流互鉴，也关乎人类新文明的出场。

目　录

第一章　总　论

新中国成立以来特别是改革开放以来，伴随着中国取得惊羡全球的发展成果，世界经济“东升西降”的新一轮切换周期已经启动，中国开启了重回世界之巅的伟大征程。从“西方时代”到“中国时代”，从“华盛顿时间”到“北京时间”，这是21世纪的大趋势，历史的大逻辑。经过几代人的接续奋斗，中国日益走近世界舞台中央，中国特色社会主义进入了新时代，中华民族迎来了伟大复兴的光明前景。在21世纪的“历史剧本”中，中国必将成为当之无愧的主角。这一切，无疑归功于中国特色社会主义，归功于中国共产党和中国人民，归功于改革开放。只有社会主义才能救中国，只有改革开放才能发展中国，只有全面深化改革才能富强中国。这是历史的结论。

第一节　改革开放改变中国

党的十一届三中全会作出改革开放的历史性决策，这是当代中国最伟大的政治事件，是决定当代中国命运的关键抉择。改革开放是党在新的历史条件下领导人民进行的新的伟大革命，是我们党在新的历史时期最鲜明的旗帜，是党和人民事业大踏步赶上时代的重要法宝。习近平指出："改革开放是我们党的一次伟大觉醒，正是这个伟大觉醒孕育了我们党从理论到实践的伟大创造。改革开放是中国人民和中华民族发展史上一次伟大革命，正是这个伟大革命推动了中国特色社会主义事业的伟大飞跃！"①

一、"中国向何处去"的时代之问

中华民族有5 000多年的文明史，创造了灿烂的中华文明，塑造了辉煌的古代中国。自秦汉以来，中华民族在世界上独领风骚逾千年，长期高居世界文明之巅，为人类作出了卓越贡献，成为世界上伟大的民族。

近代以降，伴随着西方工业文明的崛起，中华民族从世界之巅跌落，帝国主义的入侵使中国濒临亡国灭种的边缘，陷入了山河破碎、内忧外患的黑暗境地，中国人民坠入了战乱频仍、民不聊生的深重苦难之中。从1840年鸦片战争爆发、中国沦为半殖民地半封建社会，到1949年新中国成立之前，中国"走什么路""向何处去"的时代大考摆在中国人民面前。无数仁人志士"以爱国相砥砺，以救亡为己任"，不屈不挠、前仆后继，为了挽救国家危亡、实现民族复兴、增进人民幸福，提出过各式各样的救国方案，但都以失败告终。

旧式农民起义搞过了——这就是1851年爆发的太平天国农民起义，持续14年之久，遍及18个省，建立了百万农民军，最后还是被镇压下去了。它沉重地打击了封建王朝，但是最终战胜不了封建王朝。因为农民阶级不是先进生产力的代表，提不出代表先进生产力发展要求的制度和纲领，农民革命战胜不了封建王朝。

洋务运动搞过了——这就是从19世纪60年代到90年代，以曾国藩、李鸿章、左宗棠、张之洞等为代表的封建地主阶级内部的一些人，为了维护摇摇欲坠的封建王朝而兴办"洋务"的运动。洋务运动的指导思想是"中学为体、西学为用"，实质是封建地主阶级的"自救"运动，这就使得他们的各项"洋务"不可避免地带有强烈的封建性和买办性，从而在帝国主义进攻面前不堪一击，甲午海战中北洋水师全军覆没就是证明。封建主

---

① 习近平. 在庆祝改革开放40周年大会上的讲话. 北京：人民出版社，2018：4.

义抵御不了资本主义，兴办“洋务”复兴不了中国。

资产阶级改良主义搞过了——这就是1898年的戊戌变法。康有为六次上书光绪皇帝要求变法，提出“兴民权”“开议院”“君民共主”等政治主张，清政府以光绪皇帝的名义颁布设立新式机构、奖励工商、改革科举、开办新式学堂以及提倡“西学”等法令100多道，但是，以慈禧太后为首的封建顽固派一朝政变，将光绪皇帝囚禁起来，慈禧重新“垂帘听政”，变法只维持3个多月，史称“百日维新”。资产阶级改良主义遭到了失败，维新变法救不了中国。

旧式资产阶级民主革命也搞过了——这就是孙中山领导的资产阶级民主革命。1911年10月10日爆发的辛亥革命推翻了清王朝的统治。1912年元旦，孙中山就职中华民国南京临时政府大总统，宣告延续2 000多年的封建帝制历史的终结，中国历史翻开了新的一页。但是，由于中国民族资产阶级的软弱性，政权很快被封建军阀袁世凯所篡夺，袁死后中国陷入大大小小的军阀混战，帝国主义乘机加紧对中国进行侵略和掠夺，中华民族危机日深，中国还是没有找到出路。

西方民主政治模式也搞过了——这就是总统制、议会制、多党制。辛亥革命以后，中国统治集团尝试过总统制、议会制、多党制，但都行不通，要么陷入军阀混战，要么复辟帝制，最后归于国民党一党独裁，民族复兴依然不知道路在何方，中国依然处于乱世之中。

100多年来，中国共产党之外的各派政治势力都未能改变旧中国的社会性质和中国人民的悲惨命运，都没能担负起民族独立、人民解放、民族复兴的历史使命。不甘屈服的中国人民一次次抗争，一次次失败，又一次次奋起；一次次跌倒，又一次次重生。大浪淘沙，历史呼唤真正合格的使命担当者。谁能够承担起民族独立、人民解放、民族复兴的历史使命，谁就能赢得中国各民族人民的衷心拥护，成为中华民族的主心骨。在历史的反复比较中，在各种主义、各条道路的反复权衡中，在各派政治力量的反复较量中，在中国人民反抗封建统治和外来侵略的激烈斗争中，在马克思列宁主义同中国工人运动的结合过程中，中国人民选择了中国共产党。

中国共产党的成立是开天辟地的大事变。这一“大事变”，深刻改变了中华民族发展的方向和进程，深刻改变了中国人民和中华民族的前途和命运，深刻改变了世界发展的趋势和格局。中国共产党一经成立，就把实现共产主义作为党的最高理想和最终目标，义无反顾地肩负起实现中华民族伟大复兴的历史使命，团结带领人民进行了艰苦卓绝的斗争，谱写了气吞山河的壮丽史诗。自从有了中国共产党的领导，中国人民谋求民族独立、人民解放和国家富强、人民幸福的斗争就有了主心骨，中国人民就从精神上由被动转为主动，久经磨难的中华民族从此开启了重塑民族自信、走向民族复兴的伟大征程。

中国共产党是民族复兴使命的合格担当者。中国共产党人领导中国人民经过100多年的接续奋斗，中华民族实现了由乱到治的历史性转变，国家命运实现了由“跪”到“立”的历史性转折，社会面貌实现了由废到兴的历史性变迁。在世界政党史上，能够一肩扛起“救亡图存（革命）”和“民族复兴（建设）”两大历史重任的，舍我其谁？正如美国著名学者费正清先生所说，中国共产党过去创造了“革命的世界奇迹”，今天又创造了“发展的世界奇迹”。这两大世界奇迹是发生在一个具有超长历史纵深、超大国土面积、超大人口规模、超复杂民族宗教结构、超深厚文化传统的国家里，这是人类迄今为止最伟大的政治、经济和社会变革，世界上没有任何一个民族在这么短的时间内经历过这么大的制度变革和这么快的经济增长。

二、筚路蓝缕：改革中兴的中国

新中国成立后，中国共产党领导人民开始了社会主义革命和建设的伟大实践。社会主义建设初期，如何建设社会主义对于中国共产党人是全新的课题，苏联模式是唯一可供参考借鉴的实践样板，以苏为师，走苏联人的路是当时中国领导人迫不得已的选择。但是，中国毕竟不是苏联，苏联模式不是为中国量身打造的，加之苏联模式本身弊病丛生，将其挪搬到中国，水土不服的症状很快表现出来。是继续以苏为师，还是独立探索适合中国国情的社会主义建设道路？我们党选择了后者，开始了“以苏为鉴”的实践探索。这一探索尽管取得了巨大的成绩，但也出现了脱离实际的严重失误。特别是在“文化大革命”时期，党对社会主义的认识严重偏离了科学社会主义的基本原则，实行“以阶级斗争为纲”的错误路线，奉行“无产阶级专政下继续革命”的错误理论，严重背离了马克思主义，中国社会主义事业陷入前所未有的困境，国民经济到了崩溃的边缘。实践告诉我们，固守“苏联模式”没有出路，封闭僵化的老路发展不了中国，发展不了社会主义。1976 年，“文化大革命”结束，“中国向何处去”成为摆在中国人民面前头等重要的问题。

党的十一届三中全会以来，邓小平深刻总结党执政以来正反两方面的经验，紧紧抓住“什么是社会主义、怎样建设社会主义”这个基本问题，发出了“走自己的道路，建设有中国特色的社会主义”的伟大号召，作出了实行改革开放的伟大决策，领导我们党成功开辟了中国特色社会主义道路。

改革开放 40 多年来，中华民族书写了人类历史上最伟大的发展故事，开启了重回世界舞台中央的光明前景。

改革开放 40 多年来，中国经历了人类历史上最快的经济增长。1978 年，中国 GDP 总量为 3 645 亿人民币；2021 年，中国 GDP 总量超过 114 万亿人民币，超过美国经济体量的 77%。根据国际货币基金组织的测算，如果按购买力平价计算，中国经济体量早在 2014 年已经超过美国。2018 年，中国经济总量超过欧元区。德国前外长菲舍尔说：今天，单个欧洲国家甚至没有一丝希望跟上全球玩家美国和中国的步伐，欧洲只有共同行动才有机会。这大致也是欧洲结成共同体的合理性之所在。

改革开放 40 多年来，中国消费市场接近美国成为全球第二大消费市场，这是经济超级大国的标志。衡量一国是否强大，消费市场是一个重要的评价指标。社会消费品零售总额，在某种程度上比 GDP 更能说明问题。这个指标相较于 GDP 有三个特点：可比性、全面性、真实性。2019 年我国社会消费品零售总额一项超过了 41.2 万亿人民币（约合 5.97 万亿美元），创下了历史新高。同期，美国这一数据是 6.23 万亿美元，中美两国前所未有地接近。2020 年，中国和美国的社会消费品零售总额因疫情影响都有较大波动。中国消费市场崛起，一个突出亮点就是电商的贡献很大，

2019年网上零售额超过10万亿人民币，这是美国的两倍多。近年来，在投资、消费、出口三驾马车中，消费对中国经济增长的贡献稳居第一位。2006年出口对中国经济增长的贡献达到64%，消费的贡献为1/3左右；十年之后二者的位置发生了翻转，2016年消费对中国经济增长的贡献为66%，2017为58.8%，2018年为76.2%，2019年为57.8%，2020年为54.3%，2021年为65.4%。消费作为拉动中国经济增长第一驾马车的地位无可动摇，出口、投资这两驾马车的贡献则大幅下降。中国消费市场崛起，这是大国复兴的重要信号。美国《华盛顿邮报》对此发表文章评论称“一个超级大国诞生了，美国的地位受到了有史以来最为严峻的挑战”。纵观近百年的世界经济发展历史，无论是第二次世界大战前还是战后，美国的社会消费品零售总额稳居世界第一位，任何国家都无法企及，这一格局因为中国崛起而终结。消费这驾马车跑起来，意义重大深远。第一，它意味着中国经济的内生动力强劲，经济增长的动力已经转移到消费上来，中国经济的韧劲足了；第二，它意味着中国在国际市场上博弈的底牌硬了，抵御国际市场风险的能力强了，抵御大国威胁遏制的能力强了；第三，它意味着拥有世界最大市场的中国对国际市场的号召力、吸引力增大了，对国际社会的影响力、主导力、塑造力增强了。

改革开放40多年来，中国建成了世界上最完整的工业产业体系，拥有了世界上最强大的工业制造能力。今天的世界，类似“一带一路”这样的全球发展倡议很多，比如俄罗斯的“欧亚联盟计划”、印度的“季风计划”、哈萨克斯坦的“阳光之路”计划、蒙古的“草原之路”计划、土耳其的“中间走廊”计划、波兰的“琥珀之路”计划、东盟的“互联互通总体规划”、越南的“两廊一圈”计划等等，但若是要带领广大发展中国家共同发展，“一带一路”的作用更显著，只有中国有这个能力，这也是“一带一路”唱响世界的原因。据联合国的统计，世界上30个工业大类，500个工业小类，中国的工业体系是最完整的，美国大约只包含其中的100多种。2010年，中国的制造业总产值超过美国，美国在这个领先位置已经坐了114年。2020年，中国的制造业产能是美国的两倍多，超过美、日、德的总和。

改革开放40多年来，中国的科技事业取得了长足的进步，在国际上呈现跟跑、并跑、领跑并存的局面。近年来，我国科技进入迅猛发展期，重大创新成果不断涌现，一些重要领域跻身国际并跑行列，部分领域达到国际领先水平。前三次科技革命中国都是旁观者、跟随者，第四次科技革命和产业革命中国成为名副其实的参与者、贡献者、引领者。今天，中国的5G技术世界领先；中国高铁运营里程世界第一，高铁设备自产率接近90%，远超其他高铁强国，德国的自产率是60%，日本是70%。现在全球没有一个国家的高铁里程超过京广线。再比如，中国特高压输变电技术全球领先，量子通信技术全球领先，北斗导航精度达厘米级，超算世界第一，天宫、蛟龙、天眼、悟空、墨子、大飞机等重大科技成果相继问世，移动支付、共享产品全球领先。这些都表明，我国科技发展已经站在新的历史起点上，科技创新能力正从量的积累向质的飞跃转变、从点的突破向系统能力提升转变，具备了从科技大国迈向科技强国的重要基础。

改革开放40多年来，中国的扶贫事业取得历史性成就。习近平总书记在全国脱贫攻坚总结表彰大会上指出："改革开放以来，按照现行贫困标准计算，我国7.7亿农村贫困人口摆脱贫困；按照世界银行国际贫困标准，我国减贫人口占同期全球减贫人口70%以上。特别是在全球贫困状况依然严峻、一些国家贫富分化加剧的背景下，我国提前10年实现《联合国2030年可持续发展议程》减贫目标，赢得国际社会广泛赞誉。我们积极开展国际减贫合作，履行减贫国际责任，为发展中国家提供力所能及的帮助，做世界减贫事业的有力推动者。纵览古今、环顾全球，没有哪一个国家能在这么短的时间内实现几亿人脱贫，这个成绩属于中国，也属于世界，为推动构建人类命运共同体贡献了中国力量！"① 到2020年底，中国顺利完成精准扶贫、精准脱贫工作，在中华大地上如期全面建成了小康社会。中国在世界上立起一座新的历史丰碑，为全世界的减贫事业提供了一个新的成功样本，为广大发展中国家做好扶贫开发工作贡献了中国智慧、提供了中国方案。

改革开放40多年来，中国从世界体系边缘走近了世界舞台中央，中国

① 习近平．在全国脱贫攻坚总结表彰大会上的讲话．人民日报，2021-02-26.

与世界的关系迎来了历史性翻转。中国与世界关系的翻转始于2008年全球金融危机，中国在缺乏足够心理预期的情况下被推到了世界舞台重要位置。中国从跟随经济全球化转向引领经济全球化，从融入经济全球化转向塑造经济全球化，从输入型现代化转向辐射型现代化，这是前所未有之大变局。美国强调“买美国货、雇美国人”，宣示“美国优先”，退出《跨太平洋伙伴关系协定》，修边境隔离墙，重新谈判北美自由贸易协定，对中国打贸易战；英国“脱欧”几成现实，欧洲极右翼势力壮大，法国勒庞崛起，西方逆全球化深入扩展。习近平总书记指出，全球化走到了十字路口，全世界聚焦中国，中国不能当旁观者、跟随者，而是要做参与者、引领者。习近平总书记还指出，20年前甚至15年前，经济全球化的主要推手是美国等西方国家，今天反而是我们被认为是世界上推动贸易和投资自由化便利化的最大旗手。2017年1月，习近平主席出席达沃斯论坛、访问日内瓦总部时向全世界公开宣示：“中国的大门对世界始终是打开的，不会关上”①，中国“坚定不移发展开放型世界经济”②，中国“旗帜鲜明反对保护主义”③，中国“欢迎各国人民搭乘中国发展的‘快车’、‘便车’”④。从这时开始，中国第一次扛起了引领经济全球化的旗帜，世界秩序重建第一次赋予了中国很大的话语权。如果说改革开放初期，中国是搭了全球化的“便车”；今天，这个“搭便车”的人已经走进了驾驶室，掌握着经济全球化的发展方向。美国强加给中国的贸易战，说到底是全球化与反全球化、多边主义与单边主义、世界主义与民粹主义、贸易自由化与保守主义的一次巅峰对决。

概言之，中国过去40多年所取得的巨大成功，中国奇迹惊羡世界，归功于中国人民的伟大创造，归功于中国共产党带领人民开辟的中国特色社会主义道路，归功于改革开放的伟大时代。

三、改革开放与中国方位的历史性变化

进入新时代，中国的发展方位、国际方位和政党方位发生了震撼世界

① 习近平．习近平谈治国理政：第2卷．北京：外文出版社，2017：486.

②③ 同①481.

④ 同①484.

的历史性变化，迎来了世人瞩目的伟大飞跃。这一变化，归功于中国共产党，归功于中国人民，归功于改革开放的伟大时代。

（一）发展方位迎来“强起来”的伟大飞跃

经过几代人的接力奋斗，中国的发展方位发生历史性变化，中国迎来了从世界大国走向世界强国的伟大飞跃。中国特色社会主义进入新时代，“意味着近代以来久经磨难的中华民族迎来了从站起来、富起来到强起来的伟大飞跃，迎来了实现中华民族伟大复兴的光明前景”①。“民族复兴”“和平崛起”是改革开放最直观的成果，也是人类社会发展史上最伟大的奇迹。

中国作为一个超大人口规模的发展中国家，作为一个超大经济体量的新兴市场国家，作为一个超长历史纵深的东方文明古国，作为一个与西方大国完全不同的社会主义国家，作为一个文化气质迥异的新文明类型国家，它的内政将产生巨大的外部效应，它的崛起必将给世界秩序、全球治理、人类文明、知识框架带来巨大冲击。一是改写世界经济地理。新兴经济体群体性崛起，世界经济中心正在由大西洋向太平洋转移，由西方向东方转移，世界迎来“东升西降”的重要拐点。二是重构国际政治版图。随着金砖国家国际话语权的稳步提升，国际权力在西方大国间倒手的局面走向终结，西方独自主导国际政治的历史走向终结，全球政治格局由单极向多极化转变。三是激发科技主导地位之争。新一轮科技革命正处于喷薄而出之际，世界大国激烈博弈，科技主导地位之争愈演愈烈。中国科技创新能力显著增强，正在从过去的跟跑向并跑以及个别领域领跑的局面转变。四是推动全球治理格局转变。全球治理格局由西方治理向共同治理转变，美国演变为当今世界的最大变量、最大不确定性因素，美国退群、废约、失信行为在全球引发“破坏性后果”②；中国上升为全球治理体系中的一个

① 习近平．习近平谈治国理政：第3卷．北京：外文出版社，2020：8.

② 特朗普政府上任以后，美国先后退出联合国教科文组织、联合国人权理事会、世界卫生组织、万国邮政联盟以及《跨太平洋伙伴关系协定》《巴黎气候协定》《伊朗核协议》《美古协议》《全球移民协议》《中导条约》《开放天空条约》《维也纳外交关系公约》等国际组织和协议；在贸易问题上，美国以“国家安全”为由向别国加征关税，推行贸易霸凌主义，阻挠世界贸易组织上诉机构法官遴选，致使以世界贸易组织为核心的全球贸易治理机制陷入瘫痪境地，等等。

"主要稳定支柱"。总之，中国作为一个自变量因素，在世界秩序中的结构性意义是不容遮蔽的。

中国强起来是一个具有世界意义的重大历史事件。没有改革开放，中国不可能成为拉动世界经济发展的重要引擎，为全球发展注入中国动力；没有改革开放，中国不可能为人类探索更好社会制度提供中国方案，不可能为广大发展中国家通往现代化提供全新制度选择；没有改革开放，中国不可能在捍卫自身发展、安全利益的同时，为反对霸权主义、维护世界和平贡献中国力量。

（二）国际方位迎来靠近世界舞台中央的伟大飞跃

经过几代人的接力奋斗，中国的国际方位发生历史性翻转，中国迎来了从世界体系边缘走近世界舞台中央的伟大飞跃。要理解这一变化，必须回溯19世纪上半叶以来的历史。中国国际方位的百年变迁，可以分为四个阶段。第一个阶段：1840年以前，中国处于资本主义世界体系的外围，中国主导的朝贡体系（亦称"天下体系"）与西方建构的威斯特伐利亚体系比肩而立、互不相关，中国与西方构成"我-他"的非对象性关系，中国在封闭的朝贡体系中自我陶醉。第二个阶段：1840—1949年，在西方炮舰之下，中国主导的朝贡体系自动瓦解，中国被动世界化，处于资本主义世界体系的边缘，中国与西方构成"我-你"的主客体关系，西方为主、中国为客；构成主从依附关系，西方主导、中国服从，中国缺乏自主性、独立性。第三个阶段：1949—2012年，中国自主融入世界，不管是前30年作为一个独立的主体参与苏联主导的社会主义阵营，还是后30年自主融入世界体系之中，都有一个共同特点：中国处于世界体系的边缘，但不为任何大国所操控，保持自身的独立性、自主性，不拿原则做交易，不以牺牲核心利益为代价。第四个阶段：2012年以来，中国的国际方位发生历史性翻转，中国前所未有地靠近世界舞台中央，与西方构成"我们"的主体间性关系，中华民族从地域性民族上升为世界历史民族，有责任、有义务承担起与其自身国力和大国地位相匹配的世界历史使命。

中国走近世界舞台中央，比较关键的有三步。第一步出现在改革开放30周年之际，第二步出现在改革开放35周年之际，第三步出现在改革开放40周年之际，这些都是十分重要的时间节点，彰显了改革开放的伟大意义。

第一步，二十国集团（G20）升级为领导人峰会。2008年全球金融危机爆发，为了联合应对这场突如其来的世界性危机，2008年11月G20正式升级为领导人峰会，取代八国集团（G8）在全球经济治理中的地位和作用。中国被推到了“负责任大国”的前台位置上，扮演全球经济发动机的角色。中国作为G20的创始成员国，自领导人峰会机制设立以来一直扮演着关键角色，为世界经济复苏作出了首要贡献。G20领导人峰会机制为推动全球治理体系改革注入了新动力，标志着全球治理开始从西方治理向共同治理转变，也标志着中国开始从世界体系边缘走近世界舞台中央。

第二步，中国倡议筹建亚投行和建设“一带一路”。2013年9月和10月，习近平在出访哈萨克斯坦和印度尼西亚期间，先后提出共建“丝绸之路经济带”和“21世纪海上丝绸之路”的重大倡议，倡议筹建亚洲基础设施投资银行。“一带一路”倡议的推出，亚投行的成立，表明一个和平复兴的大国正在产生巨大的“外溢”效应。“一带一路”、亚投行是中国第一次以发展中国家的身份为筹划人类未来而推出的世纪工程，也是中国为推动世界经济复苏、优化全球经济治理而提出的中国方案，还是崛起中的大国第一次以和平的方式带领世界共同发展。

第三步，中国被迫扛起经济全球化的旗帜。受全球金融危机和欧洲债务危机的双重影响，西方世界保守主义、民粹主义、孤立主义抬头，“美国优先”“买美国货、雇美国人”等民粹主义口号上升为特朗普政府的政策主张，西方少数大国的贸易政策、投资政策、产业政策等朝着去全球化方向发展，各类区域性的贸易投资协定碎片化，全球化运动走到了十字路口，何去何从考验中国的智慧。2017年1月，习近平主席第一次出席达沃斯论坛，向全世界公开宣示，中国的大门对世界始终是打开的，不会关上，中国旗帜鲜明反对保护主义，中国“欢迎各国人民搭乘中国发展的‘快车’、‘便车’”①。西方大国的逆全球化运动将中国推上了经济全球化旗手的位置，正如习近平所说，“20年前甚至15年前，经济全球化的主要推

① 习近平．习近平谈治国理政：第2卷．北京：外文出版社，2017：484.

手是美国等西方国家，今天反而是我们被认为是世界上推动贸易和投资自由化便利化的最大旗手，积极主动同西方国家形形色色的保护主义作斗争”①。习近平主席的达沃斯之行，标志着中国实现了从跟随经济全球化向引领经济全球化的历史性转变，世界秩序重建第一次赋予了中国话语权，这是前所未有之大变局。

（三）政党方位迎来建设世界最强大政党的伟大飞跃

通过几代人的接力奋斗，中国的政党方位发生了历史性变化，中国开启了从大党迈向强党的新征程。2016 年 2 月，习近平在中央政治局常委会议审议“两学一做”学习教育方案时，首次提出“建设世界最强大政党”的历史任务，他说，“我们党要搞好自身建设，真正成为世界上最强大的一个政党”②。这一重要论述，鲜明表达了中国共产党推进党的建设新的伟大工程的崇高志向和远大追求，体现了以习近平同志为核心的党中央管党治党的坚定决心和高度自信，反映了我们这样一个马克思主义政党的宽阔眼界和历史担当。

党的十八大以来，以习近平同志为核心的党中央作出全面从严治党的战略决策，提出了一系列关于管党治党兴党的新理念新思想新论断，中国共产党党内政治生活气象更新，积极健康的党内政治文化得到弘扬，党内政治生态明显好转，党在革命性锻造中更加坚强有力、更加奋发有为，迎来了从世界第一大党升级为世界最强大政党的历史性拐点。

其一，强大的政治领导力。党政军民学，东西南北中，党是领导一切的。中国共产党与西方政党不一样的地方在于，中国共产党是全面执政党、全国执政党，统领全国各个地方，统领整个政治体系。在各派政治力量中，中国共产党是最高政治领导力量。

其二，强大的思想引领力。中国共产党高度重视理论建设。100 多年来我们党始终高擎马克思主义精神旗帜，不断推进马克思主义中国化时代化，以发展着的马克思主义指导新的实践。党的十八大以来，马克思主义

① 习近平．习近平谈治国理政：第 2 卷．北京：外文出版社，2017：484.

② 中共中央党史和文献研究院．十八大以来重要文献选编：下．北京：中央文献出版社，2018：177.

指导地位进一步巩固。

其三，强大的组织行动力。中国政治体制能够集中力量办大事。中国共产党崇尚实干兴邦，拿事实来说话，对出现的挑战及时反应，对认准的事情有序推进，对攸关长远的事情“一届接着一届干”。现代化建设中彰显的中国速度、中国力量、中国效率，享誉全球。

其四，强大的战略规划力。中国政治制度的优势之一在于，在中国共产党的领导下，可以制定长远发展规划，保持大政方针政策的稳定性、连续性，使今天的事业与明天的事业相衔接，当前的利益同长远的利益相结合，局部的利益同整体的利益相一致。

其五，强大的自我革命力。勇于自我革命，从严管党治党，是我们党最鲜明的品格。党的十八大以来，我们党在打击腐败、遏止四风方面成效显著，党的面貌、国家的面貌、人民的面貌、军队的面貌、中华民族的面貌发生了前所未有的变化，彰显了中国共产党自我净化、自我革新的能力和决心。

第二节 改革开放影响世界

经过改革开放 40 多年的接力奋斗，中国大踏步赶上了时代，中国特色社会主义伟大旗帜高高飘扬于世界的东方，中华民族迎来了从站起来、富起来到强起来的伟大飞跃，迎来了实现中华民族伟大复兴的光明前景，这是一件具有世界历史意义的重大事件。

一、为全球发展注入了中国动力

中国是一个有着 5 000 年文明传统、14 亿多人口的伟大国家，应当对于人类有更大的贡献。然而，西方有人认为，中国的繁荣是假象，发展是暂时的，是不可持续的，更谈不上对于人类有更大的贡献。“中国崩溃论”即是典型代表。改革开放的巨大成功为世界发展注入了强劲的中国力量，宣告了“中国崩溃论”的终结。

“中国崩溃论”的代表性人物首推美国学者章家敦，他因出版《中国即将崩溃》而名声大噪，成为西方世界争相邀约的名人，连美国国会都专门邀请他举行听证会。2001 年 7 月，他狂妄断言，“中国现行的政治和经济制度最多只能维持五年……中国的经济正在衰退，并开始崩溃，时间会在 2008 年北京奥运会之前，而不是之后!”当自己的预言被事实打脸之后，他一再调整“中国崩溃论”的时间表，从 2008 年推迟到 2010 年、2011 年……。2015 年 5 月 25 日，章家敦在福布斯网站刊文，宣称中国应对经济下行的措施如果成功了，“最多撑一年”，“如果失败了，那么几乎所有的经济灾难都会降临，或许到今年第四季度之前就会发生”。章家敦把“仇恨”带到研究中，缺乏学术敬畏，这是大忌。章家敦对华预测有明显的意识形态化和情绪化倾向，这决定了他出谬论的概率高达 100%。美国主流媒体不顾章反复闹出的笑话，长期把他当作预测中国经济首屈一指的人物来捧，这也是一种价值观和情绪作祟的固执。在美国，显然有一些人像章家敦一样，太盼着中国“崩溃”了。然而，事实不会迁就于任何偏见，摩根士丹利亚洲荣誉董事长华沃兹对章家敦的判断早已下了结论：“你的‘中国崩溃论’，只在你的书中存在，不存在于中国的现实中。”

此外，国际金融论坛（IFF）首席经济学家乔纳森·安德森也持类似的观点，他说：“苏联也曾经获得过超高速的增长，而且直到 20 世纪 80 年代中期出现崩溃的迹象之前，它也一直被当成一种新的经济发展模式。中国也有着与苏联类似的扭曲，它可以避免同样的突然崩溃的宿命吗?”美国学者德里克也认为，中国的问题“令人震惊”，“中国模式”被广泛认为比美国更不可持续。2002 年 1 月，美国《中国经济》季刊的主编斯塔德维尔把中国经济比喻为“一座建立在沙滩上的大厦”。2002 年 4 月 1 日，美国《时代》周刊刊登题为《中国为什么造假账?》的文章，认为中国作为经济大国是浪得虚名，是建立在虚假数字基础上的。一时间，“中国崩溃论”甚嚣尘上。他们的这些观点往往以偏概全、夸大事实，在中国持续稳定发展铁一般的事实面前，“中国崩溃论”不攻自破，沦为国际笑柄。

在一个14亿多人口的大体量国家，经济持续中高速发展，社会保持稳定，这在世界上还没有先例。改革开放40多年来，中国发生了翻天覆地的变化，经济社会发展取得瞩目的成就，尤其是2008年全球金融危机之后，中国一花独秀，经济发展呈现出强劲势头。党的十八大以来，我们解决了许多长期想解决而没有解决的难题，办成了许多过去想办而没有办成的大事，中国发展的步调更清晰，后劲更充足。

中国一直坚持共同富裕的原则，大力推进减贫扶贫事业，提出在富裕的道路上"一个都不能少"。到2020年底，现行标准下9 899万农村贫困人口全部脱贫，832个贫困县全部摘帽，12.8万个贫困村全部出列，区域性整体贫困得到解决，完成了消除绝对贫困的艰巨任务，创造了又一个彪炳史册的人间奇迹！2021年中国共产党成立100周年大庆之际，习近平总书记代表党中央宣布："经过全党全国各族人民持续奋斗，我们实现了第一个百年奋斗目标，在中华大地上全面建成了小康社会，历史性地解决了绝对贫困问题，正在意气风发向着全面建成社会主义现代化强国的第二个百年奋斗目标迈进。这是中华民族的伟大光荣！这是中国人民的伟大光荣！这是中国共产党的伟大光荣！"① 全面建成小康社会，彻底消除绝对贫困现象，打赢脱贫攻坚战，这是中国历史上绝无仅有、人类历史上世所罕见的伟大奇迹。这场人类历史上前所未有的反贫困斗争，被联合国誉为中国对世界最大的贡献之一。

同时，中国经济持续快速发展，为全球经济稳定和增长提供了强大的推动力。2012年党的十八大以来，国内生产总值从54万亿元增加到2021年的114万亿元，年均增长7.1%，占世界经济比重从11.4%提高到18%以上，对世界经济增长的贡献率连续十多年保持在30%左右。据统计，2012年至2016年主要国家和地区对世界经济增长的贡献率，美国为10%，欧盟为8%，日本为2%，中国达34%，超过美、欧、日贡献之和。中国经济的稳定增长成为全球经济增长的发动机和主引擎，在世界经济复苏的进程中，持续发挥着"压舱石"和"助推器"的作用。

中国的发展也给世界的发展带来了机遇，中国一直秉持合作共赢理

① 习近平．在庆祝中国共产党成立100周年大会上的讲话．北京：人民出版社，2021：2.

念，欢迎世界各国搭中国发展的“快车”、“便车”，实现各国共同发展。中国提出的“一带一路”倡议赢得了国际社会的积极响应，作为东道国分别成功举办了 APEC 峰会、G20 峰会、金砖国家峰会、“一带一路”国际合作高峰论坛（2017 年、2019 年）等大型多边合作会议。另外，中国还在 2014 年成功挂牌“丝路基金”，2015 年参与筹建“金砖国家新开发银行”，2016 年主导成立了“亚洲基础设施投资银行”，为低迷的世界经济注入了中国力量。中国在推动世界经济发展、促进全球及区域合作方面作出了重要贡献。

一言以蔽之，改革开放的伟大胜利，意味着中国的发展成就已经产生巨大外溢效应，为全球发展注入了强劲的中国动力，宣告了“中国崩溃论”的终结。

二、拓展了发展中国家走向现代化的途径

现代化是全人类的共同志向，但西方发达国家的现代化模式是否是唯一的现代化方案？是否是可供输出的通用模板？发展中国家的现代化事业究竟路在何方？长期以来，“别无选择论”在世界学术舞台上具有绝对的统治力、解释力和话语权。

撒切尔夫人有句名言：“除了资本主义，他们别无选择!”其意思是说，当今世界除了接受资本主义之外，没有别的选择。撒切尔夫人的底气源于，环顾全球，西方最先完成了现代化的任务，也最先享受到现代化的成果。西方俨然掌握了叩开现代化之门的唯一钥匙，拜西方为师，向西方靠拢，“走西方的路”，成为很多发展中国家无法抗拒的诱惑。“全球化＝西方化”，“现代化＝西方化”，“现代社会＝西方社会”，这几个简单的发展公式说明了全部的问题。当年，撒切尔夫人针对第二次世界大战后英国长期滞胀的“英国病”，开出了私有化和自由市场的“药方”。一时间，“将世界私有化”的潮流涌现，东欧国家、印度包括苏联竞相进行自由市场改革，撒切尔夫人也骄傲地表示，人们不再担心染上“英国病”，他们排队来领取英国的“药方”。

然而，现实并没有像撒切尔夫人想象的那么乐观，那些盲目按照英国

药方“抓药”的国家，在选择私有化、自由市场，选择走资本主义道路后，并没有出现预期中的繁荣，很多都陷入困境，不能自拔。资本主义道路并不能“包治百病”，不是通用“良方”，也不是现代化的唯一选择。世界发展实践证明，西方模式，无论是以英美为代表的盎格鲁-撒克逊模式，以欧洲大陆国家德法为代表的莱茵模式，还是以日本为代表的东亚模式，都只是实现现代化的一种选择，而非唯一选择；西式现代性只是现代性的一个版本，而非唯一版本。西方收获了现代化的巨大成果，但同时也遭遇了“现代性之殇”。

现代化方向无法绕开，通往现代化的道路可以选择。每个国家、每个民族都有权选择适合自己的现代化道路。如何实现现代化、实现什么样的现代化，中国人民一开始就有自己的独立判断，从未简单地复制西方的发展模式，从未简单地进入西方的发展逻辑之中。邓小平指出：“我们搞的现代化，是中国式的现代化。我们建设的社会主义，是有中国特色的社会主义。”① 习近平反复强调，“世界上没有放之四海而皆准的发展模式”②；中国不输入外国模式，也不输出中国模式，不会要求别国复制中国的做法。“我们愿意借鉴人类一切文明成果，但不会照抄照搬任何国家的发展模式”③；“中国人民的成功实践昭示世人，通向现代化的道路不止一条，只要找准正确方向、驰而不息，条条大路通罗马”④。中国有 5 000 多年绵历不衰的中华文明，有 960 万平方公里的广袤土地，有 14 亿多中国人民聚合的磅礴力量，有近代以来 180 多年经历的百折不回的历史命运，有中国共产党成立 100 多年走过的荡气回肠的光辉岁月，有新中国成立 70 多年开创的前无古人的伟大事业，有改革开放 40 多年创造的震撼世界的中国奇迹，没有任何一个国家可以解决中华民族的前途命运问题，中国只能走自己的路，实现中国式的现代化。今天，中国道路已经取得了举世瞩目的巨

① 邓小平．邓小平文选：第 3 卷．北京：人民出版社，1993：29.

② 习近平．习近平谈治国理政．北京：外文出版社，2014：307.

③ 中共中央文献研究室．习近平关于实现中华民族伟大复兴的中国梦论述摘编．北京：中央文献出版社，2013：27.

④ 习近平．开放共创繁荣 创新引领未来：在博鳌亚洲论坛 2018 年年会开幕式上的主旨演讲．北京：人民出版社，2018：4.

大成就，过去我们都未曾进入西方设定的历史轨迹，今天更没有理由跟随西方的脚步亦步亦趋，我们应该有这样的道路自信和战略定力。

中国式现代化不是苏联模式的衍生品，不是西方模式的当代翻版，也不是东亚模式的变种。它没有迎合西方的意志，没有迷信书本的教条，它是在当代中国的历史性实践中生成的，是具有完全自主知识产权的“中国创造”，是“世界近代史上的一次伟大创举”。正如习近平所指出的，“当代中国的伟大社会变革，不是简单延续我国历史文化的母版，不是简单套用马克思主义经典作家设想的模板，不是其他国家社会主义实践的再版，也不是国外现代化发展的翻版”①。中国开创的社会主义现代化道路，为广大发展中国家实现现代化提供了另一种选择、另一套经验。正如德国的贝特霍尔德所说，中国“给人们指出了一条摆脱全球资本统治的破坏性进程的出路”，“当今的资本主义越来越明显地暴露其无能，在经济发展速度不断加快的同时，它已无法解决日益严重的全球性问题。例如越来越多的国家发生社会劫难、暴力和战争，南北之间的鸿沟加深，环境遭到破坏，对地球资源不负责任的随意开采。因此，现在世界越来越明确地要求成功塑造一个资本主义的对立面。中华人民共和国的重要意义以及今天中国所发生的一切也正在于此”。作为资本主义现代化的“对立面”，中国不搞全盘私有化，不放弃公有制的主体地位和国有经济的主导地位，不搞自由化，不搞西式政治制度，不放弃意识形态领导权，不放弃工人阶级政党的执政地位，不放弃共同富裕的价值目标，等等，这些都决定了中国式现代化与西式现代化的原则相反，与“华盛顿共识”的信条相反，与苏联模式也大相径庭。当然，中国借鉴了资本主义的有益因素，目的并不是发展资本主义，而是建设社会主义。吸纳资本主义的长处，保持社会主义的优越性，结果一定比资本主义更好。

中国特色社会主义进入新时代，标志着中国自主开辟的现代化道路获得了巨大成功。中国道路的成功，改变了西方书写的全球发展观念，证明了单一发展模式与模式可输出理论的简单和偏颇；中国道路的成功，挑战了西方经验唯一正确的神话，终结了西方模式主宰世界的线性史观；中国

---

① 习近平．在哲学社会科学工作座谈会上的讲话．北京：人民出版社，2016：21.

道路的成功，证明了通往现代化并非只有一个模式、一种选择，所谓“全球化＝西方化”“现代化＝西方化”“现代社会＝西方社会”不过是西方编织的又一个神话；中国道路的成功，将西方打造的“普世”模式还原为地区性模式，将西方虚构的“普世”文明还原为地域性文明，人类开启了一个多元共存、和谐共生的新时代；中国道路的成功，向世界揭示了“走自己的路”，寻找适合本国国情的发展模式才是不变的法则、永恒的真理。

一言以蔽之，改革开放的伟大胜利，成功改写了全球发展观念，终结了西方模式主宰世界的线性史观，拓展了发展中国家走向现代化的途径，为希望独立发展的国家和民族提供了全新选择。

三、为人类探索更好社会制度提供了中国方案

民主自由是人类社会的共同追求，但民主自由的制度框架究竟如何设计？是否存在“普世”的标准和模板？弗朗西斯·福山凝练的标识性概念——“历史终结论”一度垄断了这个问题的解释权。中国改革开放的巨大成功为世界提供了另外一套制度方案，社会主义制度的中国实现形态为马克思的历史唯物主义学说作了鲜活注脚。

20 世纪 80 年代末，日裔美籍学者福山提出，西式自由民主制度是“人类意识形态发展的终点”和“人类最后一种统治形式”①，是人类社会形态进化的终点，这就是著名的“历史终结论”。在福山看来，苏联解体、东欧剧变以及冷战的结束，标志着共产主义的彻底终结，人类历史将只有一个方向、一条道路，那就是西方资产阶级的市场经济和民主政治，西式自由民主将是人类社会民主制度的终点，是最美好也是最后的统治形式。

对于中国的发展，西方普遍认为，只能采用西方资本主义自由民主制度，否则不可能带来长久的繁荣。然而，坚持独立自主搞建设的中国，走出了一条快速稳定发展的社会主义现代化新路。这就打破了“西方神话”，

---

① 福山．历史的终结及最后之人．黄盛强，许铭原，译．北京：中国社会科学出版社，2003：1.

从根本上证伪了把西式自由民主奉为普遍主义发展路径的“历史终结论”。福山本人在2009年1月初接受日本《中央公论》的记者专访时，也不得不承认“客观事实证明西方自由民主可能并不是历史进化的终点，随着中国的崛起，所谓‘历史终结论’有待进一步推敲和完善，人类思想宝库需要为中国传统留有一席之地”，“世界需要在多元基础上实现新的融合”。2017年11月，在美国《时代》周刊刊发的《中国经济是如何赢得未来的》一文中，作者伊恩·布雷默（Ian Bremmer）认为，中国的政治经济体制相较于美国更加完备和可持续，人类发展的趋势并未转向西式民主，而中国的国际影响力将持续增长并占据世界舞台中心。

“历史终结论”既不符合过往的经验事实，也背离了历史唯物论和历史辩证法。我们知道，民主制度属于上层建筑的范畴，决定于一个国家的经济基础，并最终决定于生产力的发展水平。西式自由民主制度只是一种国家形式，是国家形式发展的一个阶段，随着历史的发展，它终将为更高的国家形式所取代。列宁指出：“任何民主，和任何政治上层建筑一样……归根到底是为生产服务的，并且归根到底是由该社会中的生产关系决定的。”① 这说明，一个国家采取什么样的民主形式，归根结底要与这个国家的生产力发展水平相适应。很难想象，生产力发展水平和经济基础迥异的不同国家却能共享一套“普世”的民主模式。我们还知道，“从专制到民主，从低级民主到高级民主，从较高级民主到更高级民主，从民主到民主的消亡，这是民主发展的辩证法。”② 西式自由民主绝不是民主演进的最后阶段、最高成果，更不构成历史的终点，这种顶峰论完全不符合历史演进的辩证法。我们也知道，生产力是最革命、最活跃的因素，处于永恒的运动变化之中。很难想象，生产力永无止境地奔涌向前，而作为上层建筑的民主政治体制却可以任凭风浪起，岿然不动。

中国特色社会主义的巨大成功表明，历史没有终结于资本主义，社会主义相较于资本主义的制度优势已经初步彰显。邓小平20世纪曾预见：“我们中国要用本世纪末期的二十年，再加上下个世纪的五十年，共七十

---

① 列宁．列宁选集：第4卷．3版修订版．北京：人民出版社，2012：405.

② 陈曙光．论马克思主义民主观．马克思主义研究，2015（5）.

年的时间，努力向世界证明社会主义优于资本主义。我们要用发展生产力和科学技术的实践，用精神文明、物质文明建设的实践，证明社会主义制度优于资本主义制度，让发达的资本主义国家的人民认识到，社会主义确实比资本主义好。”① 习近平也指出：“我们坚信，随着中国特色社会主义不断发展，我们的制度必将越来越成熟，我国社会主义制度的优越性必将进一步显现，我们的道路必将越走越宽广，我国发展道路对世界的影响必将越来越大。”② 中国道路彰显出，人类社会发展的前景并未止步于资本主义自由民主制度，“历史终结论”已经终结，但历史还在继续，民主依然在路上，人类探索民主的道路没有终点，人类的发展进步还有新的方向，“中国共产党人和中国人民完全有信心为人类对更好社会制度的探索提供中国方案。”③

一言以蔽之，改革开放的伟大胜利，绕开了资本主义的制度框架，为人类对美好制度的探索提供了中国方案，宣告了“历史终结论”的终结。

四、开创了一种东方气质的人类文明新形态

伴随着资本的全球扩张以及西方文明的全球殖民，未来世界的文明图景究竟会呈现什么样的格局？西方文明是否将统治整个世界？非西方文明遭遇极限挤压后是否还有生存发展的空间？中国改革开放的巨大成功为这个问题提供了清晰的答案，画上了休止符。

众所周知，第一次工业革命以来，西方率先完成了现代化的任务，率先享受了现代化的成果，“西方中心论”也从此成为主导全球的意识形态。“西方中心论”有其深厚的实践基础。“西方中心论”的逻辑推定是这样的，西方之所以发展得最好，关键在于西方的制度是优越的，西方的发展模式是唯一的，西方的文化是先进的，西方的价值观是“普世”的。西方因此成为世界的中心，世界各个国家如果想走上文明大道，享受现代文明

---

① 中共中央文献研究室．邓小平思想年编：1975—1997．北京：中央文献出版社，2011：657.

② 中共中央文献研究室．十八大以来重要文献选编：上．北京：中央文献出版社，2014：111.

③ 习近平．在庆祝中国共产党成立95周年大会上的讲话．北京：人民出版社，2016：14.

成果，今后的任务就是向西方靠拢，与西方接轨。

一直以来，“西方中心论”者始终认为，起始于欧洲的现代文明进程“是唯一成功和正确的发展逻辑”，他们只认同一条发展道路，那就是西方道路，西方发展模式是人类通往现代化的唯一选择；他们只认可一种民主模式，西式自由民主是人类历史进化的终点，是人类最后一种统治形式，构成了历史的终结；他们只看好一种社会制度，各个国家均将趋同于资本主义，“除了资本主义，他们别无选择”（撒切尔夫人语）；他们只欣赏一种文化，西方文明是人类文明史上的奇葩，是最优越、最有力量的文明，西方文化理应统治世界，实现思想的征服；他们只承认一种价值观，自由、民主、人权的标准只有一个，那就是西方标准、美国标准，西方价值模式才是全人类的“普世价值”；他们只接受一种结局，那就是全球西方化，西方发展模式、政治制度和价值观念“普世”化。福山的“历史终结论”其实也就是“文明终结论”，他对西方文明的推崇是以排斥其他文明的合法性为前提的，这显然违背了文明自身的发展规律。福山曾经宣称：“构成历史的最基本的原则和制度可能不再进步了，原因在于所有真正的大问题都已经得到了解决。”① 在他看来，西式自由民主的价值观念和制度模式无可匹敌，人类历史的演进已经走向终结。西方文明、发展模式和政治制度代表着人类未来的发展方向，世界其他地区的国家和民族应该遵从西方模式，学习西方，复制西方，最终变成西方。福山先生还畅想道，历史终结以后的世界将会变得非常无聊，流露出西方不再有对手的失落感。“西方中心论”“历史终结论”“文明优越论”是西方国家输出发展模式和价值观念的学理依据，是西方推行“和平演变”和“颜色革命”的哲学基础。

然而，这一切都将随着中国的复兴而走向终结。

进入 21 世纪，当今世界面临百年未有之大变局，最大的变局就是中国崛起与“西方中心论”的破产。中国改革开放成功了，中国特色社会主义事业成功了，中国共产党成功了，马克思主义胜利了，由此导致“西方中

---

① 福山. 历史的终结及最后之人. 黄胜强，许铭原，译. 北京：中国社会科学出版社，2003：代序 3.

心论”破产了，这是中国崛起必然引发的文明反应。中国崛起，绝不仅仅意味着经济体量的壮大、政治实力的崛起、军事力量的强盛等，还应包含文化精神和价值观的复兴。一个国家、一个民族的强盛，总是以文化兴盛为支撑的。实现中国梦，是物质文明和精神文明均衡发展、比翼双飞的结果。没有文化和价值观的自立自强，就没有中华民族伟大复兴。早在1940年，毛泽东就指出，我们不但要把中国“变为一个政治上自由和经济上繁荣的中国”，而且要把中国“变为一个被新文化统治因而文明先进的中国”①。邓小平也强调，“我们要在建设高度物质文明的同时，……建设高度的社会主义精神文明”②。习近平指出，“实现我们的发展目标，不仅要在物质上强大起来，而且要在精神上强大起来”③，“一个没有精神力量的民族难以自立自强，一项没有文化支撑的事业难以持续长久”④。中国不仅应该成为行动的巨人，也应该成为文明的赢家、话语的强者。

中国以西方不认可的社会制度、发展模式、政党体制、文明形态、价值观念，花费比西方少得多的时间，付出比西方小得多的代价，取得了比西方更大的成绩，成功走向民族复兴，一步步逼近“两个一百年”奋斗目标。这证明，我们的社会主义制度是有优越性的，我们的发展模式是符合国情的，我们的文明和价值观是先进的。这证明，西方的发展模式绝不是人类通往现代化的唯一选择，西方的价值观绝不是可以殖民全世界的“普世价值观”，西方的文明也绝不是高人一筹的优等文明，人类历史也绝不会止步于西式自由民主。概言之，改革开放的伟大实践证明，“历史终结论”是错误的，“西方中心论“是狭隘的，“文明优越论”是偏颇的，“别无选择论”是行不通的。然而，这是西方无法接受的，西方几百年形成的居高临下的心理优越感、文明优越感受到了极大的冲击，傲慢被击碎了。

中国健步走向复兴，实际上代表着一种新的文化精神的崛起，一套新的价值观念的成功，一种新的文明形态的出场，这是中国为捍卫人类文明

---

① 毛泽东. 毛泽东选集：第2卷. 2版. 北京：人民出版社，1991：663.

② 邓小平. 邓小平文选：第2卷. 2版. 北京：人民出版社，1994：208.

③ 习近平. 习近平谈治国理政. 北京：外文出版社，2014：46.

④ 中共中央文献研究室. 习近平关于社会主义文化建设论述摘编. 北京：中央文献出版社，2017：3.

的多样性作出的重大贡献，也是中国奉献给全人类的宝贵精神财富。中国的文化精神和价值观念，是一套完全不同于资本主义的价值体系，是一套对西方价值观念构成巨大挑战的思想资源，是一套比西方自由民主制度更有优势的精神财富。如果没有中国在资本主义的层层夹缝中坚定地突围，闯出一条文明新路，人类可能真的要在“西方中心主义”的思维惯性中沉沦，永远地失去独立思考的能力，永远只能扮演西方文明追随者、模仿者的角色。“除了资本主义，他们别无选择”，这是撒切尔夫人承诺的未来世界图景；“西方价值观统治世界，实现思想的征服”，这是克林顿先生筹划的世界文明景观。然而，如果全世界真的都走向“西方化”，只剩下“西方”一种色彩，那将是人类迄今为止遭遇的最大的人文精神危机，这将是包含西方世界在内的全人类的悲剧。

中国道路昭显人类文明的新形态，是一种人类新文明。这是一种由中国共产党创造的全新文明形态，这种文明不仅解决中国的特殊问题，同样也涉及全球共性问题；不仅形成独有的中华文明，也产出能供世界共享的文明硕果。中国创造的新文明类型不仅是中国的，也是世界的。2017 年 1 月 29 日，英国《独立报》网站刊文称，西方主导全球舞台、英美“照自己的样子改造世界”的日子已经结束，世界正进入中国发挥影响力的时代，这不仅是美国占主导地位的世纪的结束，也是西方领先的 500 年的终结。我们有理由相信，作为一种新的发展模式、新的文明类型，中国创造的以社会主义为性质定向的人类文明新形态会为世界文明的多样化增添光彩。

一言以蔽之，改革开放的伟大胜利，意味着中国成功终结了西方文明统治全球的世界图景，开创了一种具有东方气质和大国气象、以社会主义为性质定向的人类文明新形态，宣告了“西方中心论”的破产。这是改革开放的文明成果，也是百年未有之大变局的深层意蕴。

五、在全世界高高举起了中国特色社会主义伟大旗帜

1917 年俄国十月革命取得胜利，第一个社会主义国家诞生，标志着科学社会主义从理论变成了实践，标志着世界历史从此进入了“一球两制”的新时代——社会主义与资本主义两种制度长期共存、相互竞争、竞相发

展的时代。两条道路、两种主义的较量已经持续了近百年，今天是否迎来了一分高下的决定性时刻？苏联解体、东欧剧变是否意味着资本主义已经获得了决定性胜利？改革开放的巨大成功为这一问题作了注脚，给出了答案。

自 1848 年《共产党宣言》发表以来，科学社会主义从理论转变为现实，从一国到多国，从初步探索到深化发展，推动了世界格局的调整和人类社会的伟大变革。20 世纪 80 年代末 90 年代初，国际风云突变。苏联解体、东欧剧变，世界社会主义运动遭受重大挫折，社会主义在与资本主义的制度竞争中遭受暂时性的溃败。当时国际国内一些人士幸灾乐祸，社会主义、马克思主义成了一些人打趣、讽刺的对象，西方世界更是弹冠相庆这一“世界性的胜利”。早在 1988 年，美国总统尼克松就敏锐地捕捉了社会主义阵营内部出现的新变化，在他的《1999：不战而胜》一书中，系统提出美国同社会主义国家进行“和平竞赛的战略”，即在军事遏制的基础上，发挥美国的经济优势，以经济援助和技术转让等条件，诱使社会主义国家“和平演变”；开展“意识形态竞争”，打“攻心战”，扩散“自由和民主价值观”，打开社会主义国家的“和平变革之门”。该书出版后不久，东欧局势剧烈动荡，在短短一年多的时间里，波兰、匈牙利、民主德国、捷克斯洛伐克、保加利亚、罗马尼亚等 6 国改弦更张，共产党、工人党纷纷下台成为在野党，或改变了性质。苏联于 1991 年解体，“社会主义失败论”似乎获得了足以证实的经验支持。当时，有西方资产阶级学者幸灾乐祸地宣称，“社会主义的产生和灭亡，是 20 世纪留给人类的两大遗产”。美国学者布热津斯基在《大失败：二十世纪共产主义的兴亡》中认为，共产主义现象是一场历史悲剧，共产主义在发达国家和发展中国家都已遭到失败，进入“最后危机”，并预言“到下个世纪，共产主义将不可逆转地在历史上衰亡，它的实践与信条将不再与人类的状况有什么关系”。资本主义世界形成大合唱：马克思主义终结了，社会主义失败了，历史终结了；一个新的时代——资本主义雄霸全球、一统天下的黄金时代开始了。

然而，真理的光辉并没有熄灭，马克思主义在中国继续星火燎原，社会主义展现出强大生机活力。1992 年，邓小平在南方谈话中指出，“我坚信，世界上赞成马克思主义的人会多起来的，因为马克思主义是科学”①，“一些国家出现严重曲折，社会主义好像被削弱了，但人民经受锻炼，从中吸取教训，将促使社会主义向着更加健康的方向发展。因此，不要惊慌失措，不要认为马克思主义就消失了，没用了，失败了。哪有这回事！”② 现在，20 多年过去了，邓小平当初的预言已经为历史所证实。2017 年 11 月 6 日，俄罗斯《真理报》刊发纪念十月革命 100 周年的文章《十月光芒指引未来》，文章指出，虽然“十月革命的主要成就”早已不复存在，但科学社会主义的继承者——中国却取得辉煌成就。同时，俄罗斯《观点报》发表文章，在分析列宁主义为何复兴时，指出“在很大程度上要归功于中国所取得的难以置信的成就”。

中国奇迹是 21 世纪初最为重大的世界历史事件，中华民族伟大复兴已经展露在地平线上，两种制度、两条道路的竞争迎来了有利于社会主义的历史拐点。改革开放以来，中国复兴的步伐日益紧凑，西方遏制中国的脚步也日益紧逼。里根政府、老布什政府的“和平演变”战略，克林顿政府的“接触＋遏制”战略，小布什政府的“遏制中国”战略，奥巴马政府的“重返亚太”战略，特朗普政府的贸易战和印太战略……，拜登政府的大国竞争战略，遏制中国的步子越来越紧，调门越来越高，力度越来越大，真可谓一届接着一届干。然而，遏制战略本身就说明中国成功了，西方从来不会青睐一个失败的国家。改革开放 40 多年来，中国成功突破西方重重围堵，在大国的夹缝中逆势崛起，经济体量越来越大，综合国力越来越强，风景这边独好。久经磨难的中华民族迎来了从站起来、富起来到强起来的伟大飞跃，迎来了从世界体系边缘到世界舞台中央的华丽转身，迎来了实现中华民族伟大复兴的光明前景。

中国改革开放的成就证明：社会主义没有灭亡，也不会灭亡。具有 500 多年历史的社会主义思想、170 多年历史的科学社会主义理论，在经历几次高潮和低谷的交替后，在中国这块古老的东方热土重新焕发出强大的生机和活力。马克思主义的中国继承者们，以对真理的执着追求和民族

① 邓小平．邓小平文选：第 3 卷．北京：人民出版社，1993：382.
② 同①383.

复兴的使命担当，在社会主义运动严重受挫、陷入低谷时，毅然扛起了科学社会主义的大旗，将马克思主义的真理之种，深植于中国现代化建设的具体实践，马克思主义在当代中国盛开出中国特色社会主义理论之花，结出了中国特色社会主义道路之果。科学社会主义在21世纪的中国焕发出强大的生机活力，中国特色社会主义伟大旗帜高高飘扬于世界东方。

改革开放以来，中国用短短几十年的时间走完了西方发达国家100多年，甚至几百年所走过的路。中国奇迹的样本意义是其他国家难以比肩的。中国是一个非常独特的样本，超大国土空间、超长历史纵深、超大人口规模、超长文化传统、超复杂民族宗教结构；中国奇迹，是10亿人口量级、10万亿美元量级的大国奇迹，这是人类迄今为止绝无仅有的历史景象。19世纪末美国崛起时人口是4 000万，经济规模不到千亿美元；20世纪下半叶日本崛起时人口是9 000万，经济规模刚过万亿美元，人口量级、经济体量与中国相比都是不可同日而语的。中国奇迹充分体现了社会主义制度的优越性。我们有理由期待，到21世纪中叶，社会主义现代化强国建成之日，中国经济社会的发展优势、中国特色社会主义的制度优势、中国共产党的治国理政优势、马克思主义中国化的理论优势、5 000年历史积淀的文明优势，将在世界舞台中央集中绽放。

一言以蔽之，改革开放的伟大胜利，意味着中国在两条道路、两种制度的竞争中迎来了有利于自身的历史拐点，意味着处在夹缝中的社会主义中国突破了西方重重围堵，使科学社会主义在21世纪焕发出强大的生机和活力，宣告了“社会主义失败论”的失败。

六、为维护世界和平增添了中国力量

地理大发现以来，西方国家的发达史就是一部国强必霸的历史。16世纪，葡萄牙、西班牙称霸世界；17世纪是“海上马车夫”荷兰的世纪；18、19世纪是英法争霸、成就日不落帝国的世纪；19世纪末20世纪初德国、日本相继崛起，引发两次世界大战；20世纪是美苏争霸的世纪，也是美国完胜的世纪。可见，500年来，西方国家崛起后纷纷走上了霸权主义这条不归路。历史似乎一再证明，只有不能称霸的国家，没有不想称霸的

国家。21世纪的中国究竟是会步西方列强的后尘，成为下一个世界霸主；还是会扮演不同的大国角色，成为大国兴衰之路上唯一的例外呢？

富强是各个民族、各个国家的共同期盼，但恃强凌弱、称王称霸是否是大国崛起的“普世”逻辑？中国强大是否也将走上霸权主义的不归路？西方将自身经验套用于中国，揣度中国的国际战略和路径选择，“国强必霸论”“中国威胁论”就是西方精心打造的标识性话语。

根据西方历史，国强必霸似乎是一个国家强大过程中必然的战略选择和政策取向，这是典型的西方经验和西方逻辑。西方大国崛起的过程中，充满了对抗、战争、掠夺，尤其是新兴国家强大起来挑战守成大国主导的世界秩序和权力结构时，往往通过对抗和战争来解决，也就是所谓“修昔底德陷阱”。在西方世界看来，“修昔底德陷阱”是亘古不变的铁律，是任何国家在崛起过程中绕不过去的。面对中国的日益强盛，“国强必霸论”“中国威胁论”甚嚣尘上，中国强大必然影响世界安全的怪论不绝于耳。

和平发展、互利共赢是改革开放的重要特点，这不仅源自中国传统“和合文化”，也是由中国的社会主义性质决定的，还与中国遵循历史规律、顺应时代潮流、把握世界大势、采取适当的战略措施密切相关。“不称霸”的战略选择，源于中华“和合文化”的基因传承，源于对民族苦难历史的深刻记忆，源于对“好战必亡”“霸极必衰”定律的深刻认知，源于对和平主题和发展大势的深刻把握，源于对共产党执政理念和马克思主义价值信条的执着坚守。中华民族是爱好和平的民族，中国的处世哲学提倡“以和为贵”“和谐万邦”“己所不欲，勿施于人”，中国不会将自己曾经遭遇的苦难强加于人，中国不会要求后人来偿还他们的先人的历史欠债。中国追求富强不是为了称王称霸，正如中国人习武不是为了打人。弱肉强食是丛林法则，不是国与国相处之道；穷兵黩武是霸道做法，只能搬起石头砸自己的脚。

独特的文化传统、独特的历史命运、独特的现实国情、独特的社会制度，决定了中国不会重蹈西方国强必霸、霸及必衰的覆辙。中华民族自古就是一个爱好和平的民族，从未有掠夺和占领其他民族和国家的先例。近代以来，中国经历过被殖民奴役的历史，中国也和其他受压迫民族一样，通过艰辛努力才赢得民族独立，因而更加珍惜来之不易的和平环境，更加希望与世界各国走上互利共赢的和平发展之路。正如习近平所讲，中华民族的血液中没有侵略他人、称霸世界的基因，中国人民不接受“国强必霸”的逻辑，愿意同世界各国人民和睦相处、和谐发展，共谋和平、共护和平、共享和平①。

和平是社会主义的内在规定，中国道路是一条和平发展之路。邓小平认为：中国特色社会主义是“主张和平的社会主义”，“社会主义国家不能侵犯别国的利益、主权和领土”②。社会主义是与霸权主义相背离的，社会主义国家如果损害别国主权，搞霸权主义，那就既损害社会主义在世界上的形象，又损害本国的社会主义事业③。十一届三中全会以来，中国实行改革开放，以经济建设为中心，大力发展生产力，同时调整国际战略，坚定不移地奉行独立自主的和平外交政策，不争霸，不搞军备竞赛，不搞结盟外交，在和平共处五项基本原则基础上处理与其他国家和地区的关系，倡导平等互利、合作共赢。

沿着中国特色社会主义道路前进，中国的繁荣昌盛是趋势所在，但“国强必霸”的逻辑并非历史定律。中国这头睡狮已经醒来，但它却是一只和平的、可亲的、文明的狮子。无论什么时候，中国都会坚持走和平发展道路，决不将自己的意志强加于人，永不称霸。中国通过维护世界和平来促进自身发展，又通过自己的发展来进一步促进世界和平，做世界和平坚定的维护者。习近平强调：“中国人民历经苦难，所以更珍视和平；中国致力于发展，所以更需要和平；中国期待美好未来，所以更爱护和平。”④ 中国并不走西方殖民侵略的老路，更不会通过战争和霸权来维护自己的地位，中国倡导构建人类命运共同体，建立以合作共赢为核心的新型

---

① 习近平．在中国国际友好大会暨中国人民对外友好协会成立60周年纪念活动上的讲话．光明日报，2014-05-16.

② 邓小平．邓小平文选：第3卷．北京：人民出版社，1993：328-329.

③ 王泰平．邓小平外交思想研究论文集．北京：世界知识出版社，1996：49.

④ 习近平．共倡开放包容 共促和平发展：在伦敦金融城市长晚宴上的演讲．北京：人民出版社，2015：8.

国际关系，中国将与世界各国一道致力于维护世界和平、促进共同发展。

中国以和平的方式复兴，既改写了昔日大国霸权扩张的发展逻辑，也改写了大国崛起后称王称霸的历史宿命。一个强大的中国不是世界和平的威胁，相反，是维系世界和平的中坚力量。中国越是强大，维系世界和平的力量就越大，筹码就越足。中国的和平发展道路实现了对资本主义霸权逻辑的成功超越，它昭示我们，大国崛起并非只能靠战争、殖民扩张，以和平的方式发展，以文明的姿态崛起，将是未来世界的优先选项。

一言以蔽之，改革开放的伟大胜利，意味着“国强必霸”的陈旧逻辑走向终结，意味着“强而不霸”的发展逻辑上升为新的时代主轴，意味着人类社会开辟了“强而不霸”“和平复兴”的发展道路。

第三节　将改革开放进行到底

改革开放是党和人民事业大踏步赶上时代的重要法宝，是坚持和发展中国特色社会主义的必由之路，是决定当代中国命运的关键一招，是实现“两个一百年”奋斗目标、实现中华民族伟大复兴的关键一招。邓小平指出，“不坚持社会主义，不改革开放，不发展经济，不改善人民生活，只能是死路一条”①。习近平进一步指出：“不实行改革开放死路一条，搞否定社会主义方向的‘改革开放’也是死路一条。”② 十一届三中全会以来，党领导改革开放的历史经验，浓缩为两句话就是：没有改革开放，就没有中国的今天；离开改革开放，也没有中国的明天。“将改革开放进行到底！”这是新时代中国共产党人须臾不可撼动的历史担当、坚强意志和强大定力，也是中国共产党总结过去、判断当下、展望未来发出的时代最强音。

新时代坚持改革定力，概括起来说有五句话：不走封闭僵化的老路，

---

① 邓小平．邓小平文选：第3卷．北京：人民出版社，1993：370.

② 中共中央文献研究室．习近平关于全面深化改革论述摘编．北京：中央文献出版社，2014：15.

不走改旗易帜的邪路，一以贯之坚持和发展中国特色社会主义，坚持社会主义市场经济的改革方向，坚定不移将改革进行到底①。这五句话是新时代改革的基本原则，也是全面深化改革的重要遵循。

一、不走封闭僵化的老路

中国发展社会主义，既不能走封闭僵化的老路，也不能走改旗易帜的邪路，这是总结中国现代史、世界社会主义运动史得出的基本结论。

中国社会主义建设的历史证明，固守传统的苏联模式没有出路，走封闭僵化的老路发展不了中国，发展不了社会主义，发展不了马克思主义。坚持社会主义不等于坚持某种已经被历史淘汰的社会主义模式，抛弃某种陈旧的社会主义模式不等于抛弃社会主义，固守封闭僵化的老路一定会葬送社会主义。

新中国成立后，中国共产党领导人民开始了社会主义革命和建设的伟大实践。社会主义建设初期，我们党对于什么是社会主义、怎样建设社会主义这个基本问题并没有完全搞清楚，如何建设社会主义对于中国共产党人是全新的课题，苏联模式是唯一可供参考借鉴的实践样板，“以苏为师”，走苏联人的路是当时中国领导人迫不得已的策略选择。但是，毕竟苏联不是中国，办好中国的事情要靠中国同志了解中国情况。毛泽东在新中国成立之初就敏锐察觉到“以苏为师”的局限性，自觉开始了“以苏为鉴”的实践探索。1956 年 4 月 25 日，毛泽东在中央政治局扩大会议上发表《论十大关系》的重要讲话，《论十大关系》是中国共产党人独立探索社会主义建设规律的集中体现和标志性成果。《论十大关系》初步总结了我国社会主义建设的经验，提出了探索适合我国国情的社会主义建设道路的任务。这一探索尽管取得了巨大的成绩，但也出现了脱离实际的严重失误。1958—1960 年的“大跃进”运动，反右斗争扩大化，“左”倾错误泛滥，严重打乱了国民经济秩序，造成了国民经济比例严重失调，使社会主义建设事业遭受重大损失。“大跃进”的创伤刚刚治愈，轰轰烈烈的“文化大革命”运动又席卷全国。“文化大革命”期间，党对社会主义的认识

① 习近平．习近平谈治国理政：第 2 卷．北京：外文出版社，2017：107.

严重偏离了科学社会主义的基本原则，脱离了马克思主义的正确轨道，实行“以阶级斗争为纲”的错误路线，奉行“无产阶级专政下继续革命”的错误理论，中国的社会主义事业陷入前所未有的困境，国民经济到了崩溃的边缘。站立起来的中华民族并没有跟上时代的脚步，反而进一步拉大了与西方发达国家的距离。实践告诉我们，走封闭僵化的老路发展不了中国，发展不了社会主义，发展不了马克思主义。

1976 年 10 月，“文化大革命”结束，“中国向何处去”再次成为摆在全党和全国人民面前头等重要的问题。“文化大革命”给国家留下了严重的局面：生产力发展缓慢，人民温饱没有解决，科技教育医疗卫生事业落后，等等。怎样改变这种局面？答案只有一个：改革。新中国成立以后建立的高度集中的计划经济体制，已经丧失其存在的合理性，成为阻碍社会生产力发展的桎梏。怎样解放和发展社会生产力？答案只有一个：改革。社会主义是不断改革的社会，社会主义社会的各个历史阶段，都需要根据经济社会发展的要求，适时地调整各方面体制机制，才能永葆社会主义制度的生机和活力。生机和活力从哪里来？答案只有一个：改革。贫穷不是社会主义，发展太慢不是社会主义，社会主义的优越性归根到底体现在它的生产力比资本主义发展得更快一些、更高一些。社会主义制度的优越性如何激发出来？答案只有一个：改革。行百里者半九十。建成富强民主文明和谐美丽的社会主义现代化强国，实现中华民族伟大复兴的中国梦，绝不是轻轻松松、敲锣打鼓就能实现的，需要有新理念新思路。新思路从哪里来？答案只有一个：改革。改革！改革！改革！在 20 世纪 70 年代末已经汇聚成一股洪流，成为时代的最强音。

1978 年 12 月，在邓小平的领导下，在老一辈革命家的支持下，党的十一届三中全会冲破长期“左”的错误的严重束缚，批评“两个凡是”的错误方针，充分肯定必须完整、准确地掌握毛泽东思想的科学体系，高度评价关于真理标准问题的讨论，果断结束“以阶级斗争为纲”，重新确立马克思主义的思想路线、政治路线、组织路线，响亮发出“走自己的道路，建设有中国特色的社会主义”① 的伟大号召，作出了实行改革开放的

① 邓小平．邓小平文选：第 3 卷．北京：人民出版社，1993：3.

伟大决策。从此，中国在世界上高高举起了改革开放的旗帜，中国特色社会主义伟大事业的大幕徐徐拉开，历经曲折、历尽艰辛的中国重整行装再出发，以全新的身姿亮相于世界舞台。

改革开放是我们党的历史上的又一次伟大觉醒，是中华民族复兴史上的又一次伟大革命。40 多年春风化雨、春华秋实，改革开放极大地改变了社会主义中国的面貌、中华民族的面貌、中国人民的面貌、中国共产党的面貌，中国大踏步赶上了时代，在国际社会赢得了举足轻重的地位。改革开放 40 多年来，中华民族迎来了从富起来到强起来的伟大飞跃，迎来了从世界体系边缘到前所未有靠近世界舞台中央的伟大飞跃，迎来了实现中华民族伟大复兴的光明前景。

二、不走改旗易帜的邪路

20 世纪末，世界社会主义运动特别是苏联解体、东欧剧变的惨痛历史教训证明，与西方无缝接轨不是社会主义国家的改革方向，“西方化”不是社会主义国家的正确出路，走改旗易帜的邪路一定会葬送社会主义。

20 世纪七八十年代，几乎所有社会主义国家都面临前所未有的改革难题、发展困境，何去何从成为摆在各个国家共产党人前面的一个重大考验。中国、苏联等国几乎同时代开启了改革进程，但在举什么旗、走什么路这一根本问题上，各国共产党的选择可谓大相径庭。孰是孰非，孰优孰劣，历史和实践已经给出了答案。

昔日和美国比肩并立的超级大国苏联已经解体，经济社会发展受到严重破坏。苏联解体是 20 世纪末的地缘政治灾难，是世界社会主义运动史上的重大悲剧。新世纪之初的俄罗斯是一个什么样子呢？普京上台之初有一个很坦率的说明：俄罗斯正处于其数百年来最困难的一个时期。大概这是俄罗斯近 200～300 年来首次真正面临沦为世界二流国家，甚至三流国家的危险①。美国经济学家在《俄罗斯改革的悲剧》一书中罗列了一系列数据：20 世纪 30 年代美国大萧条期间苏联国内生产总值减少了 30%，第二次世界大战期间苏联国内生产总值减少了 24%，而俄罗斯自 1992 年到 1998 年

① 普京．普京文集．北京：中国社会科学出版社，2002：16.

期间国内生产总值下降了 44%，其中工业生产总值下降了 56%。20 世纪 70 年代，巅峰时期苏联的 GDP 达到了美国的 70%左右，2019 年俄罗斯的经济体量仅相当于美国的 7.9%，落差不可谓不大。1990 年，俄罗斯的 GDP 相当于中国的 1.3 倍，然而，时过境迁，2021 年俄罗斯的 GDP 不到中国的 1/10。昔日的超级大国滑落至此，确实令人唏嘘不已。改旗易帜的东欧社会主义国家，脱离苏联的独联体国家，目前发展较好的凤毛麟角，大多数国家经济停滞，政治腐败，社会动荡，民生凋敝。乌克兰则是其中的典型代表，“颜色革命”轮番登场，国内各派政治势力在大国间选边站队，曾经无比雄厚的工业基础（可以独立制造航母、世界最大运输机、轰炸机、原子弹等高端产品）现已斑驳不堪，经济发展水平甚至不及解体前。

造成苏联解体、东欧剧变这种悲剧，既有历史的原因，又有现实的原因，既有外部的原因，又有内部的原因，而其直接原因则是苏东国家共产党领导人背叛了马克思列宁主义，背叛了社会主义道路，在举什么旗、走什么路等根本问题上犯了无可挽回的颠覆性错误。正如江泽民所说：“东欧剧变、苏联解体，最深刻的教训是：放弃了社会主义道路，放弃了无产阶级专政，放弃了共产党的领导地位，放弃了马克思列宁主义，结果使得已经相当严重的经济、政治、社会、民族矛盾进一步激化，最终酿成了制度剧变、国家解体的历史悲剧。”① 苏东的失败，不等于社会主义的失败，但确实给其他社会主义国家以警醒，在举旗定向的根本问题上绝不可犯糊涂。

苏东的前车之覆，就是中国的后车之鉴。2018 年，习近平在庆祝改革开放 40 周年大会上的讲话指出，“在中国这样一个有着 5 000 多年文明史、13 亿多人口的大国推进改革发展，没有可以奉为金科玉律的教科书，也没有可以对中国人民颐指气使的教师爷”②。在涉及道路、理论、制度、文化等根本性问题上，在涉及哪些能改、哪些不能改的原则性问题上，在涉及为谁改革、靠谁改革的根本立场问题上，在涉及改什么、怎么改、改向哪

---

① 江泽民．江泽民文选：第 3 卷．北京：人民出版社，2006：230.

② 习近平．在庆祝改革开放 40 周年大会上的讲话．北京：人民出版社，2018：27.

里去的方向性问题上，在涉及开放的节奏、步骤、范围、领域等关键问题上，在涉及改革开放领导力量、依靠力量的大是大非面前，必须保持战略定力，不讲模棱两可的话，不做遮遮掩掩的事，不犯颠覆性错误。

新时代改革开放再出发，我们绝不能走改旗易帜、"全盘西化"的邪路，经济上绝不能搞全面私有化，政治上绝不能搞资产阶级自由化，军事上绝不能搞所谓军队国家化，意识形态上绝不能搞指导思想多元化，这都是关乎中国命脉的根本性问题。有的人曲解、误导我们的改革开放，将经济体制改革定义为往"私有化"的方向改，将政治体制改革定义为往"三权分立""多党制"的方向改，将文化体制改革和意识形态工作定义为往西方"普世价值"、指导思想多元化的方向改，将司法体制改革定义为往所谓"司法独立"的方向改，将军事体制改革定义为往所谓"军队国家化"的方向改，否则就是不改革。这是完全错误的。中国的改革不是改向，变革不是变色。习近平指出，我们必须"牢牢把握改革开放的前进方向。改什么、怎么改必须以是否符合完善和发展中国特色社会主义制度、推进国家治理体系和治理能力现代化的总目标为根本尺度，该改的、能改的我们坚决改，不该改的、不能改的坚决不改"①。中国是一个大国，决不能在涉及方向、道路等根本性问题上出现颠覆性错误，一旦出现就无法挽回、无法弥补。这既是尊重共产党执政规律、社会主义建设规律、人类社会发展规律的必然要求，也是我们从两种制度较量和大国政治博弈的残酷现实中得出的一个极其重要的结论。

三、一以贯之坚持和发展中国特色社会主义

一个国家实行什么样的主义、走什么样的道路，关键要看这个主义、这条道路能否解决这个国家面临的历史性课题；这个主义、这条道路是不是好，关键要看事实，要看中国人民的判断。习近平指出，"历史和现实都告诉我们，只有社会主义才能救中国，只有中国特色社会主义才能发展中国，这是历史的结论、人民的选择"②。"全党要更加自觉地增强道路自

① 习近平．在庆祝改革开放40周年大会上的讲话．北京：人民出版社，2018：28.

② 习近平．习近平谈治国理政．北京：外文出版社，2014：22.

信、理论自信、制度自信、文化自信，既不走封闭僵化的老路，也不走改旗易帜的邪路，保持政治定力，坚持实干兴邦，始终坚持和发展中国特色社会主义”①。

全面深化改革往什么方向走，这是一个根本性的问题。中国的改革决不是要从根本上改变我国的社会主义制度，革社会主义的命，就其实质来说，它是社会主义制度的自我完善和发展。回溯整个中国近代史，就会懂得，不搞社会主义，只有死路一条；总结中国社会主义建设时期的经验教训，就会懂得，不搞改革开放，也是死路一条；回首苏联和东欧社会主义国家的发展史，就会懂得，不坚持社会主义方向的改革开放，还是死路一条。早在 1989 年，邓小平就深刻指出：“整个帝国主义西方世界企图使社会主义各国都放弃社会主义道路，最终纳入国际垄断资本的统治，纳入资本主义的轨道。现在我们要顶住这股逆流，旗帜要鲜明。因为如果我们不坚持社会主义，最终发展起来也不过成为一个附庸国，而且就连想要发展起来也不容易。”② 历史证明，邓小平当初的判断是非常准确的。我们之所以要改革开放，其初衷是解放生产力、发展生产力，是让人们过上美好生活，是让国家更快富强、民族尽早复兴。西方也确实希望我们改革开放，不遗余力、毫无保留地推销它们的改革方案，它们的初衷恐怕不是让中国更快走向富强、民族尽早实现复兴，不是让中国早日成为世界头号经济体，早日站在世界舞台中央，也不是让广大中国人民早日过上美好生活；它们希望通过新自由主义定向改革，让中国走上西方指定的道路，永远扮演西方经济和政治上的附庸国，永远沦为西方文化上的殖民地，永远居于资本主义世界体系的边缘地带，永远失去与其比肩并立、平起平坐的可能性，正如苏联的结局那样。

任何时候，改革开放的一切举措和部署，都不能改变社会主义的根本方向，都不能背叛社会主义的基本原则，都不能丢掉党、国家、人民安身立命的根本。习近平指出：“改革开放是一场深刻革命，必须坚持正确方

---

① 习近平．决胜全面建成小康社会 夺取新时代中国特色社会主义伟大胜利：在中国共产党第十九次全国代表大会上的报告．北京：人民出版社，2017：17.

② 邓小平．邓小平文选：第 3 卷．北京：人民出版社，1993：311.

向，沿着正确道路推进。在方向问题上，我们头脑必须十分清醒，不断推动社会主义制度自我完善和发展，坚定不移走中国特色社会主义道路。"①几十年来，西方大国从未遗忘中国，20世纪八九十年代的"和平演变"战略，21世纪初的遏制中国战略，2010年代初的价值观外交战略、C型包围圈，2010年代中期的亚太再平衡战略、"颜色革命"，今天的印太战略、贸易战，一个个都剑指中国，其根本原因就在于一个社会主义中国的崛起是西方无法接受的，中国以西方不认可的政治制度、发展模式和价值观念走向成功，中国的成功直接宣告了"西方中心论"的破产、"历史终结论"的终结，这是西方所不能容忍的。因此，越是在民族复兴的关键时刻，越是要保持头脑清醒，坚守原则立场，保持战略定力。无论怎么改革、怎么开放，中国特色社会主义的旗帜不能丢，道路和方向不能变。

中国改革的成功，本质上是中国特色社会主义的成功，是中国特色社会主义道路、理论、制度、文化的成功。中国以西方不认可的社会形态、发展道路、政党制度、文明价值观念，花费比西方少得多的时间，付出比西方小得多的代价，取得了比西方更大的成绩，中华民族迎来了从站起来、富起来到强起来的伟大飞跃，迎来了伟大复兴的光明前景。中国成功的样本意义是其他国家难以比肩的。中国是一个非常独特的样本，创造了连续40多年经济快速增长的世界奇迹，这是人类迄今为止绝无仅有的历史景象。

中国特色社会主义道路是一条与西方完全异质，却更加成功的现代化之路。中国特色社会主义道路的巨大成功，不是共产党人的自我吹嘘，而是实践给出的答案。经过连续40多年的快速发展，中国今天已经成为全球经济的发动机和主引擎，而且中国在这么长的发展周期内没有经历过严重的经济危机和社会危机，这不能不说明中国特色社会主义道路是正确的，中国特色社会主义理论是科学的，中国特色社会主义制度是有优越性的，中国特色社会主义文化是先进的。中国在西方的夹击中求生存，"千磨万击还坚劲，任尔东西南北风"，真可谓"风景这边正好"。中国道路的巨大

① 习近平. 习近平谈治国理政. 北京：外文出版社，2014：67.

成功足以撑起这个颠扑不破的历史结论：只有中国特色社会主义才能发展中国。我们在2020年全面建成小康社会，靠的是坚持和发展中国特色社会主义；我们要在2035年基本实现社会主义现代化，要靠一以贯之坚持和发展中国特色社会主义；我们要在2050年建成社会主义现代化强国，实现中华民族伟大复兴的中国梦，还是要靠一以贯之坚持和发展中国特色社会主义。

中国改革开放的巨大成功，打破了西方政治制度和价值观“放之四海而皆准”的神话，打破了“除了资本主义别无选择”的神话，打破了“现代化=西方化”的发展逻辑，宣告了“西方中心论”的破产和“历史终结论”的终结，“拓展了发展中国家走向现代化的途径，给世界上那些既希望加快发展又希望保持自身独立性的国家和民族提供了全新选择，为解决人类问题贡献了中国智慧和中国方案”①。近百年来，未有发展中国家成功走近世界舞台的中央，中国是唯一的例外。

随着中国改革的成功，中华民族站在了强起来的历史新起点，“中国威胁论”也随之出场了。这种论调的实质是什么呢？其实，大多数西方国家特别是欧洲国家主要不是担心中国的崛起，不担心中国会走国强必霸的道路。但因为中国的成功，证明了“历史终结论”是错的，“西方中心论”是错的，“文明优越论”是站不住脚的，“普世价值”是行不通的，“别无选择论”是武断的，西方几百年来累积的优越感、自豪感和傲慢心态碎了一地，这是他们无法接受的。在他们眼里，欧洲永远都是中心，中国不过是远东。这是500年来西方第一次遭遇来自东方的制度和价值观威胁，也是“中国威胁论”的核心要义。2018年2月17日，德国副总理兼外长加布里尔在出席慕尼黑安全会议时说，中国是西方自由民主大厦的“打桩者”。加布里尔表示，西方世界的秩序犹如一座大厦，但美国的变化动摇了大厦的根基，这个时候，“别人”就开始在这座大厦的地基上打桩了，最终会导致大厦发生根本性改变。这个“别人”正是指的中国，中国正在向世界提供另一种制度选择。

---

① 习近平．决胜全面建成小康社会 夺取新时代中国特色社会主义伟大胜利：在中国共产党第十九次全国代表大会上的报告．北京：人民出版社，2017：10.

“中国威胁论”，准确地说，不过是“威胁中国论”，其实质是西方联合起来遏制中国的复兴。因此，越是在民族复兴的关键时刻，越是要保持战略定力，坚定不移走中国特色社会主义道路。

四、坚持社会主义市场经济的改革方向

新中国成立初期，我们党在特定历史阶段选择了计划经济体制，充分发挥了计划经济体制的优点，扬长避短，在较短时间内建立起比较完整的国民经济体系，为当代中国一切的发展进步奠定了物质前提和工业基础。计划经济的主要优势是能够通过计划实现资源按比例配置，能够集中力量办大事。新中国成立之后，特别是社会主义改造完成之后，我国进入工业化起步阶段。这个阶段是为全面工业化创造条件的阶段，必须大力推进基础设施建设，优先发展重工业，为今后经济社会全面发展、满足人们多方面需要奠定基础。这“正是计划经济体制的优势所在，工业化初期选择计划经济体制正是扬长避短的逻辑必然”①。中国在计划经济体制下取得了令人瞩目的发展成就。国家工业体系布局、大型基础设施建设、大型水利工程建设、大规模垦荒、全民扫盲等都是依靠国家计划推动和完成的。1952年到1978年，我国经济增长明显加速，国内生产总值从679亿元增长到3 645亿元，发电量、钢产量、粮食产量均大幅度翻倍增长；文盲率从80%以上降低到25%左右；人口从5亿多增加到9亿多，接近翻番。计划经济体制的历史合理性、正当性不容置疑。

但是，计划经济体制也存在弊端，一是无法掌握充分的决策信息，二是无法生成充分的激励机制。新中国经过30年计划经济打基础，共和国大厦的四梁八柱已经搭建起来，如何选择装饰材料、装饰风格，则是多元化的；如何激励不同社会主体各显神通，则是个性化的。统一计划难以实现最优选择、最佳配置，也难以满足社会主体个性化的装饰效果。工业化发展到中后期阶段，国民经济基本框架已经确立，经济发展的中心任务是全面满足社会多样化的物质需求，满足人民日益增长的物质文

① 于鸿君. 中国经济体制的选择逻辑及其在全球化新时代的意义. 世界社会主义研究，2018 (6).

化生活需要，而这正是市场经济体制所擅长的。因此，经过一个时期的基础设施建设和重工业发展后，计划经济体制的优势逐步退化，弊端日益放大，适时进行经济体制改革，建立社会主义市场经济体制，则是时代发展的必然要求。

坚持社会主义市场经济的改革方向，是历史和实践给出的答案。苏联模式的经验教训告诉我们，苏联在工业化中期甚至工业化后期时，僵化的计划体制严重窒息了经济的发展活力，苏联共产党却违背经济发展规律，固守计划经济体制，一再贻误改革良机，最终被历史所淘汰，被迫退出历史舞台。我国“文化大革命”的教训也告诉我们，不搞改革开放，不适时调整经济体制，最终也只有死路一条。不同的经济体制肩负着不同的经济使命，在特定历史条件下表现为合理的东西，在变化了的历史条件下完全可能演变成不合理的东西，正所谓凡是现实的都是合理的，凡是现存的都是必然要灭亡的。计划经济体制在我国工业化初期是合理的，随着工业化进入中期阶段，原先具有历史合理性的计划经济体制就显得不合乎理性了，就是必然要淘汰的，如果此时不能适时调整经济体制，就会延误社会主义事业。怎么改？一个重大的问题就是如何处理好计划与市场、宏观调控与市场调节的关系问题，核心是如何认识市场的性质、地位和作用问题。

中国共产党人对市场的认识，从社会主义改造时期就开始了。毛泽东深刻指出：“商品生产，要看它是同什么经济制度相联系，同资本主义制度相联系就是资本主义的商品生产，同社会主义制度相联系就是社会主义的商品生产。”① 在南方谈话中，邓小平指出：“计划经济不等于社会主义，资本主义也有计划；市场经济不等于资本主义，社会主义也有市场。计划和市场都是经济手段。”② 市场作为经济调节的手段，不是资本主义的专利，也可以为社会主义国家所用，社会主义国家也可以搞市场经济。毛泽东特别是邓小平对市场的认识，奠定了我国社会主义市场经济改革的哲学基础。

---

① 毛泽东．毛泽东文集：第 7 卷．北京：人民出版社，1999：439.

② 邓小平．邓小平文选：第 3 卷．北京：人民出版社，1993：373.

改革开放40多年来，中国改革一步步走向市场经济。先是提出“计划经济为主，市场调节为辅”①，然后形成了有计划的商品经济改革思路，强调“国家调节市场，市场引导企业”，1992年正式确立社会主义市场经济的改革取向。此后，我们对市场的认识进一步深化，由市场在资源配置中起基础性作用发展到党的十八届三中全会提出的“市场在资源配置中起决定性作用和更好发挥政府作用”②。40多年来，中国的市场化改革是成功的，社会生产力得到了极大的发展，综合国力得到了极大的增强，人民生活水平得到了极大的提升。

中国改革为什么必须坚持社会主义市场经济的改革方向？一方面，理论和实践都证明，市场配置资源是最有效率的形式，市场决定资源配置是市场经济的一般规律，市场经济本质上就是市场决定资源配置的经济。健全社会主义市场经济体制必须遵循这条规律，改革不能违背这条规律。另一方面，理论和实践也证明，市场不是万能的，市场的逐利性、市场反应的滞后性、市场经济的盲目性和自发性，都需要从市场之外寻找干预力量，以弥补市场的失灵。习近平指出：“坚持党的领导，发挥党总揽全局、协调各方的领导核心作用，是我国社会主义市场经济体制的一个重要特征。”③ 社会主义市场经济体制不同于资本主义市场经济的一个重要方面就在于，我们“坚持发挥我国社会主义制度的优越性、发挥党和政府的积极作用。市场在资源配置中起决定性作用，并不是起全部作用”④。在改革的过程中，我们要坚持和发展我们的政治优势，以社会主义的制度优势、中国共产党的治理优势引领和推进改革，确保改革沿着正确的轨道进行。

完善社会主义市场经济体制是一项艰巨的历史任务，是全面深化改革的重要依托。只要这一任务没有完成，市场化改革的方向就不能变，市场化改革的步伐就不能停顿。当然，我们的市场化改革不同于西方主张的全盘市场化，不是放任市场化。任何时候，中国的改革既不能离开社会主义的方向，也不能离开市场经济的轨道。那种否定政府作用，搞全盘市场化

---

① 江泽民．江泽民文选：第1卷．北京：人民出版社，2006：226.

② 习近平．习近平谈治国理政．北京：外文出版社，2014：95.

③ 同④118.

④ 同②77.

的改革在中国行不通，在其他国家也是失败的。

中国改革开放成功的秘诀可以总结很多条，其中在正确的时间选择了正确的经济体制，是很重要的一条。北京大学于鸿君教授认为，“根据经济发展的不同阶段，选择不同的经济体制。人口众多、贫穷落后的社会主义大国，在实现工业化的初期阶段选择计划经济体制是最好的制度安排；社会主义大国在工业化中期和后期，选择市场经济体制是最好的安排”①。坚持社会主义市场经济的改革方向，不等于否定过去选择计划经济体制的合理性；承认计划经济体制的历史正当性，不等于动摇社会主义市场经济的改革方向。这是中国经济体制选择的逻辑，也是时代发展的逻辑。

五、改革开放只有进行时没有完成时

改革开放是当代中国最鲜明的特色，只有改革开放才能发展中国、发展社会主义、发展马克思主义，停顿和倒退没有出路。实践发展永无止境，解放思想永无止境，改革开放永远在路上。没有改革开放，就没有中国的今天；离开改革开放，也没有中国的明天。没有改革开放，中华民族不可能迎来从站起来、富起来到强起来的伟大飞跃，中国特色社会主义不可能迎来从创立到发展壮大的伟大飞跃，中国人民不可能迎来从温饱不足到全面小康的伟大飞跃，发展中大国不可能迎来从落后时代到赶上时代、引领时代的伟大飞跃，社会主义中国不可能迎来从世界体系边缘到走近世界舞台中央的伟大飞跃，久经磨难的中华民族不可能迎来伟大复兴的光明前景。

“改革开放中的矛盾只能用改革开放的办法来解决”②。改革，归根结底是为了解决矛盾和问题。马克思主义认为，世界是不断运动变化发展的，矛盾和问题是推动世界变化发展的根本动力。习近平指出，“没有改革开放就没有当代中国的发展进步，改革开放是发展中国、发展社会主

① 于鸿君．中国经济体制的选择逻辑及其在全球化新时代的意义．世界社会主义研究，2018（6）．

② 习近平．习近平谈治国理政．北京：外文出版社，2014：69．

义、发展马克思主义的强大动力”①。历史没有终点，问题不会终结，改革永远在路上。一个时代有一个时代的问题，一代人有一代人的使命。老的问题解决了，新的问题又会出现，改革既不可能一蹴而就，也不可能一劳永逸。中国特色社会主义是与时俱进的事业。中国特色社会主义新时代，相比较于前半程，一定是更好的时代，是趋近于美好生活的时代，但丝毫不意味着这是一个问题更少、矛盾更小的时代。今天，经济领域发展不平衡、不协调、不可持续问题依然突出；政治领域国家治理体系和治理能力现代化水平亟待提升；文化领域意识形态挑战依然严峻；科技领域创新能力不足、核心技术供给不足依然明显；社会领域教育、就业、社会保障、医疗、住房、收入分配、食品药品安全、执法司法、社会治安等群众切身利益问题依然存在；生态文明领域环境破坏、气候变暖、发展方式粗放问题依然突出；党的建设领域形式主义、官僚主义、享乐主义和奢靡之风等问题依然存在，反腐败斗争形势依然严峻；等等。除了深化改革开放，没有别的选择。总之，伴随着改革开放向纵深发展，发展起来后的问题不比不发展时少，深水区的矛盾比浅水区更趋复杂，触动利益的问题比触动灵魂还难，身居高处面临的困难比平时更具挑战性，只有时刻绷紧改革这根弦，作好改革这篇大文章，才能任凭风吹雨打，我自岿然不动。

改革开放成就了中国的今天，也将决定中国的未来。改革开放“40 年来取得的成就不是天上掉下来的，更不是别人恩赐施舍的，而是全党全国各族人民用勤劳、智慧、勇气干出来的！”② 我们用几十年时间走完了发达国家几百年走过的工业化历程。在中国人民手中，不可能成为可能。行百里者半九十。建成社会主义现代化强国，实现中华民族伟大复兴，是一场接力跑，我们要一棒接着一棒跑下去，每一代人都要为下一代人跑出一个好成绩。改革开放每一步都不是轻而易举的，未来必定会面临这样那样的风险挑战，甚至会遇到难以想象的惊涛骇浪。面向未来，我们必须保持改

① 中共中央文献研究室．习近平关于全面深化改革论述摘编．北京：中央文献出版社，2014：3.

② 习近平．在庆祝改革开放 40 周年大会上的讲话．北京：人民出版社，2018：19.

革定力，保持战略耐力，坚持方向不变、道路不偏、力度不减，推动新时代改革开放走得更稳、走得更远。

习近平指出，“我们现在所处的，是一个船到中流浪更急、人到半山路更陡的时候，是一个愈进愈难、愈进愈险而又不进则退、非进不可的时候。改革开放已走过千山万水，但仍需跋山涉水，摆在全党全国各族人民面前的使命更光荣、任务更艰巨、挑战更严峻、工作更伟大”①。在这个千帆竞发、百舸争流的时代，我们绝不能有半点骄傲自满、故步自封，也绝不能有丝毫犹豫不决、徘徊彷徨，必须统揽伟大斗争、伟大工程、伟大事业、伟大梦想，勇立潮头、奋勇搏击，将改革开放进行到底，在新时代创造中华民族新的更大奇迹！创造让世界刮目相看的新的更大奇迹！

第四节　蹄疾步稳走好新时代改革之路

改革开放以来，我们用改革的办法解决了党和国家事业发展中的一系列问题，中国特色社会主义进入了新时代。同时，我们也要看到，改革过程中，旧的问题解决了，新的问题又会产生，制度总是需要不断完善，改革不可能一蹴而就，也不可能一劳永逸。比如：发展不平衡不充分的一些突出问题尚未解决，发展质量和效益还不高，创新能力还不强，实体经济水平有待提高，生态环境保护任重道远；民生领域还有不少短板，巩固、拓展脱贫攻坚成果任务艰巨，城乡区域发展和收入分配差距依然较大，群众在就业、教育、医疗、居住、养老等方面面临不少难题；社会文明水平尚需提高；社会矛盾和问题交织叠加，全面依法治国任务依然繁重，国家治理体系和治理能力的现代化水平有待提升；意识形态领域斗争依然复杂，国家安全面临新情况；一些改革部署和重大政策措施需要进一步落实；党的建设方面还存在不少薄弱环节。解决这些难题，关键在于全面深化改革，不断推进中国特色社会主义制度自我完善和发展。

面对未来，决胜全面建成小康社会之后，我们要基本实现社会主义

① 习近平．在庆祝改革开放 40 周年大会上的讲话．北京：人民出版社，2018：42.

现代化，建成富强民主文明和谐美丽的社会主义现代化强国，实现中华民族伟大复兴的中国梦，除了全面深化改革开放，别无他途；我们“要破解发展面临的各种难题，化解来自各方面的风险和挑战，更好发挥中国特色社会主义制度优势，推动经济社会持续健康发展”①，除了全面深化改革开放，别无他途；我们要坚定地走近世界舞台中央，为解决人类面临的共同难题提供中国方案，为捍卫世界和平与发展的主题贡献中国力量，为优化全球治理体系、重建全球治理秩序贡献中国智慧，为重塑国际交往理性和世界精神提供中国价值，除了全面深化改革开放，别无他途。

党的十一届三中全会以后，我国改革开放走过波澜壮阔的历程，取得了举世瞩目的成就。随着实践的发展，一些深层次体制机制问题和利益固化的藩篱日益显现，改革进入攻坚期、深水区。“党的十八届三中全会对经济体制、政治体制、文化体制、社会体制、生态文明体制、国防和军队改革和党的建设制度改革作出部署，确定全面深化改革的总目标、战略重点、优先顺序、主攻方向、工作机制、推进方式和时间表、路线图。党的十一届三中全会是划时代的，开启了改革开放和社会主义现代化建设新时期。党的十八届三中全会也是划时代的，实现改革由局部探索、破冰突围到系统集成、全面深化的转变，开创了我国改革开放新局面。”②

一、新时代改革的新特点

与改革开放之初相比，新时代改革出现了许多新的历史特点，为全面深化改革提出了新的挑战。今天，我国改革已升级为整体性的全面改革，改革的涉及面之广、变革之深、难度之大、力度之强、关联度之复杂，都世所罕见、前所未有。全面深化改革必须科学研判新形势，准确把握新时代改革的新特点，精准施策、稳扎稳打，确保改革行稳致远。

第一，改革的深度：“改革进入攻坚期和深水区”。党的十八届三中全

① 习近平. 习近平谈治国理政. 北京：外文出版社，2014：86.

② 中国共产党第十九届中央委员会第六次全体会议文件汇编. 北京：人民出版社，2021：61-62.

会通过的《中共中央关于全面深化改革若干重大问题的决定》（简称《决定》）指出："当前，我国发展进入新阶段，改革进入攻坚期和深水区。"① 这是关于我国改革方位新的判断，必须增强改革的系统性、整体性、协同性。今天的改革由目标到结果都大大深入了，必须统筹谋划和整体推进。习近平指出，过去，我们也提出过改革目标，但大多是从具体领域提的。党的十八届三中全会提出全面深化改革的总目标则是整体性的战略目标。在这一总目标的统领下，我们进一步明确了经济、政治、文化、社会、生态文明体制和党的建设体制、国防和军队体制的改革分目标。总分结合目标的确定，既是改革进程本身向纵深拓展深化的客观要求，也体现了我们党对改革认识的深化和系统化。习近平指出，改革越是深化，越要注意协同，既抓改革方案协同，也抓改革落实协同，更抓改革效果协同，促进各项改革举措在政策取向上相互配合、在实施过程中相互促进、在改革成效上相得益彰。

第二，改革的广度："改革的广度大大拓展"。在广度上，全面深化改革是一项复杂的系统工程，涉及党和国家工作全局，涉及经济社会发展各领域，必须增强改革的系统性、整体性、协同性。今天的改革不是某一领域的单兵突进，而是包括经济、政治、文化、社会、生态文明"五位一体"，以及党的建设、国防和军队在内的全面改革，各个子系统之间存在着相互联系、相互依存、相互作用的关系。党的十八届三中全会就全面深化改革作出总体部署，改革涉及15个领域，出台了330多项较大的改革举措，包括经济、政治、文化、社会、生态文明和党的建设等各个方面。习近平指出，今天，改革的广度大大拓展，我们"不是推进一个领域改革，也不是推进几个领域改革，而是推进所有领域改革"②；我们的改革"是一场深刻而全面的社会变革，既包括经济体制又包括政治体制、文化体制、社会体制、生态体制，既涉及生产力又涉及生产关系，既涉及经济基础又涉及上层建筑，每一项改革都会对其他改革产生重要影响，每一项改革又

① 中共中央文献研究室. 十八大以来重要文献选编：上. 北京：中央文献出版社，2014：514.

② 习近平. 习近平谈治国理政. 北京：外文出版社，2014：90.

都需要其他改革协同配合”①。如果改革举措相互打架、相互牵扯，甚至相互抵触、相互对立，缺乏配套协同，改革成效就会大打折扣。

第三，改革的难度：“敢于啃硬骨头，敢于涉险滩”。在难度上，全面深化改革的复杂程度、敏感程度、艰巨程度一点都不亚于改革开放初期，对此必须要有充分的估计和预判。习近平在索契接受俄罗斯记者专访时指出：“中国改革经过30多年，可以说，容易的、皆大欢喜的改革已经完成了，好吃的肉都吃掉了，剩下的都是难啃的硬骨头。”② 进入攻坚期和深水区，改革是突破利益固化藩篱的深层次改革，是触动利益和灵魂的高难度改革，是根治顽瘴痼疾和体制机制弊端的深层次变革，是伤筋动骨的高强度改革。改革中，过去未曾破除的思想禁锢要坚决破除，未曾触动的利益要敢于触及，未曾打破的藩篱要大胆打破，未曾深入的领域要坚决深入，未曾根治的痼疾要彻底治疗。当然，在各种利益相互交织、各类矛盾错综复杂的情况下，改革也不能盲动蛮干，必须权衡各方，系统谋划，协同推进，避免出现较大的震动，争取以较小的改革代价和改革成本获得最大的改革成效。

第四，改革的力度：“踏石留印，抓铁有痕”。作风关乎改革成败。完成全面深化改革的战略部署，来不得半点马虎、松懈，必须发扬“钉钉子”精神，“以抓铁有痕、踏石留印的劲头”③ 狠抓落实。改革难度决定改革力度。今天，改革的难度前所未有，轻描淡写、蜻蜓点水，浮于表面，不动用雷霆之力，不触及深层矛盾，改革是不可能取得重大成效的。当然，力度大不等于使蛮劲，关键在于找准改革突破的着力点，精准发力，精准施策，一个堡垒一个堡垒地攻；要有进取意识、进取精神，要有攻坚克难的信心决心，明知山有虎、偏向虎山行；要克服畏难情绪、浮躁心态，一步一个脚印向前走；要坚持胆子大、步子稳，战略上勇于进取，战术上稳扎稳打，不折腾、不反复，交出经得起历史、实践和人民检验的改

① 中共中央文献研究室．习近平关于全面深化改革论述摘编．北京：中央文献出版社，2014：35.

② 习近平．习近平谈治国理政．北京：外文出版社，2014：101.

③ 同①145.

革成绩单。

第五，改革的关联度："重大改革牵一发而动全身"。新时代，每一项改革都会涉及多种因素，每一项改革都深刻影响其他各个方面，受多重因素、各个方面条件的制约。工作从来都是系统的、高度关联的，办法从来都不是单一的。改革的高度关联性决定了改革必须统筹谋划、整体推进。习近平指出："重大改革都是牵一发而动全身的，更需要全面考量、协调推进。不能畸轻畸重，也难以单刀突进。"① 他还指出，"要解决我们面临的突出矛盾和问题，仅仅依靠单个领域、单个层次的改革难以奏效，必须加强顶层设计、整体谋划，增强各项改革的关联性、系统性、协同性"②。改革的高度关联性决定了改革必须系统联动、整体配合、协同一致，不能东一榔头西一棒槌。单线突击、单兵突进解决不了根本问题，局部改革、避重就轻不是改革良方，"头痛医头，脚痛医脚"也不是对症良策。牵一发而动全身的改革，必须准确把握事物各方面深度关联这一新特征，坚持全局筹划、全面发力，多措并举、打好组合拳，形成齐抓共管、多管齐下的改革局面，方能推动全面深化改革行稳致远。

二、新时代改革的总目标

回顾改革开放40多年的伟大历程，改革经历了从农村到城市、从沿海到内地、从经济领域到其他领域、从国内改革到对外开放、从"摸着石头过河"到顶层设计的过程。在这一过程中，我们也提出过改革目标，但大多是从具体领域提的。比如，1986年9月29日，邓小平提出政治体制改革总的目标有三条：巩固社会主义制度；发展社会主义社会的生产力；发扬社会主义民主，调动广大人民的积极性。1992年，党的十四大提出，我国经济体制改革的目标是建立社会主义市场经济体制。随着改革的步步深入，我们对改革目标的设计也逐步深入。

党的十八大作出了全面深化改革开放的战略部署。全面者，就是要统

① 中共中央文献研究室. 习近平关于全面深化改革论述摘编. 北京：中央文献出版社，2014：33.

② 中共中央文献研究室. 习近平关于协调推进"四个全面"战略布局论述摘编. 北京：中央文献出版社，2015：76.

筹推进各领域改革，这就需要有管总的目标，也要回答推进各领域改革最终是为了什么、要取得什么样的整体结果这个问题。正所谓“立治有体，施治有序”。在党的十八届三中全会上，习近平正式提出了全面深化改革总目标，并在总目标统领下明确了经济体制、政治体制、文化体制、社会体制、生态文明体制和党的建设制度深化改革的分目标。这是改革进程本身向前拓展提出的客观要求，体现了我们党对改革认识的深化和系统化，为新时代改革提供了鲜明的目标导向。

全面深化改革总目标包含两句话：“完善和发展中国特色社会主义制度，推进国家治理体系和治理能力现代化。”① “前一句规定了根本方向，我们的方向就是中国特色社会主义道路，而不是其他什么道路。后一句规定了在根本方向指引下完善和发展中国特色社会主义制度的鲜明指向。两句话都讲，才是完整的。”② 这两句话是一个统一的整体，不能只讲一句话，更不能割裂开来、对立起来。任何时候，中国的改革都是行走在社会主义方向和道路上的改革，推进国家治理体系和治理能力现代化，绝不是搞西方化、资本主义化，绝不是要改成西方社会的模样！

全面深化改革是在既定方向上的继续前进，而不是改航转向。这个方向就是完善和发展中国特色社会主义制度。全面深化改革总目标中的第一句话表明改革的价值导向和政治定位，即我们的改革是社会主义方向上的改革，不是改到别的什么方向去。现在，“一些敌对势力和别有用心的人也在那里摇旗呐喊、制造舆论、混淆视听，把改革定义为往西方政治制度的方向改，否则就是不改革。他们是醉翁之意不在酒，‘项庄舞剑，意在沛公’”③。对此要洞若观火，保持政治坚定性，明确政治定位。我们坚持全面深化改革，是为了推动党和人民事业更好发展，而不是为了迎合某些人的“掌声”；是为了维护最广大人民的根本利益，而不是为了满足少数

① 中共中央文献研究室．十八大以来重要文献选编：上．北京：中央文献出版社，2014：512.

② 习近平．在庆祝全国人民代表大会成立60周年大会上的讲话．北京：人民出版社，2014：20.

③ 中共中央文献研究室．习近平关于全面深化改革论述摘编．北京：中央文献出版社，2014：19.

人的私利；是为了让中国人民过上美好生活，而不是为了贴近西方的本本；是为了增进社会的公平正义，而不是为了迎合西方的抽象道德说教，不能把西方的理论、观点生搬硬套在自己身上，不能抄袭西方“华盛顿共识”“休克疗法”中提出的改革药方。中国的改革不管改到什么时候，改革力度不管大到什么程度，改革面不管触及什么领域，社会主义的发展方向不能改，马克思主义在意识形态领域的指导地位不能改，人民当家作主的政权性质和制度属性不能改，共同富裕的发展目标不能改，公有制的主体地位不能改，坚持党对一切工作的领导地位不能改。这中间任何一项都是改革的底线、红线，再过多长时间也不能改；改了，就不是社会主义了。

推进国家治理体系和治理能力现代化，是完善和发展中国特色社会主义制度的必然要求。国家治理体系和治理能力是一个国家制度和制度执行能力的集中体现，两者相辅相成，单靠哪一个治理国家都不行。所谓国家治理体系，“是在党领导下管理国家的制度体系，包括经济、政治、文化、社会、生态文明和党的建设等各领域体制机制、法律法规安排，也就是一整套紧密相连、相互协调的国家制度”①。所谓国家治理能力，“是运用国家制度管理社会各方面事务的能力，包括改革发展稳定、内政外交国防、治党治国治军等各个方面”②。治理国家，制度是起根本性、全局性、长远性作用的。然而，没有有效的治理能力，再好的制度也难以发挥作用。同时，还要看到，国家治理体系和国家治理能力虽然紧密联系，但又不是一码事，不是国家治理体系越完善，国家治理能力自然而然就越强。纵观世界，各国各有其治理体系，而各国治理能力由于客观情况和主观努力的差异又有或大或小的差距，甚至同一个国家在同一种治理体系下不同历史时期的治理能力也有很大差距。习近平指出，“国家治理体系和治理能力是一个有机整体，相辅相成，有了好的国家治理体系才能提高治理能力，提高国家治理能力才能充分发挥国家治理体系的效能”③。正是基于这一考虑，我们既要着眼于实现国家治理体系现代化，也要着眼于推进国家治理

①②③ 中共中央文献研究室．习近平关于全面深化改革论述摘编．北京：中央文献出版社，2014：24.

能力现代化，二者不可偏废。

怎样治理社会主义社会这样的全新社会，马克思主义经典作家在理论上的探索是不足的，在学术上的准备是欠缺的，苏联、东欧等社会主义国家的实践探索也是不完全成功的，中国共产党在70多年治国理政的实践中也走了不少弯路。马克思、恩格斯生活在19世纪，没有遇到全面治理一个社会主义国家的实践，他们关于未来社会的治理原则很多是预测性的，没有经受过复杂社会实践的检验，他们对巴黎公社的实践提出了指导意见、作出了深刻总结，但巴黎公社实践时间短、范围小，不具有社会学意义上的样本价值；列宁领导建立了世界上第一个社会主义国家，也领导了一段时间的社会主义国家治理和建设实践，但天不假年，列宁在俄国十月革命后不久就过世了，如何治理一个全新的社会主义国家，如何建构符合新社会特点的国家治理体系，列宁的思考和实践都是非常有限的，尽管他创造性地提出了一些政策举措，但未能留下系统的、可复制的社会主义国家治理理论和治理模式；列宁之后，斯大林、赫鲁晓夫、勃列日涅夫、戈尔巴乔夫等苏联领导人在社会主义国家治理这个问题上进行了长期探索，取得了一些实践经验，但也犯下了严重错误，特别是到了戈尔巴乔夫时期，苏联国家治理体系改革走上了与西方接轨的道路，拆除了支撑苏联大厦的四梁八柱，大党大国随之倾覆，国亡政息，给其他社会主义国家留下了一部反面教材。我们党在全国执政以后，不断探索社会主义国家治理问题，虽然也发生了严重曲折，走了一些弯路，但在国家治理体系和治理能力上积累了丰富经验、取得了重大成果，改革开放以来的进展尤为显著，逐步形成了有中国特色的国家治理体系。改革开放40多年来，我国政治稳定、经济发展、社会和谐、民族团结、国泰民安，同世界上一些地区和国家不断出现乱局形成了鲜明对照。这说明，我们的国家治理体系和治理能力总体上是好的，是适应我国国情和发展要求的，我们要有这个信心和定力。

同时，我们也要看到，相比我国经济社会发展的要求，相比人民群众的美好生活期待，相比当今世界日趋激烈的制度竞争，相比实现国家长治久安的根本要求，我国在国家治理体系和治理能力方面还有许多短板和不足，有许多亟待改进的地方。正如习近平所说，“真正实现社会和谐稳定、国家长治久安，还是要靠制度，靠我们在国家治理上的高超能力，靠高素质干部队伍。我们要更好发挥中国特色社会主义制度的优越性，必须从各个领域推进国家治理体系和治理能力现代化”①。

推进国家治理体系和治理能力现代化，就是要适应时代变化，既改革不适应实践发展要求的体制机制、法律法规，又不断构建新的体制机制、法律法规，使各方面制度更加科学、更加完善，实现党、国家、社会各项事务治理制度化、规范化、程序化。要更加注重治理能力建设，增强按制度办事、依法办事意识，善于运用制度和法律治理国家，把各方面制度优势转化为管理国家的效能，提高党科学执政、民主执政、依法执政水平。

三、新时代改革的时间表、路线图

社会主义是一个过程，改革也是一个过程。社会主义事业不可能一日完成，改革也不可能一步到位。1992 年，邓小平在南方谈话中提出，“恐怕再有三十年的时间，我们才会在各方面形成一整套更加成熟、更加定型的制度”②。这个 30 年的时间跨度绝不等于改革的全过程，只是整个改革过程中的一段。今天，距离邓小平当初所说的 30 年时限已经到了，从形成更加成熟更加定型的制度看，我国社会主义实践的前半程已经走过了，前半程我们的主要历史任务是建立社会主义基本制度，并在这个基础上进行改革，现在已经有了很好的基础。“后半程，我们的主要历史任务是完善和发展中国特色社会主义制度，为党和国家事业发展、为人民幸福安康、为社会和谐稳定、为国家长治久安提供一整套更完备、更稳定、更管用的制度体系”③，推动中国特色社会主义制度更加成熟、更加定型。党的十八届三中全会制定了全面深化改革的时间表、路线图，提出到 2020 年，在重要领域和关键环节改革上取得决定性成果，完成

---

① 习近平．切实把思想统一到党的十八届三中全会精神上来．求是，2014（1）．

② 邓小平．邓小平文选：第 3 卷．北京：人民出版社，1993：372．

③ 中共中央文献研究室．习近平关于全面深化改革论述摘编．北京：中央文献出版社，2014：27．

《决定》提出的改革任务，形成系统完备、科学规范、运行有效的制度体系，使各方面制度更加成熟、更加定型。党的十九大进一步明确了全面深化改革的分阶段目标，作出了一系列战略部署，强调进行伟大斗争、建设伟大工程、推进伟大事业、实现伟大梦想，必须继续深化改革、扩大开放。

改革是一个大的过程，包括若干重要阶段。每一阶段，改革的具体任务不一样，阶段性目标也不一样。党的十九大报告对新时代中国特色社会主义发展作出了“两步走”的战略安排，这一战略安排包括了国家治理体系和治理能力的明确要求。其中，第一个阶段，从 2020 年到 2035 年，法治国家、法治政府、法治社会基本建成，各方面制度比较完善，国家治理体系和治理能力现代化基本实现，现代社会治理格局基本形成；第二个阶段，从 2035 年到 21 世纪中叶，实现国家治理体系和治理能力现代化①。这是我们党为不断提高运用中国特色社会主义制度有效治理国家的能力作出的重要战略安排，进一步明确了实现改革总目标的时间节点和方法路径。

新时代全面深化改革的路线图明确了经济、政治、文化、社会、生态文明、党的建设各领域改革的重点，突出体现为“六个紧紧围绕”。第一，经济体制改革方面，“紧紧围绕使市场在资源配置中起决定性作用深化经济体制改革，坚持和完善基本经济制度，加快完善现代市场体系、宏观调控体系、开放型经济体系，加快转变经济发展方式，加快建设创新型国家，推动经济更有效率、更加公平、更可持续发展”②；第二，政治体制改革方面，“紧紧围绕坚持党的领导、人民当家作主、依法治国有机统一深化政治体制改革，加快推进社会主义民主政治制度化、规范化、程序化，建设社会主义法治国家，发展更加广泛、更加充分、更加健全的人民民主”③；第三，文化体制改革方面，“紧紧围绕建设社会主义核心价值体系、社会主义文化强国深化文化体制改革，加快完善文化管理体制和

---

① 习近平．决胜全面建成小康社会 夺取新时代中国特色社会主义伟大胜利：在中国共产党第十九次全国代表大会上的报告．北京：人民出版社，2017.

②③ 中共中央文献研究室．十八大以来重要文献选编：上．北京：中央文献出版社，2014：512.

文化生产经营机制，建立健全现代公共文化服务体系、现代文化市场体系，推动社会主义文化大发展大繁荣”①；第四，社会体制改革方面，“紧紧围绕更好保障和改善民生、促进社会公平正义深化社会体制改革，改革收入分配制度，促进共同富裕，推进社会领域制度创新，推进基本公共服务均等化，加快形成科学有效的社会治理体制，确保社会既充满活力又和谐有序”②；第五，生态文明体制改革方面，“紧紧围绕建设美丽中国深化生态文明体制改革，加快建立生态文明制度，健全国土空间开发、资源节约利用、生态环境保护的体制机制，推动形成人与自然和谐发展现代化建设新格局”③；第六，党的建设制度改革方面，“紧紧围绕提高科学执政、民主执政、依法执政水平深化党的建设制度改革，加强民主集中制建设，完善党的领导体制和执政方式，保持党的先进性和纯洁性，为改革开放和社会主义现代化建设提供坚强政治保证”④。这份改革路线图，一方面明确了全面深化改革的主要内容，突出体现了改革的全面性、整体性、系统性；另一方面明确了经济、政治、文化、社会、生态文明、党的建设各领域改革的重点，全面深化改革的顶层设计、优先顺序、重点领域、关键环节一目了然，体现了整体推进和重点突破相结合的改革方法论。

新时代全面深化改革的时间表、路线图是一个长远规划、国家战略。完善和发展中国特色社会主义制度，推进国家治理体系和治理能力现代化，是一项浩大的国家工程。这项工程极为繁复、宏大，涉及经济体制、政治体制、文化体制、社会体制、生态文明体制、党的建设制度、军事体制等各个领域、方方面面，构建系统完备、科学规范、运行有效的制度体系，全面提升国家治理能力的现代化水平，必须一届接着一届干，一张蓝图绘到底。完成这项国家战略工程，依靠零敲碎打调整不行，碎片化修补不行，必须是全面的系统的改革和改进，是各领域改革和改进的联动和集成，以增强改革的系统性、整体性、协同性；朝秦暮楚不行，急于求成不

① 中共中央文献研究室．十八大以来重要文献选编：上．北京：中央文献出版社，2014：512－513.

②③④ 同①513.

行，必须咬定青山不放松，一鼓作气干到底；哗众取宠不行，作表面文章、搞轰动效应不行，必须以钉钉子精神抓工作落实、抓改革落地；东一榔头西一棒槌不行，剃头挑子一头热不行，必须加强顶层设计和战略谋划，发挥中央和地方两个积极性，力求在国家治理体系和治理能力现代化上形成总体效应、取得总体效果。

四、新时代改革的总要求

新时代全面深化改革是一场深刻的社会变革，也是一项艰巨复杂的系统工程。习近平立足改革全局，科学把握改革规律，提出了全面深化改革的基本原则，明确了新时代改革的总体要求。

第一，坚持党的集中统一领导。党的领导是中国特色社会主义最本质特征，是确保全面深化改革沿着正确方向前进的根本保证。全面深化改革，必须充分发挥党总揽全局、协调各方的领导核心作用，坚决维护党中央权威和集中统一领导，坚定不移贯彻落实中央改革决策部署。习近平指出，“推进改革的目的是要不断推进我国社会主义制度自我完善和发展，赋予社会主义新的生机活力。这里面最核心的是坚持和改善党的领导、坚持和完善中国特色社会主义制度”①。任何时候，坚持党对改革的集中统一领导都是个要害，都是不能动摇的总纲。偏离了这一条，那就偏离了我们党治国理政的根本。今天，全面深化改革不管改到哪一步，都要加强和改善党的领导。

党的十八大以来，面对十分繁重的改革任务和各种风险挑战，以习近平同志为核心的党中央举旗定向、谋篇布局，对全面深化改革作出一系列重大战略部署，成立中央全面深化改革领导小组，后升级为中央全面深化改革委员会，负责改革的总体设计、统筹协调、整体推进、督促落实，形成了集中统一的改革领导体制、务实高效的统筹决策机制、上下联动的协调推进机制、追责问效的督察落实机制。实践证明，加强党对全面深化改革的集中统一领导，是确保新时代改革工作顺利推进的根

① 中共中央文献研究室．习近平关于全面深化改革论述摘编．北京：中央文献出版社，2014：18.

本政治保证。

第二，坚持科学的理论指导。改革是有方向、有立场、有原则的，这个方向就是马克思主义指明的方向，这个立场就是马克思主义确立的立场，这个原则就是马克思主义规定的原则。改革到任何时候，都不能背叛马克思主义。党的十八届三中全会通过的《决定》明确指出，“全面深化改革，必须高举中国特色社会主义伟大旗帜，以马克思列宁主义、毛泽东思想、邓小平理论、‘三个代表’重要思想、科学发展观为指导”①。中国的改革必须坚持马克思主义的指导地位，坚持社会主义的政治方向，绝不能被别有用心的势力带偏了方向，绝不能走上新自由主义的改革歧路。今天，一些敌对势力和别有用心的人总是试图带节奏、造舆论，公开打着新自由主义旗帜或所谓“中国特色资本主义”旗帜，有意将中国的改革导向以私有制为主体的西方基本经济制度，以多党制、三权分立制为核心的西方基本政治制度。对此，我们要洞若观火，保持高度的政治定力。习近平旗帜鲜明地指出，我们的改革，“不是为了迎合某些人的掌声，不能把西方的理论、观点生搬硬套在自己身上”②，这是我们的政治底线，没有任何妥协退让的空间。

进入中国特色社会主义新时代，指引我们改革的思想武器是当代中国马克思主义、21 世纪马克思主义——习近平新时代中国特色社会主义思想。习近平关于全面深化改革的重要论述，以习近平同志为主要代表的中国共产党人创立的新时代改革方法论，是习近平新时代中国特色社会主义思想的重要组成部分。新时代改革方法论指明了改革的实践路径、重大原则和科学方法，是全面深化改革的基本遵循。

第三，坚持以人民为中心的改革立场。为什么人的问题，是一个根本的问题、原则的问题。人民立场是马克思主义的根本立场，是中国共产党的根本立场，是马克思主义政党区别于其他政党的显著标志。不搞清楚这个问题，就没有资格称为马克思主义者。习近平担任总书记后的第一次讲

① 中共中央文献研究室. 十八大以来重要文献选编：上. 北京：中央文献出版社，2014：512.

② 中共中央文献研究室. 习近平关于全面深化改革论述摘编. 北京：中央文献出版社，2014：20.

话就向全国人民宣示，“人民对美好生活的向往，就是我们的奋斗目标”，“老百姓对美好生活的追求，就是我们的努力方向”①，鲜明地体现了以人民为中心的价值立场和服务人民的宗旨意识。全面深化改革归根结底是为了人民，必须坚持以人民为中心的改革立场。

坚持以人民为中心，核心是站稳人民立场。立场问题不是虚幻的，而是实实在在存在着的。在资本主义社会，资本是真正的主人，资本逻辑是社会的主导逻辑，权力受命于资本、受制于资本，也服务于资本，这就决定了资产阶级政党除了代表资本的利益，没有别的选择；资本主义社会的改革，归根结底是为了捍卫资本的利益。在中国，人民是真正的主人，代表人民利益是中国共产党的最高利益所在，始终站在人民的一边是中国共产党的崇高使命所系。改革中，必然涉及极少数人和绝大多数人的利益拉锯，资本逻辑和人民逻辑的利益博弈，中国共产党人应该有自己的坚守和定力，自觉选择站在最大多数人的一边，自觉站在人民立场上想问题、作决策，做事情、干事业，做人民利益的忠实代表者。离开了这一条，就从根本上离开了马克思主义；背叛了这一条，也就从根本上背叛了共产党人的事业。

人心是最大的政治。改革必须倾听人民呼声，反映人民意愿，满足人民期待。党的十八大以来，习近平秉持以人民为中心的改革立场，谋划改革，推进改革。比如，关于全面深化改革，习近平强调“改革发展成果更多更公平惠及全体人民”；关于司法体制改革，习近平强调必须“努力让人民群众在每一个司法案件中都能感受到公平正义”；关于党建制度改革，习近平强调“核心问题是保持党同人民群众的血肉联系”；等等。这些重要论述为推进新时代改革工作提供了基本遵循。

第四，坚持正确的改革导向。问题是时代的口号，是改革的先声，是全面深化改革的逻辑起点。习近平多次指出，“改革是由问题倒逼而产生”②，全面深化改革战略正是在分析问题、解决问题的过程中形成的。

---

① 中共中央文献研究室．习近平关于社会主义社会建设论述摘编．北京：中央文献出版社，2017：4.

② 习近平．习近平谈治国理政．北京：外文出版社，2014：74.

“倒逼”这一极富张力的术语，形象地道出了“问题意识”对于改革的始源性地位。

问题即矛盾，躲不过绕不开。不存在无矛盾的社会，不存在无问题的国家。毛泽东指出：“问题就是事物的矛盾。哪里有没有解决的矛盾，哪里就有问题。”① 面对各式各样的问题，我们要坚持具体问题具体分析，善于从个性问题中寻找共性问题，善于从杂乱的问题中把握要害问题，善于从问题的趋向中洞悉问题的转变。面对杂乱无章的问题，我们要坚持科学分析，不要把全局性问题当作一般问题来对待，不要把细枝末节的问题当作要害问题来筹划，也不要把个别性问题作为普遍性问题来处理。面对纷繁复杂的问题，要善于透过现象看本质、撇开枝节抓根本，善于从繁杂问题中把握事物的规律性，从常态问题中捕捉事物的变异性，从苗头问题中发现事物的倾向性，从平和问题中洞察事物的风险性，从偶然问题中揭示事物的必然性。面对轻重缓急的问题，要善于抓住事关全局、事关长远、事关人们根本利益的重要问题，牵住改革的牛鼻子。

问题倒逼改革。问题是改革的导向，改革源于问题，改革的目的是解决问题。没有问题，就没有改革；哪里有问题，哪里就需要改革，就在哪里谋划改革；哪里的问题牵动全局，哪个环节哪个领域问题突出，哪里就是改革的重点，就对准哪里重点改革。习近平指出：“要有强烈的问题意识，以重大问题为导向，抓住关键问题进一步研究思考，着力推动解决我国发展面临的一系列突出矛盾和问题。我们中国共产党人干革命、搞建设、抓改革，从来都是为了解决中国的现实问题。可以说，改革是由问题倒逼而产生，又在不断解决问题中得以深化。”② 历史不会终结，问题也不会终结，旧的问题解决了，新的问题又会产生，社会发展没有止境，改革也不可能一劳永逸，这是历史发展的逻辑，也是改革的逻辑。

第五，以钉钉子精神狠抓改革落实。实践观点是马克思主义哲学首要的基本的观点，崇尚实干是中国共产党人的重要品质。马克思曾批判道，

① 毛泽东．毛泽东选集：第3卷．2版．北京：人民出版社，1991：839.

② 习近平．习近平谈治国理政．北京：外文出版社，2014：74.

“哲学家们只是用不同的方式**解释**世界，问题在于**改变**世界”①。社会生活在本质上是实践的，社会主义是干出来的，新时代也是干出来的，世界上的事情都是干出来的。不争论、不折腾，撸起袖子加油干，在任何时代、任何国家都是普遍的法则。全面深化改革，只能立足于干；不干，半点马克思主义都没有；不踏踏实实干，实现全面深化改革总目标，半点希望都没有。

“道虽迩，不行不至；事虽小，不为不成”，实干是最质朴、最管用的方法论。全面深化改革，关键在落实。空谈误国，实干兴邦。列宁早就说过，一打纲领不如一个行动。党的十八届三中全会通过的《决定》，是我们党在新的时代条件下全面深化改革的总部署、总动员。军令状已经下达，集合号已经吹响，作战指挥部已经成立，各方面军已经奔赴战场。习近平指出，“制定出一个好文件，只是万里长征走完了第一步，关键还在于落实文件”②。全面深化改革，“一分部署，九分落实”，言出必行，行之必果，这是对马克思主义实践品格的最好阐释。各级党委政府，各级领导干部，要以钉钉子精神抓好改革落实，既当拥护改革、推进改革的改革促进派，又当干在实处、走在前列的改革实干家，共同作好全面深化改革这篇大文章。

改革争在朝夕，落实难在方寸。今天，全面深化改革的时间表、路线图已经出来，能否确保改革方案落地落实，能否确保党中央确定的改革方向不偏离、党中央明确的改革任务不落空，能否确保改革精准对接发展所需、基层所盼、民心所向，关乎改革成败，关乎国家能否长治久安。习近平指出：“改革不是做样子，不是做表面文章，只说不做不行，说了做了没有成效也不行。不能叶公好龙！要以抓铁有痕、踏石留印的劲头，做到言必信、行必果。任务一经确定，就要一步一个脚印、稳扎稳打向前走，积小胜为大胜，积跬步致千里。”③ 如果不沉下心来抓落实，再好的目标、再美的蓝图，也只是镜中花、水中月。

---

① 马克思，恩格斯．马克思恩格斯选集：第1卷．3版．北京：人民出版社，2012：136.

② 习近平．习近平谈治国理政．北京：外文出版社，2014：106.

③ 中共中央文献研究室．习近平关于全面深化改革论述摘编．北京：中央文献出版社，2014：145-146.

第二章　改革方法论的形成与发展

改革方法论的探索，始于新中国成立之初“以苏为鉴”命题的提出，毛泽东的探索为改革方法论的形成积累了正反两方面的经验。改革开放 40 多年来，以邓小平同志、江泽民同志、胡锦涛同志、习近平同志为主要代表的中国共产党人立足改革全局，深入把握改革的规律和特点，接力探索和不断深化改革的科学路径与有效方法，形成了系统完整的改革方法论，为顺利推进中国的改革事业提供了方法论指导和行动指南。

第一节　改革方法论的探索

新中国成立之初，毛泽东初步总结了我国社会主义建设的经验，提出了探索适合我国国情的社会主义建设道路的任务，标志着中国共产党对于怎样建设社会主义的认识实现了从“以苏为师”到“以苏为鉴”的重大转变。

一、“以苏为师”到“以苏为鉴”

新中国成立之初，国家面临内忧外患。一方面，国民经济濒临崩溃，通货膨胀严重。另一方面，以美国为首的国际资本主义对新中国施以粗暴的经济制裁、政治孤立、军事包围和技术封锁。为了快速恢复国民经济、巩固新生政权，中国共产党采取“一边倒”方针，全面学习苏联模式，建立高度集权的经济体制和运行机制。一时间，收效显著。然而，几年下来，苏联模式的弊端逐渐凸显，问题随之而来。毛泽东明确提出，“苏联方面暴露了他们在建设社会主义过程中的一些缺点和错误，他们走过的弯路，你还想走?”① 在这种情况下，反思苏联模式，寻求破解之道，成为当务之急。毛泽东把苏联模式的弊端归纳为三个方面：

第一，片面发展重工业，忽视了轻工业和农业协调并进。迫于内外压力，苏联建立之后走了一条以发展重工业为重心的道路，结果是重工业得到飞速发展，但农业和轻工业发展滞后，重工业、轻工业和农业的比例愈发失调。苏联“一五”计划完成时，重工业生产的年增长率为40.1%，轻工业生产的年增长率为13.2%；到了“二五”计划完成时，重工业生产的年增长率为19%，轻工业生产的年增长率为14.8%；到了“五五”计划时期，前三年的农业计划指标竟无一项完成。1933年到1940年，粮食产量低于1913年。1939年到1953年，几乎所有农作物的年均产量都低于1913年。针对苏联在处理农业、轻工业和重工业关系上所犯的错误，毛泽东批评指出，“斯大林的缺点是过分强调了重工业的优先增长，结果在计划中把农业忽略了”②，片面发展重工业而忽视农业和轻工业，“因而市场上的货物不够，货币不稳定”③，这反过来又会制约重工业的发展，“苏联和我们的经验都证明，农业不发展，轻工业不发展，对重工业的发展是不利的”④。

第二，剥削农民，积累资金，打击了农民的生产积极性。为了给工业化积累资金，苏联采取的办法是“挖苦农民”，一方面通过义务交售制低价得到农民的农产品，另一方面又用低价收购农民义务交售之外的“剩余农产品”。结果是实现了资金从农业向工业的流转，保证了工业化进程，

① 毛泽东．毛泽东文集：第7卷．北京：人民出版社，1999：23.
② 毛泽东．毛泽东文集：第8卷．北京：人民出版社，1999：121.
③ 同①24.
④ 同②.

但农民却备受剥削，生产积极性受到极大打击。针对苏联在处理国家和农民的关系上所犯的严重错误，毛泽东批评指出："苏联的办法把农民挖得很苦。他们采取所谓义务交售制等项办法，把农民生产的东西拿走太多，给的代价又极低。他们这样来积累资金，使农民的生产积极性受到极大的损害。"① 鉴于此，他提出中国要保护农民，兼顾国家利益和农民利益。中国是一个人口大国，农业大国，没有农业的发展，没有农民的积极性，就无法夯实工业发展的基础。

第三，权力高度集中在中央，地方毫无自主权。苏联经济体制的特征是权力高度集中，所有权和经营权统一于国家，企业没有自主权，中央控制企业的人、财、物和产、供、销大权，实行无所不包的指令性计划，通过行政指令直接指导企业的生产经营活动。结果是"把什么都集中到中央，把地方卡得死死的，一点机动权也没有"②。针对苏联在处理中央和地方关系上的失误，毛泽东批评指出，有些问题，比如工业的集中问题，工厂、农业生产合作、地方各自要有多大的自主权，这些是苏联革命成功 40 年都没有研究好和解决好的问题，我们要引以为戒，适当地来解决中国也存在的集权和分权的问题，争取通过立法找到突破口。

通过对苏联模式的正确分析，毛泽东提出了"以苏为鉴"的伟大命题，强调以苏联的经验为鉴戒，走自己的路，独立探索符合中国情况的社会主义建设道路，这为后来改革方法论的创立积累了正反两方面的经验。

二、正确处理十大关系

1956 年初，社会主义建设"一五"计划实施已有 3 年，中国共产党积累了一定的实践经验，对于苏联经济建设中的一些缺点和错误也有了深入了解。面对社会主义改造不断取得胜利、中共中央开始把党和国家的工作重心转向社会主义建设上来，如何以苏为鉴，探索出一条符合中国实际的社会主义建设道路，成为摆在中国共产党面前的重大课题。在这样的背景下，毛泽东在 1956 年 4 月召开的中央政治局扩大会议上发表了《论十大关

① 毛泽东．毛泽东文集：第 7 卷．北京：人民出版社，1999：29-30.
② 同①31.

系》的重要讲话。在这个讲话中，毛泽东总结了我国社会主义建设的经验，提出“调动一切积极因素为社会主义建设事业服务的基本方针，对适合中国情况的社会主义建设道路进行了初步的探索”①。

（1）重工业和轻工业、农业的关系。苏联片面发展重工业，用两个五年计划的时间，形成了比较齐全的工业体系，实现了国家工业化。然而，这是以剥夺农民和限制居民改善生活的方式达成的，是以牺牲农业和轻工业为代价的，造成消费品供不应求，使农民的生产积极性受到极大损害。农业和轻工业的长期落后，反过来又严重制约重工业的发展。毛泽东吸取了苏联工业化道路的经验教训，强调我国必须重点建设重工业，优先发展生产资料生产，但要适当调整重工业和农业、轻工业的投资比例，更多地发展农业、轻工业。在他看来，重工业、农业、轻工业三者内在联系、相互作用，必须同时并举，“注重农业、轻工业，使粮食和轻工业原料更多些”，“一可以更好地供给人民生活的需要，二可以更快地增加资金的积累”，这种办法“会使重工业发展得多些和快些，而且由于保障了人民生活的需要，会使它发展的基础更加稳固”②。

（2）沿海工业和内地工业的关系。通过对我国工业布局的考察，毛泽东发现，七分在沿海、三分在内地的工业分布，尽管是历史形成的，但不合理。再通过对国际形势的观察，他得出判断，认为新的侵华战争和世界大战短期内打不起来，中国和世界将获得很长一段和平期。基于这两个方面的考量，毛泽东反对出于备战而忽视沿海工业的发展，强调沿海的工业基地必须充分利用，但是，为了平衡工业发展的布局，内地工业也必须大力发展。在他看来，好好利用和发展沿海相对较好的工业基础，可以使沿海工业快速充分发展，同时也可以带动内地工业发展，使工业布局趋于平衡。

（3）经济建设和国防建设的关系。经济建设和国防建设的重要性不言而喻，经济建设是国家的命脉和支柱，国防建设关乎国家安全和前途命运。毛泽东深刻认识到二者的重要性，认为任何一方都不可偏废。在经济

① 毛泽东．毛泽东文集：第7卷．北京：人民出版社，1999：44-45.

② 同①25.

建设和国防建设的关系问题上，毛泽东认为，国防可以为经济建设提供前提和保障，经济建设可以为国防建设提供更多物质条件，只有经济建设发展得更快，国防建设才能够有更大进步，要加强国防，首先要加强经济建设。为了妥善协调二者的关系，他提出："可靠的办法就是把军政费用降到一个适当的比例，增加经济建设费用。"① "一五"期间，军政费用太高，占国家预算支出的30%，严重挤占压缩了经济建设资金；"二五"期间，军政费用的比例要压下来，降到20%左右，腾出更多资金开办工厂。毛泽东明确提出，越是想要原子弹，就越是要多搞经济建设；"我们一定要加强国防，因此，一定要首先加强经济建设"②，这是一个战略方针的问题，任何时候都不能含糊。

（4）国家、生产单位和生产者个人的关系。鉴于苏联剥夺农民做法所带来的弊害，再结合自身的实践经验，毛泽东深刻认识到正确处理国家、集体、个人三者利益关系的重要性。在他看来，不给工厂一点权力，一点机动的余地，一点利益，不妥。"国家和工厂，国家和工人，工厂和工人，国家和合作社，国家和农民，合作社和农民，都必须兼顾，不能只顾一头。无论只顾哪一头，都是不利于社会主义，不利于无产阶级专政的。"③为此，必须兼顾国家、集体和个人三个方面，落实"军民兼顾""公私兼顾"，既提倡艰苦奋斗，又关心群众生活。这是一个关乎全国数亿人口切身利益的大问题，一定要在这个高度上认识问题。

（5）中央和地方的关系。毛泽东认为，处理好中央和地方的关系，对于中国来说是一个重要问题。在这个问题上，苏联把权力集中中央、卡死地方的做法弊害无穷，需要鉴戒；有些资本主义国家积累了一些好经验，我们不能因为制度不同就全盘否定，相反，应该研究学习。在他看来，"要发展社会主义建设，就必须发挥地方的积极性。中央要巩固，就要注意地方的利益"④。为了解决中央和地方的矛盾，应当在巩固中央统一领导的前提下，扩大地方权力，给地方更多独立性，让地方办更多的事情，发

---

① 毛泽东．毛泽东文集：第7卷．北京：人民出版社，1999：27.

② 同①28.

③ 同①30-31.

④ 同①31.

挥中央和地方两个积极性。中央部委打着中央的旗号，插手地方事务，给地方压力很大，这种情况必须纠正，“要提倡同地方商量办事的作风”①。在具体的处理过程中，应该坚持以下原则：中央的统一领导、全国的统一计划和统一纪律，不允许破坏；地方可以特殊情况特殊对待，但这种特殊必须是为了整体利益、为了加强全国统一所必要的特殊。地方和地方之间，提倡顾全大局、互助互让。

（6）汉族与少数民族的关系。鉴于苏联俄罗斯民族同少数民族不正常关系所产生的弊害，毛泽东吸取了教训。在处理汉族与少数民族的关系的问题上，他着重反对大汉族主义，兼顾反对地方民族主义。结合中国少数民族的人数比例、地域分布、占地比例，特别是考虑到汉族“人口众多”、少数民族“地大物博”的实际，考虑到各少数民族都对中国的历史作过贡献，毛泽东提出“必须搞好汉族和少数民族的关系，巩固各民族的团结，来共同努力于建设伟大的社会主义祖国”②。为此，需要在少数民族地区建立经济管理体制和财政体制，诚心诚意地积极帮助少数民族发展经济建设和文化建设。

（7）党和非党的关系。在“一个党好，还是几个党好”的问题上，毛泽东认为，还是“几个党好”③。在他看来，共产党和民主党派都是历史产生的，要长期共存、相互监督。面对镇压反革命、抵抗帝国主义、建设并巩固社会主义的紧迫任务，不能没有强制性的无产阶级专政。无产阶级政党和无产阶级专政，都没有过时。无产阶级专政当然要有强制性，但必须反对官僚主义，反对机构庞大。为此，有必要大幅精简党政机构，抓统一战线工作，改善和民主党派的关系，调动他们的积极性为社会主义服务。

（8）革命和反革命的关系。在新中国成立初期，有部分反革命分子残余是正常现象。有人说反革命已经肃清了，可以高枕无忧了；或者说，现在还有很多反革命，都是不对的。毛泽东认为，反革命“是消极因素，破

---

① 毛泽东．毛泽东文集：第7卷．北京：人民出版社，1999：31．

② 同①34．

③ 同①34．

坏因素，是积极因素的反对力量”①，他们中的大多数会因为我们采取了正确的政策而发生了转变，实践证明有不少反革命分子被改造后不反革命了，有些人还做了一些有益的事。对于反革命分子按照不同情况，采取杀、关、管、放的办法。除此之外，还必须清查混在机关、学校、部队中的反革命分子。但必须分清敌我，尽可能地化消极因素为积极因素。要特别防止反革命分子混进我们的领导机关，这对社会主义事业是极其严重的危险。

（9）是非关系。在毛泽东看来，党内党外都要分清是非。对待犯错误的同志，必须坚持“惩前毖后，治病救人”的方针，一要看，二要帮，允许人家犯错误，帮助他们改正错误，允许他们继续革命。犯错误的人，大多数是可以改正的。在关涉党内原则的是非问题上，一定要搞清楚，决不允许含糊，因为这是社会上阶级斗争在党内的反映。针对这种情况，要根据实际情况对犯错误的同志采取恰如其分的批评，甚至是必要的斗争，这可以帮助犯错误的同志改正错误，还可以得人心和团结人。

（10）中国和外国的关系。每个民族都有它的长处，也都有它的短处。社会主义不是只有优点没有一点缺点，现在有现在的两点，将来有将来的两点，“一万年都有两点”②，这才是辩证法。毛泽东认为，对待外国的好东西和坏东西，应该采取完全不同的态度和方法。对于外国资产阶级的一切腐败制度和思想作风，要坚决抵制和批判。但对于一切民族、一切国家的长处，包括资本主义国家先进的科学技术和科学的企业管理方法，要有分析有批判地学习，不能一概排斥，也不能一概照搬。在他看来，苏联过去把斯大林捧得过高、现在又把他贬得太低的做法，不可取，有弊害，必须鉴戒。中国“一穷二白”，既是缺点，也是优点，“我们是一张白纸，正好写字”③。将来，中国富强了，也要坚持革命、谦虚谨慎、学习他人，也要防止骄傲、翘尾巴。中国现在要向外国学习，一万年之后也要学习。

通过对《论十大关系》的梳理，再结合党的十一届三中全会后的改革

① 毛泽东．毛泽东文集：第7卷．北京：人民出版社，1999：36.
② 同①41.
③ 同①44.

开放实际，我们发现，尽管《论十大关系》没有明确提出“改革”“开放”“改革开放”等概念范畴，但却蕴含了丰富的改革开放思想。至少表现在三个方面：一是调整中央和地方的关系，正确处理国家、集体、个人三者的利益关系，蕴含了经济体制改革的初步思想。二是改革权力过分集中，反对官僚主义，精简党政机构，蕴含了政治体制改革的初步思想。三是有分析有批判地学习外国，包括资本主义国家先进的科学技术和科学的企业管理方法，蕴含了对外开放的初步思想。这些思想都具有方法论的意义，为改革开放提供了重要的方法论启迪。

三、明确社会主义建设的指导方针

社会主义改造完成后，毛泽东初步探索了社会主义建设道路的基本方针：反对教条主义，坚持马列主义普遍真理同中国具体实践相结合；独立自主、自力更生为主，学习外国为辅；调动一切积极因素为社会主义事业服务。这些基本方针在今天依然具有鲜明的方法论意义。

（1）反对教条主义，坚持马列主义普遍真理同中国具体实践相结合。1930 年，毛泽东在《反对本本主义》中明确指出本本主义“是完全错误的”，初步界定了中国共产党人的思想路线的基本含义。1937 年，他的《实践论》和《矛盾论》为实事求是思想路线奠定了坚实的哲学基础。1938 年，他在党的扩大的六届六中全会上提出了“马克思主义中国化”的任务，同时借用我国传统文化中的“实事求是”命题来提倡马克思主义同中国实际相结合的科学态度。1941 年，他在《改造我们的学习》中第一次对“实事求是”的概念作了科学的解释，把实事求是提高到对待马克思列宁主义的根本态度和党性原则的高度。新中国成立后，毛泽东继续坚持党的实事求是思想路线，成功开辟了一条适合中国国情的社会主义改造道路，建立了社会主义基本制度，后来又带领全党和全国各族人民艰辛探索适合中国国情的社会主义建设道路，取得了巨大成就。1956 年苏共二十大之后，中国共产党把斯大林定性为功大于过，同时开始重新审视苏联模式、总结新中国的建设经验。毛泽东在《论十大关系》中开宗明义：“特别值得注意的是，最近苏联方面暴露了他们在建设社会主义过程中的一些缺点和错误，他们走过的弯路，你还想走？过去我们就是鉴于他们的经验教训，少走了一些弯路，现在当然更要引以为戒。”① 毛泽东始终倡导把马克思主义的普遍真理同中国具体实际相结合，不迷信西方，不迷信老祖宗的本本，也不迷信苏联的经验，我们党内过去搞过教条主义，现在学术界、经济界都还有教条主义，这个东西要不得。以苏为鉴，探寻适合中国的路线，走中国自己的社会主义建设道路，这是毛泽东确立的社会主义建设的重要指导方针。

（2）独立自主、自力更生为主，学习外国为辅。如何在中国这样一个经济文化落后的东方大国建设和巩固社会主义事业，是中国共产党面临的一项崭新的课题。如何对待苏联经验，如何找到一条适合中国国情的道路，如何对待其他国家创造的先进经验，这是作为一个后发国家、作为社会主义的后来者必须回答的问题。毛泽东在《论十大关系》中初步总结了我国社会主义建设的经验，明确提出以苏为鉴，独立自主地探索适合中国情况的社会主义建设道路，也明确了建设社会主义必须根据本国情况走自己的道路这一根本思想。为此，毛泽东认为要把独立自主、自力更生与学习外国相结合，坚持“自力更生为主，争取外援为辅，破除迷信，独立自主地干工业、干农业、干技术革命和文化革命，打倒奴隶思想，埋葬教条主义，认真学习外国的好经验，也一定研究外国的坏经验——引以为戒”②。关于学习外国，毛泽东特别指出：“一切民族、一切国家的长处都要学，政治、经济、科学、技术、文学、艺术的一切真正好的东西都要学。但是，必须有分析有批判地学，不能盲目地学，不能一切照抄，机械搬用。他们的短处、缺点，当然不要学。”③社会科学、马克思主义、斯大林的正确论述，我们要认真学习；自然科学、西方、苏联是先进的，我们是后进的，我们要向先进学习。学习有两种态度，马克思主义的态度和非马克思主义的态度，教条主义、排外主义的态度就是不符合马克思主义的。不加分析地一概排斥，这是排外主义；不加分析地一概照搬，这是教

① 毛泽东．毛泽东文集：第 7 卷．北京：人民出版社，1999：23.

② 同①380.

③ 同①41.

条主义，这都不是马克思主义的态度。毛泽东在这里不仅明确了独立自主、自力更生与学习外国的关系，也回答了向外国学什么和如何学的问题，同时也在一定程度上指明了如何处理与协调社会主义现代化建设中自力更生与对外开放的关系。

（3）调动一切积极因素为社会主义事业服务。毛泽东认为，中国共产党是依靠调动一切积极因素的方针才夺取了新民主主义革命和社会主义革命的胜利，如今建设社会主义国家，同样也要实行这个方针。面对社会主义制度刚刚确立、人口多、底子薄、经济落后的实际情况，要快速发展生产力，中国共产党必须从两处着手，一方面充分调动广大劳动人民的积极性，“努力把党内党外、国内国外的一切积极的因素，直接的、间接的积极因素，全部调动起来”①；另一方面努力克服消极因素，或化消极因素为积极因素，团结一切可以团结的力量、争取一切可以争取的力量。总之就是“调动一切积极因素”“化消极因素为积极因素”为社会主义事业服务。这一方针是深刻总结历史经验教训和正确把握国情实际的产物，它科学回答了应该如何总结借鉴中国社会主义建设经验教训与苏联社会主义建设经验教训的问题，同时为凝心聚力建设社会主义提供了正确的指导方针和思路。实践证明，调动一切积极因素为社会主义事业服务的方针对中国社会主义建设特别是现代化建设起到了重大的指导和促进作用。

作为中国共产党探索社会主义建设道路的理论成果，《论十大关系》堪称一座丰碑，它提出了一系列符合中国国情的社会主义建设基本方针和原则规范，闪烁着社会主义改革开放的思想光辉，具有很大的针对性和理论价值，对中国后来十年的社会主义建设和道路探索有过巨大指导作用，在今天也依然具有重大现实价值。

四、正确处理人民内部矛盾

关于社会主义社会的矛盾问题，马克思、恩格斯和列宁没有专门作过论述。斯大林在领导苏联社会主义建设的实践中，长期不承认社会主义存在矛盾，在实践中造成了严重后果。毛泽东等党和国家领导人深刻汲取苏

① 毛泽东．毛泽东文集：第7卷．北京：人民出版社，1999：44.

联的经验教训，认真分析和研究中国社会主义建设的新情况、新问题，在广泛调研的基础上，形成了关于社会主义社会矛盾的学说。党在八大前后，特别是毛泽东在1957年2月所作的《关于正确处理人民内部矛盾的问题》的报告，系统论述了社会主义社会矛盾的理论。

在毛泽东看来，社会主义社会也存在矛盾，没有矛盾的想法是天真烂漫的想法。社会主义社会中，“基本的矛盾仍然是生产关系和生产力之间的矛盾，上层建筑和经济基础之间的矛盾”①，但根本区别于旧社会的对抗性的基本矛盾，社会主义社会的基本矛盾是非对抗性的，其运动具有“又相适应又相矛盾”的特点，完全可以通过社会主义制度的发展完善不断得以解决。社会基本矛盾之外，社会主义社会还存在两种不同性质的矛盾，一种是敌我矛盾，另一种是人民内部矛盾，二者在一定条件下可以相互转化。“敌我之间的矛盾是对抗性的矛盾。人民内部的矛盾，在劳动人民之间说来，是非对抗性的；在被剥削阶级和剥削阶级之间说来，除了对抗性的一面以外，还有非对抗性的一面。”② 对于这两种不同性质的矛盾，毛泽东强调必须严格区分和正确处理，处理敌我矛盾是分清敌我的问题，要采用专政的办法，压迫国家内部的反动阶级、反动派、反抗社会主义革命的剥削者和社会主义建设的破坏者；与之不同，处理人民内部矛盾则是分清是非的问题，要采用民主的方法，在人民内部实行民主集中制。

关于正确处理人民内部矛盾的方针，毛泽东强调民主是总方针，同时，针对人民内部矛盾在具体实践中的不同情况，还要有一系列具体方针或原则，具体说就是：对于政治思想领域的人民内部矛盾，实行“团结——批评——团结”的方针，坚持说服教育、讨论的方法；对于物质利益、分配方面的人民内部矛盾，实行“统筹兼顾、适当安排”的方针，兼顾国家、集体和个人三方面的利益；对于人民群众和政府机关的矛盾，坚持民主集中制原则，既要努力克服政府机关的官僚主义，也要加强对群众的思想教育；对科学文化领域里的矛盾，实行“百花齐放、百家争鸣”的方针，通过自由讨论和科学实践、艺术实践去解决；对于共产党和民主党

① 毛泽东．毛泽东文集：第7卷．北京：人民出版社，1999：214.
② 同①205.

派的矛盾，实行在坚持社会主义道路和共产党领导的前提下“长期共存、互相监督”的方针；对于民族之间的矛盾，实行“民族平等、团结互助”的方针，着重反对大汉族主义，也要反对地方民族主义；等等。所有这些方针，都是用民主方法解决人民内部矛盾这一总方针的具体化，为解决不同形式的人民内部矛盾指明了方向。正确处理人民内部矛盾是社会主义国家政治生活的主题，它的根本着眼点在于调动一切积极因素，团结一切可以团结的力量，把全党的注意力转移到社会主义建设上来。实践证明，这一方针不仅有效巩固了新中国的社会主义制度，也极大推动了新中国的社会主义建设。

社会主义社会矛盾学说的价值和意义在于，它科学揭示了社会主义社会发展的动力，以独创性的内容丰富了马克思主义的理论宝库，同时它也为正确处理社会主义社会各种矛盾、创造良好的社会环境和政治环境提供了基本的理论依据，为后来的社会主义改革奠定了哲学基础，提供了方法论启迪。

第二节　改革方法论的奠基

以邓小平同志为核心的党的第二代中央领导集体明确提出了“对内改革，对外开放”的命题，形成了全面、系统、深刻的改革开放理论。正是在这个意义上，我们把邓小平视为改革方法论的主要创立者和奠基人。作为改革开放的总设计师，邓小平对“为什么改”“改什么”“怎么改”“谁来改”“改得怎么样”等一系列基本问题作了系统解释和科学回答，奠定了改革方法论的科学体系。

一、“为什么改”

1978 年，党的十一届三中全会以巨大的政治勇气和理论勇气作出了把党和国家的工作重心转移到经济建设上来、实行改革开放的重大决策。这是在中国处于历史转折关头所作出的战略抉择。关于为什么要实现改革开放，主要有三方面原因：

第一，“文化大革命”给党和人民带来灾难，酿成恶果。经济上，国民经济损失巨大，停滞不前，濒临崩溃。政治上，敌我混淆，民主法制被践踏，冤假错案堆积如山，局面混乱不堪。文化上，摧残教科文，中华民族优秀文化遗产遭受浩劫，大批知识分子惨遭迫害。思想上，全民族思想空前混乱，社会风气受到严重破坏。生活上，人民饱受物资短缺之苦，生活长期得不到应有改善。

第二，中国和发达国家之间的发展差距进一步拉大。20 世纪 50 年代中期到 70 年代中期，中国相继发动“大跃进”、人民公社化运动、“文化大革命”，“左”的错误一个接着一个。与中国形成鲜明对比，西方世界、中国周边的一些国家和地区却在享受新科技革命蓬勃兴起所带来的红利，经济实力大发展，现代化程度和社会文明程度大提升。此消彼长，中国和发达国家之间的差距进一步拉大，震撼人心。

第三，体制僵硬，高度集中的计划经济体制弊端凸显。社会主义制度建立后，建设社会主义应当实行什么样的经济体制，这是中国共产党执政后面临的一个重大问题。随着国民经济的恢复，第一个五年计划的实施，以及对生产资料私有制进行社会主义改造的全面展开，我国逐步形成了高度集中的计划经济体制。我们之所以选择计划经济体制，是由当时特定的社会历史条件决定的，绝不能简单地认为计划经济体制从一开始就是个错误。这有几方面原因：首先，我国当时经济结构简单、社会利益关系相对单纯、科技水平也不高，生产资料、生活资料供应严重短缺，实行计划经济体制有利于统一调配资源，有利于短时间内集中力量、集中资源办大事，有利于快速恢复社会正常生产秩序，有利于维护人民生活的底线公平。其次，当时人们在思想观念中将计划经济等同于社会主义，将市场经济等同于资本主义，认为新中国既然选择了社会主义道路，那就理应选择计划经济体制。最后，苏联在计划经济体制下社会主义建设取得了巨大成就，成为世界第二大强国，这对我国经济体制的选择产生了直接的影响。我国实行计划经济体制初期，国民经济迅速恢复，国家步入良性发展轨道，人民生活水平逐步提高，综合国力稳步增强，初步完成了国民经济布局、基础工业布局、农田水利建设，集中力量办成了三线建设、两弹一星等很多大事。实践证明，选择计划经济体制，是落后国家通往社会主义的一个必经阶段，是符合我国当时国情的唯一正确选择。然而，随着社会生产力水平的发展，生产经营主体日益活跃，高度集中的计划经济体制弊端也日益凸显出来，集中表现为：政企职责不分，条块分割；国家对企业统得过多过死，权力过于集中，挫伤生产经营主体的自主性；忽视商品生产、价值规律和市场机制的作用；分配中平均主义严重，社会缺乏创造活力。这就造成了企业吃国家的“大锅饭”、职工吃企业的“大锅饭”的局面，严重压抑了企业和广大职工群众的积极性、主动性和创造性，使本来应该生机盎然的社会主义经济在很大程度上失去了活力。

乱久思治，穷则思变。面对如此严峻的国内外形势，纠正错误、扭转局势成为事关全局、人心所向的紧迫任务。怎样改变？答案只一个：改革！不改革死路一条。自 1957 年以来 20 年的经验尤其是“文化大革命”的教训告诉我们，“不改革不行”①，“如果现在再不实行改革，我们的现代化事业和社会主义事业就会被葬送”②，“不开放不改革没有出路，国家现代化建设没有希望”③，“只有深化改革，……才能够保证本世纪内达到小康水平，而且在下个世纪更好地前进”④。正是基于这样的现实考虑，以邓小平同志为核心的党的第二代中央领导集体作出了把党和国家的工作重心转移到经济建设上来、实行改革开放的伟大战略决策。

二、“改什么”

改革的方向已经明确，接下来的首要任务就是：确定改革的对象和范围，明确改什么、不改什么，初步设定改革目标。邓小平认为，社会主义根本区别于资本主义，作为一种制度，社会主义是无产阶级革命胜利后建立起来的基本经济制度和基本政治制度的总和。基本经济制度以生产资料公有制为基础，基本政治制度以无产阶级专政为基础。在根本制度和基本

---

① 邓小平．邓小平文选：第 3 卷．北京：人民出版社，1993：265．

② 邓小平．邓小平文选：第 2 卷．2 版．北京：人民出版社，1994：150．

③ 同①219．

④ 同①268．

制度之下，又有具体制度，也就是我们通常所说的“体制”，主要涉及建设社会主义具体做法的相关制度。在邓小平看来，社会主义基本制度和社会主义体制是辩证统一的：基本制度决定体制，体制表现基本制度，又反作用于基本制度。体制好，基本制度的优越性就发挥得充分；体制不好，基本制度就会受到局限甚至被破坏。相对于资本主义制度，我国社会主义根本制度是优越的，但这种优越性长期被妨碍，为什么会这样，原因就在于现行的一些具体制度存在弊端，束缚了生产力。基于这样的思考，邓小平明确认为，社会主义改革是一场深刻的革命，是对体制的革命，本质是社会主义制度的自我完善和发展，要在坚持社会主义根本制度的前提下改革完善现行的各方面体制机制。

概言之，改革的对象是具体制度，也就是体制，范围涵盖经济体制、政治体制、科技体制、教育文化体制、军队体制等各个领域。中国的改革自一开始就是“综合性的改革”①，有侧重、有主次，是事实，但绝没有刻意回避某些领域。社会主义根本制度和基本制度，不能改的过多长时间也不能改；经济、政治、文化、科技、教育等各方面体制机制，能够改的、需要改的，都应该大胆地改。体制机制的问题，“不是要不要改革，而是改革到什么程度，如何改革”②。改革的目的是完善和发展社会主义制度，解放和发展生产力，而不是对社会主义制度的改旗更张，不是改掉社会主义制度本身。

三、“怎么改”

明确了“改什么”，接下来的问题是“怎么改”。在这一问题上，邓小平提出了改革的原则、方法、态度，明确了改革的步骤和次序。在他看来，改革坚持什么方向是一个重要问题，中国的改革显然应该坚持社会主义方向。为此，要紧紧把握住两点：一是坚持以公有制经济为主体，二是实现共同富裕。在改革的过程中，要“勇于思考、勇于探索、勇于创新”“摸着石头过河”“胆子要大，步子要稳，走一步看一步”“一步步走，一

① 邓小平．邓小平文选：第3卷．北京：人民出版社，1993：268.

② 同①265.

步步地总结经验”。当然，也要清醒地认识到，改革是一场很大的实验，有些事情不可能一次完成，有时甚至还会出错，新问题也会不断涌现。对于这些状况，我们要有充分的思想准备，做到对的就坚持，不对的赶快改，新问题出来抓紧解决。

在体制改革的先后次序上，邓小平坚持先改革经济体制。他认为，“根据我们自己的经验，讲社会主义，首先就要使生产力发展，这是主要的。只有这样，才能表明社会主义的优越性。社会主义经济政策对不对，归根到底要看生产力是否发展，人民收入是否增加。这是压倒一切的标准。空讲社会主义不行，人民不相信”①。再联系中国当时“太穷，同自己的地位完全不相称”的经济状况，两个方面共同作用，促使邓小平在“先改什么，后改什么”的问题上，首选经济体制改革。在他看来，改革经济体制之后，就要推进政治体制改革。因为，“现在经济体制改革每前进一步，都深深感到政治体制改革的必要性。不改革政治体制，就不能保障经济体制改革的成果，不能使经济体制改革继续前进，就会阻碍生产力的发展，阻碍四个现代化的实现”②。所以，为了与经济体制改革相适应，需要改革政治体制。与此同时，也需要进行科技体制、教育文化体制、军队体制等各个领域的改革。

（1）经济体制改革。具体从农村做起，搞家庭联产承包责任制，抛弃吃大锅饭的办法，允许农民在国家统一计划指导下，因时因地制宜，保障他们的经营自主权，发挥他们的生产积极性。农村改革成功后，转到城市，坚持“胆子要大，步子要稳”③ 的原则，打破政企职责不分、条块分割、国家对企业统得过多过死、分配上平均主义严重的局面，调动企业和广大职工群众的积极性、主动性和创造性。无论在农村还是城市，都允许一部分人通过勤劳的方式先富起来，先富带动后富，最终实现共同富裕。在计划经济和市场经济的关系上，邓小平明确指出：“计划和市场都是发展生产力的方法”④，计划经济不等于社会主义，资本主义也有计划，市场

---

① 邓小平．邓小平文选：第2卷．2版．北京：人民出版社，1994：314.

② 邓小平．邓小平文选：第3卷．北京：人民出版社，1993：176.

③ 同②118.

④ 同②203.

经济不等于资本主义，社会主义也有市场，计划和市场都是配置资源的手段。

（2）政治体制改革。政治体制改革是我国社会主义政治制度的自我完善和发展，目的是巩固社会主义制度、发扬社会主义民主。中国的政治体制改革要分步骤、有领导、有秩序地进行。在改革的过程中，要坚持四项基本原则，一切从中国实际出发，“根据自己的特点，自己国家的情况，走自己的路”，“既不能照搬西方资本主义国家的做法，也不能照搬其他社会主义国家的做法”①。为了保持党和国家的活力，调动基层和工人、农民、知识分子的积极性，要正确处理党政关系，解决党如何善于领导的问题；要权力下放，解决中央和地方的关系；要精简机构，克服官僚主义、提高效率；要发展民主，加强法制，完善民主监督制度，维护安定团结。

（3）科技体制改革。强调科学技术是生产力，明确中国的知识分子已成为工人阶级的一部分，改革科技体制就是解放生产力。倡导科技与经济结合，确定“经济振兴必须依靠科学技术进步，科学技术工作必须面向经济建设”② 的方针。为了建立与经济建设紧密结合的新型科技体制，需要建立健全各种技术和经济责任制，加强国家对科学技术的宏观管理，逐步扩大科研单位的自主权；调整科研体系的组织结构，推进科研机构和生产部门的协作，促进科技成果转化；根据科研机构类型，改革科研拨款制度，克服平均主义，加强经费管理；积极引进外国先进技术和先进设备，虚心学习外国先进经验。此外，还明确改革科技体制最重要的是人才。要调动科技人才的积极性和创造性，切实解决知识分子的实际困难，创造拔尖人才脱颖而出的体制环境。

（4）教育文化体制改革。解放思想，实事求是，否定“两个凡是”，推翻“两个估计”，科学评价教育科学文化在现代化建设中的地位和作用，提出“没有文化和知识分子是不可能建设社会主义的”③ 科学论断，明确教育在经济发展中的战略作用。恢复高考制度，恢复教师职称制度，重奖

---

① 邓小平．邓小平文选：第3卷．北京：人民出版社，1993：256.

② 中共中央文献研究室．十二大以来重要文献选编：上．北京：人民出版社，1986：198.

③ 中共中央文献研究室．三中全会以来重要文献选编：下．北京：人民出版社，1982：842.

贡献突出的科教人员。倡导尊重知识、尊重人才，提出教育要面向现代化、面向世界、面向未来，培养有理想、有道德、有文化、有纪律的“四有新人”，适应经济发展，提高民族素质。改革教育体制，简政放权；优化教育结构，建立新型多层次教育体系；加大教育投入，增加教育经费；加强和深化教学改革，提高教育质量；管理制度上，建立和完善责任制。

（5）军队体制改革。把军队体制编制改革纳入国家经济建设的大局，通盘考虑。抓住和平与发展的时代机遇，围绕提高军队现代条件下的作战能力，改革军队体制编制。具体做法包括三点：一是精简员额，压缩规模，裁军百万，合并裁减一些重复的和不适应现代战争需要的领导机构，减少军费开支，加强国防建设。二是理顺关系，优化军队总体结构，完善科技装备领导体制、技术保障领导体制、军事训练领导体制、后勤保障体制，组建新技术兵种领导机构和预备役部队。三是完善法规，保障军队体制机制正规运行。

四、“谁来改”

改革的过程中，“谁来改”的问题，也是一个重要问题。这个问题包括两个方面，一是改革的领导力量，二是改革的依靠力量。邓小平认为，改革要成功，就必须有领导有秩序地进行，否则就会出现乱哄哄、各行其是，不能搞“你有政策我有对策”，尤其是不能搞违背中央精神的所谓“对策”，不能形成相互打架、相互拆台、统一不起来的混乱局面。中国是一个大国，民族结构、宗教结构、文化结构、周边邻居、国际环境都异常复杂，中国的改革，需要稳定的环境，出乱子的危险是客观存在的，这绝不是危言耸听。一旦出现情况，“党中央、国务院没有权威，局势就控制不住”①；一旦社会动荡，已经取得的改革成果也会失掉。为此，“我们要定一个方针，就是要在中央统一领导下深化改革”②。中央要有权威，党中央、国务院定了措施，各地各部门就要迅速、有力、坚决地执行，不能允许有令不行、有禁不止。只有树立了党中央的权威，才能统一协调各方力

① 邓小平．邓小平文选：第3卷．北京：人民出版社，1993：277.
② 同①278.

量，有效实施宏观控制，捍卫改革成果，全国深化综合改革。当然，中央行使权力，主要集中针对改革的大政方针问题、改革方向问题，同时调动地方的积极性，鼓励基层摸着石头过河，不能什么话都说，什么事都管。

在"依靠谁改革"的问题上，邓小平坚持相信群众、依靠群众。在他看来，群众是我们的力量源泉，群众路线和群众观点是我们的传家宝。过去搞革命，依靠广大人民群众；今天建设有中国特色的社会主义，同样要依靠广大人民群众；改革开放，同样只能依靠人民群众，"要同人民一起商量着办事"①。群众的力量和智慧是无穷的，人民群众是改革的力量主体、实践主体、评价主体。以农民为例，"农村搞家庭联产承包，这个发明权是农民的。农村改革中的好多东西，都是基层创造出来，我们把它拿来加工提高作为全国的指导"②。所以，我们要相信群众、依靠群众，毫不动摇地坚持群众路线，把人民拥护不拥护、赞成不赞成、高兴不高兴、答应不答应作为党制定各项方针政策的出发点和归宿。站在人民的立场搞改革，让人民共享改革成果。这样，邓小平就初步回答了"谁来改"的问题：中央领导改革，依靠群众改革。

五、"改得怎么样"

"改得怎么样"的问题，也就是"如何评价改革"的问题。在这一问题上，邓小平认为改革是一场革命，是中国的第二次革命；改革是一场很大的实验，要坚持摸着石头过河；改革要坚持"三个有利于"原则，"不问黑猫、白猫，能抓住老鼠就是好猫"；改革是社会主义制度的自我完善，是中国发展生产力的必由之路。

就改革是一场革命来说，它区别于广义的"革命"，它不是一个阶级推翻另一阶级、一个社会制度代替另一个社会制度的大革命，而是指在社会经济、政治、科技、文化教育等领域进行的一场具有革命意义的社会变革。这是对体制的革命，是为了改变一切不适应生产力发展的管理方式、

① 邓小平. 邓小平文选：第3卷. 北京：人民出版社，1993：268.

② 同①382.

体制机制。

就改革是一场很大的实验来说，社会主义改革在中华民族发展史、人类社会发展史上都是一场伟大的实验，既缺少国内经验，又缺少成功的、可资借鉴的外国经验，需要自己“摸着石头过河”。中国是一个社会主义大国，是一个悠久的文明古国，中国的改革开放必须自己走出来，“每个国家的基础不同，历史不同，所处的环境不同，左邻右舍不同，还有其他许多不同。别人的经验可以参考，但是不能照搬”①。改革中要鼓励大胆地闯、大胆地试，改革没有万无一失的方案，稳妥是必要的，但“不犯错误不可能，要争取犯得小一点，遇到问题就及时调整”②，形成容错的宽松环境，建立纠错的补救机制。

就改革是社会主义制度的自我完善来说，改革是社会主义性质的改革，是在坚持社会主义根本制度和基本制度不变的前提下，变革社会主义的具体体制机制。我国还处于社会主义初级阶段，我国的社会主义制度处于幼年时期，存在弊端是正常的。改革就是要革除体制弊端，推进社会主义制度自我完善和发展，不断解放和发展生产力。

就改革的评价标准来说，改革要坚持“三个有利于”原则，“不问黑猫、白猫，能抓住老鼠就是好猫”。改革要坚持实践标准，“改革正确不正确，也要看实践”③，实践才是检验改革政策正确的唯一标准。经典的本本不是评价改革的标准，成功的经验不是衡量改革的标准，只有实践才具有最高的权威，要“自觉地把思想认识从那些不合时宜的观念、做法和体制的束缚中解放出来，从对马克思主义错误的和教条式的理解中解放出来，从主观主义和形而上学的桎梏中解放出来”④。

就改革的伟大历史意义来说，中国当时面临严峻的国内外形势，不改革没有出路、没有活路，坚持改革开放“是解决中国问题的希望”⑤。改革

---

① 邓小平．邓小平文选：第3卷．北京：人民出版社，1993：265.

② 同①267.

③ 同①263.

④ 中共中央文献研究室．改革开放三十年重要文献选编：下．北京：人民出版社，2008：1191.

⑤ 同①284.

是引领发展的根本动力，是实现社会主义现代化的唯一出路。离开了改革开放，不仅国家的现代化建设没有希望，中国的社会主义事业还将会被葬送。

邓小平全面、系统地阐述了改革开放理论，第一次比较系统地初步回答了在中国这样一个经济文化比较落后的国家如何建设社会主义、怎样巩固和发展社会主义的问题，创立了改革方法论的科学体系。作为邓小平理论的重要组成部分，邓小平改革方法论构成了中国特色社会主义理论体系的重要组成部分，是党和人民集体智慧的结晶。邓小平是其主要创立者和奠基人。

第三节　改革方法论的丰富发展

党的十三届四中全会以后，一直到党的十八大召开，以江泽民同志、胡锦涛同志为主要代表的中国共产党人以新思想新观点新论断深化拓展了改革开放理论，为改革方法论的丰富和发展作出了重大贡献。

一、划清两种改革观

自党的十一届三中全会作出实行改革开放的伟大决策以来，党内和社会上一直存在两种改革观的对立和斗争。一种是邓小平主张的坚持四项基本原则的改革开放，强调改革是社会主义制度的自我完善。另一种是变相否定四项基本原则的所谓“改革开放”，坚持资产阶级自由化立场，主张“全盘西化”。20世纪80年代末到90年代初，苏联解体、东欧剧变，世界格局激变，暗流涌动。这为我国改革提出了一个重大任务：必须划清两种改革观的界限，即划清坚持四项基本原则的改革开放同主张推行资本主义自由化的所谓“改革开放”的根本界限，切实防止改革变成改向、变革走向变色。

江泽民准确把握改革开放的实质，清醒认识到划分两种改革观的必要性和重要性。在他看来，所谓“自由化改革”的实质，就是资本主义化，就是把中国纳入西方资本主义体系；两种改革观的对立冲突，很大程度表现在改革开放要不要坚持社会主义方向的问题上；认清并划分两种改革观关系改革的前途命运，“在改革中不坚持社会主义方向，就会葬送党和人民七十年奋斗的全部成果”①。在随后的改革开放进程中，江泽民反复强调这个问题，提醒全党要坚持改革，也要区分两种不同的改革观。

针对一些人无视社会主义市场经济与资本主义市场经济的本质区别，妄图以建立市场经济为名把中国改革引向资本主义的危险倾向，江泽民严厉批评和抵制，强调要在社会主义条件下运用市场机制发展经济，既反对固守计划经济体制，又反对妄图通过市场经济把中国资本主义化。针对一些人片面强调发展非公经济而忽视公有制主体地位的言论，江泽民明确指出“两个毫不动摇”，不能只讲前者而不讲后者，也不能只讲后者而不讲前者。允许和鼓励非公有制经济发展要有一个基本前提，那就是有利于巩固公有制经济，同时要对非公有制经济的发展进行必要的监管和引导。针对一些人打着国企改革、发展非公有制经济的幌子，扭曲国企改组，图谋推行私有化的做法，江泽民严厉批评，明确提出“放小”是要“放活”，不是“放弃”，更不是“撒手不管”，改革必须坚持公有制的主体地位，巩固公有制经济，绝不允许在“改革”的名义下利用职权化公为私。针对西方新自由主义经济思潮的泛滥及其对中国改革造成的负面影响，江泽民高度警惕，强调中国的改革必须从中国实际出发，坚持马克思主义基本原理同中国实际相结合，既不能照搬照抄马克思主义的教条，也不能照抄照搬西方的教条，一味削弱乃至全盘否定政府宏观调控，企图实行完全放任的自由市场经济，在中国是行不通的，必将导致经济生活和整个社会生活的混乱。

二、阐明改革发展稳定的辩证关系

江泽民在党的十四届五中全会上强调：要实现今后15年的奋斗目标和战略任务，必须“牢牢把握抓住机遇、深化改革、扩大开放、促进发展、

① 江泽民．江泽民文选：第1卷．北京：人民出版社，2006：163.

保持稳定的大局”①。改革发展稳定是一个有机整体，相互依存，相互促进，不可分割。其中，改革是动力，为发展开辟道路，又能巩固政治稳定；稳定是前提，为改革和发展提供必要前提，创造有利的政治环境和社会环境；发展是目标，反过来又能加强政治稳定，为深化改革创造物质条件。

关于如何正确处理改革发展稳定的关系，江泽民认为，首先要坚持发展目标论，以经济建设为中心，狠抓经济社会发展。发展是硬道理，事关增强综合国力，改善人民生活；事关巩固和完善社会主义制度，稳定政治局面；事关拒斥霸权主义和强权政治，维护国家主权和独立；事关从根本上摆脱经济落后状况，跻身世界现代化国家之林。为了加快发展，必须进一步解放思想，抓住机遇，深化改革开放，大胆吸收借鉴世界各国包括资本主义发达国家的先进经营方式和管理方法；变革传统的计划经济体制，建立和完善社会主义市场经济体制，正确认识和处理计划与市场的关系；调整和优化产业结构，转变经济增长方式，从粗放型发展转向集约型发展，提高经济效益；实施西部大开发战略，促进落后地区的发展。其次要坚持改革动力论，狠抓改革。对于制约发展的体制上的深层次原因，通过改革来解决。为了加速改革，必须围绕社会主义市场经济体制的建立，加快经济改革；积极推进政治体制改革，发展社会主义民主和法制；下决心推进行政管理体制和机构改革，转变职能、理顺关系、精兵简政、提高效率；深化教育体制、教学内容和教学方法改革，加强师资队伍培养和建设，扩大学校办学自主权；深化军队体制改革，加强军队建设，增强国防实力。最后要坚持稳定前提论，狠抓社会大局稳定。没有稳定的社会环境、政治局面，什么都搞不成，已经取得的成就也会失掉。维护稳定大局，必须坚持民族平等、民族团结，促进各民族共同繁荣；必须维护公共安全和社会治安，打击犯罪；必须高度警惕和抵御敌对势力的阴谋破坏活动；必须关心民众疾苦，解决民众迫切关心的问题，正确处理人民内部矛盾。在社会主义初级阶段，正确处理以上关系，对于保持政治环境稳定，

① 江泽民. 江泽民文选：第1卷. 北京：人民出版社，2006：460.

坚持建设有中国特色的社会主义，具有重要意义。

三、确立社会主义市场经济体制的改革目标

1992年邓小平发表南方谈话，再次强调："计划多一点还是市场多一点，不是社会主义与资本主义的本质区别。计划经济不等于社会主义，资本主义也有计划；市场经济不等于资本主义，社会主义也有市场。计划和市场都是经济手段。"① 随后，江泽民明确表态支持"社会主义市场经济体制"的提法，积极推动党内思想统一，党的十四大正式明确建立社会主义市场经济体制的改革目标。党的十四届三中全会通过了《中共中央关于建立社会主义市场经济体制若干问题的决定》，进一步明确了经济体制改革的目标、基本原则和具体任务。

江泽民认为，实践在发展，认识也在深化，要求我们确立社会主义市场经济体制的改革目标。在他看来，社会主义市场经济体制有三个主要特征："一是在所有制结构上，坚持以公有制经济为主体，个体经济、私营经济和其他经济成分为补充，多种经济成分共同发展；二是在分配制度上，坚持以按劳分配为主体，其他分配方式为补充，允许和鼓励一部分地区、一部分人先富起来，逐步实现共同富裕，防止两极分化；三是在经济运行机制上，把市场经济和计划经济的长处有机结合起来，充分发挥各自的优势作用，促进资源优化配置，合理调节社会分配。"② 为了加快社会主义市场经济体制的建立，必须抓紧解决好五个关键性问题：一是转变政府职能，切实实行政企职责分开。二是抓紧企业特别是国有大中型企业经营机制的转换。三是适应商品经济和价值规律的要求，切实更新计划观念，转变计划管理职能和方式，更多地运用经济政策和经济杠杆引导和调控市场健康发展。四是大力培育和发展市场，建立统一的完备的社会主义市场。五是加强经济法规和经济运行所必需的其他基础设施建设。为此，我们要明确建立社会主义市场经济的基本要求和基本原则，构建社会主义市场经济体制的基本框架，即"坚持以公有制为主体、多种经济成份共同发

---

① 邓小平．邓小平文选：第3卷．北京：人民出版社，1993：373.

② 江泽民．江泽民文选：第1卷．北京：人民出版社，2006：203.

展的方针，进一步转换国有企业经营机制，建立适应市场经济要求，产权清晰、权责明确、政企分开、管理科学的现代企业制度；建立全国统一开放的市场体系，实现城乡市场紧密结合，国内市场与国际市场相互衔接，促进资源的优化配置；转变政府管理经济的职能，建立以间接手段为主的完善的宏观调控体系，保证国民经济的健康运行；建立以按劳分配为主体，效率优先、兼顾公平的收入分配制度，鼓励一部分地区一部分人先富起来，走共同富裕的道路；建立多层次的社会保障制度，为城乡居民提供同我国国情相适应的社会保障，促进经济发展和社会稳定”①。

确立社会主义市场经济体制的改革目标，界定社会主义市场经济体制的特征，明确建立社会主义市场经济体制的基本要求、基本原则、关键性问题，构建社会主义市场经济体制基本框架，这是以江泽民同志为核心的党的第三代中央领导集体对社会主义建设规律的重要探索，具有划时代意义，开辟了中国特色社会主义事业的新境界。

四、正确处理社会主义现代化建设中的若干重大关系

社会主义现代化建设，必须处理好各种关系，特别是若干带有全局性的重大关系。在党的十四届五中全会闭幕会上，江泽民发表了《正确处理社会主义现代化建设中的若干重大关系》（后来被称作“论十二大关系”）的重要讲话。讲话中提出要正确处理十二大关系，分别是：改革发展稳定的关系；速度和效益的关系；经济建设和人口、资源、环境的关系；第一、第二、第三产业的关系；东部地区和中西部地区的关系；市场机制和宏观调控的关系；公有制经济和其他经济成分的关系；收入分配中国家、企业和个人的关系；扩大对外开放和坚持自力更生的关系；中央和地方的关系；国防建设和经济建设的关系；物质文明建设和精神文明建设的关系。“论十二大关系”是江泽民同志创造性运用马克思列宁主义、毛泽东思想、邓小平理论，对社会主义现代化建设中的若干重大关系作出的深刻阐述，是在新的历史条件下对毛泽东《论十大关系》的

---

① 中共中央文献研究室．十四大以来重要文献选编：上．北京：人民出版社，1996：520-521.

重大发展，是中国共产党在社会主义建设规律和改革规律认识上的新飞跃。

“十二大关系”展开来说，就是：正确处理改革发展稳定的关系，核心要义是把改革的力度、发展的速度和社会可承受的程度统一起来，在政治和社会稳定中推进改革和发展，在改革和发展中实现政治和社会长期稳定。正确处理速度和效益的关系，核心要义是遵循速度和效益相统一的原则，更新发展思路，实现经济增长方式从粗放型向集约型的转变。正确处理经济建设和人口、资源、环境的关系，核心要义是使人口增长与社会生产力的发展相适应，使经济建设与资源、环境相协调，实现良性循环。正确处理第一、第二、第三产业的关系，核心要义是大力加强第一产业，调整提高第二产业，积极发展第三产业，逐步形成同社会生产力水平相适应的第一、第二、第三产业的合理结构。正确处理东部地区和中西部地区的关系，核心要义是东部地区要通过多种形式帮助中西部欠发达地区和民族地区发展经济，促进区域经济协调发展，最终实现共同富裕。正确处理市场机制和宏观调控的关系，核心要义是充分发挥市场经济的优势和社会主义制度的优越性。正确处理公有制经济和其他经济成分的关系，核心要义是坚持公有制的主体地位，积极促进国有经济和集体经济发展，允许和鼓励个体、私营、外资等非公有制经济的发展。正确处理收入分配中国家、企业和个人的关系，核心要义是坚持按劳分配为主体、多种分配方式并存的原则，体现效率优先、兼顾公平，把国家、企业、个人三者的利益结合起来。正确处理扩大对外开放和坚持自力更生的关系，核心要义是把现代化建设的立足点放在依靠自己力量的基础上，在自力更生的基础上扩大对外开放。正确处理中央和地方的关系，核心要义是合理划分中央和地方经济管理权限，明确各自的事权、财权和决策权，充分发挥中央和地方两方面的积极性。正确处理国防建设和经济建设的关系，核心要义是国防建设和军队建设以经济建设为依托，服从国家经济建设大局，同时为国家安全与经济发展提供基本保证。正确处理物质文明建设和精神文明建设的关系，核心要义是始终不渝地坚持两手抓，两手都要硬①。

---

① 江泽民．江泽民文选：第1卷．北京：人民出版社，2006：460-475.

五、总结改革开放“十个结合”的基本经验

改革开放以来，中国共产党领导全国人民取得了社会主义现代化建设的伟大成就，社会生产力快速发展，综合国力大幅提升，人民生活明显改善，国际地位和影响力显著提高，社会主义各项建设取得重大进展，谱写了中国特色社会主义事业新篇章。与此同时，我们也就如何在中国这样一个十几亿人口的发展中大国摆脱贫困、加快实现现代化、巩固和发展社会主义等方面，创造和积累了丰富的实践经验。在党的十七大报告中，胡锦涛把这些宝贵经验概括为十条，也就是“十个结合”，即“在改革开放的历史进程中，我们党把坚持马克思主义基本原理同推进马克思主义中国化结合起来，把坚持四项基本原则同坚持改革开放结合起来，把尊重人民首创精神同加强和改善党的领导结合起来，把坚持社会主义基本制度同发展市场经济结合起来，把推动经济基础变革同推动上层建筑改革结合起来，把发展社会生产力同提高全民族文明素质结合起来，把提高效率同促进社会公平结合起来，把坚持独立自主同参与经济全球化结合起来，把促进改革发展同保持社会稳定结合起来，把推进中国特色社会主义伟大事业同推进党的建设新的伟大工程结合起来，取得了我们这样一个十几亿人口的发展中大国摆脱贫困、加快实现现代化、巩固和发展社会主义的宝贵经验”①。

在这十条经验中，前三条是管总的，揭示了我国改革开放取得伟大成功的关键和根本。后七条集中围绕前三条展开，是实现前三条的内在要求和必然结果。其中，第四条到第七条，分别揭示了中国特色社会主义经济建设、政治建设、文化建设、社会建设的真谛；第八条到第十条，则强调了营造良好的国际环境、保持国内社会政治稳定、坚持党的领导核心地位对于改革发展的保障作用。

“十个结合”从世界观和方法论的角度对改革开放 30 年的丰富经验进行了科学总结，“闪耀着马克思主义的真理光芒，是辩证唯物主义和历史

---

① 中共中央文献研究室．十七大以来重要文献选编：上．北京：中央文献出版社，2009：8.

唯物主义的胜利”①，成为我们党极为宝贵的精神财富。作为马克思主义中国化的产物和表现，“十个结合”生动体现了逻辑与历史相统一的辩证法，反映出以胡锦涛同志为总书记的党中央对辩证法的自觉运用，成为运用辩证法研究实际问题的当代范本。作为中国特色社会主义道路的具体化，“十个结合”的内容涉及如何贯彻党的路线方针政策的各个方面，在新的历史起点上，给全党提供了可以倚靠的真理力量和思想武器，成为进一步深化改革、扩大开放的重要指导原则。

六、科学回答“要不要改革”的重大问题

针对当时社会上流行的“改革失败论”和“改革过头论”的错误思潮，以胡锦涛同志为总书记的党中央就“要不要改革”的问题，作出了明确而坚定的回应，强调指出：“改革开放是决定当代中国命运的关键抉择，是发展中国特色社会主义、实现中华民族伟大复兴的必由之路；只有社会主义才能救中国，只有改革开放才能发展中国、发展社会主义、发展马克思主义；改革开放符合党心民心、顺应时代潮流，方向和道路是完全正确的，成效和功绩不容否定，停顿和倒退没有出路。”②。这是对“改革失败论”和“改革过头论”的明确回应，是对改革开放历史地位和重大意义的深刻概括和系统阐释，宣示了中国共产党坚定不移地推进改革开放的强烈意志和坚定决心。

进入新世纪新阶段，中国的改革开放面临双重任务。一方面，经济体制改革的快速深入推进，要求与之紧密联系的政治体制改革、文化体制改革、社会体制改革等务必紧紧跟上，迫切要求进行以建设服务型政府为中心的行政体制改革。另一方面，中国经济社会发展到了社会矛盾凸显期，长期积累下来的深层次矛盾逐渐显现，转型发展模式、调整产业结构、转变经济增长方式、平衡协调区域发展、缩小贫富差距、提高科技创新能力、节约资源能源、保护生态环境等成为重大现实课题，亟待解决。在这

① 中共中央文献研究室．十七大以来重要文献选编：上．北京：中央文献出版社，2009：808.

② 同①810.

样的情况下，要深化改革开放，必须正确处理好五个关系：一是深化改革开放与可持续发展的关系，二是以科学发展为主题与以经济建设为中心的关系，三是社会主义市场经济改革方向与政府职能的关系，四是人民民主与民主政治建设的关系，五是社会基本矛盾与加强和创新社会管理的关系。为此，必须坚持以邓小平理论和“三个代表”重要思想为指导，深入贯彻落实“以人为本，全面协调可持续”的科学发展观。在科学发展观的统领下，“把改革创新精神贯彻到治国理政各个环节，毫不动摇地坚持改革方向，提高改革决策的科学性，增强改革措施的协调性。要完善社会主义市场经济体制，推进各方面体制改革创新，加快重要领域和关键环节改革步伐，全面提高开放水平，着力构建充满活力、富有效率、更加开放、有利于科学发展的体制机制，为发展中国特色社会主义提供强大动力和体制保障。要坚持把改善人民生活作为正确处理改革发展稳定关系的结合点，使改革始终得到人民拥护和支持”①。

通过划清两种改革开放观、阐明改革发展稳定的辩证关系、提出正确处理社会主义现代化建设“十二大关系”、确立社会主义市场经济体制的改革目标、总结改革开放“十个结合”的基本经验、科学回答“要不要改革”的重大问题，以江泽民同志、胡锦涛同志为主要代表的中国共产党人对改革方法论的丰富和发展作出了重大贡献。

第四节　新时代改革方法论的创立

改革思想古已有之，科学的改革思想可以为改革实践提供正确的思想引领，是改革的基本遵循。党的十八大以来，全面深化改革进入攻坚期和深水区，亟须破除体制机制弊端、突破利益固化藩篱、变革既有利益格局，以习近平同志为核心的党中央紧扣时代脉搏，顺应改革趋势，体悟人民需要，立足国情实际，高举改革旗帜，作出全面深化改革的重大战略部

① 中共中央文献研究室．十七大以来重要文献选编：上．北京：中央文献出版社，2009：14.

署，系统谋划改革的科学路径和有效方法，创立了新时代改革方法论，形成了改革开放以来最为丰富、全面、系统的改革方法论体系，为全面深化改革提供了科学指导和行动指南。

一、改革定位：全面深化改革

问题是时代的声音，是改革的导向，问题倒逼改革，改革直面问题。改革方法论是时代的产物，是解决问题的方法论武器。中国特色社会主义进入新时代，出现了很多新情况新问题，有些问题极为棘手、难以解决。新时代新问题为新时代改革方法论的创立提供了丰腴沃土和实践基础。可以说，新时代改革方法论就是对当代中国现实问题倒逼的有效回应。2013 年 11 月，党的十八届三中全会审议通过《中共中央关于全面深化改革若干重大问题的决定》，作出了“全面深化改革”的重大战略部署，中国改革事业实现了全面“升级”。这是以习近平同志为核心的党中央深刻认知改革规律、准确把握国情实际、顺应历史潮流作出的战略决策。

改革开放是中国共产党的一次伟大觉醒，也是中国人民和中华民族发展史上的一次伟大革命，正是它创造了中国的历史性成就：社会生产力、经济实力、科技实力显著增强，人民生活水平、居民收入水平、社会保障水平显著提高，综合国力、国际竞争力、国际影响力显著提升，国家面貌发生了前所未有的历史性变化。实践证明，改革开放是党和人民赶上时代的重要法宝，是坚持和发展中国特色社会主义的必然选择，是决定当代中国命运、实现“两个一百年”奋斗目标和中华民族伟大复兴中国梦的关键一招。新时代，实行全面深化改革，是顺应世界改革趋势的必然选择，是解决中国发展问题的必然选择，也是抓住历史机遇、抢占未来发展制高点的必然选择。对此，习近平指出：“面对未来，要破解发展面临的各种难题，化解来自各方面的风险和挑战，更好发挥中国特色社会主义制度优势，推动经济社会持续健康发展，除了深化改革开放，别无他途。”① “当前，经济全球化快速发展，综合国力竞争更加激烈，国际形势复杂多变，

① 习近平．习近平谈治国理政．北京：外文出版社，2014：86.

我们认为，中国要抓住机遇、迎接挑战，实现新的更大发展，从根本上还要靠改革开放。”① 只有改革，才能发展中国；只有全面深化改革，才能富强中国。

二、改革对象：“5+2”改革总布局

改什么，不改什么，必须立足国情，从实际出发，找准改革对象，不能瞎折腾。新时代中国社会主要矛盾已发生变化，由“人民日益增长的物质文化需要同落后的社会生产之间的矛盾”转化为“人民日益增长的美好生活需要和不平衡不充分的发展之间的矛盾”②。社会主要矛盾变了，但是，社会主义初级阶段的基本国情和世界最大发展中国家的国际地位没有变。社会主义初级阶段是建设中国特色社会主义的总依据，也是全面深化改革的总依据。习近平强调指出：“社会主义初级阶段是当代中国的最大国情、最大实际。我们在任何情况下都要牢牢把握这个最大国情，推进任何方面的改革发展都要牢牢立足这个最大实际。不仅在经济建设中要始终立足初级阶段，而且在政治建设、文化建设、社会建设、生态文明建设中也要始终牢记初级阶段；不仅在经济总量低时要立足初级阶段，而且在经济总量提高后仍然要牢记初级阶段；不仅在谋划长远发展时要立足初级阶段，而且在日常工作中也要牢记初级阶段。”③ 深刻认识国情实际，是中国共产党人创立科学理论和制定正确路线方针政策的依据，也是做好各项工作的前提。全面深化改革，也要立足这个基本国情，不从主观愿望出发，不照搬照抄外国模式，自觉纠正超越阶段的错误观念和政策措施。

全面深化改革是一项复杂系统的工程，对象是国家各方面体制，遍及经济建设、政治建设、文化建设、社会建设、生态文明建设、党的建设、国防军队建设等多领域多方面多层次。具体来说，就是以正确处理政府与市场的关系为核心，围绕使市场在资源配置中起决定性作用深化经济体制改革，强调发挥市场决定性作用的同时也更好发挥政府作用，涉及市场体

---

① 习近平．习近平谈治国理政．北京：外文出版社，2014：100.

② 习近平．决胜全面建成小康社会 夺取新时代中国特色社会主义伟大胜利：在中国共产党第十九次全国代表大会上的报告．北京：人民出版社，2017：11.

③ 同①10-11.

系、宏观调控体系、开放型经济体系、经济发展方式、效率公平等。围绕坚持党的领导、人民当家作主、依法治国的有机统一深化政治体制改革，涉及行政体制、司法体制、反腐败体制机制等。围绕建设社会主义核心价值体系和建设社会主义文化强国深化文化体制改革，涉及文化管理体制、文化生产经营机制、公共文化服务体系、文化市场体系等。围绕改革创新社会体制、促进公平正义、增进人民福祉深化社会体制改革，涉及创新社会治理，保障就业、住房、医疗、养老、食品药品安全等。围绕建设美丽中国深化生态文明体制改革，涉及生态环境法律法规、经济社会发展考核评价体系、市场体制机制和经济政策、生态环境监管体制等。围绕提高科学执政、民主执政、依法执政水平深化党的建设制度改革，涉及民主集中制、党的领导体制和执政方式、党的制度的系统化水平等。围绕实现国防和军队现代化深化国防军队体制改革，涉及领导指挥体制、联合作战体制、军队政策制度、推动军民融合深度发展等。上述七个方面是一个整体，相互联系，相互作用，共同构成全面深化改革的系统工程。

三、改革目标："总-分"结合的目标体系

目标就是方向，"方向决定前途，道路决定命运"①。搞改革，"方向问题至关重要。坚持什么样的改革方向，决定着改革的性质和最终成败。全面深化改革，涉及经济体制、政治体制、文化体制、社会体制、生态文明体制和党的建设制度改革，其广泛性、深刻性前所未有。随着我国发展面临的国际国内环境发生深刻复杂变化，各种思想文化相互激荡，各种矛盾相互交织，各种诉求相互碰撞，各种力量竞相发声，开出各式各样的'改革药方'，推进改革的敏感程度、复杂程度前所未有。在这种情况下，如何确保改革沿着有利于党和人民事业发展的方向前进，是我们党领导和推进改革必须解决的重大课题"②。

针对国内外敌对势力和别有用心者假借探讨全面深化改革之名，妄图把社会主义改革引向资本主义邪路或拉回封闭僵化老路的做法，习近平明

---

① 习近平. 习近平谈治国理政：第 3 卷. 北京：外文出版社，2020：184.

② 刘云山. 加强和改善党对全面深化改革的领导. 人民日报，2013-11-19.

确指出，全面深化改革是为了推动党和人民事业更好发展，“我们的方向就是不断推动社会主义制度自我完善和发展，而不是对社会主义制度改弦易张”①。在他看来，苏联解体、东欧剧变的惨痛教训说明，不实行改革死路一条，搞否定社会主义的所谓“改革”同样死路一条；中国这样一个大国，不能出现根本性、方向性的颠覆性错误。新时代全面深化改革，必须以完善和发展中国特色社会主义制度、推进国家治理体系和治理能力现代化为总体目标和根本尺度，该改的、能改的坚决改，不该改的、不能改的坚决不改。

全面深化改革的总目标包括两句话，完善和发展中国特色社会主义制度，推进国家治理体系和治理能力现代化②。这两句话是内在统一的，不能割裂开来。只讲一句话，不是完整的改革总目标。

在总目标之下，各个领域又有具体的改革目标。经济领域，通过深化经济体制改革，坚持和完善中国特色社会主义基本经济制度，完善现代市场体系、宏观调控体系和开放型经济体系，转变经济发展方式，建设创新型国家，推动经济可持续发展。政治领域，通过深化政治体制改革，推进社会主义民主政治制度化、规范化和程序化，建设社会主义法治国家，发展全过程人民民主。文化领域，通过深化文化体制改革，完善文化管理和文化生产经营体制，建立健全现代公共文化服务体系和文化市场体系，推动社会主义文化繁荣发展。社会领域，通过深化社会体制改革，改革收入分配制度，促进共同富裕，推进社会领域制度创新和基本公共服务均等化，形成科学有效的社会治理体制，确保社会充满活力又和谐有序。生态文明领域，通过深化生态文明体制改革，建立生态文明制度，健全国土空间开发、资源节约利用和生态环境保护体制机制，推动形成人与自然和谐发展的现代化建设新格局。党建领域，通过深化党的建设体制改革，坚持科学执政、民主执政、依法执政，加强民主集中制建设，完善党的领导体制和执政方式，提高党的执政能力和领导水平，不断提高党在把方向、谋

① 中共中央文献研究室．习近平关于全面深化改革论述摘编．北京：中央文献出版社，2014：15.

② 同①23.

大局、定政策、促改革等方面的能力和定力，为改革开放和社会主义现代化建设提供坚强的政治保证。军事领域，通过深化国防军队体制改革，调整改革军队体制编制和政策制度，推进政治建军、改革强军、科技兴军、依法治军，构建中国特色现代军事力量体系，建设一支听党指挥、能打胜仗、作风优良的人民军队，推动军民融合深度发展。七个方面的具体目标，集中围绕总目标展开，是总目标在各个改革领域的具体表现。总目标和具体目标相结合，构成了全面深化改革的目标体系。

四、改革策略：系统完备的方法体系

新时代改革方法论贯穿改革的实践、认知、评价全过程，涵盖思维方式、思想方法、工作方法，包含改革策略与改革艺术，内容丰富、博大精深、自成体系。其核心内容包括以下几个方面：

新时代改革实践方法论。实践观点是马克思主义哲学首要的基本的观点。坚持实践第一，是马克思主义认识论区别于其他认识论的显著特征。全面深化改革必须坚持理论同实践相统一，“坚持知行合一、真抓实干”。不干、不实践，不仅无法获得真知，更无法有效地改造世界。从改革实践的展开过程看，全面深化改革的实践方法主要包括：前期谋划方法、中期运作方法和后期反馈方法。

新时代改革认知方法论。改革认知源于改革实践，反过来又指导改革实践。全面深化改革必须坚持认识与实践的辩证统一，掌握改革认知方法论，科学谋划改革。新时代改革认知方法论包括：调查研究方法、本质分析方法、经验总结方法、理论先导方法。

新时代改革评价方法论。全面深化改革，既要回答“改什么、怎么改”，也要回答“改得怎么样、改的成效如何”，后者就是改革的评价问题。评价改革的标准可以从四个方面来理解：（1）生产力标准：这是评价改革成败得失的根本标准；（2）人民利益标准：这是评价改革成败得失的最高标准；（3）“三个有利于”标准：这是评价改革成败得失的综合性标准；（4）“两个是否”标准：这是评价改革标准的时代表达。科学评价改革，必须坚持历史尺度与道德尺度相统一，历史尺度优于道德尺度；坚持

总体标准与个体标准相统一，总体标准高于个体标准；坚持效果与动机相统一，效果重于动机；坚持成绩与代价相统一，利大于弊；坚持中国立场与世界眼光相统一，反对西方中心史观，这是新时代改革评价的辩证法。

新时代改革思维方法论。全面深化改革是一场伟大的社会革命，涉及面广、影响深，必须坚持科学的思维方法。习近平关于全面深化改革的系列重要讲话和论述，贯穿着丰富的科学思维方法。这些思维方法，主要包括战略思维、历史思维、辩证思维、创新思维、底线思维和法治思维。其中，辩证思维是核心，其他思维都是辩证思维在不同方面、不同层面的具体体现、具体展开、具体运用。

新时代改革关系论。全面深化改革是一项系统工程，涉及各个领域、方方面面，需要处理好解放思想与实事求是、顶层与基层、政府与市场、改革发展稳定、中央与地方、党的领导与群众创造、改革与法治、胆子与步子等若干重大关系，要讲辩证法，要讲两点论，找准平衡点，防止任何一种片面性。

五、依靠力量：坚持人民主体地位

人民是社会发展的主体，也是社会改革的主体。改革依靠人民，改革为了人民，改革成果由人民共享，改革成效由人民评判。坚持以人民为中心的改革立场，是由马克思主义政党的性质、宗旨所决定的，是由社会主义制度属性所决定的，是由人民在国家政治生活、社会生活中的主体地位所决定的。

习近平高度肯定人民群众的历史创造者地位，认为人民是真正的英雄、是决定党和国家前途命运的根本力量，强调必须坚持人民立场和人民主体地位，发挥群众的首创精神，依靠人民搞改革，为了人民搞改革。在他看来，改革在认识和实践上的每一次突破和发展，改革中每一个新生事物的产生和发展，改革每一个方面经验的创造和积累，无不来自亿万人民的实践和智慧。在全面深化改革的过程中，坚持和尊重人民的主体地位，必须做到相信人民、依靠人民和为了人民。相信人民，就是相信人民的智慧、力量和首创精神，相信只要有人民的支持和参与，改革就没有克服不了的困难、跨越不了的坎坷。依靠人民，就是依靠人民的智慧、力量和首创精神，充分发挥人民群众的积极性、主动性和创造性，凝心聚力，啃下改革的硬骨头，打赢改革的攻坚战。为了人民，就是把促进社会公正、增进人民福祉作为改革的根本出发点和落脚点，倾听人民的呼声和诉求，采纳群众的意见和建议，着力解决人民群众所需所急所盼，从人民利益出发来谋划思路、制定举措、推进落实，努力实现好、维护好、发展好最广大人民群众的根本利益，使改革发展红利更公平地惠及全体人民，让人民群众有更多、更直接、更实在的获得感、幸福感、安全感，并以此来审视、衡量改革的成败得失，“切实做到人民有所呼、改革有所应”，“做到老百姓关心什么、期盼什么，改革就要抓住什么、推进什么，通过改革给人民群众带来更多获得感”①。

六、领导力量：坚持党的集中统一领导

坚持党对新时代改革的集中统一领导，是全面深化改革的关键力量和政治保障。全面深化改革面临的严峻现实和艰巨任务、发展中的问题和发展后的问题、一般矛盾和深层次矛盾交织叠加，考验着我们党的执政能力和领导水平。为了完成既定的改革任务、实现既定的改革目标，必须坚持党对全面深化改革的集中统一领导，发挥党总揽全局、协调各方的作用，统一全党全国各族人民的思想、意志、行动，凝聚各领域各方面的力量，形成推动改革开放行稳致远的强大合力。习近平指出：“党政军民学，东西南北中，党是领导一切的。”② 改革开放任务越繁重，越要加强党的全面领导，越要确保党始终成为新时代改革开放事业的坚强领导核心。

坚持党的领导，必须改善党的领导，提高党的执政能力和领导水平。坚定不移推进党的自我革命，以党的自我革命推动伟大社会革命，不断提高党科学执政、民主执政、依法执政的水平，提高党把方向、谋大局、定政策、促改革的能力，永葆党的先进性和纯洁性，不断增强党的创造力、凝聚力、战斗力。

---

① 习近平. 习近平谈治国理政：第 2 卷. 北京：外文出版社，2017：103.

② 同①21.

坚持党的领导，必须全面从严治党。权力是一把双刃剑。没有监督的权力必然导致腐败。为了保证权力的正确行使，防止滥用，必须完善健全权力约束制度机制，把权力关进制度的笼子，建立严格的惩戒机制、防范机制、保障机制，打造不敢腐、不能腐、不想腐的政治新生态，坚持反腐败常态化，坚持“老虎”“苍蝇”一起打。

总之，通过准确定位改革，回答为什么改的问题；明确改革对象，回答改什么的问题；指明改革方向，回答改革哪里去的问题；明确改革方略，回答怎么改的问题；明确改革主体，回答依靠谁改革的问题；明确领导力量，回答谁来领导改革的问题，习近平全面、系统地阐述了全面深化改革的方法论。新时代改革方法论汇集了党中央的新思想、新观点、新论断、新举措、新要求，勾画出了全面深化改革的美丽蓝图，拓展和深化了新中国改革思想的理论体系，开辟了改革方法论的崭新境界，为新时代全面深化改革提供了基本遵循。

第三章　新时代改革方法论的逻辑体系

中国的未来靠发展，发展的关键在改革，改革的成败在方法。方法决定看法，方法决定做法，方法决定成败。中国的改革越深入，改革的任务越繁重，越需要坚持正确的改革方法论。党的十八大以来，以习近平同志为核心的党中央高举改革旗帜，作出全面深化改革的重大战略部署，系统谋划改革的科学路径和有效方法，创立了新时代改革方法论，形成了改革开放以来最为丰富、全面、系统的改革方法论体系，为全面深化改革提供了科学指导和行动指南。

新时代改革方法论博大精深、自成体系。从逻辑起点来说，改革是由问题“倒逼”出来的，问题意识是改革方法论的逻辑起点。从科学内涵来说，改革方法论是关于改革一般方法的理论，是关于改革方法的系统化的理论，是对改革一般规律的揭示，是改革经验的哲学总结。从逻辑层次来说，新时代改革方法论包含“元方法”“总方法”“子方法”三个层次，最高层次的“元方法”是改革方法论的哲学基础，构成改革方法论的“本体”；一般层面的“总方法”是“管总”的改革方法，是在任何时代、任何情况下推进改革都必须坚持的方法；具体层次的“子方法”是指导改革的具体方法，属于操作层面的改革措施、改革策略和改革艺术。从理论属性来说，新时代改革方法论是马克思主义性质的改革方法论，是马克思主义哲学方法论在改革实践中的具体运用，是社会主义改革方法论的最新成果，是习近平新时代中国特色社会主义思想的重要内容。从功能定位来说，新时代改革方法论既源于改革实践，又指导改革实践；既能规范改革行为，又可评价改革成败；既具有中国意义，又具有世界历史意义。

第一节　逻辑起点

问题是时代的口号，是改革的先声。问题意识是改革方法论的逻辑起点，是改革方法论得以诞生的母体、胚胎。习近平多次指出，“改革是由问题倒逼而产生”①，改革方法论正是在分析问题、解决问题的过程中形成的。“倒逼”这一极富张力的术语，形象地道出了“问题意识”对于改革方法论的本源性地位。

一、问题无所不在

问题即矛盾，躲不过绕不开。不存在无矛盾的社会，不存在无问题的国家。毛泽东指出：“问题就是事物的矛盾。哪里有没有解决的矛盾，哪里就有问题。”② 世界是矛盾的集合体，也是问题的集合体。矛盾和问题，无时不在，无处不有。旧的矛盾解决了，又会出现新的问题，迎来新的挑战。

矛盾和问题是人类社会发展的动力。古人云，和而不同，同则不继。没有矛盾斗争，就没有运动变化，就没有发展进步，就没有人类社会。人类社会每前进一步，都是在解决矛盾和问题的斗争中实现的。习近平指出：“每个时代总有属于它自己的问题，只要科学地认识、准确地把握、正确地解决这些问题，就能够把我们的社会不断推向前进。”③ 改革开放的实质，就是从根本上解决经济体制、政治体制、科技体制、教育体制、文

① 习近平．习近平谈治国理政．北京：外文出版社，2014：74.
② 毛泽东．毛泽东选集：第3卷．2版．北京：人民出版社，1991：839.
③ 习近平．之江新语．杭州：浙江人民出版社，2007：235.

化体制、社会体制等方面存在的束缚生产力发展和社会进步的种种矛盾问题；改革开放的历史，说到底就是解决自身矛盾问题的历史。

问题是杂多的，问题的性质、地位和影响各不相同，问题的紧要程度、涉及面也不一样，需要科学分析、区别对待、精准施策。面对各式各样的问题，我们要坚持具体问题具体分析，善于从个性问题中寻找共性问题，善于从杂乱的问题中把握要害问题，善于从问题的趋向中洞悉问题的转变。面对杂乱无章的问题，我们要坚持科学分析，不要把全局性问题当作一般问题来对待，不要把细枝末节的问题当作要害问题来筹划，也不要把个别性问题作为普遍性问题来处理。面对纷繁复杂的问题，要善于透过现象看本质、撇开枝节抓根本，善于从繁复问题中把握事物的规律性，从常态问题中捕捉事物的变异性，从苗头问题中发现事物的倾向性，从平和问题中洞察事物的风险性，从偶然问题中揭示事物的必然性。面对轻重缓急的问题，要善于抓重点、抓关键，从事关改革发展全局的重大问题出发，从制约经济社会长远发展的根本问题出发，从涉及最大多数人的核心利益问题出发，牵住改革的“牛鼻子”。中国的改革之所以成功，很大程度上在于问题把得准、方子开得对；苏联的改革之所以失败，与对问题的把握有偏差、开出的方子不对路不无关系。新时代全面深化改革，精准把握当代中国存在的问题是最大的前提。

二、问题倒逼改革

问题是时代的声音，是改革的导向。改革源于问题，改革的目的是解决问题。真正有意义的问题来自哪里？就是来自现实的社会矛盾，要善于透过矛盾，提出问题。新时代推动全面深化改革，不能从头脑中发明问题，不能在概念领域中虚构问题，不能从经典作家的本本中寻找问题。这类问题是彻头彻尾的假问题。社会中切实存在的矛盾才是改革应当指向的真问题，我们要善于把社会中的重大矛盾转化为改革中的重要问题。

问题倒逼改革。习近平指出：“要有强烈的问题意识，以重大问题为导向，抓住关键问题进一步研究思考，着力推动解决我国发展面临的一系列突出矛盾和问题。我们中国共产党人干革命、搞建设、抓改革，从来都是为了解决中国的现实问题。可以说，改革是由问题倒逼而产生，又在不断解决问题中得以深化。”①

历史不会终结，问题也不会终结，旧的问题解决了，新的问题又会产生，社会发展没有止境，改革也不可能一劳永逸。这是历史发展的逻辑，也是改革推进的逻辑。那种认为改革只是特定国家、特定社会制度、特定年代、特定条件下的做法，是完全错误的。任何国家、任何社会制度、任何时代都需要不断改革，停滞倒退、守成僵化没有出路，只有改革发展才能不断进步。今天，中华民族处在历史上发展最好、治理最优的时期，中国特色社会主义的制度优势、中国共产党的治理优势充分彰显，中国正在从治世走向善治，走向治理体系和治理能力现代化的新阶段。纵观我国40多年来改革开放的历史，可以得出一个基本结论，以问题为中心谋划改革，用改革的办法解决发展中的问题，这是中国改革不断取得成功的一条基本经验。

三、问题性质决定改革方法

改革就如同“治病开方”，“问症确诊”是前提。改革方法是否科学，改革措施是否管用，取决于是否抓住了问题的要害，是否找到了问题的症结所在，是否对症开方。比如，当我们“诊断”出中国的问题涉及经济体制、政治体制、文化体制、社会体制、生态文明体制、党的建设体制、国防和军事体制等各个方面时，习近平开出了“全面深化改革”的“方子”：我们的改革是全面的改革，不是某一个领域的改革，“全面深化改革是关系党和国家事业发展全局的重大战略部署，不是某个领域某个方面的单项改革”。当我们进一步“诊断”出中国的问题主要还是出在经济领域，是经济发展不够的问题，是经济体制不完善的问题时，习近平开出了这样的“方子”：“全面深化改革，必须立足于我国长期处于社会主义初级阶段这个最大实际，坚持发展仍是解决我国所有问题的关键这个重大战略判断，以经济建设为中心，发挥经济体制改革牵引作用，推动生产关系同生产

① 习近平．习近平谈治国理政．北京：外文出版社，2014：74.

力、上层建筑同经济基础相适应，推动经济社会持续健康发展。”① 当我们进一步“诊断”出经济体制问题主要是如何处理好政府和市场的关系问题时，习近平则开出了这样的“方子”：“经济体制改革仍然是全面深化改革的重点，经济体制改革的核心问题仍然是处理好政府和市场关系”，“使市场在资源配置中起决定性作用和更好发挥政府作用”②。当我们发现政府的问题既有不作为的问题，也有乱作为的问题时，习近平又开出了这样的“方子”：各级政府“该管的事一定要管好、管到位，该放的权一定要放足、放到位，坚决克服政府职能错位、越位、缺位现象”③。可见，习近平提出的这些改革方法论，都是源于对中国问题的精准把握。

同时，我们也要认识到，一定时空范围内的社会矛盾和问题是确定的，但不同主体对矛盾和问题的认识是不确定的，解决矛盾和问题的方法也是不一样的。即使面对同一个矛盾，也不意味着在不同的主体意识中能形成同样的认识。由于主体的学科背景和知识结构不同、利益取向和价值追求不同、社会阅历和人生智慧不同，特别是政治立场和阶级（阶层）归属不同，他们面对同样的矛盾往往产生完全不同甚至是截然对立的看法，主张采取截然不同的改革举措和改革方法。比如，国有企业改革特别是央企改革始终是经济体制改革的重要领域。针对某些国有企业不同程度存在的效率不好、负担过重、决策效率低下、监管缺失、腐败严重、国有资产流失等问题，有人提出的改革方法就是从根本上取消国有企业，宣扬“国企不破、中国不立”，声称“肢解”是国有企业改革的最佳方式④。这种改革策略显然迎合了西方敌对势力的意图，体现了资本主义的原则，体现了以资本为中心的立场。习近平认为，“国有企业是中国特色社会主义的重要物质基础和政治基础，是我们党执政兴国的重要支柱和依靠力量”⑤，

---

① 中共中央文献研究室．十八大以来重要文献选编：上．北京：中央文献出版社，2014：513.

② 习近平．习近平谈治国理政．北京：外文出版社，2014：75.

③ 同②118.

④ 中共中央党史和文献研究院．十八大以来重要文献选编：下．北京：中央文献出版社，2018：391.

⑤ 习近平．习近平谈治国理政：第2卷．北京：外文出版社，2017：175.

是壮大国家综合实力、保障人民共同利益的重要力量。国有企业对我们党、对我国社会主义制度具有极端重要性，西方敌对势力对此心如明镜，意欲釜底抽薪而后快。因此，国有企业改革不能简单化，我们要善于从政治上看问题，决不能天真地认为“这只是一个简单的所有制问题，或者只是一个纯粹的经济问题”①。国有企业存在问题是事实，但不是存废问题，而是改革问题，绝不能因噎废食，肢解、取消国有企业。在社会主义中国，国有企业不仅要办，而且一定要办好，要理直气壮做强做优做大。习近平的国企改革观，鲜明地体现了马克思主义的立场、观点、方法，体现了科学社会主义的基本原则，体现了以人民为中心的改革立场。

四、问题演化推动改革方法创新

问题是流动的、变化的、反复的，问题的展开与暴露是一个过程。社会问题不同于自然科学问题。一个自然科学问题解决了就不会再重复提出；可社会问题不同，它既可以是新问题，也可以是老问题。即使是老问题，只要它出现，内容上一定是具体的、历史的、常新的。比如，如何处理公有制与多种所有制的关系问题，如何处理中央与地方的关系问题，如何处理宏观调控与市场调节的关系问题，如何处理公平与效率的关系问题，如何处理做大蛋糕与分好蛋糕的关系问题，如何处理大国关系、周边关系的问题，解决这些问题不可能毕其功于一役，它们总是不断地被解决又不断地以新的面貌“复活”。解决这些重复出现的老问题，过去管用的方法今天可能不管用，今天管用的方法不一定永远管用，这就要求改革方法论跟上时代发展变化的节奏。

问题的复杂程度决定了改革方法论的复杂程度。中国的问题繁多复杂，有的是内生性问题，有的是外部输入的问题；有的是新问题，有的是陈年旧疾；有的是小毛病，有的是疑难杂症；有的是单一领域的问题，有的是综合并发症。习近平2014年接受俄罗斯记者专访时指出：“在中国这

---

① 中共中央党史和文献研究院．十八大以来重要文献选编：下．北京：中央文献出版社，2018：391.

样一个拥有13亿多人口的国家深化改革，绝非易事。中国改革经过30多年，已进入深水区，可以说，容易的、皆大欢喜的改革已经完成了，好吃的肉都吃掉了，剩下的都是难啃的硬骨头。”① 当代中国正处于爬坡过坎的紧要关口，许多问题相互交织、叠加呈现。全面深化改革遇到的问题今非昔比，改革早已渡过了波澜不惊的“浅水区”。当前，问题已经由表层进入了深层，问题的复杂性决定了旧的改革方针、方法、策略不一定管用、不一定好用，像20世纪80年代初“家庭联产承包责任制”一招就几乎解决了农业、农村、农民问题这样“一药到而百病除”的改革高招今天再也难以找到了。习近平指出：“我们有些做法过去有效，现在未必有效；有些过去不合时宜，现在却势在必行；有些过去不可逾越，现在则需要突破。”② 随着问题不断升级，改革方法论也必须与时俱进。旧的改革策略不够用、不顶用、不能用，就需要寻找新的改革办法。正如习近平所言，“改革开放越往纵深发展，发展中的问题和发展后的问题、一般矛盾和深层次矛盾、有待完成的任务和新提出的任务越交织叠加、错综复杂”③，这个时候更加需要有新的改革思维、新的改革策略和新的改革办法。

第二节　科学内涵

方法论，是人们认识世界、改造世界的根本方法。方法论与世界观是事物的一体两面，世界观主要回答世界“是什么”的问题，方法论主要回答“怎么办”的问题。方法论具有极端重要性，如果说我们的任务是过河，方法论的意义就在于解决过河的工具问题，“不解决桥或船的问题，过河就是一句空话。不解决方法问题，任务也只是瞎说一顿”④。今天，党中央已经提出了全面深化改革的总任务、总目标，同时也从哲学高度解决

---

① 习近平．习近平谈治国理政．北京：外文出版社，2014：101.

② 中共中央文献研究室．习近平关于全面深化改革论述摘编．北京：中央文献出版社，2014：84.

③ 同②4.

④ 毛泽东．毛泽东选集：第1卷．2版．北京：人民出版社，1991：139.

了完成改革任务、达成改革目标的方法问题。何谓新时代改革方法论？总括起来说，新时代改革方法论是关于改革一般方法的理论，是关于改革方法的系统化的理论；新时代改革方法论是对全面深化改革一般规律的揭示，是改革经验的哲学总结；新时代改革方法论是马克思主义哲学方法论在全面深化改革实践中的具体应用，也是一种应用哲学。

一、改革一般方法的理论

改革方法论是一个哲学概念。改革方法论是关于人类社会改革的哲学方法论，是关于改革一般方法的理论，是关于改革方法的系统化的理论。它虽然不像哲学方法论那样具有高度抽象性而显示出一定的具体性，但也不会具体到经济、政治、文化、社会、生态文明等某一具体领域的具体做法，必然有一定的抽象性和普遍性。

西方有西方的改革方法论，中国有中国的改革方法论，二者有共性的一面，但也有根本对立的一面。这种对立表现在资本逻辑与人民立场的对立，维护少数人利益与捍卫最大多数人利益的对立，维护资本主义制度与捍卫社会主义制度的对立，坚持资产阶级意识形态与坚持马克思主义指导地位的对立。中国特色社会主义改革方法论，是马克思主义基本原理同中国改革开放具体实际相结合的产物，是经过实践检验推进改革开放行之有效的方法，是马克思主义哲学方法论在改革实践中的具体化。归根结底，中国的改革方法论是推动社会主义制度自我完善和发展的方法论体系。

党的十八大以来，特别是党的十八届三中全会以来，面对新形势新任务新要求，以习近平同志为核心的党中央作出了全面深化改革的重大战略决策，提出了一系列改革新理念新思想新战略，作出了一系列改革新部署，在继承实践证明行之有效的改革方法论的基础上，创造性地提出了符合新时代特点和要求的改革布局、改革原则、改革立场、改革定力、改革方向、改革目标、改革标准、改革策略、改革艺术、改革辩证法，形成了系统完整的新时代改革方法论，推动社会主义改革方法论达到了前所未有的新高度，为新时代全面深化改革提供了科学的理论指导和行动指南。

二、改革经验的哲学总结

新时代改革方法论是对全面深化改革一般规律的揭示，是改革经验的哲学总结。

人类社会的发展，总有规律可循。革命有革命的规律，建设有建设的规律，改革也有改革的规律。改革方法论是对改革一般规律的揭示，是改革经验的哲学总结。正确的改革，无非就是遵循社会改革发展的规律，及时调整社会发展的路线、方针、政策，以期符合事物本身的发展逻辑，符合人类社会的前进方向，同时满足统治阶级的利益要求。

从不同社会改革的历史经验来看，资本主义改革有规律可循，社会主义改革也有规律可循。不同社会制度和发展道路下的改革，既有共通的一般性规律，也有不同的差异性规律，它们都是不同国家推进改革的基本遵循。任何时代，任何国家，遵循改革规律，则改革成功；违背改革规律，则改革必败。

改革方法论作为对改革经验的哲学总结，既要重视历史的经验，也要重视鲜活的经验；既要重视西方的经验，也要重视自己的经验；既要重视成功的经验，也要重视失败的教训。过去的改革有过去的经验，新时代改革有新时代的经验，历史经验和新鲜经验、西方经验和本国经验、成功经验和失败教训，都是改革的重要财富，但关键是总结自己的、新时代的、富有成效的改革经验。

尊重改革经验，把握改革规律，是科学谋划改革、正确推动改革的基本要求。社会主义改革的规律有很多条，比如，在改革的领导力量上，究竟是“坚持党的领导”还是“向西方资本主义看齐”；在改革的指导思想上，究竟是“坚持马克思主义”还是推行“人道的民主的社会主义”；在改革的目标定位上，究竟是“完善社会主义制度”还是“摧毁整个社会大厦”；在改革局势的掌控上，究竟是“中央要有权威”还是“一切权力归苏维埃”；在改革道路的抉择上，究竟是“走自己的路”还是“走西方文明之路”；在改革节奏的把握上，究竟是“循序渐进”还是“休克疗法”；在改革策略的权衡上，究竟是“摸着石头过河”还是“照方抓药”；在改革的依靠力量上，究竟是“依靠人民进行改革”还是“外部主体主导改革”；在改革面的选取上，究竟是整体推进与重点突破相结合还是眉毛胡子一把抓；在改革的评价标准上，究竟是“用事实说话”还是“奉西方为圭臬”，诸如此类，都涉及对改革的规律性认识。如何抉择取舍，考验一个国家、一个执政党对改革规律的认识、把握程度。在改革过程中，中国作出了正确的选择，历史和实践已经给出了答案，这是符合改革规律的选择，是中国改革取得成功的重要原因。

三、哲学方法论的具体应用

新时代改革方法论是马克思主义哲学方法论在全面深化改革实践中的具体应用，也是一种应用哲学。

新时代改革方法论是哲学方法论的应用，指的是把马克思主义哲学方法论运用于全面深化改革实践所形成的关于改革方法的哲学认识，是马克思主义哲学方法论在改革实践中的具体运用。马克思主义哲学方法论是起点，是理论上的“源头”，是“因”；改革方法论是终点，是“派生”，是“果”，是运用哲学思维把握改革现象而形成的规律性、本质性认识。

新时代改革方法论是一种应用哲学，指的是改革方法论本身就是一种哲学，即改革哲学，是关于如何正确认识改革、如何有效推进改革、如何科学评价改革的方法论哲学。改革方法论是“起点”，是“原因”，它以未定的、多元的改革问题和领域为作用对象，它的“终点”“结果”包括具体领域的改革策略、改革措施。

改革方法论作为哲学方法论的应用，其侧重点在于把握马克思主义哲学方法论的内涵与本质。不懂得马克思主义哲学方法论，就谈不上坚持科学的改革方法论。改革方法论作为一种应用哲学，其侧重点则在于把握改革方法论的思想体系，不懂得改革方法论，就谈不上科学地推进改革。因此，改革方法论向上是打开通向哲学方法论大门的一把钥匙，向下是打开通向改革实践大门的一把钥匙。

马克思主义哲学方法论如何有效运用到全面深化改革的实践中去，转化为新时代改革方法论，这就要研究新时代改革的特殊性，“不研究矛盾的特殊性，就无从确定一事物不同于他事物的特殊的本质，就无从发现事物运动发展的特殊的原因”①，就只会拿着普遍原理作为教条，毫无意义地说教，就会犯教条主义的错误。毛泽东形象地讲，“教条主义者是懒汉，他们拒绝对于具体事物做任何艰苦的研究工作”②。恩格斯也曾对把马克思主义教条化的做派进行了批判：

> 对德国的许多青年著作家来说，“唯物主义”这个词大体上只是一个套语，他们把这个套语当做标签贴到各种事物上去，再不作进一步的研究，就是说，他们一把这个标签贴上去，就以为问题已经解决了。但是我们的历史观首先是进行研究工作的指南，并不是按照黑格尔学派的方式构造体系的杠杆。必须重新研究全部历史，必须详细研究各种社会形态的存在条件，然后设法从这些条件中找出相应的政治、私法、美学、哲学、宗教等等的观点……他们只是用历史唯物主义的套语（**一切**都可能被变成套语）来把自己的相当贫乏的历史知识（经济史还处在襁褓之中呢！）尽速构成体系，于是就自以为非常了不起了。③

今天，在从一般哲学方法论到改革方法论的转化中，乃至到新时代改革方法论中，我们要特别注意避免把马克思主义教条化、简单化的做法。比如，对经济体制改革、国企改革、医疗改革等等复杂的现实问题不作任何具体的实证调查研究，不了解真实的问题与症结，不了解其最新的进展，不研究这个领域最新的状况，一上来就开一堆永远正确却毫无用处的最高抽象的药方，把有机的、活生生的辩证法简单化为一个个无意义的句式——要辩证地看问题、要坚持两点论、要坚持重点论、要从实际出发等，从而流于诡辩术与捣糨糊术，对实际的改革工作没有任何有意义的启发。这里的问题不在于马克思主义、辩证法本身，而在于“贴标签式”的简单化方法。

① 毛泽东．毛泽东选集：第1卷．2版．北京：人民出版社，1991：309.

② 同①310.

③ 马克思，恩格斯．马克思恩格斯选集：第4卷．3版．北京：人民出版社，2012：599.

第三节 逻辑层次

新时代改革方法论是一个系统完整、逻辑严谨的科学体系，从其核心内容来说，大体可以分为三个层次：最高层次的“元方法”、一般层次的“总方法”和具体层次的“子方法”。当然，这三个层面的区分，仅仅是着眼于纯粹的学理的角度，而非实际应用的角度，在实践工作中它们是无法区分开来的。因此，这三个层次的区分不是绝对的，仅具有相对的意义，在很大程度上，它们难分难解地糅合于一体。

一、最高层次的“元方法”

最高层次的“元方法”，指的是新时代改革方法论的哲学基础。新时代改革方法论不是“灵光乍现”“神思天来”，而是产生自既定的哲学“基地”。“元方法”构成新时代改革方法论的“总源头”“总开关”，是“方法”成为“方法论”的“本因”。如果将改革方法论视为一个金字塔结构的话，那么“元方法”居于金字塔的底座。“元方法”是派生其他改革方法、决定其他改革方法的方法，其他任何改革方法都是从“元方法”中衍生出来的，都可以在“元方法”那里找到自身存在的合法性来源和合理性根据。反言之，其他具体的改革方法中都有“元方法”的影子，都可以寻觅到“元方法”的踪迹。可见，“元方法”具有一定的先在性、既成性，是早已存在的、完成了的“方法”，是具有高度抽象性、高度概括性、高度统摄性的方法。从这个意义上说，“元方法”没有具体的、专一的对象，因为所有领域都是它的对象。

毋庸赘言，马克思主义哲学方法论，即辩证唯物主义和历史唯物主义，就是新时代改革方法论的“元方法”，就是新时代改革方法论的哲学基础。习近平曾直接引用马克思的原话阐释生产力决定生产关系、经济基础决定上层建筑、社会存在决定社会意识等哲学原理，以此说明改革的科学布局。习近平关于改革方法论的若干论述，其源头都在马克思那里，其

“哲学基础”都归根于马克思主义。比如：

马克思主义实践观认为，实践观点是马克思主义哲学首要的基本的观点，在解释世界的基础上改造世界是马克思主义哲学的突出标志。社会生活在本质上是实践的。根据马克思主义的实践观点和实践方法，习近平在谈到民族复兴时，强调“空谈误国，实干兴邦”；在谈到中国梦时，强调“幸福不会从天而降，梦想不会自动成真”；在谈到改革方案时，强调“一分部署，九分落实”，“制定出一个好文件，只是万里长征走完了第一步，关键还在于落实文件”①；在谈到扶贫工作时，强调“脱贫攻坚是干出来的，靠的是广大干部群众齐心干”②。这些论述都是对马克思主义实践观的最好阐释。

马克思主义系统论认为，社会是一个开放的复杂大系统。在社会系统中，各个组成部分相互联系、相互作用，协同有序运转。根据马克思主义的系统观点和系统分析方法，习近平提出“改革开放是一个系统工程，必须坚持全面改革”③，我们“不是推进一个领域改革，也不是推进几个领域改革，而是推进所有领域改革”④，改革必须“加强顶层设计、整体谋划，增强各项改革的关联性、系统性、协同性”，充分体现了马克思主义系统论思想⑤。

马克思主义矛盾观认为，世界是矛盾的集合体，人类社会是在矛盾运动中前进的，旧的矛盾解决了，又会出现新的问题。在任何社会中，矛盾都是具体地、特殊地存在着的。特殊的矛盾构成了事物特殊的本质。解决矛盾关键是抓住特殊性，坚持具体问题具体分析这个马克思主义的活的灵魂。在社会矛盾系统中，各种社会矛盾和每一矛盾的两个方面，发展是不平衡的，其地位和作用也是不相同的，有主要矛盾和次要矛盾、次要矛盾的主要方面和次要方面的区别，既要讲“两点论”，也要讲“重点论”。根

① 习近平. 习近平谈治国理政. 北京：外文出版社，2014：106.

② 习近平在东西部扶贫协作座谈会上强调 认清形势聚焦精准深化帮扶确保实效 切实做好新形势下东西部扶贫协作工作. 人民日报，2016-07-22.

③ 同①68.

④ 同①90.

⑤ 中共中央文献研究室. 习近平关于全面深化改革论述摘编. 北京：中央文献出版社，2014：47.

据马克思主义的矛盾观点和矛盾分析方法，习近平提出，改革要坚持“整体推进”和“重点突破”相结合①，“抓住重点，围绕解决好人民群众反映强烈的问题，回应人民群众呼声和期待，突出重要领域和关键环节，突出经济体制改革牵引作用”②；做好中国的事情，“有的时候要抓大放小、以大兼小，有的时候又要以小带大、小中见大，形象地说，就是要十个指头弹钢琴”③。这些论述充分体现了马克思主义的矛盾观点和矛盾分析方法。

马克思主义利益观认为，利益问题是人类生存与发展的永恒主题，利益关系和利益矛盾伴随人类社会的始终。追求物质利益，是生产力发展的内在动力和原始动因。调整利益关系，是任何社会改革的直接动因。马克思关注的是人民的利益、大众的利益。《共产党宣言》指出，“过去的一切运动都是少数人的或者为少数人谋利益的运动。无产阶级的运动是绝大多数人的、为绝大多数人谋利益的独立的运动”④，共产党人在这场运动中“没有任何同整个无产阶级的利益不同的利益”，共产党人强调和坚持整个无产阶级共同的不分民族的利益，始终代表整个运动的利益。根据马克思主义的利益观点和利益分析方法，习近平提出为什么人的问题是改革的根本问题，强调全面深化改革要“以促进社会公平正义、增进人民福祉为出发点和落脚点”⑤，要“把改革方案的含金量充分展示出来，让人民群众有更多获得感”⑥，“我们要始终实现好、维护好、发展好最广大人民根本利益，让改革发展成果更多更公平惠及人民”⑦。这些论述充分体现了马克思主义的利益观点和利益分析方法。

马克思主义阶级观认为，阶级是特定经济结构中的人群共同体。利益矛盾是阶级矛盾的根源，根本利益对立的阶级之间的矛盾表现为阶级斗

① 习近平．习近平谈治国理政．北京：外文出版社，2014：68.

② 同①74.

③ 同①102.

④ 马克思，恩格斯．马克思恩格斯选集：第1卷．2版．北京：人民出版社，1995：283.

⑤ 同①204.

⑥ 习近平主持召开中央全面深化改革领导小组第十次会议强调 科学统筹突出重点对准焦距让人民对改革有更多获得感．人民日报，2015-02-28.

⑦ 习近平．在庆祝五一国际劳动节暨表彰全国劳动模范和先进工作者大会上的讲话．人民日报，2015-04-29.

争，阶级斗争是阶级社会发展的直接动力，阶级专政是维护阶级统治的工具，阶级分析方法是认识阶级社会的基本线索。根据马克思主义的阶级观点和阶级分析方法，习近平提出，必须始终坚持社会主义的改革方向，科学社会主义的基本原则、社会主义的基本制度这些不能改的，“再过多长时间也是不改”①，这与我国的国体和政体是相一致的，与社会主义制度的阶级属性是相一致的，与中国共产党的性质和宗旨是相一致的，也充分体现了马克思主义的阶级观点和方法。

马克思主义过程论认为，“世界不是既成**事物**的集合体，而是**过程**的集合体”②。一切事物总是运动、变化和发展的，是作为过程存在的。凡是在历史上产生的东西，最终都要在历史上消亡。正是这种有始有终的具体事物的具体过程，构成了永恒发展的物质世界。根据马克思主义的过程论与过程研究方法，习近平提出，“实践发展永无止境，解放思想永无止境，改革开放也永无止境，停顿和倒退没有出路，改革开放只有进行时、没有完成时”③，改革是一个过程，“既不可能一蹴而就、也不可能一劳永逸”④，改革要循序渐进，掌握好节奏，“不改不行，改慢了不行，过于激进也不行”⑤。这些论述充分体现了马克思主义的过程论思想。

马克思主义历史观认为，历史、现实、未来是贯通的，历史不是任人打扮的小姑娘，社会存在决定社会意识，生产力决定生产关系，经济基础决定上层建筑。改革源于生产关系不能适应生产力的发展要求，上层建筑不能适应经济基础的发展要求，改革的思路、方针、政策只能从实践中来，从现实的矛盾中来。根据马克思主义的历史观点与历史分析方法，习近平提出，“历史、现实、未来是相通的。历史是过去的现实，现实是未来的历史。要把党的十八大确立的改革开放重大部署落实好，就要认真回顾和深入总结改革开放的历程，更加深刻地认识改革开放的历史必然

---

① 中共中央文献研究室．习近平关于全面深化改革论述摘编．北京：中央文献出版社，2014：20.

② 马克思，恩格斯．马克思恩格斯选集：第4卷．3版．北京：人民出版社，2012：250.

③ 习近平．习近平谈治国理政．北京：外文出版社，2014：71.

④ 同③74.

⑤ 同①34.

性”①，“一个国家选择什么样的治理体系，是由这个国家的历史传承、文化传统、经济社会发展水平决定的”②。这些论述都是对马克思主义的历史观点和历史主义方法的科学运用。

马克思主义人民主体观认为，人民群众是历史的主体，是真正的英雄；改革是历史的活动，是群众的事业。根据马克思主义的群众观点与社会主体分析方法，习近平提出“人民是改革的主体”③，全面深化改革必须“坚持以人为本，尊重人民主体地位，发挥群众首创精神，紧紧依靠人民推动改革，促进人的全面发展”④，“改革任务越繁重，我们越要依靠人民群众支持和参与”⑤，“改革开放是亿万人民自己的事业，必须坚持尊重人民首创精神”⑥。这些论述充分体现了马克思主义的人民主体观。

马克思主义价值论认为，任何社会事物都包含“是什么”的事实维度和“怎么样”的价值维度，事实判断和价值判断是认识社会事物的两个方面。评价社会进步有两个标准，生产力标准是社会评价的根本标准，人民利益标准是社会评价的最高标准。生产力标准和人民利益标准是内在统一的。根据马克思主义的价值观点与价值评价方法，习近平提出了“两个是否”的改革评价标准，即把是否促进经济社会发展、是否给人民群众带来实实在在的获得感，作为改革成效的评价标准。“改革发展搞得成功不成功，最终的判断标准是人民是不是共同享受到了改革发展成果”⑦。这是对马克思主义价值评价标准的具体运用。

马克思主义世界历史理论认为，历史向世界历史的转变，是资本主义工业革命的产物，是交往普遍化的结果。自从民族历史转变为世界历史，民族的事业即受到世界的影响，也影响着世界。确立世界眼光和全球视

① 习近平．习近平谈治国理政．北京：外文出版社，2014：67.

② 同①105.

③ 中共中央关于全面深化改革若干重大问题的决定．人民日报，2013-11-16.

④ 同③.

⑤ 中共中央文献研究室．习近平关于全面深化改革论述摘编．北京：中央文献出版社，2014：149.

⑥ 同①68.

⑦ 征求对中共中央关于制定国民经济和社会发展第十三个五年规划的建议的意见：中共中央召开党外人士座谈会．人民日报，2015-10-31.

野，是观察人类社会、调整自身角色、应对国际风险挑战的重要方法。根据马克思主义的世界历史理论及其分析方法，习近平强调，改革“要注意学习和借鉴外国经验。但是，照抄照搬别国经验、别国模式，从来不能得到成功”①，“中国和欧盟都在经历人类历史上前所未有的改革进程……尊重双方的改革道路，借鉴双方的改革经验，以自身改革带动世界发展进步”②。这些论述充分体现了改革开放的世界视野。

从上面这些论述我们可以发现，新时代改革方法论完全是中国的，又完全是马克思主义的，马克思主义的立场、观点、方法始终蕴藏其中。

二、一般层次的“总方法”

所谓“总方法”，即“管总”的改革方法，是马克思主义最核心观点的运用，是统领改革的方法，是在任何时代、任何情况下推进改革都必须始终坚持的方法，是为改革确定方向、立场和原则的方法。在新时代改革方法论的金字塔结构中，“总方法”处在金字塔的中间，起着联结、枢纽、中介的作用，向下依托于“元方法”的哲学基础，向上则进一步外化为具体层次、操作层面的改革方法。

“总方法”，就其具体内容来说，包括指导改革的思想路线、工作路线和根本方法，最鲜明地体现了马克思主义的立场观点方法。比如，照辩证法办事的唯物辩证方法，一切从实际出发的实事求是方法，破除迷信、突破成规的思想解放方法，体现时代性、把握规律性、富于创造性的与时俱进方法，一切为了群众、一切依靠群众的人民主体方法，从群众中来、到群众中去的群众路线方法，没有调查就没有决策权的调查研究方法，走自己的路的独立自主方法，等等，都属于“管总”的改革方法。这些方法不存在明显的时空局限，过去改革可以用，今天改革也可以用；经济体制改革可以用，政治体制改革、文化体制改革等各领域改革也可以用；中国改革可以用，其他社会主义国家改革也可以用。

---

① 中共中央文献研究室．十八大以来重要文献选编：上．北京：中央文献出版社，2014：110.

② 习近平．习近平谈治国理政．北京：外文出版社，2014：283.

"总方法"实质上是"元方法"的具体运用，"元方法"构成"总方法"背后的哲学基础。相对于"元方法"的高度抽象性和隐性特征，"总方法"是比较具象的方法，与改革无间距，显性特征更加突出；相对于具体层面的"子方法"，总方法又具有高度的概括性、抽象性和指导性。"总方法"虽然不是"元方法"，但就适用范围和指导价值来说，二者则具有共性的一面，如同"元方法"具有普遍指导意义一样，"总方法"也属于一般层次的改革方法论，即对每一领域的改革而言，解放思想的方法、实事求是的方法、与时俱进的方法、群众路线的方法、人民主体的方法、照辩证法办事的方法、调查研究的方法、独立自主的方法都是普遍适用、根本管用的方法。

三、具体层次的"子方法"

"子方法"，即指导改革的具体方法，属于操作层面的改革方法，包括具体的改革策略、改革艺术、改革步骤等等。"子方法"往往针对改革的某一阶段，具有一定的排他性。"子方法"是产生实际功用的方法，具有"接地气""操作性强"的特征。具体来说，操作层面的改革方法，根据时间先后次序，又可以分为改革实践方法、改革认知方法、改革评价方法三大类。

一是"如何推进改革"的改革实践方法。全面深化改革，关键在于"怎么改"，这是贯穿改革全过程的重点和难点。从改革的实践进程来看，前期谋划、中期运作、后期反馈构成完整的过程。在前期谋划中，主要的方法有"摸着石头过河"的实践探试方法，"加强顶层设计"的整体谋划方法，"汇集民意、集中民智"的民主决策方法，"坚持社会动员、凝聚各方力量"的社会动员方法，等等。在中期运作中，主要的方法有"踏石留印、抓铁有痕"的改革攻坚方法，"分清轻重缓急"的节奏控制方法，"防范化解重大风险"的风险管控方法，"坚持党对全面深化改革的集中统一领导"的总揽全局方法，等等。在后期反馈中，主要的方法有"事实胜于雄辩"的实践检验方法，"失责必问、问责必严"的责任追究方法，"有的放矢进行整改"的整改纠错方法，"看准了的要及时调整和完善"的反馈调整方法，等等。

二是“如何认识改革”的改革认知方法。任何改革启动之前、运筹之中，都有一个“如何看”的问题。回到事实本身，看清事物的本来面貌，凝聚改革共识，有的放矢推出改革举措，是确保改革成功的前提和基础。改革认知方法主要包括四种具体方法。第一，调查研究方法。调查研究是谋事之基、成事之道。没有调查研究就没有发言权，更没有决策权。科学谋划改革，必须要在全党全社会大兴调查研究之风。第二，本质分析方法。这一方法的关键在于善于从本质的高度捕捉问题，切忌捕风捉影，捡了芝麻丢了西瓜；善于从本质的高度认识问题，切忌浮于表面、浅尝辄止；善于从本质的高度解决问题，切忌半拉子工程。第三，经验总结方法。中国共产党人是靠总结经验吃饭的。全面深化改革既要总结现在的经验、自己的经验、成功的经验，也不能忽视过去的经验、别人的经验、失败的经验，经验是最可宝贵的财富。第四，理论先导方法。理论是实践的先导，思想是行动的指南。全面深化改革必须始终坚持科学理论武装，脱离实践基础的改革理论是空洞的理论，缺乏科学理论指导的改革实践是盲目的实践。

三是“如何评价改革”的改革评价方法。改革措施推出之后，都有一个“怎么样”的问题。“改得怎么样”，改革是成功还是失败，改革的效果是好还是坏，这是绕不开的问题。生产力标准是评价改革的根本标准，人民利益标准是评价改革的最高标准。“三个有利于”标准包含生产力标准、人民利益标准、综合国力标准，是评价改革的综合标准。习近平提出的“两个是否”标准与“三个有利于”标准本质上是一致的，是改革评价标准的时代表达。全面深化改革是一个系统工程，其总体布局涉及经济体制、政治体制、文化体制、社会体制、生态文明体制、党的领导体制、军队建设体制等，这既是改革的对象，也是改革评价的对象。科学评价改革绝不是一件简单的事情，往往受各种因素的干扰，二律背反是常态。比如，在历史评价与道德评价相背反的情况下，坚持历史尺度优于道德尺度；在总体评价与个体评价不一致的情况下，坚持总体标准高于个体标准；在改革效果与改革动机大相径庭的情况下，坚持效果重于动机；在改革成绩与代价同时出现的情况下，坚持利大于弊的原则；在自我评价与外部评价相冲突的情况下，坚持以我为主的立场，这是新时代改革评价的辩证法。

第四节　理论属性

新时代改革方法论自成体系、独具风格，但也不是从天上掉下来的，它仍旧归属于特定的“理论家族”。一套方法论归属于何种理论家族，当然不在于它是否和某理论家族“同名同姓”，而在于它是否和这一理论家族“同根同源”，是否具有相同的遗传基因，是否和这一理论家族站在相同的立场上，追求相同的价值理想，服务于相同的奋斗目标。从这个意义上讲，新时代改革方法论归属于马克思主义这个“理论家族”。

一、马克思主义性质的方法论

从性质上来说，新时代改革方法论是马克思主义性质的方法论，是马克思主义哲学方法论中国化的重要成果，是习近平新时代中国特色社会主义思想的重要内容。

新时代改革方法论，既有理论的源头，也有实践的源头。理论上源于马克思主义哲学方法论，实践上源于全面深化改革的伟大实践。新时代改革方法论是马克思主义基本原理同当代中国改革实际相结合而形成的方法论成果，是马克思主义方法论作用于当代中国的理论产物，是当代中国改革实践的新鲜经验马克思主义化的方法论结晶，是马克思主义哲学方法论的当代中国形态。

新时代改革方法论体现了马克思主义的立场、观点、方法。党的十八大以来，习近平多次提出领导干部要学习马克思主义哲学，学哲学、用哲学，是我们党的一个好传统。马克思主义哲学方法论对改革有着至关重要的指导作用，要把握改革的内在规律，必须掌握马克思主义哲学的看家本领，“必须不断接受马克思主义哲学智慧的滋养，更加自觉地坚持和运用辩证唯物主义世界观和方法论，增强辩证思维、战略思维能力，努力提高解决我国改革发展基本问题的本领”①。习近平关于全面深化改革的系列重要论述，鲜明体现了马克思主义的立场、观点、方法，比如，全面深化改革必须“坚持以人为本，尊重人民主体地位，发挥群众首创精神，紧紧依靠人民推动改革，促进人的全面发展”②；“改革任务越繁重，我们越要依靠人民群众支持和参与”③；全面深化改革“以促进社会公平正义、增进人民福祉为出发点和落脚点”④。这些论述就体现了马克思主义的群众史观和人民主体地位观。不理解马克思主义哲学方法论，就无法理解新时代改革方法论。

二、新时代改革智慧的结晶

从主体上来说，新时代改革方法论是具有自主知识产权的“中国创造”，是新时代改革智慧的结晶。

新时代改革方法论不是舶来品，不是对西式改革方法论的复制，也不是对苏东改革方法论的模仿，而是具有中国特色的改革方法论。新时代改革方法论的发明权、所有权属于中国共产党，属于中国人民。习近平是新时代全面深化改革的总设计师，也是新时代改革方法论的主要创立者。

新时代改革方法论是在当代中国的历史性实践中生成的，具有典型的内生性质和鲜明的中国色彩。比如，全面深化改革包括建立自贸港、发展自由贸易区、发展非公经济、发挥市场决定作用等政策主张，但这些改革没有改掉公有制的主体地位，没有放弃国有经济的主导地位，没有否定人民的主体地位，没有抛弃共同富裕的价值目标，没有改掉社会主义的基本制度，没有放弃作为立国之本的四项基本原则。正如西方学者赫顿所说，中国从没有把资本主义当成目标，而是把它作为实现目标的手段。再比

① 习近平在中共中央政治局第二十次集体学习时强调 坚持运用辩证唯物主义世界观方法论提高解决我国改革发展基本问题本领. 人民日报，2015-01-25.

② 中共中央文献研究室. 十八大以来重要文献选编：上. 北京：中央文献出版社，2014：514.

③ 中共中央文献研究室. 习近平关于全面深化改革论述摘编. 北京：中央文献出版社，2014：149.

④ 同②552.

如，习近平反复强调，改革不能乱套，“中国是一个大国，决不能在根本性问题上出现颠覆性错误”①；改革不是改旗更张，“改革是社会主义制度自我完善和发展，怎么改、改什么，有我们的政治原则和底线”②；改革要有战略定力，“我国国家治理体系需要改进和完善，但怎么改、怎么完善，我们要有主张、有定力”③；改革不是改向，要“坚持社会主义市场经济改革方向”④；改革要循序渐进，“坚持把改革的力度、发展的速度和社会可承受的程度统一起来”⑤；变革不是变色，“科学社会主义基本原则不能丢，丢了就不是社会主义”⑥；等等，这些论断都体现了鲜明的中国特色。英国学者肖恩·布雷斯林认为，中国的改革有自己的套路，“它不是一种大爆炸式的改革，也不是休克疗法；它不是一种经济自由化必然带来民主化的过程；它不是放弃国家对关键部门的控制；它不是全面的自由化或新自由主义化；它不是西方式的行动方式；它不是遵循某种模式或处方；它不是让别人告诉自己应该怎么做，也不是告诉别人应该怎么做”⑦。确实，中国的改革有自己的原则和底线，有强大的战略定力，始终走在预先设定的正确道路上，从来没有迷失“主体性”而进入西方谋划的轨道之中。

三、社会主义改革方法论的最新形态

中国改革方法论与改革开放相伴相生，共同成长。改革方法论创立于20世纪70年代末至80年代，邓小平是其主要创立者，可看作改革方法论的1.0版。其丰富和发展于20世纪90年代和21世纪初，江泽民、胡锦涛是其主要贡献者。党的十八大以来，以习近平同志为核心的党中央立足全面深化改革的伟大实践，创立了新时代改革方法论，这可看作是改革方法

① 习近平．习近平谈治国理政．北京：外文出版社，2014：348.

② 中共中央文献研究室．习近平关于全面深化改革论述摘编．北京：中央文献出版社，2014：49.

③ 同①105.

④ 同①94.

⑤ 同①68.

⑥ 同①22.

⑦ 布雷斯林．“中国模式”与全球危机：从弗里德里希·李斯特到中国治理模式．冯瑾，译．当代世界与社会主义，2012（1）.

论的 2.0 版。新时代改革方法论是社会主义改革方法论的最新形态，是中国共产党改革理论的最新成果，开辟了马克思主义改革哲学的新境界。

新时代改革方法论，与历代中国共产党人的改革方法论一脉相承而又与时俱进。

其一脉相承体现在：它们都贯穿着相同的世界观方法论，那就是辩证唯物主义和历史唯物主义的哲学基础，确保改革符合时代的逻辑、历史的逻辑；它们都站在相同的政治立场上，那就是人民立场，始终坚持以人民为中心的改革立场，站在最大多数人的一边，致力于为人民谋幸福，致力于满足人民的美好生活需要；它们都遵循相同的思想路线，那就是一切从实际出发，实事求是；它们都具有相同的理论品质，那就是与时俱进，以新的改革理论指导新的改革实践；它们都坚守相同的价值理想，那就是始终坚持共同富裕的奋斗目标，确保改革成果由人民共享。这五条“脉络”构成了社会主义改革方法论一以贯之的遗传基因。

其与时俱进体现在：新时代改革方法论所蕴含的改革原则、策略、方法在继承前人的基础上进行了创新。比如，“摸着石头过河”是改革开放初期邓小平提出的重要方法论，习近平进一步指出，“摸着石头过河和加强顶层设计是辩证统一的，推进局部的阶段性改革开放要在加强顶层设计的前提下进行，加强顶层设计要在推进局部的阶段性改革开放的基础上来谋划”①，这既坚持了邓小平的改革哲学观，又根据发展了的实际赋予了其新的时代内容。再比如，习近平提出“一分部署，九分落实”的实践攻坚方法，“凡属重大改革要于法有据”的法治思维方法，“改革开放只有进行时没有完成时”的历史思维方法，等等，这些方法都体现了与时俱进的理论品质。

第五节　价值定位

新时代改革方法论是指引改革的方法论武器，是推进全面深化改革的基本遵循，不仅具有重要的中国意义，而且具有重要的世界意义。

① 习近平．习近平谈治国理政．北京：外文出版社，2014：68.

一、源于改革实践，指导改革实践

理论的价值在于掌握群众，指导实践，改造世界。马克思说，“理论一经掌握群众，也会变成物质力量”①。新时代改革方法论源于改革实践，又指导改革实践。

改革方法论是实践的产物，改革方法论的产生源于改革序幕的开启，改革方法论的发展源于改革实践的深化，改革方法论的真理性源于改革实践的检验，改革方法论的新版本源于全面深化改革的新实践。具体来说，改革方法论是在方法层面，对改革实践经验的理性总结和对改革规律的理性把握。不管是新时期改革开放，还是新时代全面深化改革，都是前无古人的崭新事业，通过“摸着石头过河”、基层试点、撒点试验、反复实践，体系化的改革方法论才得以形成，这是确保改革行稳致远的宝贵财富。

新时代改革方法论一经形成又可以作用于改革实践，指导改革实践。习近平指出，中国特色社会主义是实践、理论、制度紧密结合的，“既把成功的实践上升为理论，又以正确的理论指导新的实践”②。新时代改革方法论不是碎片化的改革策略的堆积，也不是经验化的改革措施的汇集，而是关于全面深化改革的思想体系，是理论化、系统化的改革学说，是指导全面深化改革的方法论武器。新时代改革方法论为全面深化改革提供了具体的方法、策略和措施，规定了改革的方向、立场和原则，确立了改革的起点、目标和归宿，为处理好顶层设计与基层创新、中央与地方、政府作用与市场作用、整体推进与重点突破、改革发展稳定、胆子大与步子稳、改革与法治、经济体制改革与其他各方面改革等若干重大关系，提供了方法论上的指引。

二、规范改革行为，评判改革成效

新时代改革方法论，作为实践方法，旨在规范改革行为；作为评价方法，旨在评判改革成效。

---

① 马克思，恩格斯. 马克思恩格斯选集：第1卷. 3版. 北京：人民出版社，2012：9.

② 习近平. 习近平谈治国理政. 北京：外文出版社，2014：9.

新时代改革方法论作为一种实践方法，初步回答了“为什么改、改什么、怎么改”的基本问题，具体回答了“能改什么、不能改什么”，“先改什么、后改什么”，“重点改什么、带动改什么”，“为谁改革、靠谁改革”，“谁领导改革、怎么领导改革”等一系列改革方法、改革策略的问题。新时代改革方法论不是零散方法的堆积，而是一个指导全面深化改革的方法体系，是规范改革行为的基本遵循，是规避改革风险的重要屏障，也是避免改革中出现颠覆性错误的可靠保障。

新时代改革方法论作为一种评价方法，初步回答了“改得怎么样”的问题。一般来说，改革的结果无非是两种情况：好与坏。要争取改好，防止变坏。那么如何评价改革开放40年？如何评价新时代的改革？如何评价经济体制、政治体制、文化体制、社会体制、生态文明体制等各领域改革成效？必须坚持科学的评价标准，给出权威的评价结论。

新时代改革方法论提供的评价标准，不是来自某种政治权威，不是来自某个所谓本本，而是来自马克思主义的标准。邓小平的南方谈话将这个标准概括为“三个有利于”，习近平在此基础上进一步凝练为“两个是否”。“三个有利于”是衡量一切工作是非得失的判断标准，自然也是衡量改革是非得失的判断标准。“两个是否”是对改革评价标准的新表述、新界定。“三个有利于”标准和“两个是否”标准不是两个不同的标准，它们本质上是一致的、统一的。根据“三个有利于”标准和“两个是否”标准评价改革的是非成败，既要看生产力指标，也要看综合国力，还要看人民生活水平；既要看社会稳定，也要看老百姓的幸福指数，不可偏废。

三、彰显中国意义，兼具世界意义

新时代改革方法论是中国共产党和中国人民的宝贵财富，但其意义绝不囿于中国一地，中国特色的改革方法论为其他社会主义国家和广大发展中国家的改革事业提供了重要启迪，展现了世界意义。

新时代改革方法论的中国意义表现在，一是有助于为全面深化改革提供方法论指导。工欲善其事，必先利其器。今天，中国的改革已经步入深水区，改革更复杂，风险更大，因此也更需要我们坚持正确的改革方法论。二是有助于提高党员干部的领导水平和执政能力。全面深化改革必须加强和改善党的领导，全面提高领导干部的领导水平和执政能力，而掌握正确的改革方法论，是每一位领导干部的看家本领。三是有助于凝聚改革共识，形成改革合力。当前，社会上关于改革的杂音很多，改什么、不改什么，先改什么、后改什么，重点改什么、兼顾什么，如何改、改得怎么样，等等，说到底都是方法论问题。只有加强对改革方法论的研究和学习，才能把稳改革的方向盘，在全社会形成改革认识的最大公约数。

新时代改革方法论的世界意义不容否定。“中国奇迹”世人瞩目，但“中国模式”无法复制。那么，中国的成功究竟能够为世界提供哪些有价值的东西呢？中国特色的改革方法论就是中国提供给世界尤其是广大发展中国家的宝贵财富。

一是有助于为西方社会理解“中国道路”提供方法论的视角。中国特色社会主义道路是改革开放的产物，正确理解中国道路，首先要准确理解中国的改革开放。西方世界对中国道路的误读非常严重，“中国特色资本主义模式”“儒家资本主义模式”“国家资本主义模式”“威权社会主义模式”“儒家社会主义模式”“后社会主义模式”“第三条道路模式”“市场社会主义模式”“民主社会主义模式”等等西方给我们扣的帽子，可谓五花八门，除了根深蒂固的意识形态偏见，秉持错误的方法论观察中国的改革开放事业，也是一个重要原因。因此，方法论上的拨乱反正是非常必要的。

二是有助于为发展中国家解决本国的改革发展难题提供方法论借鉴。中国的发展战略、政策方针和改革措施可能无法复制，但其蕴含的改革哲学观和改革方法论，比如一切从实际出发，保持社会稳定的前提下发展生产力，实行渐进式改革，不争论、不折腾，“摸着石头过河”，“能抓住老鼠就是好猫”，“加强顶层设计”，“鼓励基层创新”，“抓铁有痕、踏石留印”，独立自主参与全球化，等等，对于发展中国家解决自身的改革发展难题无疑具有普遍借鉴意义。

三是有助于为其他社会主义国家的改革事业提供方法论智慧。今天，改革是所有社会主义国家普遍面临的时代课题。“不改革开放，不发展经济，不改善人民生活，只能是死路一条”①，邓小平 20 世纪末的这一警示不仅适用于中国，也适用于其他社会主义国家。中国特色社会主义改革模式不能复制，但可以借鉴。借鉴什么？主要就是借鉴方法。比如，实行家庭联产承包责任制、建立经济特区、建立海南国际自由贸易港、建立社会主义市场经济体制、成立雄安新区、推动供给侧结构性改革、建设“一带一路”、成立中央深改委、设立国家监察委员会等，都是富有中国特色的改革举措或制度安排，其他国家不一定能照搬照抄，但党领导一切总揽全局的方法、依靠人民改革的人民主体方法、“加强顶层设计”的整体谋划方法、“摸着石头过河”的改革试探方法、“分清轻重缓急”的节奏掌控方法等，则是普遍适用的改革方法论，其他社会主义国家都可以用。

① 邓小平．邓小平文选：第 3 卷．北京：人民出版社，1993：370.

第四章　新时代改革方法论的哲学基础

任何方法论都由一定的世界观统领和支配，也就是说，必有其哲学基础。改革方法论不是头脑中主观自生的，不仅有其实践根据，而且有其深厚的思想渊源和哲学底蕴。新时代改革方法论是一个多层次的有机结构和统一整体，具有严密的哲学基础，这一哲学基础就是马克思主义哲学，即辩证唯物主义和历史唯物主义。习近平指出："马克思主义哲学包括辩证唯物主义和历史唯物主义，是马克思主义立场、观点、方法的集中体现，是马克思主义学说的思想基础。"① 从根本上说，这也是新时代改革方法论的哲学基础。改革方法论是马克思主义哲学在当代中国改革实践中的创造性运用和发展。具体地说，新时代改革方法论的哲学基础，主要包括以"求真务实论"为特色的唯物论基础、以"系统辩证法"为特色的辩证法基础、以"知行合一论"为特色的认识论基础，以及以"人民主体论"为特色的唯物史观基础，它是马克思主义哲学方法论的具体化、中国化。全面深化改革必须掌握马克思主义世界观和方法论，不断增强工作的原则性、系统性、预见性、创造性。

---

① 中共中央文献研究室．习近平关于社会主义文化建设论述摘编．北京：中央文献出版社，2017：62.

第一节　唯物论基础：求真务实论

辩证唯物主义认为，世界是物质的，世界统一于物质。物质第一性，意识第二性，物质决定意识，意识对物质具有能动的反作用。在习近平看来，学习掌握这一世界统一于物质、物质决定意识的原理，最重要的就是要坚持一切从实际出发，“实事求是、求真务实”。求真务实，即认识规律求得真知，真抓实干取得实效。无论做什么工作，要抓住事物本质，把握规律，就必须“求真”；要解决问题，产生实效，取得实绩，就必须“务实”。“求真务实”是辩证唯物主义一元论的必然结论。习近平强调，在全面深化改革中，“要把‘三严三实’要求贯穿改革全过程，引导广大党员、干部特别是领导干部大力弘扬实事求是、求真务实精神”，“既当改革的促进派，又当改革的实干家”①。坚持“求真务实论”深化改革，必须把握唯物观点与实事求是方法、能动观点与开拓创新方法。

一、唯物观点与实事求是方法

辩证唯物主义坚持世界物质统一性原理，要求人们按照世界的本来面目如实地去认识和改造世界，反对附加任何主观和外来的成分。既然世界统一于物质，物质是不以人们主观意志而转移的客观实在，那么，我们在实际工作中想问题、办事情，就只能从客观实际出发，而不能从主观愿望出发。这就是说，要从客观事实出发，而不能从“想当然”出发；从整体事实出发，而不能从“个别事实”出发；从人民根本利益出发，而不能从“个人私利”出发。坚持这一唯物主义的基本观点和根本要求，必须坚持实事求是的根本方法。习近平说：“实事求是，是马克思主义的根本观点，是中国共产党人认识世界、改造世界的根本要求，是我们党的基本思想方法、工作方法、领导方法。”② 这表明，实事求是作为我们党的思想路线的

① 习近平．习近平谈治国理政：第2卷．北京：外文出版社，2017：105.

② 习近平．习近平谈治国理政．北京：外文出版社，2014：25.

核心，是马克思主义唯物主义哲学世界观的根本观点，这一观点不仅体现在自然领域，而且贯彻到社会历史领域，是彻底的唯物主义。这一彻底的唯物主义观点，是中国共产党人认识世界、改造世界的根本要求，它要求我们做任何工作都从实际出发，按照客观规律办事。在方法论上，实际上人们对待事物、处理工作有三种不同的基本态度和方法：一是以本为是，即“唯上唯书”，以“本本”是非为是非，搞本本主义；二是自以为是，不去研究实际问题，而是凭主观感觉、凭经验印象到处发号施令，奉行主观主义；三是实事求是，就是从“实事”中找出其固有的而不是臆造的规律性，作为我们行动的向导，坚持唯物主义态度和方法。实事求是既是我们党推进事业的最基本的思想方法，也是解决问题最根本的工作方法，同时也是实行科学领导、带领人民群众胜利前进的领导方法。因此，无论何时何地，我们都必须时刻牢记“实事求是”四个大字，始终坚持实事求是的思想路线。

在习近平看来，一切从实际出发，实事求是、求真务实，是全面深化改革最根本的方法论。在全面深化改革中坚持这一方法论原则，首先必须把握当代中国这个最大的实际。“当代中国最大的客观实际是什么？就是我国仍处于并将长期处于社会主义初级阶段。”①无论改革还是发展都必须立足于这个最大的实际。我国改革开放不是从书本上抄来的，也不是从别人那里借来的，而是基于对国情的深刻认识和正确判断作出的。“我们党作出实行改革开放的历史性决策，是基于对党和国家前途命运的深刻把握，是基于对社会主义革命和建设实践的深刻总结，是基于对时代潮流的深刻洞察，是基于对人民群众期盼和需要的深刻体悟。”②改革开放作为决定当代中国命运的关键一招，是根据我国的实际和人民的愿望与要求作出的。当今，进一步全面深化改革是时代赋予的历史任务，是推动发展进步的强大动力，尤其“要从我国国情出发、从经济社会发展实际出发，有领导有步骤推进改革”③。改革不是为了迎合某些人的“掌声”，更不能把西

---

① 习近平．辩证唯物主义是中国共产党人的世界观和方法论．求是，2019（1）．

② 习近平．在庆祝改革开放40周年大会上的讲话．人民日报，2018-12-19．

③ 中共中央文献研究室．习近平关于全面深化改革论述摘编．北京：中央文献出版社，2014：20．

方的理论、观点生搬硬套在自己身上。改革如果不从我国经济社会发展的实际出发，情况不清，问题不明，盲目决策，胡革乱改，只会改得一塌糊涂。改革如果仅仅是为了迎合某些人的“意见”和“掌声”而改，就会背离绝大多数人民群众的根本利益。改革如果不顾国情照抄照搬别人的理论观点、思想主张和制度模式，“就会画虎不成反类犬，不仅不能解决任何实际问题，而且还会因水土不服造成严重后果”①。

其次，必须在改革开放过程中大力弘扬实事求是、求真务实精神。改革创新精神特别宝贵，但同时要有严格的科学态度和实事求是精神。习近平强调要把“三严三实”要求贯穿于全面深化改革的全过程，“理解改革要实，谋划改革要实，落实改革也要实”②。一是理解改革要实。改革是当代中国的又一次革命，全面深化改革是涉及方方面面的全方位的系统改革。改革不是改变社会主义根本制度，而是社会主义的自我完善和自我发展。改革要坚决革除旧的体制和弊端，是利益格局的重新调整，但要循序渐进，当群众还没有认识和理解时，不宜强制推行。而且，我们也不能异想天开，不切实际地调高改革的“胃口”，脱离实际去做一厢情愿的事情。二是谋划改革要实。进行顶层设计、谋划改革蓝图要从实际出发。要根据实际情况和客观条件来制定改革的目标任务和路线图，力求取得实实在在的改革效果，而不能不顾条件去搞那些“高大上”“假大空”的“形象工程”或“政绩工程”。当然，我们同样也不能以条件不具备为借口不改革、不创新，安于现状、不思进取。三是落实改革也要实。习近平要求，“一分部署，九分落实”。改革措施不落实，再好的蓝图、部署也只能是镜花水月、空中楼阁。必须以钉钉子的精神抓改革，改一个做一个，做一个成一个，善始善终，善作善成。各级领导干部要当改革的促进派、实干家，既要勇于敢于改革，又要长于善于改革。

再次，必须具体分析变化着的不同情况而决定改革的方针策略和措施。客观实际情况是复杂多变的，“实事”不同，“是”也不同；“实事”

① 中共中央文献研究室．习近平关于全面深化改革论述摘编．北京：中央文献出版社，2014：21.

② 习近平．习近平谈治国理政：第2卷．外文出版社，2017：105.

变了，“是”也会变。我们“要准确把握国际国内环境变化，辩证分析我国经济发展阶段性特征，准确把握我国不同发展阶段的新变化新特点，使主观世界更好符合客观实际，按照实际决定工作方针，这是我们必须牢牢记住的工作方法”①。全面深化改革必须准确把握我国不同发展阶段的新变化新特点。今天的改革不同于昨天的改革，这一地区的改革不同于那一地区的改革，这决定我们深化改革要把握当时当地的实际情况，具体问题具体分析，研究新情况，解决新问题。要坚持“从实际出发、从具体问题入手，见物见人，什么问题突出就着重解决什么问题，使改革落地生根”②。同时，全面深化改革情况复杂，进展和条件各不相同，要“始终坚持以我为主，应该改又能够改的坚决改，不应改的坚决守住；应该改而不具备条件的创造条件改，该快的一定要快、不能快的则循序渐进”③。这就告诉我们，全面深化改革要根据客观情况和实际，区分轻重缓急，分别对待：有些不能改的，要坚决守住，无论过多长时间都不能改，如坚持走中国特色社会主义道路无论何时都要坚定不移；应改而且能改的，要快改坚决改，不能犹豫不决，如一些具体体制机制上的问题，要坚决从快从优迅速改；一些该改而暂时还不具备条件的，则要积极创造条件改，不能墨守成规、坐等其成，如一些事业单位去行政化的问题就要创造条件逐步改；不能快的则要等待时机，循序渐进，不要急于求成。总体上，“推进改革胆子要大，但步子一定要稳。胆子大不是蛮干，蛮干一定会导致瞎折腾”④。要始终把高昂的改革热情和严格的科学态度结合起来，坚持实事求是、求真务实，按客观规律办事。

最后，必须察实情、出实招、办实事、务实效，真正“使改革落地生根”。一是察实情。这是求真务实、全面深化改革的第一步。想问题、办事情、作决策，必须搞清客观情况，把握实际过程。认识的深度、思想的高度、决策的精度、创新的力度，植根于能否对实际情况和问题作

---

① 习近平．辩证唯物主义是中国共产党人的世界观和方法论．求是，2019（1）．

② 习近平．习近平谈治国理政：第2卷．北京：外文出版社，2017：108．

③ 中共中央文献研究室．习近平关于全面深化改革论述摘编．北京：中央文献出版社，2014：19-20．

④ 同③41．

出科学合理的解答和正确的判断。对改革的实际情况不了解，或者道听途说、一知半解，绝不可能真正“求实”。现在有些领导干部作风漂浮，工作不深入，情况不明、数据失真、根据不足，这就必然出现改革方案或决策的失误。二是出实招。实招是符合实际、切实解决问题的点子和办法。改革开放就是决定中国命运的关键一招，我国发生的巨大历史性变化和各方面取得的成就无不得益于改革开放。现在，许多领导干部工作有创造、有成绩，就是善于从群众中汲取营养，解放思想，大胆创新，能推出很多解决问题的实招、新招。而有的领导干部面对改革出现的新情况、新任务却无招无策，工作总是陷入被动。改革的实招是遵循规律和规则的招，是解决问题管用的招，是人民群众受益得实惠的招，其源于实际生活和人民群众。三是办实事。办实事是改革体制、改进作风的直接表现。各级领导干部要努力把深化改革放到为人民办实事上。通过改革，多办大多数人受益的事，坚定为绝大多数人民谋利益；多办急人民群众之所急的事，切实解决人民群众的“急难愁盼”问题；多办力所能及的事，从实际出发，能解决多大问题就解决多大问题，不要好高骛远唱高调；多办起长远作用的事，既要立足现实又要兼顾未来，决不能头痛医头、脚痛医脚，更不能饮鸩止渴。四是务实效。实效是求真务实，深化改革的归宿和落脚点。工作有没有实效以及有多大实效，要以人民群众有没有获得实际利益以及获得多大实际利益来判断，要以人民群众满意不满意以及满意的程度来评价。要坚持一张蓝图干到底。有了科学合理、切合实际、符合人民愿望和要求的改革蓝图，就要一茬接着一茬干下去，干出实效来。不要随意翻烧饼，另起炉灶，急功近利，搞劳民伤财的“形象改革”。不务实效，再好的蓝图都只能是一纸空文。幸福美好的生活坐着等不来，伸手要不来，全靠我们不断深化改革，通过务实苦干而得来。

二、能动观点与开拓创新方法

辩证唯物主义坚持物质变精神、精神变物质的辩证关系的原理，在坚持物质第一性、物质决定意识的前提下，“并不否认意识对物质的反作用，而是认为这种反作用有时是十分巨大的”①。意识的能动作用不仅表现在能够能动地认识世界，深入事物内部，揭示和把握客观规律，创新理论；而且表现在能够能动地改造世界，通过实践创造客观世界所没有的人化物，实现由精神到物质的飞跃。坚持能动的观点和原理，要求我们在全面深化改革中，正确处理尊重客观规律与发挥主观能动性的关系。一方面，要坚持从实际出发，按客观规律办事。改革中要坚持问题导向，深入实际调查研究，善于探索事物的本质和规律，求得真知，形成正确的改革方案和决策，坚决杜绝拍脑袋决策，依主观好恶行事。另一方面，必须鼓励探索，充分发挥主观能动性。改革是充满风险和挑战的事业，没有一点闯的精神，就走不出新路，干不出新的事业。深圳特区的探索，以及全国改革开放新措施的出台、新局面的形成、新成就的取得，都是我们充分发挥主观能动作用、经过奋力拼搏创新得来的。

开拓创新方法，就是在尊重客观规律的前提下，充分发挥人的主观能动性，勇于探索，开拓进取，善于创造、创新的方法。在习近平的系列讲话和重要论述中，坚持思想先导，充分发挥主观能动作用，全面深化改革，推进体制机制创新，开创改革开放新局面，主要有以下几个基本点：

一是坚定理想信念，激发昂扬斗志。习近平说：“我们党强调理想信念是共产党人精神上的‘钙’，强调‘革命理想高于天’，就是精神变物质、物质变精神的辩证法。”② 坚定理想信念，激发一股精气神，干事创业就能方向明，改革攻坚就能干劲足，就可以创造惊天动地的人间伟业。反之，理想信念动摇、宗旨意识淡化、精神萎靡懈怠、贪图安逸享乐，不愿改革，不思发展，只能错失机遇，使许多往往可以干成的事情干不成，可以改好的事情改不了。习近平认为，“信仰、信念、信心，任何时候都至关重要”③。无论过去、现在和未来，信仰、信念、信心都是指引和支撑中国人民站起来、富起来、强起来的强大精神力量。对马克思主义的坚定信仰，铸就我们内心的强大精神支柱，激发出无坚不摧的巨大精神力量；对中国特色社会主义的坚定信念，让我们不彷徨、不折腾、不懈怠，坚定沿着中

①② 习近平. 辩证唯物主义是中国共产党人的世界观和方法论. 求是，2019（1）.

③ 习近平. 在庆祝改革开放40周年大会上的讲话. 人民日报，2018-12-19.

国特色社会主义的道路奋勇前进；对实现中华民族伟大复兴中国梦的信心，让我们干劲倍增，凝心聚力，深化各方面改革，为实现下一个百年奋斗目标贡献智慧和力量。人是要有一点精神的，没有精神就没有灵魂、没有高度、没有境界，也没有深化改革的斗志和动力。在庆祝改革开放40周年大会上，习近平特别强调："中国人民具有伟大梦想精神，中华民族充满变革和开放精神。"这些精神正是当代改革开放的时代精神。梦想精神使我们不断提出新的奋斗目标，锐意改革进取，去实现人民对美好生活的向往和追求。新中国成立后的"两弹一星梦""大庆梦"，以及改革开放后的"航天梦""航母梦"等许许多多梦想的实现，无不激励着我们不懈奋斗，去夺得一个又一个的胜利。"变革和开放总体上是中国的历史常态"，是我们最重要的民族精神。变革和开放精神鼓励我们不断改革创新、开拓进取。海纳百川、兼收并蓄，我们不仅创造了历史上灿烂的中华文明，而且创造了当今令世人刮目相看的"中国奇迹"。毫无疑问，所有这些由信仰、信念、信心所激发出来的力量无不是中国人民主体意识和主观能动精神突出的反映和体现。

二是凝聚社会共识，合力攻坚克难。为了形成改革整体合力，习近平特别注重进行思想动员，凝聚共识，认为这是形成改革合力的思想前提和心理基础。他指出："人心齐，泰山移。凝聚共识很重要，没有广泛共识，改革就难以顺利推进，也难以取得全面成功。现在，社会结构深刻变动，利益格局深刻调整，思想观念深刻变化，凝聚改革共识难度加大，统筹兼顾各方面利益任务艰巨。这就更需要我们下功夫去凝聚共识。"因此，他要求，"要做好统一思想、凝聚共识的工作，加强对改革的正面宣传和舆论引导，及时回答干部群众关心的重大思想认识问题"。习近平还借鉴历史上商鞅变法、王安石变法、张居正变法，以及清代洋务派代表人物张之洞等改革的经验教训说明凝聚共识的重要性。他批评一种观点，即"现阶段深化改革不可能形成共识，甚至把形成改革共识说成是伪命题"。他说："不错，现在党内外对深化改革思想认识上有较大差异，但越是思想认识不统一就越要善于寻求最大公约数。"①思想认

① 中共中央文献研究室．习近平关于全面深化改革论述摘编．北京：中央文献出版社，2014：46.

识有较大差异并不足为怪，关键在于善于寻求最大公约数，而在坚持改革这个重大问题上，全党全社会是有广泛认知的。加强思想引导，团结一切可以团结的力量，调动一切可以调动的积极因素，是完全可以形成共识的。同时他认为，这是中国特色社会主义优势的一个方面。因为社会主义坚持集体主义的价值导向，局部服从整体，有着形成广泛社会动员和共识的社会基础。

三是坚定“四个自信”，高举改革开放大旗。对“四个自信”“要刻骨铭心。这恰恰是我们的民族精神！”①全面深化改革的战略定力、信心决心、意志毅力、勇气智慧源于“四个自信”，“四个自信”是高举改革开放大旗、全面深化改革的真正底气和依托。理论自信是全面深化改革的思想源泉和理论支撑，全面深化改革必须以理论创新为先导。习近平新时代中国特色社会主义思想作为马克思主义中国化的最新理论成果，为全面深化改革提供直接的理论指导。认真学习领会和贯彻习近平关于全面深化改革的重要论述，推进改革开放事业就有了根本的遵循。坚定中国特色社会主义道路自信，要求我们坚持改革的社会主义方向不动摇。“不实行改革开放死路一条，搞否定社会主义方向的‘改革开放’也是死路一条。在方向问题上，我们头脑必须十分清醒。我们的方向就是不断推动社会主义制度自我完善和发展，而不是对社会主义制度改弦易张。”② 制度自信是全面深化改革的制度保障，它与全面深化改革相辅相成、相互促进。一方面，没有坚定的制度自信不可能有全面深化改革的勇气和信心；另一方面，离开不断改革和不断革新，制度自信也不可能彻底坚持。“我们全面深化改革，不是因为中国特色社会主义制度不好，而是要使它更好；我们说坚定制度自信，不是要固步自封，而是要不断革除体制机制弊端，让我们的制度成熟而持久。”③ 文化自信是一个国家、一个民族发展中最基本、最深沉、最持久的力量，是全面深化改革的文化底蕴和精神动力。创新传统文化，继承革命文化，发展社会主义先进文化，大力弘扬以爱国主义为核心的民族

---

① 中共中央文献研究室. 习近平关于全面深化改革论述摘编. 北京：中央文献出版社，2014：22.

② 同①15.

③ 同①22.

精神、以改革创新为核心的时代精神，全面深化改革就有了深厚的文化根基和磅礴的精神力量。

四是坚持解放思想，大胆开拓创新。解放思想是马克思主义的科学命题，也是科学的思想方法，是主体能动精神最突出的体现。习近平认为，“历史发展有其规律，但人在其中不是完全消极被动的”①。发挥人的主观能动性，解放思想、大胆创新、奋发有为、锐意进取，就能创造美好的事物和未来。全面深化改革，必须“进一步解放思想、进一步解放和发展社会生产力、进一步解放和增强社会活力”②。在这三个“进一步解放”中，解放思想是首要的。无论是冲破思想观念的障碍，还是突破利益固化的藩篱，都必须首先解放思想，因为许多思想观念障碍往往不是来自体制外而是来自体制内。如果思想不解放，就会存在三个“很难”：“很难看清各种利益固化的症结所在，很难找准突破的方向和着力点，很难拿出创造性的改革举措”③。不解放思想换脑筋，局限于旧有的体制看问题，纠缠于固化的利益，不可能有改革方向、着力点和举措上的突破。因此，我们一定要有自我革新的勇气和胸怀，以积极主动的精神研究和提出改革的策略与举措。习近平要求，全党必须增强改革的信心和勇气，“以更大的政治勇气和智慧、更有力的措施和办法推进改革”④。更大的政治勇气和智慧，是主观能动性突出的体现，没有政治上敢于直面问题、敢于挑战、敢于担当的勇气和精神，全面深化改革不可能有“大手笔”。更有力的措施和办法的提出，首先要有思维的突破，进而才能推进实践的创新。同时，习近平强调，“三个进一步解放”是有机联系的。一方面，“解放思想是前提，是解放和发展社会生产力、解放和增强社会活力的总开关”。不解放思想，冲破“左”的束缚，不可能开启新的历史时期，形成改革开放的新局面；不解放思想，不可能在实践中推进理论创新和实践创新，把改革开放推向前进，发展生产力，释放社会活力。另一方面，“解放和发展社会生产力、解放和增强社会活力，是解放思想的必然结果，也是解放思想的重要基

---

① 习近平．在庆祝改革开放40周年大会上的讲话．人民日报，2018-12-19．

② 习近平．习近平谈治国理政．北京：外文出版社，2014：92．

③④ 同②87．

础”①。解放思想不是空谈，要落实在社会活力的增强、人民群众积极性的充分调动和发挥上，落实在生产力的解放和发展上；而社会活力的增强、生产力的发展又是进一步解放思想的基础。总之，解放思想是前提和条件，也是方法和动力。逆水行舟不进则退，只有不断解放思想，开拓创新，锐意进取，才能争得先机，赢得主动，创造更加辉煌的成就和业绩。

第二节　辩证法基础：系统辩证法

新时代改革方法论的辩证法基础是系统辩证法。现代社会系统性的增强和系统理论的发展，使得我们在坚持矛盾辩证法的同时，也更加重视系统辩证法。系统辩证法强调从系统角度看问题，并不排斥矛盾辩证法，而是将矛盾也纳入系统中考察。矛盾也是系统中的矛盾，是作为矛盾体系而存在的。全面深化改革是一个巨大系统工程，改革的系统性、整体性、协同性大大增强，必须运用系统思维和系统辩证法。习近平强调，全面深化改革既要坚持和运用事物基本矛盾运动的基本原理和方法，也要“坚持系统的观点，依照新发展理念的整体性和关联性进行系统设计，做到相互促进、齐头并进”②，防止单打一。运用系统辩证法深化改革，必须坚持系统观点与系统分析方法，以及矛盾观点与矛盾分析方法。

一、系统观点与系统分析方法

系统是由相互联系、相互作用的若干要素所组成的有机整体，系统的性质和功能不是各要素的简单相加，整体功能大于部分之和。所谓系统观点，就是运用联系的、系统的、整体的观点来看问题，强调把事物置于系统中加以考察，综合分析系统的整体与部分、整体与外部环境之间的相互联系、相互作用、相互制约关系，从而科学地把握事物的本质，更有效地

① 习近平．习近平谈治国理政．北京：外文出版社，2014：92.
② 习近平．习近平谈治国理政：第 2 卷．北京：外文出版社，2017：221.

处理和解决问题。系统分析方法，要求人们在观察、分析和处理任何问题时，要始终把整体摆在突出位置，在系统观的统领下解决局部问题，以发挥系统的最大功能。全面深化改革作为一个复杂的系统，内容多、任务重、影响大，涉及上上下下、左左右右、方方面面，必须“更加注重改革的系统性、整体性、协同性”①。注重“三性”深刻揭示了我国改革的特点与难点，是全面深化改革的内在要求，也是整体推进各项改革的重要遵循和基本方法。

第一，必须整体推进，突出重点。改革必须更加注重改革的系统性、整体性，这是因为新时代改革已经发生重大变化，改革的影响之广、变革之深、力度之大，都前所未有。在习近平看来，坚持整体推进，就要“加强不同时期、不同方面改革配套和衔接，注重改革措施整体效果，防止畸重畸轻、单兵突进、顾此失彼”。但同时要突出重点，“注重抓主要矛盾和矛盾的主要方面，注重抓重要领域和关键环节”② 来推进各项改革。全面深化改革的重点是经济体制改革，重点领域的改革“牵一发而动全身”，关系改革的全局；核心问题是处理好政府和市场的关系，改革的核心和关键环节“一子落而满盘活”，关系改革的成效。以重点领域和关键环节的改革为突破口，可以对全面深化改革起到牵引和推动作用，实现整体推进和重点突破的结合和统一。更加注重改革的系统性、整体性，要求我们必须把握全面深化改革的有机性、全局性和统筹性，加强研判，统筹谋划。为此，习近平强调，要“加强对各项改革关联性的研判，把经济、政治、文化、社会、生态文明等方面的体制改革有机结合起来，把理论创新、制度创新、科技创新、文化创新以及其他各方面创新有机衔接起来”③。全面改革是有机的整体改革，一揽子改革措施的出台和推进，可能解决我们长期想解决而解决不了的问题，使问题取得实质性的突破。比如，解决农民增加收入、提高生活质量的问题，增加农民的财产性收入、赋予农民更多

---

① 习近平．习近平谈治国理政．北京：外文出版社，2014：68.

② 中共中央文献研究室．习近平关于协调推进“四个全面”战略布局论述摘编．北京：中央文献出版社，2015：72.

③ 中共中央文献研究室．习近平关于全面深化改革论述摘编．北京：中央文献出版社，2014：37.

财产的权利、改革户籍制度，以及推进城乡一体化进程，等等，就会使问题有实质性的突破和进展。全面深化改革的关系越复杂，其整体的统筹性和不可分割性就越重要。这就要求我们必须由线性认识转变为非线性的全面认识，由单向突破进入整体推进，把改革的力度、发展的速度、社会可承受的程度有机结合起来，任何单兵突进都可能欲速不达。因此，尤其要加强顶层设计和整体谋划，加强各项改革关联性、系统性、可行性的研究。

第二，必须相互配合，协调联动。系统观点和系统分析方法，要求各方相互配合、均衡协调发展，强调对系统各要素进行周密考察，注重系统内部的结构性、有序性和协同性，充分发挥各要素的协同作用。对于改革，习近平指出："我们要统筹谋划深化改革各个方面、各个层次、各个要素，注重推动各项改革相互促进、良性互动、协同配合。"① 全面深化改革必然使影响"改革函数"的自变量增多，不确定性加大，尤其要处理好系统中各个层级各个要素及其相互关系，注重把握改革措施的耦合性与联动性。要注重改革方案的协同耦合，制定改革方案时，必须考虑方方面面的因素，注重目标的全局性、任务的整体性、实施的配套性。改革措施要协同配合，出台任何一项改革政策和措施，要考虑和其他政策措施的配套与耦合，打好"组合拳"。改革效果也要注重产生协同效应，改革措施发生作用和效应时，不是一枝独秀、此消彼长，而是系统集成，产生"一加一大于二"的整体效果。习近平认为，"每一项改革都会对其他改革产生重要影响，每一项改革又都需要其他改革协同配合。随着改革开放不断深入，改革开放的关联性和互动性明显增强，这就要求我们更加注重各项改革的相互促进、良性互动"②。更加注重改革的协同性，就是要讲究改革的有序性、耦合性和联动性。全面深化改革是在党和政府的领导下，有计划、有秩序、有步骤地推进的有序改革，不能各自为政、各行其是。改革中要特别注意各种耦合关系，搞好相互间的协调和配合。全面深化改革的基本内容是"五位一体"，经济体制改革是全面深化改革的重点，而党的

① 中共中央文献研究室．习近平关于协调推进"四个全面"战略布局论述摘编．北京：中央文献出版社，2015：72.

② 同①55-56.

建设制度改革是根本政治保障，国防和军队改革是国家安全保障。经济体制改革要当好“主攻手”，其他改革要当好“二传手”等角色，只有相互配合，才能产生优化的效应和结果。同时应该看到，这种协同配合不是一成不变的，而是动态发展的。现在的配合并不代表未来的配合，暂时的配合并不代表永远的配合，协同处在不断的联动发展之中。只有加强不同时期、不同方面改革的配套和衔接，才能不断提高改革的整体效果。习近平强调全面深化改革尤其不能各行其是，“要准确推进改革。该中央统一安排的各地不要抢跑，该尽早推进的不要拖延，该试点的不要仓促面上推开，该深入研究后再推进的不要急于求成，该先得到法律授权的不要超前推进”①。必须整体协调推进改革，防止畸轻畸重、顾此失彼，避免各行其是、相互掣肘。

第三，必须补齐短板，协同共进。习近平提出改革要产生系统整体协同共振共进的效果。他说：“形成改革合力，最终要体现在各项改革举措协调共振上。政策不配套，实践当中必然疙疙瘩瘩，也就谈不上形成合力。要深入研究各领域改革关联性和各项改革举措耦合性，深入论证改革举措可行性，把握好全面深化改革的重大关系，使各项改革举措在政策取向上相互配合、在实施过程中相互促进、在改革成效上相得益彰，发生化学反应，产生共振效果。”② 这说明，不配套、不协调、不统一，就形不成合力。相互牵扯不仅不能解决问题，还会制造许多新的问题和麻烦，使改革难以深入推进取得实效。习近平认为，这种配合、配套不应是形式上的“物理反应”，而应当是本质上的“化学反应”，这样的协同才是水乳交融的协同。这就要求我们必须注重改革的复杂性、层级性和关联性，注重系统的协同共振，最大限度地释放改革的红利。改革涉及方方面面，既有思想观念的更新，也有固化利益藩篱的突破，更有体制机制的创新，必须多管齐下，全面协调。同时，改革是从中央到地方，再到基层各层级的改革，从顶层到基层、从上级到下级、从大脑到神经末梢

① 中共中央文献研究室．习近平关于全面深化改革论述摘编．北京：中央文献出版社，2014：49.

② 同①44-45.

都要有序推进，不能出现“瓶颈”和“中梗阻”。对于“瓶颈”必须突破，对于“中梗阻”必须打通。全面深化改革如果缺乏关联和关照，改革中一个未曾料到的因素的发酵就可能产生影响全局的严重后果。为此，习近平强调要“加强对各项改革关联性的研判，努力做到全局和局部相配套、治本和治标相结合、渐进和突破相促进”①。一是全局和局部相配套。改革的全局由局部组成而又高于局部。有的局部可行但全局不行的，局部必须服从全局；有的全局可行而局部不可行的，则全局不能迁就局部。坚持从全局出发看问题、办事情，是共产党人应有的党性和博大胸怀，也是共产党员先进性的具体体现。二是治本和治标相结合。治标力求在短期内取得显著效果，治本要从制度安排和体制机制上解决问题。全面深化改革，重在“全面”和“深化”，是着眼于治本的。但同时要治标，对改革的“短板”要及时排除，否则就会成为全面深化改革的障碍。三是渐进和突破相促进。全面深化改革要稳扎稳打，步步为营，是渐进性的；但对看准了的问题，要攻坚克难重点突破，不达目的誓不罢休。稳也好，改也好，“是辩证统一、互为条件的。一静一动，静要有定力，动要有秩序，关键是把握好这两者之间的度”②，真正做到系统整体发力，协同共进。

二、矛盾观点与矛盾分析方法

矛盾观点与矛盾分析方法是唯物辩证法的基本观点和根本方法。矛盾就是事物的对立统一关系，矛盾双方既统一、又斗争，由此推动事物的发展。所谓矛盾分析方法，就是用对立统一的观点去观察和处理问题，亦即通过对事物矛盾的普遍性与特殊性、同一性与斗争性、主要矛盾与次要矛盾、矛盾的主要方面与矛盾的次要方面等的辩证分析，去认识矛盾、处理矛盾，寻求解决矛盾的办法。毛泽东形象地将矛盾分析方法称为“一分为二”的方法。在习近平看来，“纵观人类历史，世界发展从来都是各种矛

---

① 中共中央文献研究室. 习近平关于全面深化改革论述摘编. 北京：中央文献出版社，2014：32.

② 同①49.

盾相互交织、相互作用的综合结果”①。因此，必须用马克思主义矛盾观来分析问题和解决问题。实际上，问题是事物矛盾的表现形式。“当前，我国已经进入发展关键期、改革攻坚期、矛盾凸显期，我们面临的矛盾更加复杂，既有过去长期积累而成的矛盾，也有在解决旧矛盾过程中新产生的矛盾，大量的还是随着形势环境变化新出现的矛盾。这些矛盾许多是这个发展阶段必然出现的，是躲不开也绕不过去的。”② 改革开放充满着各种矛盾和挑战，旧的问题解决，新的问题产生，矛盾层出不穷，改革开放的过程就是不断认识和解决矛盾和问题的过程。改革是由问题倒逼的，所以，我们要增强问题意识，坚持问题导向。坚持问题导向，就是致力于解决矛盾，而不是回避和掩盖矛盾。而且，唯物辩证法认为，事物的内因即内在矛盾在推动事物发展过程中是起决定作用的。改革开放中的各种问题和矛盾既不能依靠旧体制下的“老办法”去解决，也不能把西方国家的某些“洋办法”作为改革良方，“改革开放中的矛盾只能用改革开放的办法来解决”③。改革开放办法产生于当代中国实际问题的分析和研究之中，而不是来自我国改革开放之外。可见，问题意识、矛盾观点、一分为二，无疑是推动我国改革开放的重要思想基石和方法论原则。

第一，全面深化改革要坚持共性与个性的统一。矛盾的共性，即矛盾的普遍性，它表现为矛盾无处不在、无时不有的性质和特点；矛盾的个性，即矛盾的特殊性，它表现为不同事物的矛盾及其矛盾的双方都各有其差异和特点。习近平强调，要坚持矛盾普遍性和特殊性相结合的原则，辩证“处理好共性和个性的关系”④。一方面，应当坚持在矛盾普遍性原理的指导下，敢于直面矛盾，善于分析和解决矛盾，促进事物向有利于人的方向转化；另一面，要坚持矛盾特殊性的原则，具体问题具体分析，防止简单化、“一刀切”。全面深化改革充满着各种复杂矛盾和斗争，尤其要坚持

---

① 习近平在中央外事工作会议上强调 坚持以新时代中国特色社会主义外交思想为指导 努力开创中国特色大国外交新局面．人民日报，2018-06-24.

② 习近平．辩证唯物主义是中国共产党人的世界观和方法论．求是，2019（1）.

③ 习近平．习近平谈治国理政．北京：外文出版社，2014：69.

④ 习近平在中央和国家机关党的建设工作会议上强调 全面提高中央和国家机关党的建设质量 建设让党中央放心让人民群众满意的模范机关．人民日报，2019-07-10.

共性与个性相统一的辩证分析方法。

世界万事万物都充满着矛盾，矛盾存在于一切事物的发展过程中，并贯穿于每一事物发展过程的始终。“矛盾是普遍存在的，矛盾是事物联系的实质内容和事物发展的根本动力”①。人与自然存在破坏与保护的生态矛盾，人与人存在竞争与合作的人际矛盾，人与社会存在集体与个人的价值矛盾，人的身与心存在灵与欲的心物矛盾。如此等等表明，矛盾遍布于自然、社会和思维之中。事物之间最本质的关系就是矛盾关系，这是事物联系的实质内容。矛盾双方既对立又统一，其生生不息的内在冲动和活力，提供了事物发展的根本动力。习近平在党的十九大报告中，在总结过去五年成就的基础上明确指出：“必须清醒看到，我们的工作还存在许多不足，也面临不少困难和挑战”。存在的问题和矛盾主要有：发展不平衡不充分，生态环境保护任重道远，民生领域还有不少短板，社会文明水平尚需提高，国家治理体系和治理能力有待加强，意识形态斗争依然复杂，一些改革部署和重大政策措施需要进一步落实，党的建设方面还存在不少薄弱环节。从世界经济发展来看，“全球发展深层次矛盾突出，保护主义、单边主义思潮抬头，多边贸易体制受到冲击，世界经济整体发展环境面临诸多风险和不确定性”②。“全球增长动能不足、全球经济治理滞后、全球发展失衡”成为三大根本性矛盾。所有这些矛盾和问题，必须着力加以解决和处置。正是在解决这些矛盾和问题的过程中，我们获得了发展的机遇和动力。因此，全面深化改革要突出问题意识和问题导向，着力解决和处理各种问题特别是深层次问题。实际上，承认问题，“就是承认矛盾的普遍性、客观性，就是要善于把认识和化解矛盾作为打开工作局面的突破口”③。改革的攻坚期也是矛盾的凸显期，会面临更加复杂深层次的矛盾。这既有过去积累的旧矛盾，也有解决旧矛盾过程中产生的新矛盾，更有随形势环境变化新涌现出来的大量矛盾。而且，“改革开放越往纵深发展，发展中的问题和发展后的问题、一般矛盾和深层次矛盾、有待完成的任务和新提出

---

① 习近平．辩证唯物主义是中国共产党人的世界观和方法论．求是，2019（1）．

② 习近平．把握时代机遇 共谋亚太繁荣：在亚太经合组织第二十六次领导人非正式会议上的发言．人民日报，2018-11-19．

③ 同①．

的任务越交织叠加、错综复杂”①。矛盾普遍性原理告诉我们，对这些问题和矛盾，不能回避、不能退缩、不能掩盖，只能正视面对、敢于挑战、迎难而上。“如果对矛盾熟视无睹，甚至回避、掩饰矛盾，在矛盾面前畏缩不前，坐看矛盾恶性转化，那就会积重难返，最后势必造成无法弥补的损失。”② 我们共产党人从来都是迎着矛盾、奔着问题而去的，不能幻想守株待兔、轻轻松松获得成功。对待矛盾，必须在思想认识上直面正视，在机制措施上建章立法，在实际行动上突破化解，从而在解决矛盾中推动事物发展。

值得注意的是，由于每个矛盾及其侧面都各有其特点，这就决定我们在坚持矛盾普遍性原理的同时，要坚持矛盾的特殊性理论和个性化原则，做到具体问题具体分析，不能一刀切。习近平说：“要坚持具体问题具体分析，‘入山问樵、入水问渔’，一切以时间、地点、条件为转移，善于进行交换比较反复，善于把握工作的时度效。”③ “一刀切”就是不看具体情况“多切几刀”，只讲共性，不讲个性，从而导致简单化和片面性。事实上，邓小平提出建设有中国特色社会主义这个主题，这其中“社会主义”是共性，是世界最终要走的共同道路；“有中国特色”是个性，就是要从中国的具体情况出发来解决中国的具体问题。对于全面深化改革，习近平同样强调，要客观看待改革发展中面临的矛盾和问题，具体问题具体分析，精准施策，妥善化解。“改革方案落地过程中要因地制宜，逐层细化，精准有效，改什么、怎么改都要根据实际来，不能一刀切。”④ 比如，对待新常态下经济发展和改革中的问题，要调结构、稳增长、惠民生，用推动高质量发展的办法去解决；对待“三农”工作，要因地制宜、分类施策，循序渐进、量力而行，稳打稳扎、久久为功；对待民生问题，要关注困难群体，补齐短板，着力解决人民群众最关心最直接最现实的利益问题；对

① 中共中央文献研究室．习近平关于全面深化改革论述摘编．北京：中央文献出版社，2014：4．

② 习近平．辩证唯物主义是中国共产党人的世界观和方法论．求是，2019（1）．

③ 习近平．习近平谈治国理政：第2卷．北京：外文出版社，2017：221．

④ 习近平主持召开中央全面深化改革委员会第六次会议强调 对标重要领域和关键环节改革继续啃硬骨头确保干一件成一件．人民日报，2019-01-24．

待社会治理问题，要多做统一思想、凝聚人心、化解矛盾、增进感情的工作；对待生态环境保护问题，要制度化、法制化，实行最严厉的保护制度。习近平认为，矛盾是不断变化发展的，必须善于用新的思路、举措、办法解决新的矛盾和问题。各地各部门只有“善于把党中央精神同本地区本领域的实际有机结合起来，把党中央要求具体化”①，才能做好共性和个性统一、结合的大文章。

第二，全面深化改革要坚持结合与斗争的统一。矛盾即对立统一，同一性与斗争性是矛盾的两种基本属性。同一性是矛盾的统一方面，表现出结合、融合的趋势；斗争性是矛盾的对立方面，体现为对抗、斗争的性质。掌握对立统一规律，进行矛盾分析，就要将结合与斗争统一起来，既要讲协同、讲团结、讲结合，又要讲差异、讲对立、讲斗争，有效地运用结合方法与斗争方法去开展工作。在习近平看来，事物的对立统一性质决定其结合与斗争的方式方法是相辅相成、不可分割的。对于全面深化改革，他强调既要“破”，“破除一切妨碍科学发展的思想观念和体制机制弊端”；同时又要“立”，“构建系统完备、科学规范、运行有效的制度体系，使各方面制度更加成熟更加定型”②。结合与斗争的方式方法无论在认识世界，还是改造世界的活动中都是不可或缺的。

结合方法，即对立面相互结合的方法的简称，它是主体在把握对立面共同趋势的基础上，通过限制和调整对立面的斗争，建立起以同一性为主的以对立面相互促进为目的的新型关系的方法。结合方法是人类辩证思维长期凝练的结晶，是在认识和实践活动中运用得十分普遍的方法之一。像我们所熟知的理论与实际相结合、认识与实践相结合、一般与个别相结合、领导与群众相结合等，都是结合方法的体现和运用。在全面深化改革过程中，要避免犯颠覆性错误。习近平强调必须“坚持加强党的领导和尊重人民首创精神相结合，坚持‘摸着石头过河’和顶层设计相结合，坚持问题导向和目标导向相统一，坚持试点先行和全面推进相促进”③。只有这

---

① 习近平主持召开中央财经委员会第四次会议强调 聚焦全面建成小康社会的短板弱项实施精准攻坚 勇于破题善于解题落实好中央经济工作会议精神．人民日报，2019-04-23.

② 习近平．习近平谈治国理政．北京：外文出版社，2014：70.

③ 习近平．在庆祝改革开放40周年大会上的讲话．人民日报，2018-12-19.

样，改革才能劈波斩浪，行稳致远。事实上，改革开放以来，我们运用结合方法解决了发展社会主义市场经济、实行“一国两制”等许多难题，结合方法发挥着化干戈为玉帛、化风雨为彩虹的独特作用。运用结合方法的关键，是要选准结合点，建立合适的结合模式。结合点是使对立面双方能够联结为一个新的统一体的共同点，可表现为共同利益、共同要求、共同取向、共同渊源等。全面深化各项改革，要善于找准切入点和结合点，由点及面、由浅入深地推进，工作才容易突破和拓展。对于如何正确处理改革发展稳定的关系，习近平指出：“要坚持把改革的力度、发展的速度和社会可承受的程度统一起来，把改善人民生活作为正确处理改革发展稳定关系的结合点。”① 改善人民生活既是改革的动力，也是发展的目标，还是稳定的前提，所以能够成为三者相互作用、相互促进的重要结合点。同时，运用结合方法还要采用恰当的结合模式或形式，主要有主从式、并列式、融合式等多种结合模式。主从式是对立面结合后，一方处于主导地位，另一方处于从属地位。如，坚持市场机制与政府作用相结合，市场机制在资源配置中是起决定作用的；坚持依法治国和以德治国相结合，依法治国是治国的基本方略。并列式是一定条件下对立面双方地位平等的结合方式。如在人才建设上，习近平强调“要坚持竞争激励和崇尚合作相结合，促进人才资源合理有序流动”②。在改革干部管理考核上，要坚持严管和厚爱结合、激励和约束并重，强化对干部的选拔和监管。融合式结合，是对立面双方相互渗透、相互包含的水乳交融式的结合，二者结合后难分彼此。如改革开放过程中坚持当前利益和长远利益、局部利益和全局利益、个人利益和集体利益相结合，就是一种相互渗透或融合式的结合，结合过程中你中有我、我中有你。结合方法就是要从非此即彼的对立思维中走出新路来，产生新的作用和功效。

当然，另一方面必须看到，有矛盾就有斗争，矛盾的斗争性是绝对的、无条件的，斗争是推动矛盾解决的基本方式。不斗争，没有活力动力，也就没有发展和进步。习近平指出，实现伟大梦想，“必须进行具有

---

① 习近平．习近平谈治国理政．北京：外文出版社，2014：68.

② 同①128.

许多新的历史特点的伟大斗争”，要“发扬斗争精神，提高斗争本领，不断夺取伟大斗争新胜利”①。首先要敢于斗争，保持和发扬斗争精神。没有斗志，思想涣散，精神萎靡，也就没有战胜困难的勇气和决心。面对大量复杂深层次的矛盾，“如果我们不迎难而上、因势利导，逢山开路、遇水架桥，这些矛盾不断积累，就有可能进一步向不利方面转化，最后成为干扰因素甚至破坏性力量”②。因此，习近平要求“干部要面对大是大非敢于亮剑，面对矛盾敢于迎难而上，面对危机敢于挺身而出，面对失误敢于承担责任，面对歪风邪气敢于坚决斗争，做疾风劲草、当烈火真金”。针对党内存在的“精神懈怠”，习近平特别强调要高扬斗争精神。其次，必须善于斗争，提高斗争的本领和能力。斗争是有前提的，不能不看对象，毫无根据地乱斗一气；斗争是有原则的，必须把握大是大非的问题，不能进行毫无原则和意义的斗争；斗争是有尺度的，要有利有节、有张有弛，不能过火，也不能不及，要掌握斗争的艺术。增强斗争本领，必须到大风大浪中去加强斗争历练，到重大斗争中去真刀真枪地干，既敢于直面矛盾和问题，又善于化解矛盾和问题，切实把改革、发展、稳定各项工作抓实做好。最后，要善于通过斗争处理和解决问题与矛盾。通过斗争，善于用制度、法制的方法去化解矛盾；通过斗争，善于用改革发展的办法去化解矛盾；通过斗争，善于用经常性调整和深入细致的思想政治工作去化解矛盾；等等。总之，斗争的方式方法，在任何时候都是不能丢掉和放弃的。

第三，全面深化改革要坚持抓重点和两手抓的统一。唯物辩证法告诉我们，在一个复杂的矛盾体系中，必有一对起决定和支配作用的主要矛盾，其他为次要矛盾；在每一对矛盾中，矛盾双方的地位也是不平衡的，起决定作用的一方是矛盾的主要方面，另一方是次要方面。习近平强调，要注意把握好主要矛盾和次要矛盾、矛盾的主要方面和次要方面的关系。“秉纲而目自张，执本而末自从。”面对复杂形势和繁重任务，首先要有全局观，对各种矛盾做到心中有数，同时又要优先解决主要矛盾和矛盾的主

① 习近平．决胜全面建成小康社会 夺取新时代中国特色社会主义伟大胜利：在中国共产党第十九次全国代表大会上的报告．人民日报，2017-10-28.

② 习近平．辩证唯物主义是中国共产党人的世界观和方法论．求是，2019（1）.

要方面，以此带动其他矛盾的解决。“既要注重总体谋划，又要注重牵住‘牛鼻子’”[①]，要学会运用辩证法，善于“弹钢琴”，做到“两点论”和“重点论”、“两手抓”和“抓重点”的辩证统一。

在复杂的矛盾体系中抓主要矛盾，在每一矛盾中注重矛盾的主要方面，体现在工作方法上就是“抓重点”。抓重点方法，历来是我们党极其重要的工作方法和领导方法。“抓住重点带动面上工作，是唯物辩证法的要求，也是我们党在革命、建设、改革进程中一贯倡导和坚持的方法。”[②]毛泽东认为，在复杂众多的矛盾中，捉住了主要矛盾，一切问题就迎刃而解了。邓小平强调，要紧紧扭住经济建设这个中心不动摇，决不能干扰它，冲击它。习近平要求，做工作要善于牵住“牛鼻子”。他指出：“在任何工作中，我们既要讲两点论，又要讲重点论，没有主次，不加区别，眉毛胡子一把抓，是做不好工作的。”[③] 他又指出，“要从实际出发，抓住主要矛盾，什么问题突出就着重解决什么问题，什么问题紧迫就抓紧解决什么问题”[④]。这表明，如果工作中遇到很多复杂的矛盾和问题，不能慌乱急躁，茫无头绪，而要头脑清醒、冷静对待，分门别类地梳梳辫、排排队，把突出的、紧迫的、决定事物性质和方向的矛盾打理出来，集中力量解决主要矛盾，从而带动其他矛盾的解决。如果不分主次和轻重缓急，胡乱一把抓，就会陷入“剪不断、理还乱”的困境。习近平形象地将抓重点的方法称为牵“牛鼻子”。“牛鼻子”就是中心工作、重点任务、关键环节、突破口。比如，对于全面深化改革，他反复强调要抓住经济体制改革这个主轴持续发力；对于实施创新驱动发展战略，要求紧紧扭住创新这个“牛鼻子”；对于雄安新区的规划和建设，提出要紧紧抓住疏解北京非首都功能的“牛鼻子”不放松；对于加强和改进中央和国家机关党的建设，强调要牵住责任制这个“牛鼻子”。可见，牵住了“牛鼻子”，就能举重若轻、游刃有余、事半功倍。反之，如果牵不住“牛鼻子”，眉毛胡子一把抓，轻则“挨板子”，重则“跌跤子”，只能费力不

---

① 习近平．辩证唯物主义是中国共产党人的世界观和方法论．求是，2019（1）．

② 习近平．习近平谈治国理政：第2卷．北京：外文出版社，2017：61．

③ 同①．

④ 习近平．习近平谈治国理政．北京：外文出版社，2014：375．

讨好。

“两手抓”作为工作方法的“两点论”，就是要求在抓主要矛盾、抓重点的同时，也要注意抓次要矛盾和矛盾的次要方面，统筹协调解决多种矛盾和问题。坚持两手抓，就是要系统抓、全面抓，“不能单打独斗、顾此失彼，不能偏执一方、畸轻畸重。要坚持‘两点论’和‘重点论’的统一”①。具体地说，在空间上，只抓一手不行。只抓一手，放弃另一手，必然会变成“独角戏”；在时间上，两手轮流抓不行。一会儿抓这一方面，一会儿抓另一方面，只会头痛医头、脚痛医脚，必然从一个极端跳到另一极端；在力度上，一手硬、一手软也不行。如果用力过分倾斜于一手，对另一手不闻不问，那事实上就变成了“一手抓”，必然导致顾此失彼的片面性。在习近平看来，坚持两点论，就要两手都用好、都要硬。比如，“在市场作用和政府作用的问题上，要讲辩证法、两点论，‘看不见的手’和‘看得见的手’都要用好，努力形成市场作用和政府作用有机统一、相互补充、相互协调、相互促进的格局”②。在深化金融改革上，要“加强监管协调，坚持宏观审慎管理和微观行为监管两手抓、两手都硬、两手协调配合”③，保证金融的稳定和健康发展。在实施乡村振兴战略上，要坚持物质文明和精神文明一起抓，在带领农村广大干部群众共同致富的同时，特别要注重提升农民的文明素质和精神风貌。“改革开放以来，我们党提出的一系列‘两手抓’，包括一手抓物质文明建设、一手抓精神文明建设，一手抓经济建设、一手抓法治建设，一手抓发展、一手抓稳定，一手抓改革开放、一手抓惩治腐败等，都是符合历史唯物主义要求的。”④ 当然，两手抓并不是平分秋色的“均衡论”，它与抓重点是相互配合、相得益彰的。这就是说，抓重点时，也要注重抓另一手；两手抓时，也要注重突出其中的重点，同时做到在思想方法上坚持两点论和重点论的统一、在工作方法坚持两手抓和抓重点的统一。只有掌握了这种

---

① 习近平. 习近平谈治国理政：第 2 卷. 北京：外文出版社，2017：221.

② 习近平. 习近平谈治国理政. 北京：外文出版社，2014：116.

③ 习近平在中共中央政治局第十三次集体学习时强调 深化金融供给侧结构性改革 增强金融服务实体经济能力. 人民日报，2019-02-24.

④ 习近平. 坚持历史唯物主义不断开辟当代中国马克思主义发展新境界. 求是，2020（2）.

“弹钢琴”的工作方法和领导艺术，全面深化改革才能顺利推进，卓有成效。

第三节　认识论基础：知行合一论

新时代改革方法论的认识论基础是“知行合一论”。“知行合一论”强调学习掌握认识和实践的辩证关系，坚持实践是认识的基础，认识对实践具有巨大反作用，不断推进实践基础上的理论创新。这要求广大党员干部群众既要用科学理论武装头脑，走在前列；又要结合工作实际，干在实处，做到知行合一。习近平强调，各级领导干部尤其要坚持理论与实践相结合，“学习本领是领导干部必须具备的第一位本领，同时要善于把学到的本领运用到实际工作中去，努力做到知行合一、以知促行、以行求知”①。对于全面深化改革来说，实践观点与实干方法、反映观点与知行统一方法、认识规律与渐进改革方法，就是建立在“知行合一论”基础上的几个主要观点和方法。

一、实践观点与实干方法

实践观点是马克思主义认识论的首要和基本的观点，也是“马克思主义哲学的核心观点”②。坚持实践第一的观点，表现在社会生活和实际工作中就是要坚持实干方法。实干，就是行动落实，就是干事成事，就是改变现状、改造现实，它与清谈玄思、弄虚作假、跟风赶浪的空谈主义和形式主义是完全对立的。实干是一种精神和作风。实干精神是最可贵的精神品质，是共产党人的优良传统和作风。艰苦奋斗、吃苦耐劳、埋头苦干，历来受全党的赞赏和推崇。实干是一种素质和能力。实干不务虚功，干事成事，需要的是真功夫、硬本领，叶公好龙、花拳绣腿是完全无济于事的。实干也是一种行为方式和基本方法。实践最基本的方式

① 习近平．在纪念刘少奇同志诞辰120周年座谈会上的讲话．人民日报，2018-11-24.

② 习近平．辩证唯物主义是中国共产党人的世界观和方法论．求是，2019（1）.

就是实干，就是行动起来抓落实，一步一个脚印地把事情干成干好。实干作为基本的工作方法，要求做任何事情都不能“坐而论”，而要“起而行”。无论什么事情，都要勤于实践，先干起来再说，在干中学习、在干中领悟、在干中发展、在干中完善。“大道至简，实干为要。”① 实干是最质朴的方法论。习近平说：“崇尚实干、狠抓落实是我反复强调的。如果不沉下心来抓落实，再好的目标，再好的蓝图，也只是镜中花、水中月。”② 他还说：“我在长期工作中最深切的体会就是：社会主义是干出来的。”③ 共产党人是实干家，社会主义是干出来的，新时代是干出来的，40多年来改革开放的伟大事业及其光辉成就同样是干出来的。今天，全面深化改革也只能立足于实干。实干精神、实干方法要贯穿于全面深化改革的全过程。

第一，实干及实干方法是全面深化改革和推进社会主义现代化建设的不二法门。不干不立业，不干不成事。改革开放和现代化建设的成果和业绩，不能坐等来，唯有苦干实干换得来。在习近平看来，实干兴邦，实干成业，实干育人才，实干转作风。首先，实干兴邦，实干是国家兴旺发达的基础。习近平总是反复强调，“清谈误国、实干兴邦，一分部署、九分落实”④，“幸福不会从天而降，梦想不会自动成真”。实干才能成就梦想，“实干首先就要脚踏实地劳动”⑤。劳动伟大、劳动光荣、劳动创造一切、劳动推动社会进步。今天，全面深化改革必须拿出实实在在的举措，以钉钉子的精神抓好落实。纸上谈兵、镜花水月不能解决任何问题。要推动全党崇尚实干、力戒空谈、精准发力，让改革发展稳定各项任务落下去，让惠及百姓的各项工作实起来，推动党中央大政方针和决策部署在基层落地生根。经济特区作为改革开放的先遣队和排头兵，尤其要成为实干家，

① 习近平. 共建创新包容的开放型世界经济：在首届中国国际进口博览会开幕式上的主旨演讲. 人民日报，2018-11-06.

② 中共中央文献研究室. 习近平关于协调推进“四个全面”战略布局论述摘编. 北京：中央文献出版社，2015：157.

③ 习近平. 在北京大学师生座谈会上的讲话. 人民日报，2018-05-03.

④ 习近平在中共中央政治局第一次集体学习时强调 切实学懂弄通做实党的十九大精神 努力在新时代开启新征程续写新篇章. 人民日报，2017-10-29.

⑤ 习近平. 习近平谈治国理政. 北京：外文出版社，2014：44.

“积极培育崇尚实干的环境，务实求变、务实求新、务实求进，为实干者撑腰，为干事者鼓劲，以昂扬的精神状态推动改革不停顿、开放不止步”①。其次，实干成业，实干是成就任何事业的前提。不移不动，不干不成。“每一项事业，不论大小，都是靠脚踏实地、一点一滴干出来的。”②“实践告诉我们，伟大事业都成于实干。”③ 经济特区成于实干，城市发展成于实干，新农村建设成于实干，高铁飞驰、“蛟龙”潜海、“嫦娥”奔月都成于实干，实干是成就事业的必由之路。作为领导干部，为官关键在于实干。“面对改革发展稳定的艰巨繁重任务，各级领导班子和领导干部一定要按照中央要求，牢记‘空谈误国，实干兴邦’，积极进取，奋发有为，做出经得起实践、人民、历史检验的实绩。”④ 说得好不如干得好，实绩才是检验领导干部的试金石。全面深化改革要有大作为，必须立足于实干，以实干创新业、以实干立新功。再次，实干育人才，实干是造就人才的根本途径。人才说到底，最终都是在实践中培育的，在实干中造就的。不到实践中经风历雨不能成才，不以实干淬砺打磨不能成熟。新时代是在奋斗中成就伟业、造就人才的时代。对于科技人员来说，“我们要激励更多科学大家、领军人才、青年才俊和创新团队勇立潮头、锐意进取，以实干创造新业绩，在推进伟大事业中实现人生价值”⑤。对于青年人来说，“做人做事，最怕的就是只说不做，眼高手低”，最重要的就是“要力行，知行合一，做实干家”⑥。对于广大干部特别是年轻干部来说，尤其要鼓励他们到基层去吃苦实干，到改革大潮中去甩打锻炼，在细照笃行中不断修炼自我，在知行合一中主动担当作为，以行动兑现承诺，以实干书写历史。实干才是锻造、磨砺人才的锻压机和磨石机。最后，实干转作风，实干是转变领导作风的良药佳方。实际工作经验和教训表明，所有不良作风和顽瘴痼疾都与不实干、不担当、不作为有着千丝万缕的联系。毛泽东曾

---

① 习近平．在庆祝海南建省办经济特区 30 周年大会上的讲话．人民日报，2018-04-14．

② 习近平．在北京大学师生座谈会上的讲话．人民日报，2018-05-03．

③ 习近平在会见探月工程嫦娥四号任务参研参试人员代表时强调 为实现我国探月工程目标乘胜前进 为推动世界航天事业发展继续努力．人民日报，2019-02-21．

④ 习近平．习近平谈治国理政．北京：外文出版社，2014：399．

⑤ 同③．

⑥ 同②．

说，世界上只有唯心论和形而上学最省力，因为它可以由人们瞎说一气，不需要根据客观实际，也不受客观实际的检查。一切形形色色的主观主义、教条主义、形式主义、官僚主义最基本的特征就是违背实事求是原则，不实践、不实行、不实干，当空谈家、当懒汉。主观主义主要是不调查、不深入实际，从“想当然”出发处事办事。教条主义从“本本”出发，轻视实践、照搬照套，只图简单省事。形式主义“主要是知行不一、不求实效，文山会海、花拳绣腿，贪图虚名、弄虚作假”。官僚主义“主要是脱离实际、脱离群众，高高在上、漠视现实，唯我独尊、自我膨胀”①。这些都无一不是缺乏实干态度、实干精神和实干行动的。崇尚实干、埋头苦干是医治各种痼疾和不良作风的良药佳方。克服不良作风，兢兢业业干事，就要不务虚功，实干苦干。习近平反复强调：“领导干部要带头转变作风、真抓实干，出真招、办实事、求实效，防止和克服形式主义、官僚主义。”② 可见，转变作风首先就要回到实事求是上来、回到深入实际上来、回到苦干实干上来。有了实干的态度、作风、精神和方法，就会大大增强我们抵御各种不良思想和作风侵蚀的能力和免疫力。

第二，必须把实干要求、实干精神、实干方法贯穿于全面深化改革的全过程。习近平指出，40 多年来，“中国人民勇于探索、真抓实干，凭着一股开拓创新的拼劲，一股自力更生的韧劲，把中国建成了世界第二大经济体，中国的面貌、中国人民的面貌发生了翻天覆地的变化。中国的今天，是中国人民干出来的!”③ 当今，全面深化改革仍然必须坚持“实干”，争取时间干，抢抓机遇干，把握规律干，一心埋头干，把改革开放引向深入。一是争取时间干。全面深化改革的目标、部署、步骤都已确定，我们必须以只争朝夕、时不我待的精神全力推进。习近平强调：“要拿出实实在在的举措，一个时间节点一个时间节点往前推进，以钉钉子精神全面抓

① 习近平．习近平谈治国理政．北京：外文出版社，2014：369.

② 习近平在东北三省考察并主持召开深入推进东北振兴座谈会时强调 解放思想锐意进取深化改革破解矛盾 以新气象新担当新作为推进东北振兴．人民日报，2018-09-29.

③ 习近平．同舟共济创造美好未来：在亚太经合组织工商领导人峰会上的主旨演讲．人民日报，2018-11-18.

好落实。"① 早在改革开放的之初，深圳就喊出了"时间就是金钱，效率就是生命"的口号，正是在与时间赛跑的苦干实干中，我国迎来了从站起来、富起来到强起来的历史性飞跃。全面深化改革"不可能都是四平八稳、没有任何风险。只要经过了充分论证和评估，只要是符合实际、必须做的，该干的还是要大胆干"②。决不能迟疑等待、消极观望，在犹豫不决中耽误和浪费宝贵的时间。二是抢抓机遇干。机遇是社会发展和历史进程中出现的良好境况和有利态势。抓住机遇，可以轻取巧胜；失去机遇，轻则失去主动，重则导致失败。有机不用或错失良机，会给人留下许多遗憾和悔恨。邓小平曾反复强调改革开放要善于抓住机遇、珍惜机遇、用好机遇。习近平强调，要把握战略机遇期，不失时机地把改革开放推向前进。他说："全面深化改革，我们具备有利条件，具备实践基础，具备理论准备，也具备良好氛围"③。要抓住这个良好条件和机遇，坚定不移推动改革，攻坚克难，啃掉那些难啃的硬骨头。特别是在一些重大任务和关键工作的紧要关头，要乘势而上，一鼓作气及时跟进、大干实干，达到预期的目标。比如，改革开放初期，当一些人还纠缠于姓"社"姓"资"、这样或那样的争论时，深圳人抓住机遇，大胆开放引进外资，"杀出一条血路"来。又如，习近平要求，"脱贫攻坚越到紧要关头，越要坚定必胜的信心，越要有一鼓作气的决心，尽锐出战、迎难而上，真抓实干、精准施策，确保脱贫攻坚任务如期完成"④。三是把握规律干。实干重在于"实"，求实、务实、笃实，按客观规律办事，绝不是蛮干、瞎干、盲目干。蛮干、瞎干费力不讨好，只有遵循规律干，才能事半功倍。习近平指出，推进改革胆子要大，但"胆子大不是蛮干，蛮干一定会导致瞎折腾"⑤。全面深化改革"要按照已经认识到的规律来办，在实践中再加深对规律的认识，而不是

① 习近平在中共中央政治局第一次集体学习时强调 切实学懂弄通做实党的十九大精神 努力在新时代开启新征程续写新篇章. 人民日报，2017-10-29.

② 中共中央文献研究室. 习近平关于全面深化改革论述摘编. 北京：中央文献出版社，2014：39-40.

③ 同②50.

④ 习近平李克强栗战书汪洋王沪宁赵乐际韩正分别参加全国人大会议一些代表团审议. 人民日报，2019-03-08.

⑤ 同②41.

脚踩西瓜皮，滑到哪里算哪里”①。改革只有遵循规律实干，才能改中有方向、有定力，干中有动力、有底气。当前无论发展转型、动能转换，还是体制改革、机制创新都必须遵循其规律，找对路子，对症下药坚持苦干，才能获得成功。习近平指出：“在全面深化改革中，我们要处理好尊重客观规律和发挥主观能动性的关系。一方面，要坚持一切从实际出发，按照客观规律办事，一张蓝图抓到底，抓好打基础利长远的工作，不能拍脑袋、瞎指挥、乱决策，杜绝短期行为、拔苗助长。另一方面，要鼓励地方、基层、群众大胆探索、先行先试，及时总结经验，勇于推进理论和实践创新，不断深化对改革规律的认识。”② 四是一心埋头干。聚精会神、心无旁骛埋头苦干实干，是我们取得改革开放伟大成就的重要经验和基本方式。力戒空谈、埋头苦干，是习近平的一贯要求和倡导的作风。全面深化改革这场硬仗必须打，而且必须打赢。在认识上，要防止“改革与我无关，开放离我很远”的错误认识，将自己置身于改革开放之外。“在贯彻落实上，要防止徒陈空文、等待观望、急功近利”的形式主义和官僚主义作怪。在工作部署上，“要抓实、再抓实，不抓实，再好的蓝图只能是一纸空文，再近的目标只能是镜花水月”③。我们要在全社会大力弘扬真抓实干、埋头苦干的良好风尚。有了实干的精神、态度、方法和作风，全社会就能齐心协力打赢全面深化改革这场硬仗。

第三，必须进一步构建和营造不务虚功、崇尚实干的体制机制和良好社会环境。经过多年的改革发展和作风建设的实践，我国的政治生态和社会环境得到了明显的净化和改善，实事求是、崇尚实干蔚然成风，广大干部的精神面貌发生了积极可喜的变化。但是，仍然必须看到，“在有的地方和部门，正确用人导向并没有得到很好体现，一些德才平平、投机取巧的人屡屡得到提拔重用，一些踏实干事、不跑不要的干部却没有进步机

① 中共中央文献研究室. 习近平关于全面深化改革论述摘编. 北京：中央文献出版社，2014：43.

② 同①48.

③ 中共中央文献研究室. 习近平关于协调推进“四个全面”战略布局论述摘编. 北京：中央文献出版社，2015：156.

会，干部群众对此意见很大”①。毫无疑问，在全面深化改革中，绝大多数干部是致力于苦干实干、干事成事的。然而，同时也不难看到在此过程中，不干实事、坐而论道者有之，搬弄是非、评头品足者有之，寻找捷径、搞歪门邪道者有之，守株待兔、尸位素餐、坐享其成者有之。而有些真正干事成事的干部却常常被排挤、被压抑、被评判、被非议，严重影响人们干事创业的热情和积极性。因此，我们务必从根本上扫除这种不良风气，营造良好的政治生态和社会环境。习近平在党的十九报告中指出：要“完善干部考核评价机制，建立激励机制和容错纠错机制，旗帜鲜明为那些敢于担当、踏实做事、不谋私利的干部撑腰鼓劲”②。在 2018 年全国组织工作会议上，他进一步强调：“要建立崇尚实干、带动担当、加油鼓劲的正向激励体系，树立体现讲担当、重担当的鲜明导向。”③ 这就要我们在全面深化改革中，加强实事求是、真抓实干的作风建设，创新用人的体制机制，营造风清气正的社会环境和氛围，以强有力的机制、制度和措施，促进广大干部不务虚功，埋头苦干，以一流的工作业绩回报党和人民的信任和重托。

二、反映观点与知行统一方法

认识本质上是对客观事物的反映。人们要求得真知，使自己行动合于客观事物的规律性，关键是处理好认识与实践的关系，即解决好知与行的问题。马克思指出：“观念的东西不外是移入人的头脑并在人的头脑中改造过的物质的东西而已。”④ 列宁强调：“世界不会满足人，人决心以自己的行动来改变世界。”⑤ 毛泽东延安时期写下著名的哲学名篇《实践论》，精辟而创造性地论述和阐发了马克思主义认识论，其副标题就是“论认识

① 习近平．习近平谈治国理政．北京：外文出版社，2014：418.

② 习近平．决胜全面建成小康社会 夺取新时代中国特色社会主义伟大胜利：在中国共产党第十九次全国代表大会上的报告．人民日报，2017-10-28.

③ 习近平在全国组织工作会议上强调 切实贯彻落实新时代党的组织路线 全党努力把党建设得更加坚强有力．人民日报，2018-07-05.

④ 马克思，恩格斯．马克思恩格斯文集：第 5 卷．北京：人民出版社，2009：22.

⑤ 列宁．列宁全集：第 55 卷．2 版．北京：人民出版社，1990：183.

与实践的关系——知与行的关系”。知行关系问题也是中国古代哲学的基本问题。习近平说：“我国古人关于知行合一的论述，强调的也是认识和实践的关系。”① 特别是明代心学家王阳明提出了“知行合一论”，认为“知是行之始，行是知之成”，但最后又认为“一念发动处，便即是行了”，消行以归知，最终滑向了唯心论。习近平在继承马克思主义认识论的基础上，汲取中国传统哲学思想的精华，提出了新的“知行合一论”。在北京大学师生座谈会上，他说：“要力行，知行合一，做实干家。”并要求青年大学生“做到知行合一、以知促行、以行求知”②。所谓知行合一，即知行统一不可分离，知依赖于行，行有赖于知。没有知，行是盲目的；没有行，知是空洞的。行是主导，知来于行，又服务于行，这是辩证唯物主义知行论与王阳明“消行以归知”的知行论的主要区别。知行统一方法，就是“以行求知”“以知促行”，从而达到“知行合一”的方法，即通过实践达到真理性的认识，进而用认识指导实践，实现知与行的结合与统一。全面深化改革是一项前无古人的伟大事业，既是认识问题，也是实践问题，必须坚持唯物主义反映论，坚持知行统一方法。

第一，全面深化改革必须坚持能动反映论，以行求知，通过实践获得正确的认识，深入把握改革的规律性。全面深化改革是新时代推进改革的新篇章，必须体现时代性，把握规律性，富于创造性，要求我们以更大的政治智慧、更大的手笔和更大的决心来指导、谋划和推动改革。首先，以行求知深化改革，要坚持实践第一，通过实践求得改革的真知。习近平说：“我们推进各项工作，根本的还是要靠实践出真知。”③ 无论深化改革，促进发展，还是维护稳定；无论城市建设，还是乡村振兴；无论民主政治建设，还是进行社会治理，都要通过实践，在干中学，在干中知，在干中发展和完善。改革开放的“是”，要通过“行”即通过实践去求得的。不去探索、不去闯、不去做，就无法获得改革开放的真知。实行家庭联产承包制、兴办经济特区、实行“一国两制”、发展社会主义

① 习近平．辩证唯物主义是中国共产党人的世界观和方法论．求是，2019（1）．

② 习近平．在北京大学师生座谈会上的讲话．人民日报，2018-05-03．

③ 同①．

市场经济、推动经济社会高质量发展，都是改革开放和现代化建设中我们通过实践获得真知，从而作出的重大决策和战略部署。习近平强调，“我们要以科学的态度对待科学，以真理的精神追求真理，不断赋予马克思主义以新的时代内涵。要紧密联系亿万群众的创造性实践，尊重人民群众的主体地位和首创精神，作出新概括、获得新认识、形成新成果”①，不断让当代中国马克思主义放射出更加灿烂的真理光芒。其次，以行求知深化改革，要坚持认识的辩证法，不断深化对改革规律性的认识。改革只有进行时，没有完成时，因此，我们对改革规律的认识也不会结束，是一个不断由必然王国走向自由王国的过程。全面深化改革的实践过程中会不断提出诸如“改什么、为什么改、如何改、谁来改”等新问题，迫切需要我们从理论上作出新的解答。因此，“我们一定要以我国改革开放和现代化建设的实际问题、以我们正在做的事情为中心，着眼于马克思主义理论的运用，着眼于对实际问题的理论思考，着眼于新的实践和新的发展”②，不断在实践中深化对改革规律的认识，推动改革理论的创新。再次，以行求知深化改革，要坚持全面系统观，全面认识世情、国情、党情，将改革开放进行到底。全面深化改革是涉及方方面面的改革，必须把握内外、上下、左右各方面的情况。要“清醒认识世情、国情、党情的变和不变，永远要有逢山开路、遇河架桥的精神，锐意进取，大胆探索”③，不断把改革开放引向深入。要在全面深化改革的实践中，清醒把握世界格局的大变革、大调整，深入分析各种力量的变化及其对比的情况，从而趋利避害，把握我国改革开放的主动权。要清醒把握我国经济、政治、文化、社会、生态文明等各方面的基本国情，深化认识，作出科学决策，精准发力推进各方面的改革。要清醒认识党情的深刻变化。我们党作为世界第一大党，既具有强大凝聚力和战斗力，也存在作风问题和消极腐败现象，必须坚持在全面深化改革中加强和改善党的领导。我们的“事业越发展新情况新问题就越多，也就越需要我

---

①　习近平在中共中央政治局第五次集体学习时强调 深刻感悟和把握马克思主义真理力量 谱写新时代中国特色社会主义新篇章. 人民日报，2018-04-25.

②　习近平. 习近平谈治国理政. 北京：外文出版社，2014：9.

③　同②21.

们在实践上大胆探索、在理论上不断突破”①。只有坚持不懈以行求知，以行知理，才能把握规律性，避免盲目性，保证改革开放沿着正确的方向前进。

第二，全面深化改革必须坚持实践论，以知促行，用科学理论指导改革，以卓越智慧推进改革。习近平指出：“理论一旦脱离了实践，就会成为僵化的教条，失去活力和生命力。实践如果没有正确理论的指导，也容易‘盲人骑瞎马，夜半临深池’。”② 全面深化改革是有目标、有方向、有部署、有步骤的改革，不是“盲人瞎马”式的改革，用科学理论指导改革，以知促行，是全面深化改革的显著特征。以知促行推进和深化改革，首先要学懂弄通科学理论，用正确的改革理论指导改革实践。我们对改革开放充满信心，是因为我们有马克思主义的真理力量。要“让真理武装我们的头脑，让真理指引我们的理想，让真理坚定我们的信仰。要坚持学而信、学而思、学而行”③。只有加强学习，掌握科学理论和改革的真谛，才能“避免陷入少知而迷、不知而盲、无知而乱的困境，才能克服本领不足、本领恐慌、本领落后的问题”④。当前，全面深化改革尤其要以习近平新时代中国特色社会主义思想为指导，明确改革开放是实现中华民族伟大复兴的关键一招，必须坚持正确的改革方法论，坚持社会主义市场经济改革方向，全面深化经济、政治、文化、社会、生态文明体制和党的建设制度等方面的改革，达到完善和发展中国特色社会主义制度、推进国家治理体系和治理能力现代化的总目标。同时，以知促行深化改革，要坚持用已经认识到了的规律去推动改革。全面深化改革不能脚踩西瓜皮跟着感觉走，“要按照已经认识到的规律来办”⑤。习近平要求我们“必须从纷繁复杂的事物表象中把准改革脉搏，把握全面深化改革的内在规律，特别是

① 习近平．习近平谈治国理政：第2卷．北京：外文出版社，2017：34.

② 习近平．辩证唯物主义是中国共产党人的世界观和方法论．求是，2019（1）.

③ 同①50.

④ 习近平．习近平谈治国理政．北京：外文出版社，2014：404.

⑤ 中共中央文献研究室．习近平关于全面深化改革论述摘编．北京：中央文献出版社，2014：43.

要把握全面深化改革的重大关系”①。要正确处理解放思想和实事求是的关系，坚持解放思想大胆创新，但改革创新必须建立在实事求是的基础上；要正确处理整体推进和重点突破的关系，全面深化改革要突出重点和主攻方向，但同时必须注意带动和推动改革全盘工作；要正确处理顶层设计和摸着石头过河的关系，在顶层设计的前提下进行探索实践，在探索实践的基础上加强顶层设计；要正确处理胆子要大和步子要稳的关系，全面深化改革要大胆地试、大胆地闯，但推行起来还是要稳扎稳打，积小胜为大胜；要正确处理改革、发展、稳定的关系，要坚持把改革的力度、发展的速度和社会可承受的程度有机统一起来，在保持社会稳定中推进改革发展，通过改革发展促进社会稳定。不仅如此，以知促行深化改革，要坚持以科学的理论和正确的认识制定全面深化改革的方针政策和措施去推动改革。“必须高度重视理论的作用，增强理论自信和战略定力”，“按照新要求制定党和国家大政方针，完善发展战略和各项政策”②。只有摸清底子、出好点子、找准路子，不失时机地推进各方面的改革，才能确保各项改革任务落实并取得实效。

第三，全面深化改革必须坚持人民主体论，领导干部尤其要带头知行合一，以高度的历史责任感和使命感去推动改革。知行合一是主体的意识和行为，最终要落实到社会主体——广大人民群众的身上。改革开放40多年来，正是全体中国人民知行合一、说到做到、敢想敢干、真抓实干，才把中国建成了世界第二大经济体。各级领导干部是全面深化改革的关键性因素，尤其要带头做到知行合一、言行一致，把全面深化改革的大事办实办好。首先，要在知行合一中主动担当作为，做全面深化改革的促进派。不敢担当，不主动，不作为，光说不练，花拳绣腿，是知行不一的典型表现。各级领导干部要“拿出勇气和魄力，自觉运用改革思维谋划和推动工作，不断提高领导、谋划、推动、落实改革的能力和水平”③。要以高度负

① 中共中央文献研究室．习近平关于协调推进“四个全面”战略布局论述摘编．北京：中央文献出版社，2015：57.

② 习近平．习近平谈治国理政：第2卷．北京：外文出版社，2017：62.

③ 同②102-103.

责的精神主动谋划改革，精心策划，绘制好改革的蓝图；主动推动改革，精准发力，直击靶的；主动落实各项改革举措，精心施工，干一件事成一件事。其次，要坚持知行合一、真抓实干，做实干家。全面深化改革光喊口号、不行动不行，单开会、发文件不够，浮光掠影、不敢出招应招不能成事，必须知行合一、真抓实干，把工作落到实处。要坚定改革的决心和信心，增强推进改革的思想自觉和行动自觉。“党政主要负责同志是抓改革的关键，要把改革放在更加突出位置来抓，不仅亲自抓、带头干，还要勇于挑最重的担子、啃最硬的骨头”，“亲力亲为、抓实工作”①。全面深化改革是打硬仗、啃硬骨头，以知促行、知行合一、抓实做实是硬道理。最后，要坚持知行合一，“做到干中学、学中干，学以致用、用以促学、学用相长”②。过去，中国共产党人在战争中学习战争，在建设中学习建设，坚持知行合一，才取得新民主义革命和社会主义建设的胜利。当今，全面深化改革也要在改革中学习改革，在学习中深化改革，坚持理论与实践的统一、学习与运用的统一、知与行的统一，这样方能把改革推到更新阶段，取得更大的成就。

三、认识规律与渐进改革方法

认识与实践是一个连续不断的发展过程，实践、认识、再实践、再认识，是认识运动的总规律。深化改革同样是一个连续不断渐进推进和飞跃突破的运动过程。在习近平看来，“实行改革开放，发展社会主义市场经济，我们的老祖宗没有讲过，其他社会主义国家也没有干过，只能通过实践、认识、再实践、再认识的反复过程，从实践中获得真知”③。全面深化改革作为广泛而深刻的社会实践和认识活动，停滞不前不行，急躁冒进也不行，必须遵循和服从于认识运动的总规律。由试到做、由简到繁、由浅入深、由单面到多面，再到全面渐进式地推进、飞跃式地突破，这是中国改革的重要方法和成功的秘诀之一。

---

① 习近平．习近平谈治国理政：第 2 卷．北京：外文出版社，2017：106.

② 习近平．习近平谈治国理政．北京：外文出版社，2014：406.

③ 中共中央文献研究室．习近平关于全面深化改革论述摘编．北京：中央文献出版社，2014：34.

所谓渐进改革方法，就是遵循认识规律和发展规律，有目标、有计划、有步骤、有秩序，有条不紊、循序渐进地推进改革的方法，即稳中求进的方法。“就是要本着实事求是的态度，坚持从实际出发，循序渐进，稳步向前”① 推进。在一定意义上，这一方法是相对急躁冒进的“休克疗法”而言的。“休克疗法”改革不管实际情况和客观条件，期求短期内推行一揽子激进的改革方案和措施，使改革一举获得成功。但实际上，这种激进方法违背认识规律和发展规律，不过是一厢情愿而已。习近平一针见血地指出：“有些国家搞所谓‘休克疗法’，结果引起了剧烈政治动荡和社会动乱，教训是很深刻的。”② 世界上第一个社会主义国家苏联改革失败，国家解体，就是因为采取了这种极端、激进的“休克疗法”。而渐进式改革，避免了因情况不明、举措不当而引起的社会动荡，为稳步推进改革、顺利实现目标提供了保证。这一方法，从人们的认识来看，“符合人们对客观规律的认识过程”。因为对客观规律的认识和把握，是一个由不知到知、由现象到本质、由相对真理走向绝对真理的过程。社会主义改革是前无古人的事业，没有现成的答案和规律可抄可循，只能在实践中逐步认识、把握。任何事物的发展都是由量的不断积累的渐变，才发展到质的飞跃性突变。改革无疑也是从小改革到大改革、浅层改革到深层改革、单项改革到全面改革的过程。飞跃式突破是改革的关键，而渐进式改革则是改革的常态；局部、关节点上是飞跃突破性的，而全局、整体上则是渐进性的。我们应当将“渐进和突破相衔接，实现整体推进和重点突破相统一”③。习近平指出，从历史经验来看，渐进式方法也是“稳中求进”的方法。他说：“我们做工作就要以稳求进、以进固稳，经济发展是这样，社会发展也是这样。我国 40 年改革开放是全面的也是渐进的，摸着石头过河，坚持试点

① 习近平．习近平谈治国理政．北京：外文出版社，2014：235.

② 中共中央文献研究室．习近平关于全面深化改革论述摘编．北京：中央文献出版社，2014：43.

③ 习近平在深入推动长江经济带发展座谈会上强调 加强改革创新战略统筹规划引导 以长江经济带发展推动高质量发展．人民日报，2018-04-27.

先行，取得经验后再在面上推开。这就是稳中求进的历史经验。”① 这表明，渐进改革和发展就是，一方面以稳求进，在稳固和打好基础上求得新的发展和进步；另一方面以进固稳，以扎扎实实的发展和进步来巩固壮大基本盘。这样，就不至于造成断崖式的大跌大落，上下左右地反复折腾，从而避免犯颠覆性的错误。“改革是循序渐进的工作，既要敢于突破，又要一步一个脚印、稳扎稳打向前走，确保实现改革的目标任务。”② 具体地说，在全面深化改革的过程中，这种渐进改革的基本方式主要体现在以下方面：

方式之一：先试验、后总结、再推广。习近平反复强调，我国改革开放的一个重要方式就是“摸着石头过河”，即试探着前进，先试验、后总结、再推广。这是一个由无到有、由试到做、由点到面的渐进推进过程。他说：“我国改革开放就是这样走过来的，是先试验、后总结、再推广不断积累的过程，是从农村到城市、从沿海到内地、从局部到整体不断深化的过程。”③ 先试验，就是遇到改革开放中重大问题、重大决策、重要部署，以及必须改又不那么有把握的问题，先“采取试点探索、投石问路的方法，先行试点，尊重实践、尊重创造，鼓励大胆探索、勇于开拓，取得经验、看得很准了再推开”④。在改革开放的过程中，改什么、从哪里改、怎样改，都不是一开始就能认识得很清楚、把握得很好的。这就要进行试验，先行先试，从实践中获得真知，把握规律。我国兴办的各种特区、新区、开发区、自贸试验区等都是为深化改革开放搭建的试验平台。通过试验，既可取得成果，探索经验，又可有效防控风险，避免造成大的损失或失误。后总结，就是通过试验探索后，及时总结经验，并积累升华经验，为进一步推进和深化改革提供指导。习近平指出：“有些改革涉及深层次制度因素和复杂利益关系，一时难以在面上推开，要发挥改革试点的侦察兵和

---

① 习近平同党外人士共迎新春．人民日报，2019-01-29．

② 习近平．习近平谈治国理政．北京：外文出版社，2014：107．

③ 中共中央文献研究室．习近平关于全面深化改革论述摘编．北京：中央文献出版社，2014：34．

④ 同③43．

先遣队作用，找出规律，凝聚共识，为全面推开积累经验、创造条件。”① 全面深化改革要注重分清轻重缓急，区别对待。有了经验的、看准了的，该快的一定要快；看不准的、不能快的则要循序渐进，通过试验总结积累经验后再推进。再推广，就是试验取得经验后，就要投入大规模的实践中，全面推开。要善于激活基层经验，对率先突破、取得经验的，要及时拿到面上来研究论证，条件成熟就及时给予推广。但不管哪个层面总结推广改革经验，都要从实际出发进行差别化对待和处理，坚持按客观规律办事。要坚持试点探索与总结推广相结合，统筹打好全面深化改革的组合拳。

方式之二：由简到繁、由浅入深、由单面到全面。渐进式改革是逐步扩展、深入、渗透式的改革，并不期求快刀斩乱麻、一步到位获得成功。由简到繁，即先进行简单容易的改革，再推进复杂繁难的改革。如改革初期实行承包制、责任制、项目制等等，都是比较简单易行、牵涉面不大的改革。简单的改革容易把握、容易实行、容易成功。取得实实在在的成效后，再推进比较复杂的改革。这样，“通过不断努力逐步达到目标，积小胜为大胜。这就叫‘图难于其易，为大于其细。天下难事，必作于易；天下大事，必作于细’”②。由浅入深，即先进行如管理方式、措施上的改革，再进入体制、机制上的改革，然后再深入深层社会关系、利益矛盾和制度层面上的改革。由单面到全面，即改革从农村实行家庭联产承包责任制开始，发展到经济、政治、文化、社会、生态文明等各方面的改革全面铺开，全面深化社会各领域的改革。习近平在庆祝改革开放40周年大会上的讲话，满怀深情地向我们回顾和展示了这种由简到繁、由浅入深、由单面到多面再到全面的渐进式推进和深化改革的辉煌历程：“从实行家庭联产承包、乡镇企业异军突起、取消农业税牧业税和特产税到农村承包地‘三权’分置、打赢脱贫攻坚战、实施乡村振兴战略，从兴办深圳等经济特区、沿海沿边沿江沿线和内陆中心城市对外开放到加入世界贸易组织、

---

① 中共中央文献研究室．习近平关于全面深化改革论述摘编．北京：中央文献出版社，2014：50.

② 同①42.

共建‘一带一路’、设立自由贸易试验区、谋划中国特色自由贸易港、成功举办首届中国国际进口博览会，从‘引进来’到‘走出去’，从搞好国营大中小企业、发展个体私营经济到深化国资国企改革、发展混合所有制经济，从单一公有制到公有制为主体、多种所有制经济共同发展和坚持‘两个毫不动摇’，从传统的计划经济体制到前无古人的社会主义市场经济体制再到使市场在资源配置中起决定性作用和更好发挥政府作用，从以经济体制改革为主到全面深化经济、政治、文化、社会、生态文明体制和党的建设制度改革，党和国家机构改革、行政管理体制改革、依法治国体制改革、司法体制改革、外事体制改革、社会治理体制改革、生态环境督察体制改革、国家安全体制改革、国防和军队改革、党的领导和党的建设制度改革、纪检监察制度改革等一系列重大改革扎实推进，各项便民、惠民、利民举措持续实施，使改革开放成为当代中国最显著的特征、最壮丽的气象。”① 渐进式改革方法正是我们获得成功最重要的奥秘。

方式之三：由破冰开启到深入推进，再到全面深化。我国改革开放经历了一个由破冰开启到深入推进，再到全面深化的历程，呈现出明显的阶段性和连续性，表现出“整体渐进和局部突破相结合”的鲜明特点。改革开放的总设计师邓小平拉开了改革开放的序幕。“1978 年，在邓小平先生倡导下，以中共十一届三中全会为标志，中国开启了改革开放历史征程。”②这一时期，改革主要是实行家庭联产承包，兴办经济特区，实行沿海沿边沿江开放，企业实行承包制，发展个体私营经济，实行有计划的商品经济，等等，开启了中国改革开放的新航程。从党的十三届四中全会到党的十六大，再到党的十八大，以江泽民同志、胡锦涛同志为主要代表的中国共产党人接过改革开放的接力棒，进一步深入推进改革，确立了社会主义市场经济体制的改革目标和基本框架，确定了社会主义初级阶段的基本经济制度和分配制度，坚持全面协调可持续发展的科学发展观，形成中国特色社会主义事业的总体布局，开创了改革开放的新局面。党的十八大

---

① 习近平．在庆祝改革开放 40 周年大会上的讲话．人民日报，2018-12-19.

② 习近平．开放共创繁荣创新引领未来：在博鳌亚洲论坛 2018 年年会开幕式上的主旨演讲．人民日报，2018-04-11.

以后，中国已经进入改革的深水区，进入了全面深化改革的新阶段。“全面者，就是要统筹推进各领域改革”①。我们提出了全面深化改革的总目标，着力抓好重大制度创新，推出了上千项的改革方案，啃下了不少硬骨头。“改革呈现全面发力、多点突破、蹄疾步稳、纵深推进的局面。”② 尽管全面深化改革是全局性、根本性的，但同样“现阶段推进改革，必须识得水性、把握大局、稳中求进”③。也就是要继续坚持渐进改革的方法。展望未来，“事业发展没有止境，深化改革没有穷期”④。未来改革发展必然遇到许多复杂的新情况新问题，我们决不能有任何停一停、歇一歇的懈怠。由于改革是渐进的连续不断的发展过程，所以，改革不只是看三年五年，而是要看二十年、五十年，“必须一代又一代人接力干下去”⑤。概言之，渐进改革方法，就是接力干下去的方法、蹄疾步稳的方法、稳中求进的方法、积小胜为大胜的方法，它将贯穿于全面深化改革的全过程。

第四节　唯物史观基础：人民主体论

历史唯物主义作为马克思主义哲学的重要组成部分，是关于人类社会发展一般规律的科学。历史唯物主义从社会存在决定社会意识的基本原理出发，认为生产力是社会发展的决定力量，社会发展史首先是物质资料生产发展史，是生产方式的变革史，归根到底，是从事物质资料生产者即劳动人民群众的历史。因此，人民群众是历史的主人，是历史的创造者。新时代改革方法论正是奠基于这一历史唯物主义的群众史观，坚持人民主体论。习近平说：“新的历史时期我们党科学分析我国社会主要矛盾、果断决定把党和国家工作中心转移到经济建设上来、实行改革开放，都是正确

① 中共中央文献研究室．习近平关于全面深化改革论述摘编．北京：中央文献出版社，2014：26.

② 习近平．在庆祝改革开放40周年大会上的讲话．人民日报，2018-12-19.

③ 同①42.

④ 习近平在党的十九届一中全会上的讲话．求是，2018（1）.

⑤ 中共中央文献研究室．习近平关于协调推进“四个全面”战略布局论述摘编．北京：中央文献出版社，2015：52.

运用历史唯物主义的结果。”① 全面深化改革是为了人民，必须依靠人民，始终坚持人民的主体地位。“人民群众是历史的创造者和改革开放事业的实践主体。所以，必须坚持人民主体地位和党的领导的统一，紧紧依靠人民推进改革开放。”②

一、主体观点与社会主体分析方法

现实的人是社会历史发展的主体，现实的人的活动构成了社会历史发展的主体内容。人的活动与社会历史发展的关系是“剧中人”和“剧作者”的关系。如果说社会历史发展是一部长篇历史剧的话，那么，人作为社会历史活动的主体，既是社会历史剧的表演者，又是社会历史剧的编剧和导演。人类自编、自演、自导了一部长篇社会历史剧。毋庸置疑，每一社会主体在历史发展中都有其作用，但其作用的性质和地位各不相同。有的是积极的，有的是消极的；有的是重大的，有的是一般的；有的是推动力，有的是阻滞力。从社会发展的总体来看，只有人民群众才是创造历史的决定力量。这主要表现在：人民群众是社会物质财富的创造者，人民群众是社会精神财富的创造者，人民群众是社会变革的决定力量。旧的社会历史观的一个根本缺陷是“忽视居民群众的活动，只有历史唯物主义才第一次使我们能以自然科学的精确性去研究群众生活的社会条件以及这些条件的变更”③。

以人民为中心，是践行马克思主义社会主体观点的根本体现。我们党是以马克思列宁主义武装起来的无产阶级政党，始终把人民放在心中最高位置，不断满足人民美好生活新期待，这是由马克思主义的人民立场决定的。我们党来自人民、植根人民、服务人民，除了工人阶级和最广大人民群众的利益，党没有脱离于群众之外的特殊利益，党员没有超越于群众之上的特殊地位，也不允许任何党员脱离群众，凌驾于群众之上。习近平强

① 习近平．坚持历史唯物主义不断开辟当代中国马克思主义发展新境界．求是，2020（2）．

② 中共中央文献研究室．习近平关于全面深化改革论述摘编．北京：中央文献出版社，2014：138．

③ 列宁．列宁选集：第2卷．3版修订版．北京：人民出版社，2012：425．

调："为人民谋幸福，是中国共产党人的初心。我们要时刻不忘这个初心，永远把人民对美好生活的向往作为奋斗目标。"① 坚持一切为了人民，带领全国人民不断创造美好生活，生动诠释了中国共产党人的根本立场，生动诠释了全心全意为人民服务的根本宗旨，生动诠释了新时代中国特色社会主义的根本追求。在革命、建设和改革的不同历史时期，我们党始终把人民放在心中最高位置，始终全心全意为人民服务，始终为人民利益和幸福而努力工作；我们党制定的路线、方针、政策都充分体现了最广大人民的根本利益。中国共产党的全部奋斗史，就是一部为了人民、依靠人民的历史，就是一部服务人民、以人民为中心的历史，就是一部全心全意为人民服务的历史。

坚持以人民为中心的改革立场，是马克思主义社会主体观点在改革领域的具体运用。任何改革观都有一个价值维度，都有一个"为了谁"的问题。以人民为中心的改革观鲜明指出：改革为了人民。马克思认为，"社会本身"即处于社会关系中的"人本身"，离开人，无所谓社会；"社会发展"即处于社会中的"人的发展"，背离人的发展，一切发展都失去了意义。正是在这个意义上，社会改革归根结底在于为人的全面发展扫清障碍，为人的美好生活开辟道路。全面深化改革必须始终坚持以人民为中心的改革立场。全面深化改革的各个阶段、整个过程，都必须体现这个立场、践行这个立场。

第一，人民群众是全面深化改革的实践主体，改革依靠人民。人作为一种主体性的存在，是整个社会实践的主体，是全部社会生活的主体，是整个人类历史的主体，也是全面深化改革的主体。马克思指出，"历史什么事情也没有做，它'并不拥有任何无穷尽的丰富性'，它并'没有在任何战斗中作战'！创造这一切、拥有这一切并为这一切而斗争的，不是'历史'，而正是人，现实的、活生生的人"②。习近平指出，"人民是历史的创造者，是推动我国经济社会发展的基本力量和基本依靠"③。社会生活

① 习近平在党的十九届一中全会上的讲话．求是，2018（1）．

② 马克思，恩格斯．马克思恩格斯全集：第2卷．人民出版社，1957：118．

③ 中共中央文献研究室．习近平关于协调推进"四个全面"战略布局论述摘编．北京：中央文献出版社，2015：163．

在本质上是实践的。社会发展无非是人的实践活动不断展开的过程，社会改革无非是人的实践模式不断变革的过程。改革开放是亿万人民自己的事业，随着改革的深入，其必将得到群众的拥护。从过去的“包产到户”，到今天的“万众创业”，无不证明了这一点。“改革开放之所以得到广大人民群众衷心拥护和积极参与，最根本的原因在于我们一开始就使改革开放事业深深扎根于人民群众之中。”① 没有人民广泛的支持和参与，任何改革都不可能取得成功。改革认识上的每一次突破，改革实践上的每一次推进，改革经验上的每一份积累，无不来自人民群众的创造和智慧。改革开放以来，我们党领导改革的一条宝贵经验就是，“坚持以人为本，尊重人民主体地位，发挥群众首创精神，紧紧依靠人民推动改革”②。任何时候，提高改革决策的科学性，很重要的一条就是要广泛听取群众意见和建议，及时总结群众创造的鲜活经验，将其提升为指导改革的方针和政策，上升为规范改革的法律和规章，上升为凝聚共识的国家意志，从而指导各个地方、各个领域的改革。无视群众创造的鲜活经验，任何改革都是空中楼阁。

第二，人民群众是全面深化改革的目的主体，改革成果由人民共享。广大人民群众共建共享改革发展成果，是社会主义的本质要求。我们的改革到底成功不成功，关键看老百姓有没有共享改革成果，有没有沿着共同富裕的方向前进。改革的直接目的是解放生产力、发展生产力，根本目的则是满足人的需要、实现人的全面发展，因此，必须从满足、捍卫人民群众的根本利益出发谋划改革、推进改革，使改革发展成果更多更公平惠及全体人民，让改革发展的过程成为为民造福的过程，成为创造人民美好生活的过程。改革开放初期，邓小平指出，社会主义经济政策对不对，归根到底要看生产力是否发达，人民收入是否增加，这是压倒一切的标准。习近平也指出：“改革发展搞得成功不成功，最终的判断标准是人民是不是共同享受到了改革发展成果。”③ 改革发展没有人民群众的广泛参与，不可

①② 习近平．习近平谈治国理政．北京：外文出版社，2014：97.

③ 征求对中共中央关于制定国民经济和社会发展第十三个五年规划的建议的意见 中共中央召开党外人士座谈会．人民日报，2015-10-31.

能成功；同样，改革发展如果不能给老百姓带来实实在在的利益，不能创造更加公平的社会环境，就失去了意义。今天，我们改革就是要改出这样一种效果，形成这样一种环境：人人“共同享有人生出彩的机会，共同享有梦想成真的机会，共同享有同祖国和时代一起成长与进步的机会”①，让改革成果惠及全体人民，让人民群众有更多的获得感、幸福感、安全感。

第三，人民群众是全面深化改革的评价主体，改革成效由人民评判。马克思主义认为，发展的终极目的是为了人，改革的终极目的也是为了人。人民幸福是衡量改革发展的最终尺度，人民群众是评判改革成效的最终主体。全面深化改革是我们党在赶考路上面临的又一次大考，时代是出卷人，共产党人是答卷人，人民是阅卷人。改革方向对不对，改革措施准不准，改革成效好不好，人民群众最有发言权。党在领导改革的全过程中，要将群众放在最高位置，坚持问政于民、问需于民、问计于民，切实做到人民有所呼，改革有所应，“做到老百姓关心什么、期盼什么，改革就要抓住什么、推进什么，通过改革给人民群众带来更多获得感”②。新时代，改革发展稳定任务越繁重，我们越要保持党同人民群众的血肉联系，越要善于通过提出和贯彻正确的路线方针政策带领人民前进，善于从人民的实践创造和发展要求中完善政策主张，使改革方案的含金量充分释放出来，不断为全面深化改革夯实群众基础，获得群众的衷心拥护。

二、生产观点与社会基本矛盾分析方法

自人类社会产生以来，物质资料的生产活动就是首要的活动。物质资料的生产和再生产是人类社会赖以存在和发展的先决条件，构成全部社会生活的基础。人类要生活就不能停止消费，因而也就不能停止生产劳动。马克思曾经说过：“任何一个民族，如果停止劳动，不用说一年，就是几个星期，也要灭亡”③。生产观点是历史唯物主义基本的观点。全面深化改革就是为了促进生产，解放和发展生产力，增强和解放社会活力，调动

---

① 习近平．习近平谈治国理政．北京：外文出版社，2014：40.

② 习近平．习近平谈治国理政：第 2 卷．北京：外文出版社，2017：103.

③ 马克思，恩格斯．马克思恩格斯选集：第 4 卷．3 版．北京：人民出版社，2012：473.

人民群众生产的积极性，提高综合国力，改善人民生活，不断增强人民群众的获得感、幸福感、安全感。新时代改革方法论坚持和运用社会存在决定社会意识的原理、物质生产是社会生活基础的观点，以及社会基本矛盾分析方法来指导和深化改革。

第一，必须坚持和运用社会存在决定社会意识的原理指导和深化改革。社会存在决定社会意识，社会意识对社会存在具有能动的反作用，这是历史唯物主义的基本原理，它为我们深化改革提供了基本遵循。习近平指出："社会存在决定社会意识。我们党现阶段提出和实施的理论和路线方针政策，之所以正确，就是因为它们都是以我国现时代的社会存在为基础的。"全面深化改革的目标任务、总体部署、战略举措都不是头脑里固有的，也不是天上掉下来的，而是"从我国现在的社会存在出发的，即从我国现在的社会物质条件的总和出发的，也就是从我国基本国情和发展要求出发的"①。这主要表现为：在发展阶段上，中国特色社会主义已经进入新时代，但我国社会主义初级阶段的基本国情没有变；在社会主要矛盾上，我国社会主要矛盾根据经济社会发展情况已发生了根本性的变化，但仍面临着发展不平衡不充分的突出问题；在奋斗目标上，虽然我们已全面建成小康社会，但同时必须乘势而上向第二个百年奋斗目标迈进，前进道路上困难和挑战不少；在国际地位上，当代中国正在由大国走向强国，已成为国际新秩序构建的积极参与者、建设者和领导者，但以美国为首的西方国家对中国的遏制和打压不会停止。所以，我国今天的改革与过去有很大的不同，具有不同的要求和特点。比如，就改革目标而言，全面深化改革的总目标是完善和发展中国特色社会主义制度、推进国家治理体系和治理能力现代化。而一个国家选择什么样的国家治理体系，并不能任意而为，而是由其社会存在决定的。"我国今天的国家治理体系，是在我国历史传承、文化传统、经济社会发展的基础上长期发展、渐进改进、内生性演化的结果。"② 因而，该坚持的一定要坚定不移地坚持，该改革的一定要坚决改，我们必须"有主张、有定力"。实际上，全面深化改革的每一方

① 习近平．坚持历史唯物主义不断开辟当代中国马克思主义发展新境界．求是，2020（2）．
② 习近平．习近平谈治国理政．北京：外文出版社，2014：105．

针政策和决策部署，都要从我国现有的社会物质条件总和出发来分析考虑，从基本国情和发展要求出发来研究和解决问题。这样，方能符合实际，切实可行，达到预期的目标。

根据社会意识具有能动反作用的原理，社会意识不是消极被动的，可以反作用于经济基础，促进生产力的发展。因此，习近平强调，在全面深化改革中必须高度重视和抓好意识形态和思想文化工作。他强调党要“牢牢掌握意识形态工作领导权”，“建设具有强大凝聚力和引领力的社会主义意识形态”①。因此，必须大力推进马克思主义中国化时代化大众化，推动新时代中国特色社会主义思想深入人心，积极培育和践行社会主义核心价值观，加强思想道德建设，从而为全面深化改革提供思想力量和精神支撑。比如，在全面深化改革的总目标上，习近平指出：“推进国家治理体系和治理能力现代化，要大力培育和弘扬社会主义核心价值体系和核心价值观，加快构建充分反映中国特色、民族特性、时代特征的价值体系。坚守我们的价值体系，坚守我们的核心价值观，必须发挥文化的作用。”② 全面深化改革的每一项重大战略或决策的实施，不能忽视先进思想和文化的作用和引领。

第二，必须坚持和运用物质生产是社会生活的基础的观点指导和深化改革。生产力是社会发展的决定力量，物质生产是社会生活的基础和前提。坚持物质生产是社会生活基础的观点，就要坚持发展仍是解决我国所有问题的关键这个重大战略判断，把解放和发展生产力放在首位，聚精会神搞建设、一心一意谋发展，推动实现物的不断丰富和人的全面发展的有机统一。习近平强调，要“学习和掌握物质生产是社会生活的基础的观点，准确把握全面深化改革的重大关系”③。

一是把握根本任务与其他任务的关系。社会主义的根本任务是解放和发展社会生产力，这在任何时候都不能动摇，全面深化改革必须紧扣这一根本任务。社会主义现代化有经济、政治、文化、社会、生态文明等多方

---

① 习近平．决胜全面建成小康社会 夺取新时代中国特色社会主义伟大胜利：在中国共产党第十九次全国代表大会上的报告．人民日报，2017-10-28.

② 习近平．习近平谈治国理政．北京：外文出版社，2014：106.

③ 习近平．坚持历史唯物主义不断开辟当代中国马克思主义发展新境界．求是，2020（2）.

面的建设任务，但根本的是要解放和发展生产力。新中国成立后多年来我们吃的一个大亏，就是坚持“以阶级斗争为纲”，忽视了生产力的发展。党的十一届三中全会拨乱反正，最根本的是实现了工作重点的转移，坚持以经济建设为中心，集中力量发展社会生产力。当然，在坚持以经济建设为中心的同时，要抓好政治建设和文化建设等方面的工作，以促进生产力的发展。二是把握生产力标准与其他标准的关系。生产力是推动社会进步的最活跃、最革命的要素，生产力发展是衡量社会发展的带有根本性的标准。所以，在全面深化改革中，必须坚持“发展才是硬道理”的思想，使市场在资源配置中起决定性作用和更好发挥政府作用，推动生产力的不断发展。但与此同时，又不能简单以国内生产总值增长率论英雄，要看全面工作的质量和水平。对生产力标准必须全面准确地理解，不能绝对化，不能撇开生产关系、上层建筑来理解生产力标准。社会的发展和进步，各个领域、各行各业都有其衡量的具体标准，应当全面考察和衡量。比如，对精神文明建设的考察有精神文明的具体标准，不应简单以物质手段去衡量。因此，“我们要正确运用生产力标准，推动实现物的不断丰富和人的全面发展的统一”①，而不能见物不见人。三是把握重点与非重点的关系。我们突出以经济建设为中心，发挥经济体制改革牵引作用，这是突出社会基本矛盾的主要方面即生产力方面，突出抓好重点工作，以带动其他各个方面的改革和发展。但我们必须统筹兼顾，用另一只手抓好其他各方面的工作。习近平指出：“在推进这‘四个全面’过程中，我们既要注重总体谋划，又要注重牵住‘牛鼻子’。比如，我们既对全面建成小康社会作出全面部署，又强调‘小康不小康，关键看老乡’；既对全面深化改革作出顶层设计，又强调突出抓好重要领域和关键环节的改革；既对全面推进依法治国作出系统部署，又强调以中国特色社会主义法治体系为总目标和总抓手；既对全面从严治党提出系列要求，又把党风廉政建设作为突破口，着力解决人民群众反映强烈的‘四风’问题，着力解决不敢腐、不能腐、不想腐的问题。”② 这就要求我们善于处理局部和全局、当前和长远、重点

① 习近平．坚持历史唯物主义不断开辟当代中国马克思主义发展新境界．求是，2020（2）．

② 习近平．辩证唯物主义是中国共产党人的世界观和方法论．求是，2019（1）．

和非重点的关系，寻求平衡点，作出最有利的战略抉择。

第三，必须坚持和运用社会基本矛盾分析方法指导和深化改革。历史唯物主义认为，人类社会的基本矛盾是生产力和生产关系、经济基础和上层建筑的矛盾。这两对基本矛盾存在于一切社会形态中，贯穿于人类社会的始终，规定着社会的性质和基本结构，推动人类社会的改革和变革，实现由低级向高级的发展。这就是说，“生产力和生产关系、经济基础和上层建筑相互作用、相互制约，支配着整个社会发展进程”①。习近平坚持和运用马克思主义矛盾观，以及毛泽东关于社会基本矛盾的学说，直面当今国际国内的深刻变化和复杂矛盾，创新社会基本矛盾理论，为新时代推动改革开放和现代化建设提供了方法论指导。

坚持社会基本矛盾分析方法，首先要把社会基本矛盾作为一个整体来考察，全面把握社会的基本面貌和发展方向。马克思和恩格斯将社会看成是一个由生产力、生产关系（经济基础）、上层建筑构成的有机结构，从而形成了生产力和生产关系、经济基础和上层建筑两对社会基本矛盾。它们具有层层决定作用和层层反作用的关系，即生产力决定生产关系、经济基础决定上层建筑，上层建筑反作用于经济基础、生产关系反作用于生产力。这两对基本矛盾相互联结、相互影响、相互作用构成整个社会的矛盾运动，推动人类社会的发展。据此，我们无论是分析改革发展，还是分析任何其他重要社会现象，都必须置于这一整体分析框架来考察。“只有把生产力和生产关系的矛盾运动同经济基础和上层建筑的矛盾运动结合起来观察，把社会基本矛盾作为一个整体来观察，才能全面把握整个社会的基本面貌和发展方向。”② 在全面深化改革中，经济体制改革是主轴，与此同时，还应从社会结构的整体出发，相应进行政治体制、文化体制、社会体制、生态文明体制等方面的改革。我们党正是对基于这三个层次、两对基本矛盾的社会基本面貌和发展方向的深刻把握，制定出正确的路线、方针、政策和改革的策略与措施。其次，要把握社会基本矛盾的运动规律，指导改革发展和其他各项工作。生产关系状况一定要适应生产力状况，上

①② 习近平．坚持历史唯物主义不断开辟当代中国马克思主义发展新境界．求是，2020（2）．

层建筑状况一定要适应经济基础状况，这是由社会基本矛盾形成的人类社会发展的基本规律。改革的根本原因在于生产关系的状况不适应于生产力的发展状况、上层建筑的状况不适应于经济基础的发展状况。我们提出进行全面深化改革，就是要适应我国社会基本矛盾运动的变化来推进社会发展。只有通过改革调整“两个不适应”，即通过不断调整生产关系激发生产力的发展活力，通过不断完善上层建筑适应经济基础的发展要求，才能促进生产力的发展和推动社会的全面进步。全面深化改革“只有既解决好生产关系中不适应的问题，又解决好上层建筑中不适应的问题，这样才能产生综合效应”①。最后，要把握社会基本矛盾的复杂变化，及时分析社会发展大势并调整我们的方针政策。“社会基本矛盾总是不断发展的，所以调整生产关系、完善上层建筑需要相应地不断进行下去。”“改革开放只有进行时、没有完成时。这是历史唯物主义态度。”② 中国改革开放 40 多年的实践表明，不同阶段有不同的改革任务，都需要不断地对生产关系和上层建筑的不适应方面进行调节和调整，所以改革未有穷期，不可能一劳永逸。中国的改革和发展不是短程跑，而是接力跑，每一代人都要为下一代跑出一个好的成绩。

三、利益观点与利益分析方法

追求物质利益是社会发展的内在动力和原始动因。利益是历史唯物主义重要的范畴，社会发展以利益为基础、前提和动因。利益是思想的基础，利益决定思想。“‘思想’一旦离开‘利益’，就一定会使自己出丑”③。利益是行为的基础，利益支配行为。“人们奋斗所争取的一切，都同他们的利益有关”④，“把他们连接起来的唯一纽带是自然的必然性，是需要和私人利益”⑤，人们“为了生活，首先就需要吃喝住穿以及其他一些东西。

①② 习近平. 坚持历史唯物主义不断开辟当代中国马克思主义发展新境界. 求是，2020(2).

③ 马克思，恩格斯. 马克思恩格斯文集：第 1 卷. 北京：人民出版社，2009：286.

④ 马克思，恩格斯. 马克思恩格斯全集：第 1 卷. 北京：人民出版社，1956：82.

⑤ 同③42.

因此第一个历史活动就是生产满足这些需要的资料，即生产物质生活本身”①。人类的物质生活资料的生产构成了历史的基本前提，利益的驱动构成了人类实践活动的原始动因。人们为了实现自身生存和发展的物质利益，才去发展生产力。人们通过生产和再生产满足自己不断增长的利益需要，同时，不断满足着的利益需要又会产生新的需要，又会推动着生产力的进一步发展。中国改革开放之初，改革开放的总设计师邓小平曾明确指出：“只讲牺牲精神，不讲物质利益，那就是唯心论。”② 进入新时代，习近平强调，全面深化改革就是要敢于向积存多年的顽瘴痼疾开刀，勇于突破利益固化的藩篱，“实现好、维护好、发展好最广大人民根本利益”③。运用马克思主义的利益观点和利益矛盾学说来思考、分析和解决相关的社会矛盾和社会问题，就是利益分析方法。改革的本质是利益关系和利益格局的调整，利益观点和利益分析方法在推动和深化改革中具有特别重要的作用和意义。习近平指出，“改革是一场深刻的革命，涉及重大利益关系调整，涉及各方面体制机制完善”，“瞻前顾后、畏葸不前不仅不能前进，而且可能前功尽弃”④。运用利益观点和利益分析方法深化改革，要紧紧抓住“利益”这个最原初的动因，通过冲破利益固化的藩篱，调整利益格局，协调利益关系，兼顾各方利益，注重利益激励，促进共同富裕，调动人们生产的主动性、积极性、创造性，推动经济社会高质量发展。

首先，要善于冲破利益固化的藩篱，调整利益格局。任何社会都会结成一定的社会关系，而经济关系即利益关系是其中最根本的关系。当利益关系和利益格局成为固化的藩篱时，就会严重阻碍生产力的发展。这时，打破利益固化的藩篱就成为改革的重点。全面深化改革必然进一步触及深层次的利益关系和利益格局，我们要“在破除各方面体制机制弊端、调整深层次利益格局上再拿下一些硬任务，重点推进国企国资、垄断行业、产

---

① 马克思，恩格斯．马克思恩格斯文集：第1卷．北京：人民出版社，2009：531.

② 邓小平．邓小平文选：第2卷．2版．北京：人民出版社，1994：146.

③ 习近平在党的十九届一中全会上的讲话．求是，2018（1）.

④ 习近平．习近平谈治国理政．北京：外文出版社，2014：348.

权保护、财税金融、乡村振兴、社会保障、对外开放、生态文明等关键领域改革”①。而进一步深化改革关键要“两破”：“冲破思想观念的障碍、突破利益固化的藩篱”②。前者是思想前提，后者是行动结果。突破利益固化的藩篱，调整利益格局，意味着要动一些人的“奶酪”，如取消特殊待遇和特权利益，去掉一些不合理并长期固化的福利和补贴，限制与劳动付出不相符的高年薪和高报酬等。如果说过去的改革，是通过改变原有资源配置在不减少任何人福利的情况下大家均获利的“帕累托改进”；那么，全面深化改革则是深层次的要动一些人的“奶酪”的“卡尔多改进”。这种破藩篱、调利益的改革是真正伤筋动骨的改革，其难度更大、影响更深。但全面深化改革如果不破除利益固化的藩篱，不甩掉一些长期形成的沉重包袱和负担，就难有实质性的突破和进展。所以，习近平强调改革要敢于啃硬骨头、涉险滩。同时，他还特别指出，要“坚决防止党内形成利益集团”，严肃查处通过利益输送在党内培植个人势力、结成利益集团的行为。这既是反腐的焦点，也是改革的重点。全面深化改革要与全面从严治党紧密结合起来，绷紧利益这根最敏感的神经。

其次，要善于协调利益关系，兼顾各方利益。改革的根本是要根据公平正义原则，协调各种利益关系，兼顾各方面利益，使之各得其所，挖掘和调动各方面生产和工作的潜能与积极性。改革要反映和体现各方面群众的利益诉求。利益诉求有合理的、也有不合理的，合理的利益诉求要满足，不合理的利益诉求也要回应。改革必须“把群众合理合法的利益诉求解决好，完善对维护群众切身利益具有重大作用的制度”③，切实保障和维护群众的权益和利益。人的最本质的关系是利益关系。我们要“正确处理各方面利益关系，调动一切积极因素”④。要根据生产力标准和人民利益标准协调各种利益关系，坚持多劳多得原则，使处于生产第一线的劳动者获得更多利益，使社会弱势群体获得更多利益，使创造贡献大者获得更多利

① 习近平主持召开中央全面深化改革领导小组第二次会议强调 思想再解放改革再深入工作再抓实．人民日报，2018-01-24.

② 习近平．习近平谈治国理政．北京：外文出版社，2014：87.

③ 同②148.

④ 同②139.

益。“全社会都要贯彻尊重劳动、尊重知识、尊重人才、尊重创造的重大方针，维护和发展劳动者的利益，保障劳动者的权利。要坚持社会公平正义，排除阻碍劳动者参与发展、分享发展成果的障碍，努力让劳动者实现体面劳动、全面发展。”① 要正确处理国家、集体和个人的利益关系，“加大协调各方面利益关系的力度，推动发展成果更多更公平惠及全体人民”②。要坚持把国家利益、社会整体利益、人民利益放在首位，没有国家的发展、社会的安定、人民的幸福，也就不会有个人的发展和幸福。“全面深化改革是立足国家整体利益、根本利益、长远利益进行部署的，要注意避免合意则取、不合意则舍的倾向”③。集体利益是一定社会集团或局部的利益，它高于个人利益，但要服从于社会整体利益。改革要防止以小集团、小团体利益为重，防止局部利益相互掣肘、相互抵牾，甚至借改革之名强化局部或小集团利益。正当个人利益必须承认和维护，但不能个人利益第一。特别是“共产党员永远是劳动人民的普通一员，除了法律和政策规定范围内的个人利益和工作职权以外，所有共产党员都不得谋求任何私利和特权”④。我们要善于运用法律、政策机制和各种手段，规范市场行为，改革分配制度，调整利益关系。党的十九大报告提出要“扩大中等收入群体，增加低收入者收入，调节过高收入，取缔非法收入”⑤。这无疑是当前我们调整利益关系的重要原则和遵循。

最后，要善于运用利益激励，促进共同富裕。利益激励特别是物质激励是调动积极性的基本方式和手段。改革开放初期，邓小平高度重视人们的物质利益和物质文化生活的改善，强调运用利益激励方法，通过利益机制和奖惩手段，号召、刺激、引导人们积极劳动和工作，为社会多作贡献，产生了非常积极的效果。进入新时代，习近平十分重视运用利益激励方式，调动各方面积极性，促进共同富裕。他指出“中国梦”是民族的

---

① 习近平．习近平谈治国理政．北京：外文出版社，2014：46.

② 同①204.

③ 同①107.

④ 同①388.

⑤ 习近平．决胜全面建成小康社会 夺取新时代中国特色社会主义伟大胜利：在中国共产党第十九次全国代表大会上的报告．人民日报，2017-10-28.

梦、人民的梦，“这个梦想，凝聚了几代中国人的夙愿，体现了中华民族和中国人民的整体利益，是每一个中华儿女的共同期盼”①，正激励我们把国家建设好，把民族发展好，去实现中华民族伟大复兴的奋斗目标。他强调要重视青年的利益诉求，提供发展空间，激励他们成才，更好地为祖国建功立业。他还要求运用产权激励、加强知识产权保护等来调动人们生产、创造的积极性，让一切创造社会财富的源泉充分涌流出来。说到底，通过改革协调利益关系，调整利益格局，注重利益激励，最终目标是要“在经济社会不断发展的基础上，朝着共同富裕方向稳步前进”②。改革打破了平均主义，突破了利益固化藩篱，拉开了利益差距，但改革不能搞“两极分化”，而要通过先富带动后富，最终达到共同富裕。这是我们党的初心和使命，也是运用利益分析方法和利益机制要达到的根本目标。

四、群众观点与群众路线工作方法

群众观点和群众路线，是马克思主义政党对待群众的立场、态度以及遵循什么样的工作路线问题。习近平指出：“如何认识人民群众在历史上的作用，是社会历史观的重大问题。同历史唯心主义英雄史观相对立，历史唯物主义群众史观第一次彻底解决了这个重大问题，提出人民是历史的创造者。遵循历史唯物主义这一观点，我们党提出了群众路线，并把它作为党的生命线和根本工作路线。”③ 历史唯物主义群众史观是群众观点与群众路线的基石。人民群众是历史的创造者和主人，这决定我们必须坚持马克思主义群众观点和党的群众路线。“党在自己的工作中实行群众路线，一切为了群众，一切依靠群众，从群众中来，到群众中去，把党的正确主张变为群众的自觉行动。”④ 群众路线包括群众观点与群众路线的工作方法。具体地说，群众观点有：一切为了人民群众的观点、一切向人民群众负责的观点、向人民群众学习的观点、干部的权力是人民赋予的观点、接

---

① 习近平. 习近平谈治国理政. 北京：外文出版社，2014：36.

② 同①41.

③ 习近平. 坚持历史唯物主义不断开辟当代中国马克思主义发展新境界. 求是，2020（2）.

④ 中共中央文献研究室. 改革开放三十年重要文献选编：下. 北京：人民出版社，2008：1748.

受人民群众监督的观点、党要依靠又要教育引导群众前进的观点等。“从群众中来，到群众中去”，是我们党根本的工作路线和工作方法。习近平强调，在全面深化改革进程中，我们要坚持马克思主义群众观点，坚持党的群众路线，唯有如此，改革才能大有作为。

首先，“为人民而改革，改革才有意义”。全心全意为人民服务，代表并实现人民群众的利益是我们党的根本宗旨。因此，改革无论怎么改，都必须把人民放在最高位置。习近平指出：要“‘以百姓心为心’，把实现好、维护好、发展好最广大人民根本利益作为推进改革的出发点和落脚点，让发展成果更多更公平惠及全体人民”①。全面深化改革必须以给人民群众带来切实的利益，以增进人民的福祉为归旨。这就要求我们，一方面要持续推动经济健康高质量发展，进一步把“蛋糕”做大，让发展成果由全体人民共享；另一方面，要促进和维护社会公平正义，更好地切好分好“蛋糕”，让发展成果更公平地惠及全体人民。“如果不能给老百姓带来实实在在的利益，如果不能创造更加公平的社会环境，甚至导致更多不公平，改革就失去意义，也不可能持续。”② 全面深化改革必须强化执政为民理念，始终把人民放在最高位置，时刻把人民群众的安危冷暖放在心上。心中没有人民，就没有责任，没有担当，也不可能对社会有真正的作为。习近平在接受俄罗斯电视台专访回答“您的执政理念是什么”时说，“我的执政理念，概括起来说就是：为人民服务，担当起该担当的责任”③。责任重于泰山。一切为了人民，就必须对人民负责，必须以最广大人民的根本利益为最高标准。只要“对党和人民事业有利的，对最广大人民有利的，对实现党和国家兴旺发达、长治久安有利的，该改的就要坚定不移改，这才是对历史负责、对人民负责、对国家和民族负责”④。

其次，“依靠人民而改革，改革才有动力。”一切依靠人民，是马克思主义政党的力量源泉。中国革命、建设和改革成功的重要奥秘，在于依靠人民群众。全面深化改革“要坚持以人为本，尊重人民主体地位，发挥群

① 习近平．坚持历史唯物主义不断开辟当代中国马克思主义发展新境界．求是，2020（2）．
② 习近平．习近平谈治国理政．北京：外文出版社，2014：96．
③ 同②101．
④ 同②107．

众首创精神，紧紧依靠人民群众推动改革”。尊重人民主体地位必须把人民群众放在最高位置。在改革开放条件下，就要坚持人民群众是生产的主体，依靠广大人民群众创造物质财富和社会财富，充分调动人民群众生产的积极性；就要牢记人民群众是权力的主体，领导干部手中的权力是人民赋予的，只能用来为人民服务，决不能以权谋取个人私利；就要坚守人民群众是利益的主体，在全面深化改革中为人民谋利益，千方百计增进人民的福祉。同时，要尊重和发挥群众的首创精神。改革开放的历程表明，“许多改革都是由基层群众自发推动、自下而上形成的，广大人民群众是推动改革的重要力量”①。家庭联产承包责任制是群众的发明，乡镇企业异军突起是群众自己先搞起来的，发展社会主义市场经济也是建立在群众的迫切需要和呼声之上的。我们党的责任在于总结人民群众的实践经验，制定正确的方针政策而加以贯彻实施。因此，全面深化改革必须尊重人民群众首创精神，尊重实践、尊重劳动、尊重创造，鼓励基层群众大胆探索，推进改革创新。我们要紧紧依靠人民推动改革，从群众中汲取智慧和力量，坚决反对和克服形式主义与官僚主义。改革是人民群众的事业，没有人民群众的参与和支持，任何改革都不可能取得成功。无论何种改革，如果群众不参与，就没有主体；如果群众不支持，就没有力量。“无论遇到任何困难和挑战，只要有人民支持和参与，就没有克服不了的困难，就没有越不过的坎。”② 与人民同甘共苦、与人民团结奋斗，改革开放事业就无往而不胜。

再次，必须把群众路线“作为党的生命线和根本工作路线”。群众路线是我们党的独创，是马克思主义群众史观、辩证唯物主义认识论与中国具体实践相结合的产物，是毛泽东思想活的灵魂的重要内容。群众路线是中国共产党的安身立命之本，是党的生命线。我们党是为人民、靠人民起家的，如果脱离人民群众，不是自灭，就是他灭。习近平总结历史经验教训说：“治理国家‘必须先存百姓，若损百姓以奉其身，犹割股以啖腹，腹饱而身毙’。古代封建统治者尚能认识到存养百姓的重要性，我们党的

---

① 习近平．坚持历史唯物主义不断开辟当代中国马克思主义发展新境界．求是，2020（2）．

② 习近平．习近平谈治国理政．北京：外文出版社，2014：97．

各级领导干部更应自觉坚持全心全意为人民服务的根本宗旨，保持同人民群众的血肉联系，始终与人民同呼吸、共命运、心连心，团结带领人民续写改革新篇章，确保改革取得成功。”① 因此，在全面深化改革过程中，我们必须把人民群众当作主人，正确处理主人与公仆的关系，全心全意为人民服务；必须把人民群众当作英雄，保持同人民群众的血肉联系，全心全意依靠人民；必须把人民群众当作老师，虚心向群众请教，全心全意向人民学习；必须把人民群众当作亲人，始终同人民心连心，全心全意为人民谋幸福。坚持群众路线既要反对精英主义，也要反对民粹主义。精英主义漠视群众，办事不依靠和发动群众，目空一切、独断专行，势必孤家寡人、势单力薄，最后一事无成。民粹主义无视组织领导，不要理性、权威，盲目崇拜群众的自发运动和行为，办事感性、极端、情绪化，只能把事情弄得一塌糊涂。不仅如此，群众路线作为根本工作路线是实现党的思想路线、政治路线、组织路线的保障。我们党开展各项工作的根本工作路线就是“从群众中来，到群众中去”，即遵循“群众—领导—群众”的路线。只有实行这一路线，深入群众调查研究，从实际出发制定方针政策，再放到群众中去贯彻实施，才能真正坚持实事求是的思想路线和认识路线。我们党现阶段坚持“一个中心、两个基本点”的基本路线，同样需要发动群众，集中民智民力，凝心聚力，团结奋斗，才能建设富强民主文明和谐美丽的社会主义现代化强国。党的组织路线的核心是民主集中制，先民主、后集中、再决策，然后再到群众中实施并听取意见，即“民主—集中—民主”的领导和组织方式，这与“群众—领导—群众”的工作路线也是完全一致的。显然，离开群众观点与群众路线，党的思想路线、政治路线和组织路线都不可能得到有效的贯彻和实施。因此，全面深化改革只有走好群众路线，才能把思想路线、政治路线和组织路线贯彻好、实施好。

最后，全面深化改革必须实行“从群众中来，到群众中去”。毛泽东曾对群众路线的认识路线和工作方法进行了创造性的发挥和论述。他指出：“在我党的一切实际工作中，凡属正确的领导，必须是从群众中来，到群众中去。这就是说，将群众的意见（分散的无系统的意见）集中起来

---

① 习近平．坚持历史唯物主义不断开辟当代中国马克思主义发展新境界．求是，2020（2）．

（经过研究，化为集中的系统的意见），又到群众中去作宣传解释，化为群众的意见，使群众坚持下去，见之于行动，并在群众行动中考验这些意见是否正确。然后再从群众中集中起来，再到群众中坚持下去。如此无限循环，一次比一次地更正确、更生动、更丰富。这就是马克思主义的认识论。”① 在全面深化改革中，“从群众中来”，就是要把广大群众在改革实践中所积累的经验，所提出的改革愿望、要求和建议，集中起来，加以分析比较、综合提高，使之系统化、条理化，从而形成符合改革实际的方针政策和决策措施。这也就是把感性认识上升为理性认识的过程。“到群众中去”，就是把形成的方针政策和决策措施，再放回群众改革实践中去，让群众去落实，化为实际的行动，并使之在群众的改革实践中得到检验、丰富和发展，产生新的实践成果和理论成果。这也就是让理性认识回到实践的过程。习近平反复强调：全面深化改革“要广泛听取群众意见和建议，及时总结群众创造的新鲜经验，充分调动群众推进改革的积极性、主动性、创造性，把最广大人民智慧和力量凝聚到改革上来，同人民一道把改革推向前进”②。坚持“群众—领导—群众”的基本方式，不断从群众中汲取智慧和力量，这是我们全面深化改革、奋力夺取全面建设社会主义现代化国家新胜利必须遵循的根本工作路线和工作方法。

① 毛泽东．毛泽东选集：第3卷．2版．北京：人民出版社，1991：899.

② 中共中央文献研究室．习近平关于全面深化改革论述摘编．北京：中央文献出版社，2014：41.

第五章　新时代改革实践方法论

实践的观点是马克思主义哲学的核心观点。坚持实践第一，是马克思主义认识论区别于其他认识论的显著特征。“实践决定认识，是认识的源泉和动力，也是认识的目的和归宿。”① 深化改革必须坚持理论同实践相统一，“坚持知行合一、真抓实干”②。不干、不实践，不仅无法获得真知，更无法有效地改造世界。全面深化改革作为一场深刻的革命，既不能走封闭僵化的老路，也不能走改旗易帜的邪路，要“始终坚持把以经济建设为中心同四项基本原则、改革开放这两个基本点统一于中国特色社会主义伟大实践”③。从实践活动的展开过程看，全面深化改革的实践方法主要包括前期谋划方法、中期运作方法和后期反馈方法等方面的内容。

第一节　前期谋划方法

马克思主义实践观认为，实践是人本质力量的外化，是一种改变现存

---

① 习近平．辩证唯物主义是中国共产党人的世界观和方法论．求是，2019（1）．

② 习近平在中央党校国家行政学院中青年干部培训班开班式上发表重要讲话强调 在常学常新中加强理论修养 在知行合一中主动担当作为．人民日报，2019-03-02．

③ 中共中央文献研究室．习近平关于全面深化改革论述摘编．北京：中央文献出版社，2014：14．

世界的现实、具体的物质性活动和力量。但实践并不是消极被动、盲目地进行的，而是在一定理论指导下有目的、有计划、有步骤地推进的。实践具有目的性、计划性、能动性，具有超前谋划、预测的特征。全面深化改革作为关系党和国家事业发展全局的伟大实践，习近平要求必须着眼长远，提前谋划，强调“要真正向前展望、超前思维、提前谋局”①。也就是说，在视野上要善于“向前展望”，在思维上要善于“超前思维”，在战略上要善于“提前谋局”，从而下好全面深化改革的“先手棋”。

一、实践探试法：摸着石头过河

实践探试法，通俗地说就是摸着石头过河的方法。对于前人从来没有做过的事情，既没有现成的经验，也没有已有的模式，只有自己在激流中摸着石头试探着前进，一步一步地达到过河的目标。改革开放和现代化建设是全新的开拓性事业，必然会遇到很多新情况和新问题，要解决这些新矛盾和新问题，单靠老办法、旧思维不行，只有大胆试验、大胆探索、投石问路，方能找到新路。习近平明确指出：“摸着石头过河，是富有中国特色、符合中国国情的改革方法。摸着石头过河就是摸规律，从实践中获得真知。”② 它既符合认识辩证法，也符合中国国情，是我们自己总结出来的、富有中国特色的改革方法。全面深化改革就是要勇于改革创新，敢于先行先试。在推进改革开放的过程中，对待前进道路上的新问题新矛盾，有两种截然不同的态度：一种是“怕”字当头，畏首畏尾，看上级的脸色和别人的经验行事，徘徊观望，消极等待，贻误时机，工作陷入被动。另一种是“敢”字当头，敢闯、敢试，摸索前进，开拓进取，走出一条新路来。习近平强调“要坚持摸着石头过河，逢山开路，遇水架桥”③，把改革推向前进。特别是“对看得还不那么准、又必须取得突破的改革，可以先进行试点，摸着石头过河”④，取得经验后推开。实际上，中国改革开放的

① 习近平. 习近平谈治国理政. 北京：外文出版社，2014：88.

② 同①67-68.

③ 习近平. 在庆祝海南建省办经济特区30周年大会上的讲话. 人民日报，2018-04-14.

④ 中共中央文献研究室. 习近平关于全面深化改革论述摘编. 北京：中央文献出版社，2014：33.

历程，就是从农村到城市、从沿海到内地、从试点到推广、从经济体制改革到全面深化改革的过程，就是这样在不断试验摸索、总结经验、实践推广中走过来的。“这种渐进式改革，避免了因情况不明、举措不当而引起的社会动荡，为稳步推进改革、顺利实现目标提供了保证。摸着石头过河，符合人们对客观规律的认识过程，符合事物从量变到质变的辩证法。”① 这既是我们稳中求进的历史经验，也是推进改革开放行稳致远的有效方法。

实践探试是人类实践活动的重要方式，是认识的必经环节。概括地说，实践探试方法的基本方式是：“问题—试验—总结—定型—推广”。这一方式对于我们从事任何复杂工作，推进改革开放大业，具有普遍的指导意义和实践价值。一是问题导向。改革是由问题引发，或者说是由问题倒逼而产生的。实行家庭联产承包责任制，是由安徽凤阳农民为解决温饱问题倒逼签下“牢狱状”而产生的；办经济特区是由深圳的贫困与香港的繁荣之间的巨大反差而倒逼催生的；发展社会主义市场经济是由计划的僵化死板和市场的灵活高效的比较而破题的。今天，全面深化改革同样“要有强烈的问题意识，以重大问题为导向，抓住关键问题进一步研究思考，着力推动解决我国发展面临的一系列突出矛盾和问题”②。改革就是由问题倒逼而产生，又在不断解决问题的过程中得以深化的。二是大胆试验。有了问题就要解决问题，没有现成的答案和办法怎么办，此时不能等、不能靠，只有自己去实践、去探试来寻找解决问题的思路、答案和办法。也就是“要采取试点探索、投石问路的方法”去进行探索，取得经验再推广实施。比如办经济特区就是这样。“先行先试是经济特区的一项重要职责，目的是探索改革开放的实现路径和实现形式，为全国改革开放探路开路。只有敢于走别人没有走过的路，才能收获别样的风景。”③ 因此，全面深化改革必须进一步鼓励基层探索创新，继续发扬敢闯敢试、敢为人先的精神，大胆试验、大胆突破，从而不断把改革开放引向深入。三是总结经

① 中共中央文献研究室．习近平关于全面深化改革论述摘编．北京：中央文献出版社，2014：34.

② 习近平．习近平谈治国理政．北京：外文出版社，2014：74.

③ 习近平．在庆祝海南建省办经济特区30周年大会上的讲话．人民日报，2018-04-14.

验。探试的目的在于总结经验，寻找规律，按客观规律办事。习近平强调，要先试验、后总结、再推广。经济特区要“始终站在改革开放最前沿，在各方面体制机制改革方面先行先试、大胆探索，为全国提供更多可复制可推广的经验”。全面深化改革经验的获得不能闭门造车，也不能邯郸学步，只能从改革实践的探试中总结出来。“纸上得来终觉浅，绝知此事要躬行。”四是提升定型。对于试验得来的经验，要进一步进行加工制作、提升定型，形成方针政策、实施方案、办法措施，才能去有效地运用和推广。邓小平曾认为，经过改革开放的大量实践探索，我们积累了很多经验，有了不少定型东西，并且有准确的表述语言。习近平强调，当前改革在很多领域突入“无人区”，我们要“在实践中求真知，在探索中找规律，不断形成新经验、深化新认识、贡献新方案”。五是实施推广。试验探索得到成功的经验和做法后，就要诉诸大规模的实践，到面上去推广实施，使之产生以点带面的规模效应。试验是“种苗圃”，不是“栽盆景”，必须加快形成可复制可推广的创新成果。习近平指出，40 年来，深圳、珠海、汕头、厦门、海南 5 个经济特区不辱使命，“在体制改革中发挥了‘试验田’作用，在对外开放中发挥了重要‘窗口’作用，为全国改革开放和社会主义现代化建设作出了重大贡献”①，形成了全国多层次、全方位的改革开放的崭新局面。这种由“试”到“做”、由点到面、由小到大，积小胜为大胜的办法，就是“坚持试点先行和全面推进相促进”的实践探试法。

全面深化改革要充分发挥“改革试点的侦察兵和先遣队作用”，坚持这一行之有效的办法和重要方法论。习近平对此进行了多方面的论述和部署。比如，在经济体制改革方面，设立海南自由贸易试验区和中国特色自由贸易港，强调要通过其探索创新，发挥自身优势，“着力打造全面深化改革开放试验区、国家生态文明试验区、国际旅游消费中心、国家重大战略服务保障区，争创新时代中国特色社会主义生动范例，让海南成为展示中国风范、中国气派、中国形象的靓丽名片”②。在政治体制改革方面，要求在体制创新和国家机构改革上，通过试点，“深化国家监察体制改革，

---

①② 习近平. 在庆祝海南建省办经济特区 30 周年大会上的讲话. 人民日报，2018-04-14.

将试点工作在全国推开，组建国家、省、市、县监察委员会，同党的纪律检察机关合署办公，实现对所有行使公权力的公职人员监察全覆盖”①。在文化体制改革上，要求改革和完善文化管理体制，推进公共文化服务示范区的改革，通过试点，以点带面，健全现代公共文化服务体系、现代文化产业体系和市场体系，推动社会主义文化大发展大繁荣。在社会体制改革方面，强调正在推进的雄安新区建设要“在创新发展、城市治理、公共服务等方面先行先试、率先突破，构建符合高质量发展要求和未来发展方向的制度体系，打造推动高质量发展的全国样板”②。在生态文明体制改革上，强调“要积极探索推广绿水青山转化为金山银山的路径，选择具备条件的地区开展生态产品价值实现机制试点，探索政府主导、企业和社会各界参与、市场化运作、可持续的生态产品价值实现路径”③，实现生态环境改善和优化的目标。不难看出，“摸着石头过河”、实践探试是进一步推进改革创新的重要方式和方法，只要我们既敢于试，又善于试，那么，什么人间奇迹都可以创造出来。

二、整体谋划法：加强顶层设计

全面深化改革是一项系统工程，涉及面广、规模大、影响深，“需要加强顶层设计和整体谋划，加强各项改革的关联性、系统性、可行性研究”④。所谓顶层设计就是立足于高端顶层，进行宏观、全局的战略思考和谋划，制定出整体蓝图和方略，以推动大规模的实践运作和运行。这也是运用战略思维，“着眼未来、登高望远”地对改革进行战略上的统筹谋划和布局。顶层设计、整体谋划有两个基本特点：一是着眼全局和未来，具有空间上的全局性与时间上的长远性；二是站得高、想得远，具有战略上的前瞻性和预见性。习近平在接受俄罗斯电视台专访时说：“现在，同过

① 习近平．决胜全面建成小康社会 夺取新时代中国特色社会主义伟大胜利：在中国共产党第十九次全国代表大会上的报告．人民日报，2017-10-28.

② 习近平主持召开中央全面深化改革委员会第三次会议强调 激发制度活力激活基层经验激励干部作为 扎扎实实把全面深化改革推向深入．人民日报，2018-07-07.

③ 习近平．在深入推动长江经济带发展座谈会上的讲话．人民日报，2018-06-14.

④ 习近平．习近平谈治国理政．北京：外文出版社，2014：88.

去相比，中国改革的广度和深度都大大拓展了。要把改革推向前进，必须加强顶层设计。”① 邓小平曾被誉为中国改革开放的总设计师，正是他进行高瞻远瞩的顶层设计，在深圳“画了一个圈”建立经济特区，激起了神州大地的阵阵春潮，推动形成了全国改革开放的全新格局。习近平也是进行改革开放顶层设计和整体谋划的巨擘，他多次强调，我国改革已进入攻坚期和深水区，必须加强顶层设计，坚定信心、凝聚共识、统筹谋划、协同推进。运用战略思维，进行顶层设计和整体谋划，关键要正确把握和处理全局与局部、眼前与长远、动态与静态的关系，拿出科学的目标图、路线图、施工图来，然后坚持一张蓝图干到底。目标图是要达到的预期目标和任务的设计，路线图是行进的方向和路径的设计，施工图是实施的方案和步骤的设计。习近平指出：“中共十八届三中全会就全面深化改革作出总体部署，提出了改革的路线图和时间表，涉及 15 个领域、330 多项较大的改革举措，包括经济、政治、文化、社会、生态文明和党的建设等各个方面。改革的进军号已经吹响了。”② 只要我们坚持这张科学蓝图干下去，必然出成效、结硕果。

习近平从顶层战略对全面深化改革进行了多方面的整体谋划和设计。他指出，党的十八大以来，我们以前所未有的力度推进全面深化改革，就市场体制改革、宏观调控体制改革、财税体制改革、金融体制改革、国有企业改革、司法体制改革、教育体制改革、生态文明建设体制改革、党和国家机构改革、监察体制改革、国防和军队改革等方面作出顶层设计，推出 1 600 多项改革方案，涉及“五位一体”等众多领域。市场体制改革是改革的重点，首先要作好其改革的整体谋划。“要坚持社会主义市场经济改革方向，搞好顶层设计，及时推出一些有针对性的改革措施”③，充分发挥经济体制改革火车头的作用。同样，即使对深化军队干部政策制度的调整等改革，也“要充分论证，加强理论研究和顶层设计，增强改革的系统性，明确改革的路线图，防止零敲碎打，防止来回折腾

① 习近平．习近平谈治国理政．北京：外文出版社，2014：100.

② 同①100－101.

③ 同①112.

‘翻烧饼’”①。做好顶层设计的最大好处，就是着眼全局“一盘棋”整体谋划，避免相互掣肘和打架，从而减少浪费和折腾。在习近平看来，我国新一轮推出的深化国家机构改革的蓝图，既有当下“改”的举措，又有长久“立”的设计，是一个比较全面、比较彻底、比较可行的改革顶层设计，应当坚决推进和实施。不仅如此，深化其他具体领域的改革或者实施其他重大战略，同样要进行整体谋划，作好顶层设计，以保证其科学有效地实施。比如：习近平要求，加快科技体制改革和科技创新，必须“制定创新驱动发展战略的顶层设计，对重大任务要有路线图和时间表”②。对我国住房改革问题同样要进行整体谋划和顶层设计，加快建立统一、规范、成熟、稳定的住房供应体系，保证人民群众住有所居。实施乡村振兴战略是篇大文章，只有加强顶层设计，统筹谋划，才能有条不紊地科学推进。在领导体制上，加强顶层设计，进行整体谋划，必须加强和改善党的领导，坚持党领导一切。党中央要“就重大目标任务作出顶层设计和全面部署。全国人大、国务院、全国政协、中央军委等各有关部门和有关方面要自觉行动起来，明确属于自己职责范围内的任务，找准工作方案，排出任务表、时间表、路线图，对做好工作提出明确要求”③。如对于扶贫攻坚、乡村振兴这类涉及国家战略的重点任务，要贯彻落实好中央统筹、省负总责、市县抓落实的管理体制。中央统筹，就是要在政策、资金和监管等方面作好顶层设计和统筹安排。比如，为了加强对全面推进依法治国的领导和协调，中央成立了全面依法治国委员会。习近平指出，这个委员会的职责在于“管宏观、谋全局、抓大事，既要破解当下突出问题，又要谋划长远工作，把主要精力放在顶层设计上”④。

在习近平看来，运用整体谋划方法进行顶层设计要注重处理好几

① 习近平．习近平关于全面深化改革论述摘编．北京：中央文献出版社，2014：115.

② 习近平．习近平谈治国理政．北京：外文出版社，2014：126.

③ 习近平在中共中央政治局第一次集体学习时强调 切实学懂弄通做实党的十九大精神．人民日报，2017-10-29.

④ 习近平主持召开中央全面依法治国委员会第一次会议强调 加强党对全面依法治国的集中统一领导 更好发挥法治固根本稳预期利长远的保障作用．人民日报，2018-08-25.

个重要关系。一是顶层设计与摸着石头过河的关系。顶层设计与摸着石头过河不是对立而是辩证统一的关系。“推进局部的阶段性改革开放要在加强顶层设计的前提下进行，加强顶层设计要在推进局部的阶段性改革开放的基础上来谋划。”① 没有局部的基层探索，不善于充分发挥人民群众的主体作用和首创精神，总结基层的实践经验和创造，顶层设计就会变成不切实际的空想，只能是纸上谈兵；如果没有整体谋划和顶层设计，基层的实践和探索就会失去正确的指导和引导，只能坐井观天、盲人摸象。所以，我们既要加强宏观思考和顶层设计，同时也要鼓励基层大胆探索，创造经验。二是总体谋划与久久为功的关系。要“正确把握总体谋划和久久为功的关系，坚定不移将一张蓝图干到底”②。改革既要做好顶层设计，统筹谋划，描绘好战略蓝图；同时又要以钉钉子的精神抓好落实，坚持一张蓝图干到底，久久为功出成效。三是目标引领与问题导向的关系。“既要以目标为着眼点，在统筹谋划、顶层设计上下功夫；又要以问题为着力点，在补短板、强弱项上持续用力。”③ 目标引领着眼于解决方向和根本性问题，问题导向着力于解决短板和弱项问题，全面深化改革要将二者结合起来，把准方向，击中靶的。四是顶层设计与分层对接的关系。习近平在谈到对党和国家的文件精神和方针政策的理解时强调，要正确把握和处理政策顶层设计与政策分层对接的关系，“既不能以局部代替整体、又不能以整体代替局部，既不能以灵活性损害原则性、又不能以原则性束缚灵活性”④。顶层设计的政策只有通过层层分解对接，结合各地具体情况，政策执行才能落到实处；而各地执行政策却不能因为地方的差异性、灵活性而大打折扣，搞无原则的变通，使政策执行变形走样。总之，只有辩证处理好这些关系，整体谋划和顶层设计才能充分发挥其重要作用和功能。

---

① 习近平. 习近平谈治国理政. 北京：外文出版社，2014：68.

② 习近平. 在深入推动长江经济带发展座谈会上的讲话. 北京：人民出版社，2018：12.

③ 习近平在中央和国家机关党的建设工作会议上强调 全面提高中央和国家机关党的建设质量 建设让党中央放心让人民群众满意的模范机关. 人民日报，2019-07-10.

④ 同①106-107.

三、民主决策法：汇集民意、集中民智

决策就是人们根据客观实际情况，依据规律、规范和规则，对如何实践行动拿主意、作决定的过程。决策是实践活动前的必经环节和必要前提，对实践结果具有决定性的作用和影响。决策最重要的是要正确决策、科学决策，而决策要科学、正确，就必须实行民主决策，广泛汇集民意、集中民智。习近平指出，“提高改革决策的科学性，很重要的一条就是要广泛听取群众意见和建议，及时总结群众创造的新鲜经验”，“最大限度集中全党全社会智慧，最大限度调动一切积极因素”①。民主决策是人民民主的基本形式，是人民有序政治参与的重要环节和内容。党的十九大报告强调要“扩大人民有序政治参与，保证人民依法实行民主选举、民主协商、民主决策、民主管理、民主监督”。没有民主，就没有社会主义；没有民主决策，也难以实现决策的科学化。民主集中制是马克思主义政党、社会主义国家机关和人民团体的基本组织原则，是群众路线在党的生活中的运用。习近平把汇集民意民智作为加强党的政治建设的重要内容和着力点。他说：“加强党的政治建设，要紧扣民心这个最大的政治，把赢得民心民意、汇集民智民力作为重要着力点。”② 人民的心声、人民的意愿、人民的智慧、人民的力量，可以凝聚成强大的合力和动力，为全面深化改革提供最丰厚的思想智慧。为此，要构建程序合理、环节完整的协商民主体系和制度，充分发挥协商民主在民主决策中的重要作用。

民主决策表现在党和国家政治生活、经济生活、社会生活等各个方面，贯穿于全面深化改革的全过程，对此习近平进行了系统的论述。首先，宪法的修改和修正要充分发扬民主。宪法是国家的根本大法。习近平强调，“宪法是人民的宪法，宪法修改要广察民情、广纳民意、广聚民智，充分体现人民的意志”③。他希望社会各界、党内外人士要深入思考，提

① 中共中央文献研究室．习近平关于全面深化改革论述摘编．北京：中央文献出版社，2014：41.

② 习近平在中共中央政治局第六次集体学习时强调 把党的政治建设作为党的根本性建设 为党不断从胜利走向胜利提供重要保证．人民日报，2018-07-01.

③ 征求对中共中央关于修改宪法部分内容的建议的意见 中共中央召开党外人士座谈会．人民日报，2018-01-21.

出富有建设性的意见和建议来。在经济社会发展中，领导机关的各项决策都应符合人民利益和意愿，广泛听取群众意见，集中民众智慧。习近平在谈到发挥院士作用时说，要发挥院士群体的智力优势，开展前瞻性、针对性、储备性战略研究，提出专业化、建设性、切实管用的意见和建议，为推进党和国家科学决策、民主决策、依法决策贡献更多智慧和力量。群众路线是正确决策、科学决策的工作路线。“从群众中来，到群众中去”本质上就是“民主—集中—民主”的过程。习近平指出，改革开放必须调动群众的积极性，尊重人民的首创精神。“改革开放在认识和实践上的每一次突破和发展，改革开放中每一个新生事物的产生和发展，改革开放每一个方面经验的创造和积累，无不来自亿万人民的实践和智慧。”① 我们要善于从人民的实践和发展要求中完善政策主张，不断把改革开放推向前进。但是，在实际工作中，官僚主义和形式主义常常不顾地方实际和群众意愿，喜欢拍脑袋决策、拍胸脯表态，盲目铺摊子、上项目，最后拍屁股走人，留下一堆后遗症。搞“一言堂”，不听群众意见，必然独断专行；盲目决策，不看客观情况，脱离实际，必然瞎指挥。民主决策是实现决策科学化，进而保证改革开放顺利推进的重要方式和方法。

如何进行民主决策、科学决策、依法决策，在习近平看来，最关键的是要建立和落实各项制度，用制度保证决策的民主化科学化法治化。为此，要贯彻落实民主集中制，充分发扬民主。习近平指出，党的十八大以来，党中央各项决策都严格执行民主集中制，都注重充分发挥党内民主。“要把我们这样一个大党大国治理好，就要掌握方方面面的情况，这就要靠发扬党内民主而来，靠各级党组织和广大党员、干部广泛听取民声、汇聚民意而来。领导干部要把民主素养作为一种领导能力来培养，作为一门领导艺术来掌握。”② 只有切实贯彻落实民主集中制，广泛听取各方面的意见和声音，才能把真知灼见提炼概括出来，作出科学的决策。要坚定实行

① 习近平. 习近平谈治国理政. 北京：外文出版社，2014：68.

② 中共中央政治局召开民主生活会强调 树牢“四个意识”坚定“四个自信”坚决做到“两个维护”勇于担当作为 以求真务实作风把党中央决策部署落到实处. 人民日报，2018-12-27.

人民代表大会制度，广泛听取来自人民代表的意见。“更好发挥人大代表作用，接地气、察民情、聚民智，用法治保障人民权益、增进民生福祉。”① 要发挥党领导的多党合作和政治协商制度优势，共同把中国的事情办好，必须进一步推进协商民主广泛多层制度化发展，拓展协商民主渠道和形式，“深入开展立法协商、行政协商、民主协商、参政协商、社会协商”，“更加活跃有序地组织专题协商、对口协商、界别协商、提案办理协商，增加协商密度，提高协商成效”②。各民主党派和党外人士要当好中国共产党的好参谋、好帮手、好同事，促进科学决策、民主决策、依法决策，加快推进国家治理体系和治理能力现代化。

四、社会动员法：坚持社会动员、凝聚各方力量

任何一项重大社会实践活动，都必须把组织动员工作做在前面。改革开放是亿万人民群众自己的事业，只有把广大群众充分动员起来，全身心投入到改革开放的伟大实践中去，才能产生改天换地的实际效果。依靠人民力量，广泛动员群众行动起来，积极支持和参与革命、建设、改革，是中国共产党的政治优势和制胜法宝。全面深化改革要深入推进，必须进行广泛社会动员，提高社会动员能力，建立健全社会动员体系。习近平针对打好精准脱贫攻坚战明确指出：要“坚持社会动员、凝聚各方力量，充分发挥政府和社会两方面力量作用”③，形成全社会广泛参与的格局。全面深化改革必须坚持党的领导，发挥党和政府强大的引导力、组织力和执行力；但同时必须依靠广大人民群众，动员发动全社会成员行动起来，积极投身和参与改革。社会动员的实质就是把广大群众调动、发动起来，动员各条战线各部门一起来做。习近平指出，各地各部门都要善于进行组织动员，把各方面的积极因素调动起来，为全面深化改革添砖加瓦、献计出力。他要求，必须“最广泛地动员和组织人民依照宪法和法律规定，通过

① 习近平对地方人大及其常委会工作作出重要指示强调 结合地方实际创造性做好立法监督等工作 更好助力经济社会发展和改革攻坚任务. 人民日报，2019-07-19.

② 习近平. 习近平谈治国理政. 北京：外文出版社，2014：82.

③ 习近平在打好精准脱贫攻坚战座谈会上强调 提高脱贫质量聚焦深贫地区 扎扎实实把脱贫攻坚战推向前进. 人民日报，2018-02-15.

各级人民代表大会行使国家权力，通过各种途径和形式管理国家和社会事务、管理经济和文化事业”①，使人民真正成为国家、社会和自己命运的主人。他强调，要动员全社会支持和参与脱贫攻坚战，坚持精准扶贫、精准脱贫，聚焦深度贫困地区，提高脱贫质量，打赢决胜全面建成小康社会的硬仗。他号召，真枪真刀推进改革，进行广泛社会动员，“引导广大干部群众共同为改革想招、一起为改革发力”②，凝聚全社会全面推进和深化改革的强大动力。

运用社会动员法，组织、宣传、动员和发动群众，既是一种能力本领，也是一门学问和艺术。广泛进行社会动员，首先要统一思想，凝聚共识。“人心齐，泰山移”。如果思想不统一，没有共识，就不可能广泛动员起来，团结一心干事业。习近平认为，“现在，改革到了一个新的重要关头”，“有的在思想认识上难以统一”，有的“甚至把形成改革共识说成是伪命题”。但越是思想认识不统一，越要加强思想引导，善于寻求最大公约数。如果“没有广泛共识，改革就难以顺利推进，也难以取得全面成功”。因此，“要做好统一思想、凝聚共识的工作，加强对改革的正面宣传和舆论引导，及时回答干部群众关心的重大思想认识问题”。事实上，“解放思想的过程就是统一思想的过程，解放思想的目的是为了更好统一思想。思想统一了，才能最大限度凝聚改革共识，形成改革合力”③。其次，要广泛组织动员，深入发动群众。群众中蕴藏着无穷的智慧和力量，要开发挖掘出来，就要广泛动员，加强组织和引导。习近平强调，对于社会各界群团组织和广大群众，都要善于组织和动员其服务于改革开放和社会主义建设的工作大局。要善于动员工会组织和广大职工，投身于改革开放和现代化建设的伟大实践，通过辛勤的劳动，创造新的建设成就和业绩。要善于动员和鼓励广大知识分子，推进改革创新，勇攀科研高峰，攻克技术难题，为国家崛起和民族振兴贡献聪明才智。要善于“广泛组织动员广大青年在深化改革开放、促进经济社会发展中充分发挥生力军作用”，“让广

① 习近平．习近平谈治国理政．北京：外文出版社，2014：139.

② 习近平．习近平谈治国理政：第2卷．北京：外文出版社，2017：97.

③ 中共中央文献研究室．习近平关于全面深化改革论述摘编．北京：中央文献出版社，2014：38.

大青年敢于有梦、勇于追梦、勤于圆梦”[①]。要善于动员和团结广大妇女，发挥妇女在社会生活和家庭生活中的“独特作用”，做好本职工作，为改革开放和现代化建设建功立业。各级组织领导都要学会进行社会动员，基层党组织尤其要成为团结动员群众、推动改革发展的坚强战斗堡垒，让基层党组织和基层干部更好地宣传群众、发动群众、组织群众、服务群众。再次，要建章立制，建立社会动员体系。现代社会是高度组织化的社会，动员群众是涉及全社会的工作，必须建立规范有序的社会动员体系。任何改革创新和群众活动，号召动员必须先行。比如，对于扶贫攻坚的重大战略，习近平指出，“要动员全党全国全社会力量，坚持精准扶贫、精准脱贫”[②]，并强调要建立广泛参与、合力攻坚的社会动员体系，将各方面的力量汇聚起来，形成全社会广泛参与脱贫攻坚的格局。对于推动长江经济带发展，他同样强调要加强领导，强化责任，更加有效地动员和凝聚各方面力量，加快形成全社会共同参与的共抓大保护、不搞大开发的格局。

如果从主体自身来说，进行社会动员最重要的是提高社会动员能力和本领。在党的十九大报告中，习近平强调要全面增强执政本领，其中包括“增强群众工作本领，创新群众工作体制机制和方式方法”。社会动员是一种重要的工作能力，必须增强群众观念，到工作实践中去历练和提高。同时，要善于采用新的方式和手段来提高社会动员能力与效果。习近平认为，现代信息化社会的微博、微信等社交网络具有传播快、影响大、覆盖广、社会动员能力强的特点，尤其要掌握学会并善于利用，同时要加强网络法制建设和网上舆论的引导。善于学习新方法和新技术，学会运用新的手段和工具，可以大大提高我们的社会动员能力，增强动员群众、服务群众的本领。总之，只有广泛动员群众行动起来，才能推动形成大规模的群众实践，将党的力量转化为社会力量，将方针政策力量转化为群众实践力量，将精神力量转化为改造社会的物质力量。

---

① 习近平在同团中央新一届领导班子成员集体谈话时强调 代表广大青年赢得广大青年依靠广大青年 让广大青年敢于有梦勇于追梦勤于圆梦. 人民日报，2018-07-03.

② 习近平. 决胜全面建成小康社会 夺取新时代中国特色社会主义伟大胜利：在中国共产党第十九次全国代表大会上的报告. 人民日报，2017-10-28.

第二节　中期运作方法

改革经过前期准备，整体谋划、科学决策、广泛动员、探试成功后，就要投入大规模的改革实践运作中去。如何才能使群众广泛参与的大规模的全面改革既轰轰烈烈、又实实在在，既大胆突破、又行稳致远，在习近平看来，最重要的是要“积极稳妥，有序推进”。这就要求我们坚持党对改革的全面领导，踏石留印抓好落实，有效防范和化解各种风险，把握好改革的节奏和力度，从而打好全面深化改革这场攻坚战，让人民群众有更多的获得感和更大的满意度。

一、总揽全局法：坚持党对改革的集中统一领导

中国共产党领导是中国特色社会主义最本质的特征，坚持党的领导是做好党和国家一切工作的根本保证。“改革开放是亿万人民自己的事业，必须坚持尊重人民首创精神，坚持在党的领导下推进”①。党是最高政治领导力量，全面深化改革，必须“充分发挥党总揽全局、协调各方的领导核心作用”②，“无论改什么、改到哪一步，坚持党对改革的集中统一领导不能变”③。所谓是总揽全局法，就是党居于核心地位，统领全局，“把方向、谋大局、定政策、促改革”，协调全国上下左右各方面开展工作，推动各项改革的不断深化。把方向，要求各级党组织在工作中要始终把握正确的道路和前进方向，坚定不移地沿着中国特色社会主义道路前进；谋大局，就是要统筹谋划，设计目标蓝图，进行全面部署和总体安排，督促各项工作的落实；定政策，就是要制定正确的路线方针和政策措施，保证各项任务的顺利实施；促改革，就是要不断促进和深化改革，推动高质量发展，

① 中共中央文献研究室．习近平关于全面深化改革论述摘编．北京：中央文献出版社，2014：138.

② 习近平．习近平谈治国理政．北京：外文出版社，2014：13.

③ 习近平主持召开十九届中央全面深化改革领导小组第一次会议强调 全面贯彻党的十九大精神 坚定不移将改革推向深入．人民日报，2017-11-21.

实现预期的经济社会发展目标。中国共产党是中国特色社会主义事业的领导核心。习近平对党的领导核心作用作过鲜明生动的阐释，他指出：“形象地说是‘众星捧月’，这个‘月’就是中国共产党。”这也就是说，“党政军民学，东西南北中，党是领导一切的。”① 坚持党的领导核心地位和作用，最关键的是增强“四个意识”，坚定“四个自信”，做到“两个维护”。全面深化改革是一场触及深层社会关系和利益调整的革命，必须在党的领导下有序推进，坚决维护习近平总书记党中央的核心、全党的核心地位，坚决维护党中央权威和集中统一领导。党的领导是中国特色社会主义最本质的特征，也是社会主义改革开放的最本质特征。改革开放以来，“我国经济社会发展之所以能够取得世所罕见的巨大成就，我国人民生活水平之所以能够大幅度提升，都同我们坚定不移坚持党的领导、充分发挥各级党组织和全体党员作用是分不开的”②。当今，全面深化改革必须坚持社会主义市场经济改革方向。习近平认为，“坚持党的领导，发挥党总揽全局、协调各方的领导核心作用，是我国社会主义市场经济体制的一个重要特征”。正确运用政府这只“看得见的手”和市场这只“看不见的手”，都离不开党的领导。全面深化改革顺应了新时代中国人民要发展、要创新、要求美好生活的需求和愿望，是一场攻坚战，是对我们党执政能力的又一次重大考验。要领导好这场攻坚战，就必须“加强和改善党对全面深化改革的领导”③。

坚持党对一切工作的领导，是全面的、系统的、具体的，要体现和贯彻到改革发展稳定、内政外交国防、治党治国治军等各个领域。首先，党的领导是坚持改革正确方向的保证。习近平指出，我们的改革是有方向、有立场、有原则的改革。“党要总揽全局、协调各方，坚持科学执政、民主执政、依法执政，完善党的领导方式和执政方式，提高党的执政能力和领导水平，不断提高党把方向、谋大局、定政策、促改革的能力和定力，

① 习近平．决胜全面建成小康社会 夺取新时代中国特色社会主义伟大胜利：在中国共产党第十九次全国代表大会上的报告．人民日报，2017-10-28．

② 习近平．习近平谈治国理政．北京：外文出版社，2014：118．

③ 同②75．

确保改革开放这艘航船沿着正确航向破浪前行。”[①] 其次，党的领导是解决和处理好改革开放各种问题的关键。“全面深化改革，必须加强党对改革的领导，必须坚持问题导向，必须狠抓改革落实，必须深化对改革规律的认识和运用。”[②] 这四个“必须”，最重要的加强党的领导。有了党坚强有力的核心领导作用，才能有效解决其他问题。坚持问题导向，着力解决改革中的各种难题，必须发挥党的核心作用，把群众所面临的问题集中起来，理顺头绪，明确改革的重点和突破口，统筹进行全面的部署和安排。狠抓落实，将改革的任务、决策、措施落实下去，必须依靠党强有力的领导力、组织力和执行力，这样才能组织到位、落实到位、工作到位而产生实效。深化对改革规律的认识和运用，尤须在党的领导下不断推进实践创新和理论创新，总结经验，探索规律，运用改革的规律来深化改革。最后，党的领导是打好改革开放各种硬仗的根本。经济特区在改革开放中具有先行和示范作用。海南等经济特区的成功实践，“充分证明了无论改什么、改到哪一步，都要坚持党的领导”[③]。党和国家机构职能体系是中国特色社会主义制度的重要组成部分，是党执政的重要保证。深化党和国家的机构改革，必须加强党的领导，坚持问题导向，突出重点领域，在一些重要领域和关键环节取得突破。深化生态文明体制改革，建设生态文明制度，打好污染防治这场“大仗、硬仗、苦仗，必须加强党的领导”[④]，各级党委必须担负起生态文明建设的政治责任。概言之，发挥党总揽全局、协调各方的核心作用，是全面深化改革攻坚克难、顺利完成各项任务、夺取胜利的根本。

坚持党总揽全局、协调各方，要坚决贯彻落实民主集中制。坚持党的集中统一领导，必须克服分散主义、本位主义，避免议而不决、决而不行。“党政主要负责同志是抓改革的关键，要把改革放在更加突出位置来抓”。努力“做到重要改革亲自部署、重大方案亲自把关、关键环节亲自

---

① 习近平．在庆祝改革开放 40 周年大会上的讲话．人民日报，2018-12-19．

② 习近平．习近平谈治国理政：第 2 卷．北京：外文出版社，2017：107．

③ 习近平．在庆祝海南建省办经济特区 30 周年大会上的讲话．人民日报，2018-04-14．

④ 习近平在全国生态环境保护大会上强调 坚决打好污染防治攻坚战 推动生态文明建设迈上新台阶．人民日报，2018-05-20．

协调、落实情况亲自督察”①，亲力亲为，把工作抓实做好。同时，要解决好“本领恐慌”问题，着力提高党把方向、谋大局、定政策、促改革的能力和定力，善于处理各种复杂矛盾，勇于战胜各种艰难险阻，牢牢把握工作主动权。要自觉用改革思维谋划和推动工作，提高领导、谋划、推动、落实改革的能力和水平。“要着眼于领导好全面深化改革这场攻坚战，加强学习和实践，努力提高各级领导干部的思想政治能力、动员组织能力、驾驭复杂矛盾能力。”② 要完善和坚持党的领导的体制机制，确保党的领导全覆盖、全贯通，更加坚强、更加有力。要深化党和国家的机构改革，形成有利于总揽全局、协调各方的党的领导体系和机制。为了加强对全面深化改革的领导，党的十八届三中全会，中央宣布成立全面深化改革领导小组，“负责改革总体设计、统筹协调、整体推进、督促落实。这是为了更好发挥党总揽全局、协调各方的领导核心作用，保证改革顺利推进和各项改革任务落实”③。在中央全面深化改革领导小组第一次会议上，习近平强调，各专项小组、中央改革办等要着力抓统筹、抓方案、抓落实、抓调研，做到既各司其职、各负其责，又加强协作配合，形成工作合力。党的十九大将全面深化改革领导小组改为全面深化改革委员会，多次召开会议及时研究全面深化改革问题，制定了一系列决策和措施，为全面深化改革提供有力的指导，有效发挥了党总揽全局、协调各方的核心作用。办好中国的事情，关键在党；全面深化改革，同样关键在党。打铁必须自身硬，全面深化改革必须全面从严治党。只有全面从严治党，深入开展党的作风建设和反腐败斗争，永葆我们党的先进性和纯洁性，才能确保党始终成为中国特色社会主义事业的坚强领导核心。

二、节奏掌控法：分清轻重缓急

在实践活动中，我们无论干什么事情、处理问题、推进工作都既不能

---

① 习近平．习近平谈治国理政：第 2 卷．北京：外文出版社，2017：106.

② 中共中央文献研究室．习近平关于全面深化改革论述摘编．北京：中央文献出版社，2014：146.

③ 习近平．习近平谈治国理政．北京：外文出版社，2014：86.

拖拉迟缓，也不能盲目冒进。超前或滞后，忽“左”或忽右，冒险主义或保守主义都是干革命、搞改革的大敌，必须与之进行坚决的斗争。这就要求我们掌握事物的进程和发展的节奏，注意分清轻重缓急，推动事物持续健康有序发展。在中国革命、建设和改革的长期过程中，我们党的领导人历来都十分重视倡导和运用这种掌握节奏、有条不紊开展工作的方法。毛泽东早在革命战争年代就说：“我们需要的是热烈而镇定的情绪，紧张而有秩序的工作。”① “周恩来同志强调，要正确处理各种关系，分清轻重缓急，做到统筹全局、综合平衡、协调发展”②。邓小平要求，经济社会发展要稳健快进、协调运行。“掌握节奏和步骤，搞好统筹协调”③，也是习近平倡导的重要改革方法和工作方法。习近平指出，改革“也要讲究瓜熟蒂落、水到渠成，条件成熟、形成共识的就先推进，能改的先改起来”，“有的改革还需要探索、还需要时间，可以进一步积累共识和经验，条件成熟时再作推进”④。必须掌握节奏，分清轻重缓急，不能毕其功于一役。在难度上，全面深化改革要坚持“先易后难”。古语云：天下难事，必作于易；天下大事，必作于细。改革“要坚持先易后难，易做的先做，难做的不是不做，而是要抓紧谋划、及早推出，为深化下一步改革创造条件”⑤。在步履上，全面深化改革要坚持“蹄疾步稳”。既要快步前行，大胆突破；又要步子稳妥，持续有序。“对改革进程中已经出现和可能出现的问题，困难要一个一个克服，问题要一个一个解决，既敢于出招又善于应招，做到‘蹄疾而步稳’。”⑥ 在深度上，全面深化改革要坚持由浅入深。以前的改革是浅层次的、比较容易的改革。现在，改革“已进入深水区，可以说，容易的、皆大欢喜的改革已经完成了，好吃的肉都吃掉了，剩下的都是难啃的硬骨头”⑦。这就要求我们敢于触及深层次的利益关系和矛盾，敢于向积累

---

① 毛泽东．毛泽东选集：第1卷．2版．北京：人民出版社，1991：202.

② 习近平．在纪念周恩来同志诞辰120周年座谈会上的讲话．人民日报，2018-03-02.

③ 习近平．习近平谈治国理政：第2卷．北京：外文出版社，2017：98.

④ 中共中央文献研究室．习近平关于全面深化改革论述摘编．北京：中央文献出版社，2014：73.

⑤ 同④146.

⑥ 同④148.

⑦ 同④51.

的顽瘴痼疾开刀，勇于攻坚克难。掌握节奏和力度，由易到难、由疾到稳、由浅入深，循序渐进地推进改革，是我国改革开放成功的重要方法和奥秘。

掌控节奏、把握力度全面深化改革，表现在许多方面。一是“要准确推进改革”①。怎么改、改什么，要有政治定力，有我们的政治原则和底线。我们今天所进行的改革，都是在既定方向上的改革，而不是改航转向。全面深化改革必须坚持社会主义的方向不动摇，决不能丢掉党、国家、人民安身立命的根本。二是要准确推进改革。必须准确理解中央的政策和精神，按照中央的统一部署和要求来推进改革，不要马马虎虎、粗枝大叶，事情还没弄明白就盲目推进。当然，只要经过了充分论证和评估，只要是符合实际、必须做的，该干的还是要大胆干。三是要有序推进改革。全面深化改革是全国一盘棋，各地不要抢跑，也不要拖延；该试点的不要仓促推开，该深入研究的不要急于求成；该先法律授权的不要超前推进，该要创造条件的要先创造条件。必须坚持分阶段、有步骤地推进改革，确保改革稳步有序推进。四是要协调推进改革。全面深化改革涉及各领域各方面，要增强改革的系统性、整体性、协同性，把握全局，注意协调，力争最大综合效益。改革的目标任务和部署安排，有近期的、有中期的，也有长期的，实践中要把握节奏，分清轻重缓急，有计划有步骤有秩序地加以整体推进。出台改革的政策措施，要把握政策出台的节奏和力度，注重统筹协调。什么时候出台什么样的政策措施，要胸中有数，不管实际情况和政策衔接，频繁密集推出，或者在该出台时不出台，政策出台严重滞后，都难以收到应有的效果。如果不管系统协调、不看时差顺序、不分轻重缓急、不讲主次关系搞改革、办事情，只会把改革弄得一塌糊涂。习近平强调，“改革是一个破旧立新的过程，如果不注意配套和衔接，不注意时序和步骤，也容易产生体制机制上的缝隙和漏洞，为一些人提供寻租、搞腐败的机会”，“一些人就是利用新旧制度转换的落差和时差来牟取私利、中饱私囊的”②。这不仅深刻揭示了把握节奏、循序渐进系统推进

---

① 中共中央文献研究室．习近平关于全面深化改革论述摘编．北京：中央文献出版社，2014：49.

② 同①81.

改革的重要性，也揭示了改革如果失序，则会导致改革失误乃至失败。

根据习近平的重要讲话和论述，掌握节奏、有条不紊地推进改革和各项工作，要注意处理和解决好几个方面的问题：一是稳与进的问题。当前，我国经济发展面临的国际环境和国内条件都发生了复杂的变化，经济运行稳中有变、变中有忧，“各地区各部门要平衡好稳增长和防风险的关系，把握好节奏和力度”①，保持经济持续健康发展、社会和谐稳定的大局。为此，习近平提出了“稳中求进”的工作总基调，要求全面做好稳就业、稳金融、稳外贸、稳外资、稳投资、稳预期的“六稳”工作，做到稳中求进。同时强调“稳”和“进”是辩证统一的，要作为一个整体把握好，并将其作为治国理政的一个重要原则，要求长期坚持。二是主与次的问题。“要把握主次关系，区分轻重缓急”②。作为党政领导，在全面深化改革的过程中“要明确属于自己职责范围内的任务，抓住突出短板和薄弱环节，分清轻重缓急，加强政策配套，加强协同攻坚，加强督察落实，确保各项目标任务按时保质完成”③。对于主要矛盾和主要问题，要放在突出位置，集中力量优先解决，抓住短板抓好落实。对于次要矛盾和次要问题，也要在解决主要矛盾和主要问题时，注意有序协同加以解决，防止顾此失彼。三是活力与有序的问题。“要处理好活力和有序的关系，社会发展需要充满活力，但这种活力又必须是有序活动的。死水一潭不行，暗流汹涌也不行。”④ 不解放思想，不改革开放，社会发展没有活力，就会死水一潭。但如果思想解放无原则、改革开放失方向，社会思想散乱、暗流涌动，改革失序、经济失调，就会造成经济社会的混乱乃至倒退。由此不难看出，清醒地把握这些问题，辩证地处理这些关系，分清事情的主次和轻重缓急开展工

---

① 习近平在省部级主要领导干部坚持底线思维着力防范化解重大风险专题研讨班开班式上发表重要讲话强调 提高防控能力着力防范化解重大风险 保持经济持续健康发展社会大局稳定. 人民日报，2019-01-22.

② 习近平在中共中央政治局第十六次集体学习时强调 凝心聚力实施改革强军战略 把新时代强军事业不断推向前进. 人民日报，2019-08-01.

③ 中共中央政治局召开民主生活会 以认真学习贯彻习近平新时代中国特色社会主义思想 坚定维护以习近平同志为核心的党中央权威和集中统一领导 全面贯彻落实党的十九大各项决策部署情况为主题进行对照检查. 人民日报，2017-12-27.

④ 习近平. 习近平谈治国理政. 北京：外文出版社，2014：93.

作，是保证改革行稳致远、经济社会协调健康发展的重要方式方法。

三、改革攻坚法：抓铁有痕、踏石留印

党的十八届三中全会从宏观长远战略上描绘了新一轮全面深化改革的宏伟蓝图，制定了新时代改革的目标任务、路线图、施工图和时间表，关键在于抓落实。习近平历来强调“空谈误国，实干兴邦”“干在实处，走在前列”，并鲜明地提出了“抓铁有痕”的方法，强调干工作“要以踏石留印、抓铁有痕的劲头抓下去，善始善终、善做善成”①。“改革不是做样子，不是做表面文章，只说不做不行，说了做了没有成效也不行。不能叶公好龙！要以抓铁有痕、踏石留印的劲头，做到言必信、行必果。”② 改革开放 40 多年的成就不是天上掉下来的，而是中国人民依靠勤劳智慧，通过艰苦创业干出的一片新天地。“抓铁有痕”法就是抓落实方法，就是一步一个脚印、一个板眼一颗钉子地把事情抓实干好的方法。任何装在脑袋、说在嘴上、写在纸上的东西，都只是主观的东西，只有通过实践和实际行动才能变成客观现实。习近平始终认为，“一分部署，九分落实”③。只有抓实、再抓实，才能取得预期的成效。“不抓实，再好的蓝图只能是一纸空文，再近的目标只能是镜花水月。”④ 抓落实来不得花拳绣腿。做做样子，摆摆架子，喊喊口号，发发文件，尽管忙碌得很，但这种形式主义的摆设，不会有多少实际效果。因此，必须要有真抓的实劲、敢抓的狠劲、善抓的巧劲、常抓的韧劲，抓铁有痕、踏石留印抓落实。“抓铁有痕、踏石留印”就是要在铁上、石上抓踏出印迹来，这凭的是力、靠的是劲。真抓要有实劲、敢抓要有狠劲、善抓要有巧劲、常抓要有韧劲，没有一股气、一股劲，是抓不出成效来的。从政治和党性的高度看，“抓落实，是党的政治路线、思想路线、群众路线的根本要求，也是衡量领导干部党性

---

① 习近平．习近平谈治国理政．北京：外文出版社，2014：387.

② 中共中央文献研究室．习近平关于全面深化改革论述摘编．北京：中央文献出版社，2014：145.

③ 同①101.

④ 同②151.

和政绩观的重要标志”[①]。思想路线的内涵就是实事求是抓落实，群众路线的本质就是依靠群众抓落实，政治路线的执行就是贯彻党的主张抓落实，所以抓落实是政治路线、思想路线、群众路线的应有之义和根本要求。抓不抓落实是党性强不强、作风实不实的重要体现，也是衡量领导干部政绩观正确不正确的重要标志。如果不抓落实，必然思想松懈、作风漂浮、政绩注水。可见，抓落实不仅是方法论问题，同时也是世界观和价值观的问题，对于领导干部来说极其重要。

全面深化改革抓落实，就是要体现在真枪真刀推进改革上。习近平指出，现在改革已经有了好的蓝图、好的决策，最重要的是狠抓落实。“实施方案要抓到位，实施行动要抓到位，督促检查要抓到位，改革成果要抓到位，宣传引导要抓到位”[②]。这五个“抓到位”体现了全面深化改革抓落实的多个方面。实施方案抓到位，就是方案制定要保证质量，抓住改革的突出问题和关键环节，找出体制机制上的症结，拿出解决问题的措施和办法。实施行动抓到位，就是要雷厉风行、大刀阔斧办大事，行动要迅速、执行要有力，掌握好节奏和步骤，统筹协调、相互配合、整体推进，产生良好效果。督促检查抓到位，就是要强化督促考核机制，实行项目责任制，分兵把守，守土有责，每项工作都要定责追责到人，主动检查落实情况，督促到位贴身紧逼。改革成果抓到位，就是要建立健全全面深化改革的效果评价体系，对改革结果和成效进行评估，做得好的坚持，有偏差的调整，不对的赶快改，保证改革成果的正当性和有效性。宣传引导抓到位，就是加大改革宣传引导的力度，积极宣传改革新进展新成果，及时总结经验，营造更加有利的改革环境。习近平说：“改革重在落实，也难在落实”[③]。现在，抓改革、抓落实的有利条件越来越多，改革的思想基础、实践基础、制度基础、民心基础都更为坚实，要投入更多精力、下更大气

① 中共中央政治局召开民主生活会 以认真学习贯彻习近平新时代中国特色社会主义思想 坚定维护以习近平同志为核心的党中央权威和集中统一领导 全面贯彻落实党的十九大各项决策部署情况为主题进行对照检查. 人民日报，2017-12-27.

② 习近平. 习近平谈治国理政：第 2 卷. 北京：外文出版社，2017：97.

③ 习近平主持召开中央全面深化改革委员会第四次会议强调 加强领导科学统筹狠抓落实 把改革重点放到解决实际问题上来. 人民日报，2018-09-21.

力来抓落实，把改革重点放到切实解决实际问题、取得更大实效上来。“要拿出抓铁有痕、踏石留印的韧劲，以钉钉子精神抓好落实，确保各项重大改革举措落到实处。”① 习近平还强调在全面深化改革的过程中，与改革相配套的各项工作都要抓紧、抓好、抓实。干部作风建设要抓落实，必须以上率下，用钉钉子精神抓落实。民生领域的体制机制创新要抓落实，关键要抓重点、抓实在、抓持久、抓组织，切实保障和改善民生。推动长江经济带发展要抓落实，要抓铁有痕、踏石留印，把工作抓实抓好②，加强改革创新、战略统筹、规划引导，以长江经济带发展推动高质量发展。由此可见，抓落实只有各方面同心协力用力抓、配合抓、全面抓，才能抓出实实在在的成效和成果。

抓落实是一项硬碰硬、实打实的本领。习近平指出，增强狠抓落实的本领，要“坚持说实话、谋实事、出实招、求实效，把雷厉风行和久久为功有机结合起来，勇于攻坚克难，以钉钉子精神做实做细做好各项工作”③。说实话是抓落实的基本点，谋实事是抓落实的出发点，出实招是抓落实的着力点，求实效是抓落实的根本点。抓落实重在于做、重在于行，说来容易，做起来并不容易。为此，首先要有钉钉子的精神和韧性。“盯着抓、反复抓，直到抓出成效。”“抓而不紧，抓而不实，抓而不常，等于白抓。”④ 这需要提高认识，在思想意识上有一种狠劲和韧劲。同时，要层层都抓落实，一级抓一级，一级带一级，逐级负责。“抓落实，一把手是关键，要把责任扛在肩上，勇于挑最重的担子，敢于啃最硬的骨头，善于接最烫的山芋，把分管工作抓紧抓实、抓出成效。”⑤ 一把手抓得实，不仅

---

① 习近平．在庆祝改革开放40周年大会上的讲话．人民日报，2018-12-19.

② 习近平在深入推动长江经济带发展座谈会上强调 加强改革创新战略统筹规划引导 以长江经济带发展推动高质量发展．人民日报，2018-04-27.

③ 习近平．决胜全面建成小康社会 夺取新时代中国特色社会主义伟大胜利：在中国共产党第十九次全国代表大会上的报告．人民日报，2017-10-28.

④ 中共中央文献研究室．习近平关于全面深化改革论述摘编．北京：中央文献出版社，2014：71.

⑤ 中共中央政治局召开民主生活会 以认真学习贯彻习近平新时代中国特色社会主义思想 坚定维护以习近平同志为核心的党中央权威和集中统一领导 全面贯彻落实党的十九大各项决策部署情况为主题进行对照检查．人民日报，2017-12-28.

工作易见成效，而且能够使周围形成重实抓实做实的环境，防止出现吹吹拍拍、华而不实的不良风气。抓落实还必须注重落细、落小，从个人做起、从小事抓起，特别要注重打通抓落实的“最后一公里”，下沉到基层群众中去。而且，要建制度、立规矩，让制度“长牙”，让规矩“带电”，真正能够让真抓实干的人“上”，让浮夸虚报的人“下”。制定并严格执行这样的制度和激励机制，坚持实事求是抓落实就会蔚然成风。

四、风险管控法：防范化解重大风险

风险就是可能遇到的损害与危险。任何实践活动都不可能是平平稳稳、一帆风顺的，都存在着许多预想不到的隐患和风险。改革开放和现代化建设事业是开创性事业，必然会出现这样或那样的曲折和问题，遇到各种挑战和风险。在邓小平看来，“不冒点风险，办什么事情都有百分之百的把握，万无一失，谁敢说这样的话?”① 习近平同样认为，搞改革，“不可能都是四平八稳、没有任何风险”②。既要敢于直面、承担一定风险，又要善于风险管控，着力防范和化解风险。习近平对风险问题高度重视，把提高拒腐防变和抵御风险能力，作为我们党执政的两大重要能力，多次强调要“不断提高党的领导水平和执政水平、提高拒腐防变和抵御风险能力”③。党的十九大，他提出把防范化解重大风险、精准脱贫、污染防治作为全面建成小康社会决胜期的“三大攻坚战”，向全党提出打好、打赢这三大攻坚战的任务。2019 年 1 月，在省部级主要领导干部坚持底线思维着力防范化解重大风险专题研讨班开班式上，习近平从党和国家的战略高度全面系统分析和论述了防范化解重大风险的问题。

风险主要有以下基本特征：一是客观性和现实性。风险是客观的社会现象，想回避也回避不了。事情计划得再妥当周密，也难以完全避免风险。无论从历史、现在和未来来看，风险都是客观存在的事实，是必须面对的现实。习近平总结我们党革命、建设、改革的历史经验时说：“我们

---

① 邓小平. 邓小平文选：第 3 卷. 北京：人民出版社，1993：372.
② 习近平. 习近平谈治国理政. 北京：外文出版社，2014：87.
③ 同②390.

的事业成功都是经过艰辛探索、艰苦奋斗取得的。想一帆风顺推进我们的事业，想顺顺当当实现我们的奋斗目标，那是不可能的。可以预见，在今后的前进道路上，来自各方面的困难、风险、挑战肯定还会不断出现，关键看我们有没有克服它们、战胜它们、驾驭它们的本领。”① 二是可能性和偶发性。风险不是事物发展过程的常态，可能发生、也可能不发生，可以这样发生、也可以那样发生，有的可以预见、有的也难于预见。在习近平看来，重大风险主要有两类：一类是“灰犀牛”事件，这类风险是可以大体预料和预测的风险。如经济运行中的各种风险，像金融风险、贸易摩擦风险等等。另一类是“黑天鹅”事件，这类事件像黑天鹅一样具有偶然性和突发性，是难以预料和未曾预料、预测的风险，如2019年底世界突发的新冠肺炎疫情，就属于这类意想不到的“黑天鹅”事件。对此，习近平强调：“我们必须始终保持高度警惕，既要高度警惕‘黑天鹅’事件，也要防范‘灰犀牛’事件；既要有防范风险的先手，也要有应对和化解风险挑战的高招；既要打好防范和抵御风险的有准备之战，也要打好化险为夷、转危为机的战略主动战。”② 三是联动性和叠加性。各类风险不仅作用于各自领域，而且可以相互渗透、交织、影响，还可以相互传导、联动、叠加、升级，发展为更大的风险。习近平说，“各种矛盾风险挑战源、各类矛盾风险挑战点是相互交织、相互作用的。如果防范不及、应对不力，就会传导、叠加、演变、升级”③。从程度看，小的矛盾风险挑战就会发展成大的矛盾风险挑战；从范围看，局部的矛盾风险挑战就会发展成系统的矛盾风险挑战；从内外看，国际上的矛盾风险挑战就会演变为国内的矛盾风险挑战；从领域看，经济、社会、文化、生态文明领域的矛盾风险挑战就会转化为政治领域的矛盾风险挑战，甚至最终危及党的执政地位、危及国家安全。因此，全党一定要做好防范化解各种风险的准备和工作。四是危险性和危害性。各类风险都会危害各自领域的正常发展和

① 习近平．习近平谈治国理政．北京：外文出版社，2014：402.

② 习近平在省部级主要领导干部坚持底线思维着力防范化解重大风险专题研讨班开班式上发表重要讲话强调 提高防控能力着力防范化解重大风险 保持经济持续健康发展社会大局稳定．人民日报，2019-01-22.

③ 习近平．习近平谈治国理政：第2卷．北京：外文出版社，2017：222.

运转，造成程度不一、直接或间接的损害和损失。而有的重特大风险如果应对不及，会危及整个国家的安全体系，甚至可能中断民族复兴的大业，这是尤其要加以警觉和防范的。故此，习近平指出，“我们一定要增强忧患意识、做到居安思危，保持战略定力，坚定必胜信念，大胆开展工作，全面做好改革发展稳定各项工作，着力破解突出矛盾和问题，有效防范和化解各种风险”①。可见，无论作为三大攻坚战的战略任务，还是作为日常工作的目标，防范化解风险都被放到了党和国家工作大局的极其重要的地位。

在一系列重要讲话和论述中，习近平就全面深化改革和现代化建设中防范化解政治、意识形态、经济、科技、社会、外部环境、党的建设等领域重大风险作出深刻分析、提出了明确要求。一是防范化解政治风险，确保国家政治安全。政治安全是党和国家的生命，政治安全失守，国家政权就可能被颠覆和推翻，国家就会改旗易帜，党就会改变颜色。因此，习近平强调，要树立和贯彻总体国家安全观，加强政治建设，“把准政治方向，坚持党的政治领导，夯实政治根基，涵养政治生态，防范政治风险，永葆政治本色，提高政治能力”②，确保我国沿着中国特色社会主义道路阔步前进。二是防范化解意识形态风险，坚持马克思主义在意识形态领域的指导地位。马克思主义是我们立党立国的根本，必须坚持以马克思主义为指导不动摇。当前，要特别注重加强舆论引导，维护网络安全，持续巩固壮大主流舆论强势。青年是祖国的希望和未来，当前尤其要高度重视青年一代的思想政治工作，加强对广大青年的政治领导、思想引导和人生指导，确保青年一代成为社会主义建设者和接班人。三是防范化解经济风险，保持经济持续健康发展。现在我国经济已由高速增长阶段转向高质量发展阶段，国际贸易保护主义抬头，特别是中美贸易战引起经济下行给未来经济发展带来诸多不利影响，我国经济发展面临的国际环境和国内条件发生了极其深刻的变化。总体上，我国经济形势是好的，经济长期向好的基本面

① 习近平．在党的十九届一中全会上的讲话．求是，2018（1）．

② 习近平在中共中央政治局第六次集体学习时强调 把党的政治建设作为党的根本性建设 为党不断从胜利走向胜利提供重要保证．人民日报，2018-07-01．

没有改变。我们既要保持战略定力，推动我国经济发展沿着正确方向前进；又要增强忧患意识，未雨绸缪，精准研判，妥善应对经济领域可能出现的重大风险。特别要注重防范化解金融风险，坚决守住不发生系统性金融风险的底线。要平衡好稳增长和防风险的关系，“稳”就是要稳就业、稳金融、稳外贸、稳外资、稳投资、稳预期，“防”就是要防失业、防崩盘、防震荡、防滑坡、防萎缩、防通胀，使经济运行保持在合理区间。四是防范化解科技风险，提高国家创新体系整体效能。要加快科技安全预警监测体系建设，加快推进相关立法工作。特别要关注新技术应用带来的风险挑战，在加强大数据等新技术运用的同时也要防范其可能带来的风险。五是防范化解社会风险，维护社会稳定大局。要坚持群防群治，健全平安建设社会协同机制。“全面做好就业、教育、社会保障、医药卫生、食品安全、安全生产、社会治安、住房市场调控等各方面工作，不断增加人民群众获得感、幸福感、安全感。”① 要依法防范风险、化解矛盾、维护权益，加快建设共建共治共享的现代基层社会治理模式，形成新的治理格局。六是防范化解外部环境的风险，营造良好的改革开放外部条件。当今世界风云变幻，风险挑战凸显，经济全球化使各国都同处在一条船上，我国面对的外部环境复杂严峻。习近平强调“要高度重视境外风险防范，完善安全风险防范体系，全面提高境外安全保障和应对风险能力”②。要加强海外利益保护，有效防范各类风险连锁联动，坚决维护我国的主权、安全和发展利益。七是防范化解党的建设的风险，确保党的社会主义事业领导核心的地位。全面深化改革的过程也是全面从严治党的过程。党的十八大以来，虽然我们党以自我革命精神推进全面从严治党，取得显著成效，但党面临的“四大考验”具有长期性和复杂性，面临的“四种危险”具有尖锐性和严峻性，党的建设依然存在不少风险。我们党只有全面从严治党，勇于直面问题，消除一切损害党的先进性和纯洁性的因素，清除一切侵蚀

---

① 习近平在省部级主要领导干部坚持底线思维着力防范化解重大风险专题研讨班开班式上发表重要讲话强调 提高防控能力着力防范化解重大风险 保持经济持续健康发展社会大局稳定. 人民日报，2019-01-22.

② 习近平在推进“一带一路”建设工作5周年座谈会上强调 坚持对话协商共建共享合作共赢交流互鉴 推动共建“一带一路”走深走实造福人民. 人民日报，2018-08-28.

党的健康肌体的病毒，继续坚决打好反腐败斗争的攻坚战、持久战，不断增强自我净化、自我完善、自我革新、自我提高的能力，才能拥有旺盛的生命力和强大的战斗力，始终成为中国特色社会主义事业的坚强领导核心。

对于如何防范化解重大风险，习近平结合改革开放和现代化建设的实际进行了多方面的论述和部署。一要打牢防范化解风险的政治基础，强化党和政府的政治责任。“防范化解重大风险，是各级党委、政府和领导干部的政治职责，大家要坚持守土有责、守土尽责”①。只有把责任扛牢，才能把工作做实做细做好。必须坚定不移坚持党的集中统一领导，组织和带领群众团结奋斗、攻坚克难、闯关夺隘，去战胜各种风险。正因为我们善于引导和组织群众，善于集中群众智慧和力量，始终坚持党的领导和尊重群众首创精神的统一，因而“才能成功应对一系列重大风险挑战、克服无数艰难险阻，才能有力应变局、平风波、战洪水、防非典、抗地震、化危机”②，夺取一个又一个胜利。守土尽责，必须激发顽强的意志和斗争精神。“领导干部要敢于担当、敢于斗争，保持斗争精神、增强斗争本领，年轻干部要到重大斗争中去真刀真枪干。”③ 只有这样，才能有应对风险的足够底气和强大精神动力。二要打牢防范化解风险的思想基础，强化风险和忧患意识。对待风险，必须有强烈的忧患意识和风险意识，做到居安思危、未雨绸缪、从容应对。在当今世界大变局中，我们既要有历史机遇意识，也要有风险忧患意识，善于趋利避害。全面深化改革，既要抓住机遇，敢闯敢试，同时又要把工作的基点放在较大的风险上，准备好对策。要运用底线思维，善于“看到短板和不足、困难和挑战，看到形势发展变化给我们带来的风险，从最坏处着眼，做最充分的准备，朝好的方向努力，争取最好的结果”④。三要打牢防范化解风险的实践基础，历练和提高

① 习近平在省部级主要领导干部坚持底线思维着力防范化解重大风险专题研讨班开班式上发表重要讲话强调 提高防控能力着力防范化解重大风险 保持经济持续健康发展社会大局稳定. 人民日报，2019-01-22.

② 习近平. 在庆祝改革开放40周年大会上的讲话. 人民日报，2018-12-19.

③ 同①.

④ 习近平. 习近平谈治国理政：第2卷. 北京：外文出版社，2017：60.

化解风险的本领与能力。应对风险，有的领导干部能够胸有成竹，举重若轻，从容应对；有的领导干部却手忙脚乱，进退失据，茫然无措。这关键取决于应对的本领和能力。只有克服“本领恐慌”，增强驾驭风险的本领，才能牢牢把握斗争的主动权。提高能力要到实践中去锻造，到实际工作中去历练。要提高洞察能力，善于“透过复杂现象把握本质，抓住要害、找准原因，果断决策”；要提高组织能力，“善于整合各方力量、科学排兵布阵”；要提高处置能力，“善于从纷繁复杂的矛盾中把握规律”，“层层抓落实”，“有效予以处理”①。四要打牢防范化解风险的制度基础，完善风险防控的体制机制。应对风险不仅需要意志力，而且需要完善的制度和体制机制。完备的法制体系和政策支持、严明的纪律和规则、有效的体制和运行机制，是防范化解风险的制度保证。要“建立健全风险研判机制、决策风险评估机制、风险防控协同机制、风险防控责任机制，主动加强协调配合”②，从而有效化难为易、化险为夷。五要打牢防范化解风险的物质基础，保持经济持续健康高质量发展。战胜风险不仅要有“软件”，同时要有“硬件”，有充分的物质技术条件。充足的物质储备和强大经济基础是防范化解风险的基本前提。我们之所以能够较快遏制、防控来势汹汹的新冠肺炎疫情的蔓延，重要原因之一是得益于改革开放多年来积累的物质技术条件和设施设备基础。习近平强调，要充分利用现代新技术、新知识、新手段来防范化解风险。比如，他提出“要充分利用大数据平台，综合分析风险因素，提高对风险因素的感知、预测、防范能力”③，从而形成社会治理的强大合力。

总之，我们党是在磨难挫折中、在战胜风险挑战中成长壮大起来的。可以预见，在未来的征途中仍然充满挑战和风险，但我们有充分的信心，能够有效和成功防范化解各种风险，胜利实现我们的奋斗目标。

---

①② 习近平在省部级主要领导干部坚持底线思维着力防范化解重大风险专题研讨班开班式上发表重要讲话强调 提高防控能力着力防范化解重大风险 保持经济持续健康发展社会大局稳定. 人民日报，2019-01-22.

③ 习近平在中共中央政治局第二次集体学习时强调 审时度势精心谋划超前布局力争主动 实施国家大数据战略加快建设数字中国. 人民日报，2017-12-10.

第三节 后期反馈方法

在人们的实践和认识过程中，及时检验并反馈实践的结果，调整和校正行动的轨迹，纠正偏差，扬长避短，进一步开拓前进，这就是实践过程后期的实践反馈方法。全面深化改革和社会主义现代化建设必然遇到各种困难和问题，不断根据实践的结果进行反馈调节，及时整改纠偏，既大胆改革，逢山开路、遇水架桥；又步子稳妥，踏踏实实、久久为功，这样才能坚定不移朝着已经确定的方向和目标不断奋进。

一、实践检验法：事实胜于雄辩

实践是检验真理的唯一标准，这是马克思主义的基本原理。1978 年开展的真理标准问题大讨论，恢复了实践的权威，解放思想、破除迷信，开启了我国改革开放的新航程。坚持在实践中检验和发展真理，是实事求是思想路线的重要内容，也是我们党反对教条主义和经验主义的锐利思想武器。毛泽东历来强调检验真理的标准只能是社会实践，坚持从实际出发，实事求是，反对本本主义和经验主义。邓小平开辟改革开放的新路，突出实践的权威，强调“不争论”，拿事实来说话，争取时间干。在新的历史条件下，习近平明确指出，全党同志必须“坚持马克思主义的发展观点，坚持实践是检验真理的唯一标准”，“不断深化改革开放，不断有所发现、有所创造、有所前进，不断推进理论创新、实践创新、制度创新。”① 实践获得真知，事实胜于雄辩，只有实践、行动的结果，才能检验方针政策、计划方案、决策措施的有效性和正确性。在理论与实践的关系中，习近平强调，“要打通从实践到理论、再从理论到实践的闭环回路”，让理论植根于实践沃土，“接受实践检验，实现理论和实践良性互动”②。理论只有经过实践检验，才能被确证，实践反过来丰富和发展理论，实现理论与实践

① 习近平. 习近平谈治国理政. 北京：外文出版社，2014：21.

② 习近平在视察军事科学院时强调 努力建设高水平军事科研机构 为实现党在新时代的强军目标提供有力支撑. 人民日报，2018-05-17.

的有机统一。理论如果不经过实践检验，停留于主观领域，从理论到理论；实践经验如果不上升为理论，停留于感观领域，从实践到实践，理论和实践不能联结、打通形成闭环回路，那么，二者就只能是“两张皮”。我们的决策思路究竟如何，要靠实践来证明。习近平说，党的十八大后的5年，“我国经济发展极不平凡，经历了一个实践—认识—再实践—再认识的过程。5年的实践证明，中共中央对经济形势的判断、对经济工作的决策、对发展思路的调整是正确的”[①]。不经过实践，不仅不能获得真知，也无法检验认识是否正确，同时也不能更深刻地理解现行的方针政策。比如，改革开放以来在政府与市场的关系上，孰轻孰重一直存在思想认识障碍和制约瓶颈，经过市场经济的大量实践后，“理论和实践都证明，市场配置资源是最有效率的形式”[②]。党的十八届三中全会最终作出了“使市场在资源配置中起决定性作用”的定位，这无疑是我们党在理论和实践上的又一重大推进。我们高举改革开放的大旗，坚定不移地走改革开放的道路，是因为实践充分证明：“改革开放是党和人民大踏步赶上时代的重要法宝，是坚持和发展中国特色社会主义的必由之路，是决定当代中国命运的关键一招，也是决定实现‘两个一百年’奋斗目标、实现中华民族伟大复兴的关键一招。”[③] 说到底，人们的主观认识是否符合客观，单纯在主观领域中无法找到答案，而客观事物本身也不能判明，只有通过作为沟通主观与客观桥梁的实践，形成铁的事实，才能判明行动的结果是否符合客观实际，检验路线方针政策是否正确。

重视实践检验，用实际行动、实践效果来证明理论、道路、制度以及决策措施是否正确，是我国改革开放重要的方法论，也是我们不断探索、开拓前进的重要法宝。经过改革开放的伟大探索，“实践充分证明，中国特色社会主义是中国共产党和中国人民团结的旗帜、奋进的旗帜、胜利的旗帜”[④]，“我国成功走出了一条中国特色社会主义道路，实践证明我们的

① 征求对经济工作的意见和建议 中共中央召开党外人士座谈会. 人民日报，2017-12-09.

② 中共中央文献研究室. 习近平关于全面深化改革论述摘编. 北京：中央文献出版社，2014：56.

③ 习近平. 在庆祝改革开放40周年大会上的讲话. 人民日报，2018-12-19.

④ 习近平. 习近平谈治国理政. 北京：外文出版社，2014：8.

道路、理论体系、制度是成功的”①。中国特色社会主义道路是实现社会主义现代化、创造人民美好生活的必由之路，是实现中华民族伟大复兴的必由之路；中国特色社会主义理论体系是指导党和人民实现中华民族伟大复兴的正确理论，是立于时代前沿、与时俱进的科学理论；中国特色社会主义制度是当代中国发展进步的根本制度保障，是具有鲜明中国特色、明显制度优势、强大自我完善能力的先进制度。实践检验还充分反映在我国经济政治、思想文化、内政外交等各个领域，充分体现和证明了改革开放以来我们各个方面政策和做法获得了巨大成功。比如，在经济体制改革和经济发展上，习近平认为，经济特区是我国改革开放的试验平台，创办经济特区是经过实践检验推进改革开放行之有效的办法。他强调海南等经济特区要继续先试先行，为全国改革开放探路开路，创造更辉煌的业绩。在思想和作风建设上，无论过去革命战争年代、还是今天和平建设与改革年代，实践经验和“事实一再表明，理想信念动摇是最危险的动摇，理想信念滑坡是最危险的滑坡”②。因此，习近平强调必须把加强政治建设特别是理想信念建设摆在更加突出的地位，把坚定理想信念作为好干部第一位的标准。干部作风是人民群众观察评价党风的晴雨表。对于如何抓好作风建设，习近平指出：“党的十八大以来的实践证明，作风建设必须以上率下，用钉钉子精神抓落实。抓好全党作风建设，首先要抓好中央委员会作风建设。”③ 领导干部带头转变作风，身体力行，以上率下，就能形成“头雁效应”，促进全党作风的转变。在对外关系与和平发展上，习近平指出：事实胜于雄辩，“和平发展道路对中国有利、对世界有利，我们想不出有任何理由不坚持这条被实践证明是走得通的道路”④。历史表明，中国人民对和平有着孜孜不倦的追求，中国的发展不会去掠夺、奴役别国，坚定不移走和平发展的道路是历史的逻辑和现实的选择。为推动对外开放深入发展，习近平创造性地提出了“构建人类命运共同体”和“一带一路”倡议。

---

① 习近平．习近平谈治国理政．北京：外文出版社，2014：161.

② 同①415.

③ 习近平．在党的十九届一中全会上的讲话．求是，2018（1）.

④ 同①267.

自“一带一路”倡议提出以来，“实践证明，加强‘一带一路’国际合作，为维护世界和平、促进共同发展提供了新平台、注入新动力”①。因而得到各国特别是发展中国家的广泛响应和支持。显然，重视这些经过实践检验得来的经验和成功做法，可以使我们少走弯路，更顺利地把各项工作做好。

坚持实践第一，把“实践是检验真理的唯一标准”转化为一种思维方式和工作方法，具有十分重要的现实意义。一是通过实践检验可以确证方针政策的有效性和正确性。事实上，如果一项政策措施，理论上说得头头是道、天花乱坠，但实践上行不通，产生不了效果，这样的政策措施无论“多好”，终究还是不行。相反，如果一项政策措施可能不合某种“理论”的常规，但在实践中却十分管用、有效，最终还是得听实践的呼唤，而非“理论”的抽象裁决。“实践证明，改革开放道路是正确的，必须一以贯之、锲而不舍、再接再厉。”② 这实际上就是我们全面深化改革的最根本的理由。二是通过实践检验可以总结经验。经验十分有用，可以在实践中得到参考和借鉴。习近平说：“要坚持从实践中来、到实践中去，对实践证明行之有效的新经验新创造，要及时总结提炼，在政策制度层面固化下来。要做好改革评估工作，加强改革举措评估、改革风险评估、改革成效评估，确保各项政策制度切合实际、行之久远。”③ 实践检验创造的经验既可以进一步上升为理论，也可以固化后成为实践的参照，指导实践获得成功。做好改革的评估工作，既可评估效果，又可以取得经验。三是通过实践检验可以校正行动的轨迹，避免犯颠覆性错误。通过实践检验可以形成铁的事实，对的就坚持，不对的赶快改，这样就可避免犯大的或方向性错误。习近平指出，改革开放的实践表明，坚持和完善社会主义基本经济制度必须坚持“两个毫不动摇”，任何否定公有制经济或者否定非公有经济

① 首届丝绸之路沿线民间组织合作网络论坛在北京开幕 习近平致贺信. 人民日报，2017-11-22.

② 习近平在广东考察时强调 高举新时代改革开放旗帜 把改革开放不断推向深入. 人民日报，2018-10-26.

③ 习近平在中共中央政治局第十六次集体学习时强调 凝心聚力实施改革强军战略把新时代强军事业不断推向前进. 人民日报，2019-08-01.

的思想和行动都是错误，都可能偏离经济体制改革的正确航向。四是通过实践检验可以推进实践创新。凡经过实践检验不符合客观实际的，必须坚决摒弃；凡经过实践检验证明成功的，可以进一步推行。这就为下一步推进实践创新打开了通道，奠定了基础。我国确立社会主义市场经济改革方向和目标，解决了其他社会主义国家长期没有解决好的一个重大问题，这就为我们进一步推进理论和实践创新铺平了道路。

二、责任追究法：失责必问，问责必严

实践过程的后期关键要看效果，出现问题要纠正，出现责任问题则要问责。所谓责任就是每个有行为胜任能力的人所承担的负担，以及对自己选择不良行为所应承受的后果。责任是分内应做之事，是我们应尽的义务。责任重于泰山。“失责必问，问责必严”，这是最基本的遵循和原则。习近平强调的责任主要是针对领导干部而言的，他说：“有权必有责，用权受监督，失职要问责，违法要追究，保证人民赋予的权力始终用来为人民谋利益。”① 这就是说，领导干部的权力是人民赋予的，首先必须对人民负责。而且，权力与责任是相统一和对等的，有权必有责，有多大的权就有多大的责，切不能揽权不尽责，也不能追责于无权的不相干的人。习近平强调，每个领导干部都应“担当起该担当的责任”，这种责任主要是“对历史负责、对人民负责、对国家和民族负责”②。对历史负责是从时间维度讲的，领导干部所作所为要经得起历史的检验；对人民负责是从对象上讲的，人民是领导干部服务的主体，也是对其负责的主体；对国家和民族负责是从整体上讲的，领导干部负责大到国家、民族、社会乃至世界，小到具体个人。当然，个人也是国家和民族的一分子，对国家和民族负责也是对个人的负责。同时，责任还是与相关纪律、规则、制度联系在一起的，是一种刚性约束，违反了就要问责和追究，问责追责要贯穿履责的全过程。党的十九大报告强调，要“强化监管执纪问责”，运用好监督执纪

① 习近平．习近平谈治国理政．北京：外文出版社，2014：142．

② 中共中央文献研究室．习近平关于全面深化改革论述摘编．北京：中央文献出版社，2014：153．

的“四种形态”。问责追责必须有相关制度、监管、执纪作为保障，没有相关制度和严格的监管执纪，问责追责就不能得到落实；而没有问责，制度也会形同虚设。如果“不讲责任，不追究责任，再好的制度也会成为纸老虎、稻草人”①。因此，责任追究“要坚持行使权力和担当责任相统一”，“紧紧咬住‘责任’二字，抓住‘问责’这个要害”②。可以这样说，承担责任是前提，履行职责是根本，追责问责是要害。在习近平看来，追责问责有这样几种情况：对于滥用职权、盲目决策、乱拍板、瞎指挥造成损失的，要追究责任，严肃处理；对于利用职权以权谋私、违法乱纪、营私舞弊的，要严肃查处，绳之以法；领导干部应敢于担当作为，切实履行职责，对于失职渎职行为严肃问责；领导干部要努力工作，勤勉尽责，“对工作推进不力、落实不好的，要严肃追责问责”③。只有实行责任追究，把规矩立起来，把法纪严起来，把教育管理抓起来，才能使领导干部把责任担起来，尽责尽职，推动各项工作和事业的发展。

强化责任、严格执行，是落实任务、推进工作、深入实践的重要方式方法，贯穿于全面深化改革的全过程。习近平把改革提到决定历史、人民、国家和民族命运的高度，强调全面深化改革必须压实责任、强化执行。改革攻坚，“不断解决好前进道路上面临的问题，是我们这一代人的责任”④。责任是使命的召唤、能力的体现、制度的执行。在习近平看来，强化责任、追责问责不是空洞的，要落实到改革开放和现代化建设的各领域、各方面、各环节中去。党和国家的法律法规、方针政策必须严格遵守和执行，违背、违反的必须严格追究。宪法是国家的根本大法。习近平强调：“任何组织或者个人，都不得有超越宪法和法律的特权。一切违反宪法和法律的行为，都必须予以追究。”⑤ 党的路线方针政策和重大决策部署

---

① 中共中央文献研究室．习近平关于全面深化改革论述摘编．北京：中央文献出版社，2014：81.

② 习近平在十九届中央纪委二次全会上发表重要讲话强调 全面贯彻落实党的十九大精神 以永远在路上的执着把从严治党引向深入．人民日报，2018-01-12.

③ 习近平在出席解放军和武警部队代表团全体会议时强调 打好我军建设发展十三五规划落实攻坚战 确保如期完成国防和军队建设目标任务．人民日报，2019-03-13.

④ 同①141.

⑤ 习近平．习近平谈治国理政．北京：外文出版社，2014：138.

是党的生命。各级领导机关“要完善对贯彻落实党中央重大决策部署等情况的督促检查、问效问责机制，确保党的路线方针政策和各项重大决策部署得到不折不扣贯彻落实”①。在经济领域，习近平指出，要强化安全生产责任制，造成事故要依法依规追究相关人员的责任；国有企业要通过深化改革建立长效激励约束机制，强化企业经营投资的责任追究；要把金融改革开放的任务落实到位，建立健全监管问责制，对由于监督不力、隐瞒不报、决策失误等而造成重大风险的，要严肃追责；在财务、审计等方面造成损失和恶劣影响的，也要严肃追责问责。精准脱贫是全面建成小康社会的三大攻坚战之一，必须履职尽责、合力攻坚。“对责任不落实、政策不落实、工作不落实影响任务完成的要进行问责。”“对那些畏苦畏难、敷衍了事、弄虚作假的扶贫干部，要加强教育管理，该撤换的要及时撤换，该问责的要坚决问责。”② 在组织和作风建设上，尤其要加强制度建设，强化责任，加强监管。要形成系统完备、科学规范、有效管用、简便易行的选人用人制度体系，切实履行选人用人主体责任，严格责任追究。必须坚持严字当头，做到失责必问、问责必严，把制度的刚性立起来。只有在各领域、各方面严格规范，压实责任，尽责尽职，才能减少改革开放的风险和漏洞。

人可以不伟大，也可以清贫，但不可以没有责任。责任建设，制度为本。强化责任追究，首先要立规矩，建立责任追究制度。对此，习近平有很多论述。他强调，要建立严格的责任制，强化督导问责，一级抓一级、一级带一级地把工作严起来，让“问责制”成为常态，构建领导干部尽责尽职的内在驱动机制。而且，有的问题要终身追责。比如在生态文明建设上，“要建立责任追究制度，对那些不顾生态环境盲目决策、造成严重后果的人，必须追究其责任，而且应该终身追究”③。制度应该是刚性的，有的还应与法律相联系。要强化执行主体的责任，说到做到，有纪必执，有

---

① 习近平在全国公安工作会议上强调 坚持政治建警改革强警科技兴警从严治警 履行好党和人民赋予的新时代职责使命. 人民日报，2019-05-09.

② 习近平在重庆考察并主持召开解决“两不愁三保障”突出问题座谈会时强调 统一思想一鼓作气顽强作战越战越勇 着力解决“两不愁三保障”突出问题. 人民日报，2019-04-18.

③ 习近平. 习近平谈治国理政. 北京：外文出版社，2014：210.

违必查，有责必追，不能让制度成为纸老虎、稻草人。要建立责任追究机制，健全领导体制和工作机制，做到责任追究无漏洞、不含糊。其次，要既敢于问责又善于问责，提高问责的程序化、规范化水平。要对责任追究进行充分研究和科学设计，“整合问责制度，健全问责机制，坚持有责必问、问责必严，实现问责内容、对象、事项、主体、程序、方式的制度化、程序化”①，提高问责的效果和质量。问责内容要恰当，不能事无巨细问责，让人无所适从；问责对象要明确，遵循权责对等原则，有多大权负多大责；问责事项要清晰，不能含混不清、模棱两可；问责主体要确定，问责谁、由谁问要理清；问责程序要规范，按规定程序问责，不能随意化；问责方式要多样，质询、约谈、处分、罚没等都是问责的方式，要恰当高效地加以运用。只有这样进行分解和细化，才能提高责任追究的质量和水平。最后，要坚持严管厚爱结合、激励约束并重，把责任主体的积极性激发和调动起来。问责是手段而不是目的，目的在于督促和引导领导干部履责尽职。事前问责是提醒，事中问责是督促，事后问责是诫勉。要把追责问责与培养教育、选拔任用、监督管理等结合起来。“坚持严管厚爱结合、激励约束并重，对受到问责、过后表现突出的干部，符合条件该使用的可继续使用，树立鲜明的干事导向。”② 唯有如此，才能激发正能量，最大限度地调动各级领导班子和领导干部改革攻坚的积极性、主动性和创造性。

三、整改纠错法：有的放矢进行整改

在不断实践、追求真理的过程中，犯错总是难免的，因而必须在反馈实践结果的基础上，调整和改正不符合客观实际的思想与行为。改革开放和现代化建设作为开拓性、创造性事业，在实践中难免遇到各种各样的困难和问题，存在这样或那样的不足或失误。共产党人的鲜明态度是：“为了人民利益坚持真理、修正错误……及时发现和纠正思想认识上的偏差、

---

① 习近平同志《论坚持全面深化改革》主要篇目介绍. 人民日报，2018-12-30.

② 中共中央政治局召开会议 分析研究当前经济形势和经济工作. 人民日报，2019-07-31.

决策中的失误、工作中的缺点，及时发现和解决存在的各种矛盾和问题，使我们的思想和行动更加符合客观规律、符合时代要求、符合人民愿望。”① 这种及时发现思想偏差、决策失误、工作缺点，进而进行纠正、调整、改进的方法，就是整改纠错法。正由于在改革开放的新时期尊重实践、尊重群众、尊重生活，善于聆听时代的声音，勇于坚持真理、修正错误，不断推进马克思主义中国化时代化，我们才创造了中国特色社会主义理论体系；正由于敢于在社会主义建设和改革中面对失误和挫折，勇于修正错误和偏差，不断实践探索、开拓前进、艰辛创业，我们才创造了改革开放中一个又一个奇迹。坚持真理、修正错误，是共产党人开展积极的思想斗争的锐利武器，也是始终坚持为人民谋利益的政治本色。毛泽东明确指出：“共产党人必须随时准备坚持真理，因为任何真理都是符合于人民利益的；共产党人必须随时准备修正错误，因为任何错误都是不符合于人民利益的。”② 周恩来总结领导者自身的改造和修养的经验时说：“领导威信不是从掩饰错误中而是从改正错误中提高起来的；不是从自吹自擂中而是从埋头苦干中培养起来的。”③ 刘少奇在其革命生涯中，始终是“实事求是，勇于直面问题，随时准备坚持真理，随时准备修正错误”的典范④。邓小平要求，每年领导层都要总结经验，对的就坚持，不对的就赶快改，新问题出来抓紧解决。习近平强调：“中央政治局要在开展批评和自我批评方面为全党作表率，做勇于自我革命的战士。要坚持实事求是，勇于批评和自我批评，勇于听取不同意见，及时改正错误。”⑤ 随时坚持真理，随时修正错误，正是我们党勇于自我革命、永葆生机与活力的法宝。在中国这样一个拥有十几亿人口的大国深化改革，绝非易事。“这就要求我们胆子要大、步子要稳。胆子要大，就是改革再难也要向前推进，敢于担当，敢于啃硬骨头，敢于涉险滩。步子要稳，就是方向一

---

① 习近平．习近平谈治国理政．北京：外文出版社，2014：26.

② 毛泽东．毛泽东选集：第3卷．2版．北京：人民出版社，1991：1095.

③ 习近平．在纪念周恩来同志诞辰120周年座谈会上的讲话．人民日报，2018-03-02.

④ 习近平．在纪念刘少奇同志诞辰120周年座谈会上的讲话．人民日报，2018-11-24.

⑤ 习近平．习近平谈治国理政：第2卷．北京：外文出版社，2017：190.

定要准，行驶一定要稳，尤其是不能犯颠覆性错误。”① 要在改革实践中不犯大的颠覆性错误，就必须随时纠错，及时整改，不使小错误发展为大错误。

发现问题、整改纠错贯穿于改革开放的全过程，表现在我们思想和工作的方方面面。中国共产党是一个勇于不断自我革命的政党。党在革命、建设和改革的不同年代和时期，都及时地进行过整风、整顿、整改活动，在全党广泛开展学习教育、对照检查和批评与自我批评等，克服各种不良作风和错误思想。党的十八大以来，我们党开展的群众路线教育实践活动、“不忘初心、牢记使命”主题教育活动等，都始终把对照检查找问题、整改落实见成效作为重要内容和环节。作为个人而言，每个人在其人生的道路上都要随时发现自己的不足，及时纠正缺点和错误。习近平在教导勉励青少年时说：“一个人不可能十全十美，总是在克服缺点、纠正错误的过程中进步的。”② 青少年尤其要听得见意见，受得了批评，在知错就改、越改越好的氛围中健康成长。在全党群众路线教育实践活动中，党中央提出了“照镜子、正衣冠、洗洗澡、治治病”的总要求，“概括起来就是要自我净化、自我完善、自我革新、自我提高”③。习近平强调，每个党员、干部都要正视和解决自身存在的问题，及时纠正错误。整改纠错不仅表现在改革开放的整个过程中，也表现在实际工作的具体环节。邓小平认为，一个完全新的事物不允许犯错误是不行的，“什么时候问题都不会少”④，关键是要及时调整、纠错，有错误就赶快改。全面深化改革是创新的事业，既要鼓励创新、表扬先进，也要允许试错、宽容失败，整改纠错是不可或缺的。比如对于发展，我们过去强调高速度发展，现在强调高质量发展，一定程度上就是吸取过去粗放式发展经验教训调整改进过来的。而在具体实际工作中，好的就坚持发扬，对错的进行修正整改，是随时都要进行的日常性管理和工作。只有注重日常生活中的整改纠错，才能避免小错

---

① 习近平．习近平谈治国理政．北京：外文出版社，2014：101.

② 同①183.

③ 同①375.

④ 邓小平．邓小平文选：第3卷．北京：人民出版社，1993：381.

误积累演化为大错误。

整改纠错是反映实践要求、保证实践方向、提高实践效能的重要机制和方法。运用好这一机制和方法，必须拿起批评与自我批评的武器。批评与自我批评是党的三大作风之一，“是我们党强身治病、保持肌体健康的锐利武器，也是加强和规范党内政治生活的重要手段。领导干部要带头，班子要作表率，在党内营造批评和自我批评的良好风气”①。及时进行批评，通过组织生活会、当面批评、约谈函询、诫勉谈话以及个别交流等形式指出存在的问题和缺点，可使人幡然醒悟、认识错误、及时改正。通过自我批评，对照标准、检查反省、寻找差距、发现问题，可以实现自我整改、自我教育和自我完善。如果“都不敢批评，都不愿自我批评，问题就会越积越多，矛盾就会越拖越深，最后病入膏肓就成了不治之症”②。放任错误和问题，必然影响和贻误工作，给改革开放和现代化事业造成严重危害和损失。必须坚持发现问题与整改落实并重。发现查找问题是前提，整改落实是结果。只有对照标准找出差距，发现问题，才能“坚持高标准、严要求，有的放矢进行整改”③。不仅要善于自己发现自己的问题，而且要习惯于党内同志间相互提醒和相互督促，党组织更要注重收集和反馈群众的意见与建议。要建立日常整改机制，推动整改落实常态化长效化。抓整改落实必须抓到位，对症下药，该问责的问责，该批评的批评，该堵塞的漏洞要堵塞好，该处理的问题要认真处理好。整改纠错要抓早抓小、及时精准，注意及时发现问题和解决问题。如果不及时、不抓早抓小，问题大了不仅造成严重损失，还会积重难返；如果不深入、不精准，不能一把钥匙开一把锁，就会隔靴搔痒不能解决问题。习近平针对全面落实党内监督责任指出：“分析这些年来查处的典型腐败案件，都有一个量变到质变、小节到大错的过程。如果在刚发现问题时组织就及时拉一把，一些干部也不至于在错误的道路上越滑越远。”④ 可见，及

① 习近平. 习近平谈治国理政：第2卷. 北京：外文出版社，2017：182-183.

② 同①403.

③ 习近平在“不忘初心、牢记使命”主题教育工作会议上强调 守初心担使命找差距抓落实 确保主题教育取得扎扎实实的成效. 人民日报，2019-06-01.

④ 同①186.

时抓早抓小，就能防微杜渐，防止小错酿成大错，减少改革的失误和工作的成本。

四、反馈调整法：看准了的要及时调整和完善

实践活动并非一个直线推进的过程，而是螺旋式的非线性过程，反馈调整、优化调节是实践活动的重要环节。反馈调整就是系统将实践的结果反馈回来，并以这种结果为导向，对实践的目标、方向、任务、路径、方式和手段等进行调节、优化和改进。习近平认为，从认识和实践过程来看，“实践是不断发展的，我们的认识和工作也要与时俱进，看准了的要及时调整和完善”①。全面深化改革是一个开拓创新、艰苦创业的奋斗过程，既要坚持一张蓝图干到底，切不要为了显示所谓政绩随意另搞一套，同时也要根据改革的结果和实际情况进行适当的调整、完善和优化，使改革更加顺利地向前推进。党的十九大报告指出：“世界正处于大发展大变革大调整时期，和平与发展仍然是时代主题。”② 当今世界，大发展和大调整中有大变革、大变革和大发展中有大调整、大调整和大变革中有大发展，“调整”无疑是时代的一个关键词。当前，国际形势继续发生深刻而复杂的变化，“发展问题依然突出，世界经济进入深度调整期，整体复苏艰难曲折”③。“经济全球化在形式和内容上面临新的调整，理念上应该更加注重开放包容，方向上应该更加注重普惠平衡，效应上应该更加注重公正共赢。”④ 这三个“更加注重”就是当前世界经济发展应该作出的新的调整和改进。从我国改革开放的实践看，虽然全面深化改革使改革进入攻坚期和深水区，但攻坚与调整不是矛盾和割裂的，攻坚中有调整，调整中有攻坚。比如，就收入分配而言，习近平指出：“一个时期有一个时期的问题，发展水平高的社会有发展水平高的问题，发展水平不高的社会有发展

---

① 习近平．习近平谈治国理政．北京：外文出版社，2014：400.

② 习近平．决胜全面建成小康社会 夺取新时代中国特色社会主义伟大胜利：在中国共产党第十九次全国代表大会上的报告．人民日报，2017-10-28.

③ 同①329.

④ 习近平．抓住世界经济转型机遇 谋求亚太更大发展：在亚太经合组织工商领导人峰会上的主旨演讲．人民日报，2017-11-11.

水平不高的问题。‘蛋糕’不断做大了，同时还要把‘蛋糕’分好。”① 全面深化改革就是要更加注重公平，通过制度安排、法律规范、政策支持进行调整、调节，解决好收入分配不公的问题。从根本上说，我国改革实际上就是进行进一步的调整和完善，而不是完全推翻原有的根本制度和体制，改革的过程也就是根据实践结果和人民愿望不断进行调整和调节的过程。

进行反馈调整，及时对系统施加不同的作用和影响，可使系统更有效地保持生机活力，处于良性的运行和发展的状态。反馈调整在内容上包括目标任务、方向重点、结构路径、方针政策、决策措施的调整等。对于全面深化改革有多方面的调整。如经济体制改革，经济结构的调整，要求淘汰落后产能，形成新的经济增长点，提高经济发展质量和效益。方针政策和决策措施的调整，要求树立新发展理念，使市场在资源配置中起决定性作用，同时更好地发挥政府作用，把推进供给侧结构性改革作为主线，建设现代化经济体系，使经济由高速增长转向高质量发展的新阶段。这些显然都有与过去经济改革不同的内容。反馈调整在形式上有自觉进行的调整和被动进行的调整。全面深化改革就是要“自觉通过调整生产关系激发社会生产力发展活力，自觉通过完善上层建筑适应经济基础发展要求，让中国特色社会主义更加符合规律地向前发展”②。自觉调整是运用客观规律根据实践反馈的结果和信息主动进行的调整，突出表现出人的能动性、主动性、创造性。被动调整是根据实践反馈的客观结果和情况不得不进行的调整，如若不进行调整，将会事与愿违甚至弄到不可收拾的地步。比如，生态环境问题的改进和整治就是这样。正如习近平指出的：“多年快速发展积累的生态环境问题已经十分突出，老百姓意见大、怨言多，生态环境破坏和污染不仅影响经济社会可持续发展，而且对人民群众健康的影响已经成为一个突出的民生问题，必须下大气力解决好。”③ 这就迫使我们必须作

① 中共中央文献研究室．习近平关于全面深化改革论述摘编．北京：中央文献出版社，2014：97．

② 习近平．在纪念马克思诞辰200周年大会上的讲话．人民日报，2018-05-05．

③ 习近平．习近平谈治国理政：第2卷．北京：外文出版社，2017：392．

出重大改革和调整，改变粗放式生产和消费方式，推动形成绿色的发展方式和生活方式。在程度上，反馈调整有小调整和大调整。小调整是修补性调整，是小的修改、局部调整或微调；大调整是根本性调整，是大的改进、全面调整乃至深度变革。显然，全面深化改革“这项工程极为宏大，零敲碎打调整不行，碎片化修补也不行，必须是全面的系统的改革和改进”①。事实上，如果动态地看，全面深化改革过程就是一个不断反馈—调整—再反馈—再调整的实践和认识过程。

反馈调整是全面深化改革、推动科学发展、促进社会和谐的重要方式方法。运用这一方法，要求我们干事创业要有改进和调整意识，在事物发展过程中注意留有一定的调整期，留有调整期也就是留有了余地。事物发展都不是径直的，而是波浪式的。推进期是波浪的峰，调整期是波浪的谷。有起有伏、有调整和改进，才能积累更大能量进一步前进和发展。习近平认为，国际金融危机之后，世界经济发展进入了调整期和恢复期，这一时期也是我们可利用的机遇期，我们要利用这一机遇加快走向世界的步伐。他还谈道，我们对于推动企业发展的某些政策的制定和实施，由于调查研究不够，对政策的影响考虑不周全，“没有给企业留出必要的适应调整期”②，导致有些政策初衷好却效果不佳。所以，反馈调整不仅必要，而且必须留有足够的时间和空间。同时，进行反馈调整，必须建立动态调整机制。既要调整、调节，又要有相应的调整手段或机制。如物质或精神的、政策或法律的、行政或社会的调整手段或机制。比如，习近平针对高等教育的改革发展指出：“要提升教育服务经济社会发展能力，调整优化高校区域布局、学科结构、专业设置，建立健全学科专业动态调整机制，加快一流大学和一流学科建设”③，着力培养创新型、复合型、应用型人才。在社会保障体系的改革中，则提出按照兜底线、织密网、建机制的要求，建立城乡居民基本养老保险待遇确定机制和基础养老金正常调整机

① 中共中央文献研究室．习近平关于全面深化改革论述摘编．北京：中央文献出版社，2014：27.

② 习近平．在民营企业座谈会上的讲话．人民日报，2018-11-02.

③ 习近平在全国教育大会上强调 坚持中国特色社会主义教育发展道路 培养德智体美劳全面发展的社会主义建设者和接班人．人民日报，2018-09-11.

制，确保参保居民共享经济社会发展成果。而且这种调整是动态的、经常性的，不可能一步到位。“改革是一个过程，不会一蹴而就，也不会一劳永逸，需要不断进行调整。”① 可见，深入实际、调查研究、科学决策、精准施策、反馈调整，再进一步推动实践创新和理论创新，无疑是改革开放和社会主义现代化建设中具有重要的现实意义和实践价值的科学方法。

① 中共中央举行党外人士座谈会和民主协商会. 人民日报，2018-03-02.

第六章　新时代改革认知方法论

辩证唯物主义认识论是能动的反映论，认为认识是对客观世界的能动反映，根本在于把握事物的内在本质和规律。实践是认识的基础，认识对实践具有巨大的反作用。认识来源于实践，在求得真理性认识后，又转过来为实践服务，指导实践获得成功。全面深化改革必须坚持认识与实践的辩证统一，掌握改革认知方法论，善于运用调查研究方法、本质分析方法、经验总结方法等去求得改革开放之“真”，同时又要运用理论先导方法去进一步指导和推进改革开放的实践。习近平反复强调，在全面深化改革的过程中要把“知”与“行”有机结合起来，以行求知、以知促行，努力做到“学用结合，知行合一”。

第一节　调查研究方法

重视调查研究，是我们党的传家法宝，是做好各项工作的关键，也是全面深化改革的重要认识方法。习近平说：“调查研究是谋事之基、成事之道，没有调查就没有发言权，没有调查就没有决策权。调查研究是我们做好工作的基本功。”① 马克思主义认识论认为，要如实地认识和反映客观

① 习近平在党的十九届一中全会上的讲话．求是，2018（1）．

对象，把握客观世界的本质和规律，必须坚持从物到感觉和思想的认识路线，了解实际，把握事实，这就要进行深入细致的调查研究。

一、调查研究是谋事之基、成事之道

研究问题、制定政策、深化改革、推进工作，必须善于进行调查研究。调查研究是达于实事求是的基本途径和基础性环节。习近平指出："研究、思考、确定全面深化改革的思路和重大举措，刻舟求剑不行，闭门造车不行，异想天开更不行，必须进行全面深入的调查研究。"① 刻舟求剑，思维封闭，把变动着的实际当作僵死不变的实际，必然南辕北辙；闭门造车，不作调查，不看实际，只能离题万里；异想天开，脱离实际，好于幻想，只能竹篮打水一场空。唯有深入进行调查研究，才能了解和把握实际，真正坚持实事求是的思想路线。

只有通过调查研究，才能摸清实际情况，制定正确的路线和方针政策。没有调查就没有发言权，没有调查就没有决策权。深化改革，提出正确的意见和建议，进行科学决策，必须把握事物的真相和全貌，找到事物的本质和规律。只有深入调研，才能提出正确的意见和主张来。习近平在对党的十八届三中全会通过的《中共中央关于全面深化改革若干重大问题的决定》作说明时说，为了起草好这个文件，文件起草小组进行了将近7个月的调查研究。深入全国了解实情，分析研究材料，广泛征求意见，开展专题论证，反复讨论修改，这样才能使文件成为一个推动全国深化改革的好文件。

只有通过调查研究，才能贯彻落实正确的决策和措施，切实解决问题。习近平说："党的十九大明确了坚持和发展新时代中国特色社会主义的大政方针，作出了一系列重大工作部署，提出了一系列重大举措，关键是抓好贯彻落实。正确的决策离不开调查研究，正确的贯彻落实同样也离不开调查研究。"② 正确的贯彻落实之所以同样离不开调查研究，是因为任

① 中共中央文献研究室．习近平关于全面深化改革论述摘编．北京：中央文献出版社，2014：38.

② 习近平在党的十九届一中全会上的讲话．求是，2018（1）.

何方针政策和改革举措的落实，都必须与当时当地的实际情况相结合，不做调查研究，不察实情，要么是生搬硬套使方针政策走样，要么是脱离具体情况使方针政策贯彻无效或打折扣。同样的改革决策措施，有的有效，有的无效；有的成效大，有的成效小，关键在于是否做了调查研究，根据具体情况来抓好贯彻落实。

只有通过调查研究，才能转变领导作风，有效克服形式主义和官僚主义。不深入实际调查研究，是产生形式主义和官僚主义的重要根源。形式主义追求表面形式，忽视实际内容，不看实际效果、摆花架子，成天文山会海、忙于应付应酬，不深入实际做调查。官僚主义脱离群众、脱离实际、高高在上，不做调查，下车伊始就哇啦哇啦乱发议论，指手画脚、颐指气使。这两种不良作风的通病是不做调查、不善调查、不会调查。事实上，只有深入实际，调查研究，才能有效地避免和克服华而不实的形式主义、刻舟求剑的教条主义、闭门造车的主观主义、异想天开的官僚主义。全面深化改革是一场攻坚战，尤其要弘扬实事求是、求真务实的作风。习近平要求广大干部特别是中青年干部“要拜人民为师、向人民学习，放下架子、扑下身子，接地气、通下情，深入开展调查研究，解剖麻雀，发现典型，真正把群众面临的问题发现出来，把群众的意见反映上来，把群众创造的经验总结出来”①。只有这样，才能有效改进领导干部的领导作风和工作作风，密切党与人民群众的血肉联系，从人民群众中汲取营养，克服形式主义和官僚主义顽疾。

二、调查研究的基本要求和环节

坚持调查研究，是马克思主义哲学世界观、方法论的必然要求，是坚持解放思想、实事求是的思想路线和党的群众路线的重要方式，也是实行正确领导、保证决策科学的基本条件。调查研究是领导干部的一门必修课，务必在“深入、实在、细致、准确、有效”上下功夫，并且使调查研究经常化、制度化。

---

① 习近平在中央党校（国家行政学院）中青年干部培训班开班式上发表重要讲话强调 在常学常新中加强理论修养 在知行合一中主动担当作为. 人民日报，2019-03-02.

开展调查研究，一要深入。这就是要真正深入基层和群众中去调研，摸清实情。习近平说："开展调查研究，要扑下身子、沉到一线，迈开步子、走出院子，到车间码头，到田间地头，到市场社区，亲自察看、亲身体验。"调查研究不能作秀、做样子、蜻蜓点水，要真正深入下去，把握实情，切实研究和解决问题。全面深化改革的工作千头万绪，唯有深入实际，进行认真的调查研究，科学决策，精准施策，才能把各项工作抓实做好。二要实在。调查研究必须把握真实情况，一是一、二是二，白则白、黑则黑，既报喜、也报忧。习近平强调，调查研究要紧扣人民群众生产生活、紧扣经济社会发展、紧扣全面从严治党、紧扣群众需要解决的问题和实际。"既要到工作局面好和先进的地方去总结经验，又要到困难较多、情况复杂、矛盾尖锐的地方去研究问题，特别是要多到群众意见多的地方去，多到工作做得差的地方去，既要听群众的顺耳话，也要听群众的逆耳言，这样才能听到实话、察到实情、收到实效。"① 全面深化改革尤其要力戒形式主义和官僚主义，推进工作要实打实、硬碰硬。而真刀真枪搞改革，必须"深入开展调查研究，摸清情况，找到症结，做到心中有数，不能拍脑袋决策，真正把功夫下到察实情、出实招、办实事、求实效上"②。三要细致。调查研究必须细致了解和掌握全面的情况，把握事物的内在联系及全貌，而不能盲人摸象、一叶障目。习近平认为，深入开展调查研究，要善于"解剖麻雀，发现典型"。通过细致地解剖麻雀，认真地研究典型，反映意见、发现问题、总结经验，才能作出科学的决策。全面深化改革要在新起点上实现新的突破，就要把调查研究突出出来。对改革中的矛盾和困难不仅要"摸清"，而且要"摸透"。"摸透"就是要细致入微、鞭辟入里，努力把握其内在本质和规律性。四要准确。调查研究不是为调研而调研，而是要准确聚焦问题，精准发力解决问题。习近平强调，要增强问题意识，聚焦我国改革发展中的突出矛盾和问题，增强调查研究的针对性，对症下药，提高改革决策的科学性。"发现问题要准，解决问题要

① 习近平在党的十九届一中全会上的讲话. 求是，2018 (1).

② 习近平在湖北考察时强调 坚持新发展理念打好三大攻坚战 奋力谱写新时代湖北发展新篇章. 人民日报，2018-04-29.

实。要抓好任务统筹，精准推进落实，加强调查研究，坚持问题导向，画好工笔画，提出的改革举措要直击问题要害，实现精确改革。”① “工笔画”不同于“写意画”，要求精雕细刻，准确无误击中要害，切切实实解决问题。在习近平看来，做决策本身并不难，难的是对情况的准确把握。因此，“调查研究是正确决策的基本功”②。五要有效。卓有成效的调查研究在于提出的办法可行，制定的政策有效，能切实解决工作中的困难和问题，真正做到摸实情、出实招、见实效。习近平认为，党的十八大以来，党中央各项决策部署都是经过深入调查研究、广泛听取各方面意见、进行反复讨论而形成的，因而能够产生良好的效果。在全面深化改革过程中，“要坚持一把手抓改革，重视搞好调查研究，善于研究和解决新矛盾新问题，在抓落实上投入更大精力”③。要靠深入的调查研究把握实情，靠科学决策下功夫解决难题，靠贴近实际和贴近群众的务实举措狠抓落实，确保改革决策部署落地生根。无论是摸清全面情况、精准发力推动工作，还是找准短板弱项、有效解决实际问题，都必须大兴调查研究之风。

坚持调查研究，最重要的是要经常化制度化。党的十八届中央政治局关于改进工作作风、密切联系群众的“八项规定”，第一条就是“改进调查研究”，并使调查研究经常化制度化。“经常化”就是要将调查研究自觉作为日常性活动，轻车简从、不拘形式，随时调研，及时了解各方面情况，而不是走马观花、蜻蜓点水，有时做、有时不做，从而使调查研究贯穿于工作和生活的全过程。全党开展的“不忘初心、牢记使命”的主题教育活动，就是将调查研究与学习教育、检查问题、整改落实一起，作为整个活动的必经环节。“制度化”就是要让调查研究作为一项制度固定下来，使之行之有效、行之久远，在全党蔚然成风。为此，要坚持完善和落实“先调研、后决策”的论证制度，使调研成为决策的必经程序和环节，从而提高决策的科学化水平。“对改革过程中出现的新情况新问题，要深入

---

① 习近平主持召开中央全面深化改革委员会第六次会议强调 对标重要领域和关键环节改革继续啃硬骨头确保干一件成一件. 人民日报，2019-01-24.

② 习近平同党外人士共迎新春. 人民日报，2019-01-29.

③ 习近平主持召开十九届中央全面深化改革领导小组第一次会议强调 全面贯彻党的十九大精神 坚定不移将改革推向深入. 人民日报，2017-11-21.

调查研究，完善政策和制度设计。”① 习近平还要求创新调研制度，不仅要丰富调研内容，改进调研形式，而且要适应社会信息化网络化的特点，拓展调研渠道，丰富调研手段，创新调研方式方法，提高调查研究的效果。

三、在全党全社会大兴调查研究之风

习近平历来倡导把调查研究贯穿于工作和决策全过程，广泛听取群众意见，尤其要对群众“最盼、最急、最忧、最怨”的问题抓住不放，主动积极调研。他要求在全党全社会大兴调查研究之风，各领域各部门、各级领导干部、民主党派、公务人员、专家学者都要深入实际做调查研究，把握具体国情。“中央政治局的同志要以身作则，推动各级干部动起来、深下去，使调查研究在全党蔚然成风。”② 全党大兴调研、崇尚实干、精准发力，才能使改革、发展、稳定各项任务落下去，让惠及百姓的各项工作实起来。各民主党派、工商联、无党派人士要“深入进行调查研究，提出真知灼见，协助党委和政府做好矛盾化解工作，积极营造团结稳定的社会环境”③。广泛深入的调查研究，是积极建言献策的前提和基础。宣传思想干部要“加强调查研究，不断增强脚力、眼力、脑力、笔力”④，才能打造一支过硬的宣传思想工作队伍。文艺工作者要跳出“身边的小小的悲欢”，走进实践的深处，观照人民生活，表达人民心声。“哲学社会科学工作者要走出象牙塔，多到实地调查研究”⑤，坚持理论联系实际，把学问写在大地上，写进群众心坎里。

为使全党大兴调查研究之风，习近平强调中央委员、政治局委员要以身作则、积极带头调研，他自己更是身体力行、率先垂范。作为党的十八

---

① 习近平主持召开中央全面深化改革委员会第七次会议强调 把稳方向突出实效全力攻坚 坚定不移推动落实重大改革举措．人民日报，2019-03-20.

② 中共中央政治局召开民主生活会 以认真学习贯彻习近平新时代中国特色社会主义思想 坚定维护以习近平同志为核心的党中央权威和集中统一领导 全面贯彻落实党的十九大各项决策部署情况为主题进行对照检查．人民日报，2017-12-27.

③ 征求对经济工作的意见和建议 中共中央召开党外人士座谈会．人民日报，2017-12-09.

④ 习近平在全国宣传思想工作会议上强调 举旗帜聚民心育新人兴文化展形象 更好完成新形势下宣传思想工作使命任务．人民日报，2018-08-23.

⑤ 习近平．一个国家、一个民族不能没有灵魂．求是，2019（8）.

大报告起草组和党章修改小组的负责人，习近平领导起草组深入调研，反复讨论修改，形成了两份具有深远意义的纲领性文件：十八大报告和十八届中央委员会提出的《中国共产党章程（修正案）》。十八大闭幕不久，他就来到改革开放的前沿深圳进行考察调研，这是习近平当选总书记后调研的第一站。他在那里瞻仰了邓小平铜像，和干部群众交流，强调要高举改革开放伟大旗帜不动摇，将全面深化改革事业推向前进。自党的十八大以来，习近平每年到基层视察工作、体察下情，考察调研频频，足迹遍布大江南北、长城内外。注重调查研究是他长期以来形成的一贯作风。1988 年，习近平在福建担任地委书记时，高度重视调查研究，提出信访接待下基层、现场办公下基层、调查研究下基层、政策宣传下基层的“四下基层”的要求，强调必须从群众中汲取经验和智慧。2002 年，他到浙江工作后，经过大量广泛深入的调查研究，提出并组织实施了“发挥八个方面优势，推进八个重要举措”的“八八战略”，为浙江的长远发展打下了坚实的基础。2007 年，他主政国际化大都市上海，通过深入调研、思考和谋划，提出了把上海打造成长三角“龙头”的宏伟蓝图和战略任务。可见，习近平一直是身体力行调查研究的典范，正是基于调查研究方法的深刻把握和娴熟运用，习近平展示出高超的智慧才能和卓越的领导风范。

第二节　本质分析方法

马克思主义认识论认为，认识不仅要把握事物的现象，更要透过现象深入把握事物的内在联系，认识事物的本质。在习近平看来，“坚持实事求是，就要深入实际了解事物的本来面貌。要透过现象看本质，从零乱的现象中发现事物内部存在的必然联系，从客观事物存在和发展的规律出发，在实践中按照客观规律办事”①。实际上，这种“透过现象看本质”的认识方法，即“求是”的过程和方式，就是本质分析方法。全面深化改革

① 习近平．习近平谈治国理政．北京：外文出版社，2014：25-26.

必须按客观规律办事，提高认识和思维能力，掌握本质分析方法。

一、善于从本质上捕捉问题

无论做任何工作，都要找出事物的本质和规律，将其作为我们行动的向导，都要运用本质分析方法。习近平在庆祝改革开放 40 周年大会上指出："我们要强化问题意识、时代意识、战略意识，用深邃的历史眼光、宽广的国际视野把握事物发展的本质和内在联系"①，把改革开放和现代化事业推向前进。运用本质分析方法看问题，首先要善于从本质上提出和把握问题。要准确反映和把握问题，就必须对事物现象进行甄别和分析，从繁杂的现象中抓住问题的要害和关键。这就要求我们，"不仅要看到现象和细节怎么样，而且要把握本质和全局，抓住主要矛盾和矛盾的主要方面"②，避免在林林总总、纷纭多变的乱象中迷失方向、舍本逐末。

科学地提出和捕捉问题是解决问题的前提。问题不是现成地呈现于我们的头脑中的，提出问题也要对客观现象进行分析研究。问题有提得好与不好、把握准不准、捕捉及时不及时的区别。问题提得好、抓得准、捕捉及时，在于把握了问题的实质和要害。反之，就是只抓住了一些皮毛。在全面深化改革过程中，要抓大事、抓重点、抓关键，必须善于从本质上提出和把握问题。习近平指出，改革的根本任务在于解放和发展生产力，因为"解放和发展社会生产力，是社会主义的本质要求"③。在经济建设领域，把握问题的本质就是要明确改革的重点和核心。党的十八届三中全会提出经济体制改革是全面深化改革的重点，核心问题是处理好政府与市场的关系。明确了改革的重点和核心，全面深化改革就抓住了关键，有了主攻方向和突破口。金融是现代经济的血脉。习近平强调要深化金融供给侧结构性改革，指出"金融活，经济活；金融稳，经济稳。经济兴，金融

---

① 习近平. 在庆祝改革开放 40 周年大会上的讲话. 人民日报，2018-12-19.

② 习近平在中央外事工作会议上强调 坚持以新时代中国特色社会主义外交思想为指导 努力开创中国特色大国外交新局面. 人民日报，2018-06-24.

③ 习近平. 决胜全面建成小康社会 夺取新时代中国特色社会主义伟大胜利：在中国共产党第十九次全国代表大会上的报告. 人民日报，2017-10-28.

兴；经济强，金融强。经济是肌体，金融是血脉，两者共生共荣。我们要深化对金融本质和规律的认识，立足中国实际，走出中国特色金融发展之路”①。这表明，我们必须自觉认识和熟悉金融，只有把握了金融的本质和规律，才能更好地运用和利用它为我国实现经济高质量发展服务。在精神文明建设领域，全面深化改革必须有强大的精神动力和思想支撑。这就要求我们弘扬以爱国主义为核心的民族精神和以改革创新为核心的时代精神。习近平强调，承担民族复兴大任和改革开放重任的青年学生尤其要弘扬爱国主义精神，而在“当代中国，爱国主义的本质就是坚持爱国和爱党、爱社会主义高度统一”②。弘扬爱国主义，要抓住关键、看到问题的本质，不能把爱国和爱党、爱社会主义割裂开来，更不能对立起来去理解当今爱国主义的科学内涵。习近平还指出，忠诚为民是红船精神的本质所在，成为贯穿中国革命、建设和改革的一条红线，是我们党必须牢记的使命和初心。总之，全面深化改革必须从本质上把握和捕捉这些关键性问题，这样才能认清和把握大势和大局，做到胸中有数、精准施策，防止在复杂的现象中迷失方向。

二、善于从本质上认识问题

认识事物的关键在于把握事物的内在本质和规律性，获得真理性认识。这就必须善于从本质上看问题，使反映事物表面现象的感性认识上升为对于事物本质的理性认识。因此，本质分析方法的另一重要要求是，透过现象从本质上认识问题，抓住必然性，把握事物发展的大势和方向。全面深化改革涉及方方面面、条条块块、枝枝叶叶，只有抓住主要矛盾和矛盾的主要方面，把握全局和本质，才能纲举目张、事半功倍。

全面深化改革要扬帆远航、行稳致远，必须遵循社会发展客观规律，这就要通过本质分析方法把握社会现象的本质。习近平指出，马克思“通过系统研究政治经济学，揭示资本主义的本质和规律”③，得出了资本主义

---

①　习近平在中共中央政治局第十三次集体学习时强调 深化金融供给侧结构性改革 增强金融服务实体经济能力．人民日报，2019-02-24.

②　习近平．在纪念五四运动100周年大会上的讲话．人民日报，2019-05-01.

③　习近平．在纪念马克思诞辰200周年大会上的讲话．人民日报，2018-05-05.

必然灭亡、社会主义必然胜利的科学结论。邓小平揭示出，社会主义的本质首先是解放和发展生产力。这都是我们深化改革必须遵循的基本规律和原则。同样，观察社会发展和进步，要从本质上去认识问题，不能被表象和假象所迷惑。习近平认为，虽然改革开放前和改革开放后是两个相互联系又有重大区别的历史时期，“但本质上都是我们党领导人民进行社会主义建设的实践探索”①，不能彼此割裂，更不能相互对立和否定。全面深化改革要坚持和把握社会主义最本质的东西，不能改的坚决不能改，要坚定不移地坚持和固守。习近平指出，党的十八大报告深刻总结了夺取中国特色社会主义的基本要求，“这些基本要求是根据党的基本理论、基本路线、基本纲领、基本经验，深刻总结60多年来我国社会主义建设特别是中国特色社会主义建设实践提出的，是最本质的东西”②，必须深刻领会和坚持。党的十九大报告强调，习近平新时代中国特色社会主义思想明确了中国特色社会主义最本质的特征是中国共产党领导，全面深化改革必须坚持党的领导；全面依法治国是中国特色社会主义的本质要求和重要保障，全面深化改革必须依法靠法办事；人民当家作主是社会主义民主政治的本质特征，全面深化改革必须发挥人民的主人翁精神，调动人民群众的积极性和创造性。习近平指出：“消除贫困、改善民生、实现共同富裕，是社会主义的本质要求。”③“中国梦的本质是国家富强、民族振兴、人民幸福”，而全面深化改革正是实现中国梦和“两个一百年”奋斗目标的关键抉择。全面深化改革需要良好的外部环境和条件。在发展对外关系和维护世界和平上，习近平同样强调从本质上提出和认识问题。他说：“交流互鉴是文明发展的本质要求。文明交流互鉴应该是对等的、平等的，应该是多元的、多向的，而不应该是强制的、强迫的，不应该是单一的、单向的。”④ 对于地区和国家之间的关系，他指出，“中非关系的本质特征是真诚友好、相

① 《求是》杂志发表习近平总书记重要文章 关于坚持和发展中国特色社会主义的几个问题. 人民日报，2019-04-01.

② 习近平. 习近平谈治国理政. 北京：外文出版社，2014：12.

③ 同②189.

④ 习近平出席亚洲文明对话大会开幕式并发表主旨演讲. 人民日报，2019-05-16.

互尊重、平等互利、共同发展”①，“中美经贸关系的本质是互利共赢的”，等等。正是基于这样的分析、认识和判断，习近平提出了“构建人类命运共同体”的科学命题，强调各国相互尊重、携手合作、取长补短、共同发展。由此可见，只有通过本质分析法去抓住问题的本质和关键，才能把握改革的方向和重心，精准发力，攻坚克难，把改革开放引向深入。

三、善于从本质上解决问题

对于事关全局的重大问题，我们不仅要从本质方面提出并把握它，探讨并认识它，更要着力从本质上比较彻底地解决它。从本质上设计解决问题的方案和办法，制定切实可行的政策和措施，使问题得到有效的解决，是本质分析方法的根本目标和环节。习近平强调，全面深化改革要把工作重点更多地放在解决实际问题上，对标重要领域和关键环节，发现问题要准，解决问题要实，抓住本质和关键，继续啃硬骨头，确保干一件事成一件事。

改革是决定当代中国命运的一招。也就是说，它是从本质上解决当代中国经济社会发展问题的关键抉择。而且，也只有通过全面深化改革，才能“不断拓展中国特色社会主义道路，不断丰富中国特色社会主义理论体系，不断完善中国特色社会主义制度”②。在习近平看来，要从本质上解决改革发展中的问题，首先要把握规律。“要按照已经认识到的规律来办，在实践中再加深对规律的认识”③。没有对问题本质和规律的把握，不可能从根本上解决问题，把工作做好。比如，市场决定资源配置是市场经济的一般规律，市场经济本质上就是市场决定资源配置的经济。因此，在政府与市场的关系上，市场在资源配置中要起决定性作用。这是按客观规律办事，而不能凭感觉、按长官意志办事。其次要靠制度。“治理国家，制度是起根本性、全局性、长远性作用的。”④ 制度是决定性因素，制度不好或

① 习近平. 习近平谈治国理政. 北京：外文出版社，2014：305.

② 中共中央文献研究室. 习近平关于全面深化改革论述摘编. 北京：中央文献出版社，2014：25.

③ 同②43.

④ 同②28.

不健全，使好人无法充分做好事。只有从制度设计上切入，才能抓住本质，釜底抽薪，比较彻底地解决问题，避免不作为、慢作为、乱作为。习近平指出，要“真正实现社会和谐稳定、国家长治久安，还是要靠制度”①。临时性的办法和措施，突击性的工作，可能奏效一时，但并不能从根本上解决问题，我们要善于把党的领导和我国社会主义的优势，通过制度和机制转化为国家治理效能。最后要有能力。高素质、有能力，才能洞察和揭示事物的本质，抓住关键和要害去解决问题。在全面深化改革中，习近平特别强调领导干部“要提高风险化解能力，透过复杂现象把握本质，抓住要害、找准原因，果断决策，善于引导群众、组织群众，善于整合各方力量、科学排兵布阵，有效予以处理。”② 同时，必须有良好的精神状态，发扬斗争精神，增强斗争本领。习近平 2018 年 12 月主持中央政治局召开民主生活会时强调，“要增强斗争本领，科学预见形势发展的未来走势、蕴藏其中的机遇和挑战、有利因素和不利因素，透过现象看本质，抓好战略谋划，牢牢掌握斗争主动权”。有能力、敢斗争、勇担当、善作为，改革开放中的任何困难和挑战就都会得到很好的应对和解决。

由此不难看出，本质分析方法就是“求是”，找出事物的本质和规律来，将其作为我们行动的向导。它是一个着眼于从本质看问题、想问题、解决问题的动态过程，贯穿于人们认识和实践的全过程，也贯穿于我国全面深化改革、推动高质量发展的全过程。

第三节　经验总结方法

认识从实践中来，经验是人们在实践中获得的初步认识成果，是进一

---

① 中共中央文献研究室．习近平关于全面深化改革论述摘编．北京：中央文献出版社，2014：24.

② 习近平在省部级主要领导干部坚持底线思维着力防范化解重大风险专题研讨班开班式上发表重要讲话强调 提高防控能力着力防范化解重大风险 保持经济持续健康发展社会大局稳定．人民日报，2019-01-22.

步上升为理论的基础。一切真知都是从直接经验发源的，离开经验，任何理论都会成为无源之水、无本之木；任何实践都将缺乏驾轻就熟的“套路”和可靠的参照与支持。经验是极其宝贵的，得来不易，有效实用。及时总结和运用经验，是马克思主义认识论的基本要求。不断地总结经验，积累和深化认识成果，可以有效地认识世界；及时地学习和运用经验，借鉴和指导实际工作，可以能动地改造世界。习近平指出：“新形势下，各级干部特别是领导干部要坚持在实践中深化学习、在学习中深化实践，不断研究新问题、总结新经验”①，从而不断更有力地推进改革开放大业。

一、回顾反思：总结经验的基本形式

展望未来，开拓前进，决不能忘记已经走过的路，必须经常地进行回顾和反思。回顾过去、科学反思是总结经验、提升认识的基本形式，是促进发展、实现社会进步的重要机制。习近平经常讲要“回过头来看”“回首过去”“回顾历史”等，就是要求我们要通过回顾反思，总结经验教训，更好地走好脚下的路。他说：“要端起历史望远镜回顾过去、总结历史规律，展望未来、把握历史前进大势。”② 回顾反思是人类理性的特有功能，是重要的思维形式和认识方法。

首先，回顾反思是以实践为基础的再认识。再认识是认识连续和不断更新的过程，回顾反思实际是在实践基础上的再认识，它能够从中汲取许多教益和经验。对于改革开放，邓小平曾在南方谈话中说，如果不搞改革开放，“只能是死路一条”。习近平回顾说，“回过头来看，我们对邓小平同志这番话就有更深的理解了”，“只有改革开放才能发展中国、发展社会主义、发展马克思主义”③。改革开放使中国富起来、强起来，改革开放使社会主义走上阳关大道，改革开放使马克思主义进一步焕发出真理的光芒。党的十八大之后，习近平总书记第一次到地方调研，就是到在改革开放中得风气之先的广东深圳。他现场回顾了我国改革开放的历史进程，作

① 习近平．习近平谈治国理政．北京：外文出版社，2014：118．

② 习近平在中央外事工作会议上强调 坚持以新时代中国特色社会主义外交思想为指导 努力开创中国特色大国外交新局面．人民日报，2018-06-24．

③ 同①71．

了坚定不移把改革开放继续推向前进的鼓舞人心的讲话。在十九届中央政治局第四次集体学习时，习近平回顾了我们党领导的宪法建设史，总结了我国制定和实施宪法、完善和发展宪法四个方面的重要结论和经验，强调宪法作为上层建筑，一定要适应经济基础的变化而变化，“现行宪法是在深刻总结我国社会主义革命、建设、改革的成功经验基础上制定和不断完善的，是我们党领导人民长期奋斗历史逻辑、理论逻辑、实践逻辑的必然结果”①。可见，以实践为基础的回顾反思，是深化认识的必然环节，所获得的经验启示是进一步推动实践的重要引导。

其次，回顾反思是以因果为线索的自我回溯。事必有因，因必有果。回顾反思可以由果溯因，总结经验教训，找到问题的症结或成功的奥秘，从而扬长避短，开拓前进。比如，近代中国屡次挨打，原因就是落后，闭关自守，不开放、不改革。习近平意味深长地说：“回首过去，全党同志必须牢记，落后就要挨打，发展才能自强。”② 而中华民族之所以能够屡败屡起、不屈不挠、团结奋起，“回顾历史，支撑我们这个古老民族走到今天的，支撑 5 000 多年中华文明延绵至今的，是植根于中华民族血脉深处的文化基因”③。所以，我们必须结合新的时代条件传承和弘扬中华优秀传统文化，坚守中华民族的根和魂。习近平回顾中国共产党的历史时指出，我们党能够由弱变强，一次次绝境重生，从胜利走向胜利，根本原因在于“始终坚守为中国人民谋幸福、为中华民族谋复兴”这个初心和使命。党的十一届三中全会以后，中国人民、社会主义中国、中国共产党发生了历史性的深刻变化，靠的就是坚持不懈推进改革开放。改革开放是党和人民大踏步赶上时代的重要法宝，是坚持和发展中国特色社会主义的必由之路，是决定当代中国命运的关键一招。回顾反思不仅是对历史事实的确认与甄别，更要追因溯源，找到问题的症结和根源。

最后，回顾反思是对对象的重新认识与再评价。认识不是一次完成

---

① 习近平在中共中央政治局第四次集体学习时强调 更加注重发挥宪法重要作用 把实施宪法提高到新的水平．人民日报，2018-02-26.

② 习近平．习近平谈治国理政．北京：外文出版社，2014：36.

③ 习近平．携手建设更加美好的世界：在中国共产党与世界政党高层对话会上的主旨讲话．人民日报，2017-12-02.

的，而是在实践和反思中不断推进和深化的。回顾反思是在实践的基础上的再认识，可以获得新的认识和结论。我国民营经济是在改革开放中长成、壮大、发展起来的新事物，必须适应时代变化进行新的定位和评价。习近平在2018年民营企业座谈会上，回顾了改革开放40年来我国民营经济不断发展壮大的历程，充分肯定了民营经济的重要地位和作用。他指出："公有制为主体、多种所有制经济共同发展的基本经济制度，是中国特色社会主义制度的重要组成部分，也是完善社会主义市场经济体制的必然要求。"① 因此，我们要毫不动摇地鼓励、支持和引导非公有制经济发展，激发其发展活力和创造力。民营经济只能进一步发展壮大，不能否定削弱，而且要走向更加广阔的舞台。对全面深化改革中"怎样治理社会主义社会这样全新的社会"，习近平进行了回顾反思。这个问题马克思、恩格斯没有遇到过，列宁在俄国十月革命后不久就过世了，苏联取得了一些实践经验，也犯了严重错误。我们党执政后，虽也发生了严重曲折，但取得了重大成果，改革开放以来的进展尤为显著。现在，"我们的国家治理体系和治理能力总体上是好的，是适应我国国情和发展要求的"②。当然，也需要不断改革、提高和完善。这说明，对社会主义社会的社会治理的认识是在实践和反思中不断深化的，不可能一蹴而就，也不可能一劳永逸。所以，回顾反思是力求通过新的实践补充、丰富或纠正对事物的认识，达到对事物更深入、更科学的认识和把握。

二、集思广益：总结经验的本质要求

经验是人们通过实践对客观事物的初步反映，既是一切真知和科学理论的原料，也是实际工作的重要依据和参照。毛泽东称自己是"靠总结经验吃饭的"，邓小平讲自己是"实事求是派"，"关键在于不断地总结经验"。在全面深化改革中，习近平强调："我们应该全方位、多层次、多角度集思广益，从实践中总结经验、寻找思路、升华思想、获取动力。"③ 及

① 习近平同志《论坚持全面深化改革》主要篇目介绍. 人民日报，2018-12-30.

② 习近平. 习近平谈治国理政. 北京：外文出版社，2014：91.

③ 习近平. 携手建设更加美好的世界：在中国共产党与世界政党高层对话会上的主旨讲话. 人民日报，2017-12-02.

时不断总结各地各部门的好做法、好经验，集思广益，是经验总结方法的本质要求。

在推进改革开放和现代化建设过程中，各类经验都很重要，都需要总结。在习近平看来，尤其要注重总结以下几方面的经验：一是历史经验和新鲜经验。历史经验是时间比较久远的积累性经验，新鲜经验是现时得来的现实经验。习近平强调既要总结历史经验，也要总结实践中的新鲜经验。落后就要挨打，破坏生态环境就要受惩罚，一个国家照抄照搬别人的模式从来不得成功，这都是总结历史经验得来的深刻教训和启示。同时，另一方面，“我们要及时总结党领导人民创造的新鲜经验”，尊重群众的首创精神。在全面深化改革中，“很重要的一条就是要广泛听取群众意见和建议，及时总结群众创造的新鲜经验”①，上升为方针政策，再到群众中去实行，同人民一道把改革推向前进。而且，许多经验本身就是历史经验与现实经验的统一。习近平在首届中国国际进口博览会开幕式上发表主旨演讲说：“回顾历史，开放合作是增强国际经贸活力的重要动力。立足当今，开放合作是推动世界经济稳定复苏的现实要求。放眼未来，开放合作是促进人类社会不断进步的时代要求。”② 这充分说明，开放合作既是历史经验，也是现实需要和时代要求，过去、现在和未来的发展都离不开开放合作。二是基本经验和具体经验。基本经验是全局、战略高度的根本性经验，具体经验是局部或基层的特殊性经验。在庆祝改革开放 40 周年大会上，习近平从“必须坚持党对一切工作的领导”“必须坚持以人民为中心”“必须坚持马克思主义指导地位”等 9 个方面总结了改革开放的基本经验，强调对这些宝贵经验和精神财富“必须倍加珍惜、长期坚持，在实践中不断丰富和发展”③。同时，各地各部门和基层群众要注重总结自己的具体做法和经验，以便进一步指导下一步的工作。比如，习近平在北京某社区的考察中，充分肯定其居民设立“小院议事厅”的做法和经验，指出这有助于提高社区治理和服务的精准化、精细化水平。无论基本经验，还是具体

---

① 习近平．习近平谈治国理政．北京：外文出版社，2014：98.

② 习近平．共建创新包容的开放型世界经济：在首届中国国际进口博览会开幕式上的主旨演讲．人民日报，2018-11-06.

③ 习近平．在庆祝改革开放 40 周年大会上的讲话．人民日报，2018-12-19.

经验都要注意总结。基本经验包含具体经验，具体经验可以提升概括为基本经验。三是直接经验和间接经验。直接经验是自己通过亲身实践取得的经验，间接经验是从前人或者别人那里得来的经验。我们既要重视总结自己的宝贵经验，也要借鉴别人的有益做法和经验。比如，在推进住房保障和供应体系的改革和建设上，习近平指出：我们“要总结我国住房改革发展经验，借鉴其他国家解决住房问题的有益做法，深入研究住房建设的规律性问题”①。尊重自己的创造，同时又要借鉴国外特别是发达国家的管理和发展经验，梳理采纳各方面的合理意见，集思广益，这样就能提升自己，获得更大的发展空间和成功的机会。

三、吸取教训：总结经验的重要体现

经验有正反两方面，正面的、成功的是“经验”，反面的、失败的则是“教训”。从这个意义上讲，吸取教训也是总结经验的重要体现。习近平强调在全面深化改革的过程中，正反两方面的经验都要注重总结。比如，针对宪法是全面深化改革的根本法律保障和依据，他说：我国现行宪法就是“总结我国社会主义建设正反两方面经验，深刻吸取十年‘文化大革命’的沉痛教训，借鉴世界社会主义成败得失，适应我国改革开放和社会主义现代化建设、加强社会主义民主法制建设的新要求”② 而制定的。我们既要坚持，又要不断适应新形势、汲纳新经验、确认新成果进行修正。事实上，无论成功的经验还是失败的教训，都是宝贵的精神财富，都要深刻吸取。教训是支付的“学费”，但交了“学费”一定要学到东西，不能“白交”，一定要吃一堑长一智。

在习近平看来，我们应该从多方面去吸取教训，获得应有的警示和教益。一是以史为鉴，吸取历史教训。“历史的经验值得注意，历史的教训更应引以为戒。”③ 任何一个民族的学习都不如在总结自己的教训中来得快。“中国拥有五千年的灿烂文明，近代两三百年的封闭曾经造成了我们

① 习近平．习近平谈治国理政．北京：外文出版社，2014：193.

② 同①136.

③ 同①390.

的落伍。吸取历史教训，当代中国开启了改革开放进程。”① 我们果断停止“以阶级斗争为纲”的错误做法，把工作重点转移到社会主义建设上来，作出改革开放的伟大决策，这也是我们“吃了苦头”，总结新中国成立后的历史教训的结果。又如，中国历史上各朝各代统治者的贪腐，造成了“人亡政息”的周期律，现在“我们党把党风廉政建设和反腐败斗争提到关系党和国家生死存亡的高度来认识，是深刻总结了古今中外的历史教训的”②。党的十八大以来，虽然反腐败斗争取得压倒性胜利，但我们决不能见好就收，必须将反腐败斗争进行到底。二是以酿成的苦果为鉴，吸取安全事故和公共卫生事件的教训。随着改革开放和现代化建设向纵深推进，我国在取得巨大成就的同时，也带来一些粗放生产、不顾质量、盲目追求速度的问题，致使安全事故频发，公共卫生事件重演，给国家和人民生命财产造成重大损失。习近平多次就一些地方接连发生重大安全事故作出重要指示和批示，要求各地和有关部门要深刻吸取教训，加强安全隐患排查，严格落实安全生产责任制。要始终把人民群众生命安全放在第一位，“深化安全生产大检查，认真吸取教训，注重举一反三，全面加强安全生产工作”③。对于个别不合格疫苗案件的发生，他十分关注，强调要深刻吸取教训，重典治乱，去疴除弊。面对2019年底突发的新冠肺炎疫情，习近平亲自部署、亲自指挥，多次主持召开政治局常委会，强调要深刻吸取沉痛教训，补齐短板，改革和完善公共卫生体系和治理体系，并将其作为深化改革的重点内容。三是以反面典型为鉴，吸取一些腐败分子步入歧途、逐步堕落的教训。改革开放以来，党内面临尖锐而严峻的精神懈怠、能力不足、脱离群众、消极腐败的危险。其中，腐败是最大的挑战。一些腐败分子放弃世界观、人生观的改造，背弃理想信念，思想蜕化变质，阳奉阴违、以权谋私、作风败坏，令人不齿。习近平指出：我们要善于“从这些年党内正反两方面的典型中，汲取经验教训，自觉挺起共产党人的精神脊

① 杜一菲，刘卫兵．习近平会见英国四十八家集团俱乐部主席佩里．人民日报，2018-10-17.

② 习近平．习近平谈治国理政．北京：外文出版社，2014：390.

③ 同②195.

梁"①，提高拒腐防变的能力。由此可见，只有将正反两方面的经验结合起来，既善于总结成绩，又善于吸取教训，才能不自满、不懈怠，始终保持清醒的头脑，沿着正确的方向和道路前进。

第四节　理论先导方法

理论作为反映事物本质和规律的理性认识，在人们的实践和社会发展中具有重大先导和引领作用。认识方法除了获得真理性认识外，还要运用理论去指导实践。"正确的认识推动正确的实践，错误的认识导致错误的实践。"② 以马克思主义科学理论为指导是我们党的优势。全面深化改革是一场伟大的革命，是一种全新的探索，理论创新和理论指导特别重要。习近平指出："理论创新对实践创新具有重大先导作用，全面深化改革必须以理论创新为先导。"③

一、理论指引航向

理论的重大作用，在于理论具有前瞻性和预见性，能够指引社会发展、工作实践和人生未来的方向。"理论对规律的揭示越深刻，对社会发展和变革的引领作用就越显著。"④ "凡事预则立，不预则废。"正确地揭示事物的本质、预见事物的未来、指明前进的方向，是理论重大作用的突出表现。有了科学理论指引航向，我们就能向前展望、超前思维、提前谋局，增强工作的系统性、原则性、预见性、创造性。

首先，理论揭示事物发展规律，能够科学地预见未来，指明社会发展的方向。习近平指出，"马克思、恩格斯运用社会基本矛盾推动社会发展的规律，对未来社会发展作出了科学预见"⑤，得出了资本主义必然灭亡、

① 习近平在党的十九届一中全会上的讲话．求是，2018（1）．

② 习近平．辩证唯物主义是中国共产党人的世界观和方法论．求是，2019（1）．

③ 习近平．习近平谈治国理政．北京：外文出版社，2014：75．

④ 同②．

⑤ 习近平．坚持历史唯物主义不断开辟当代中国马克思主义发展新境界．求是，2020（2）．

社会主义必然胜利的结论。这“两个必然”是历史规律的必然，为我们指明了社会发展的航向。当然，同时我们也应结合“两个决不会”加以辩证理解，深刻认识社会主义可能出现的曲折性和实现共产主义的长期性，从而坚定我们的理想信念。中国共产党人是马克思主义的忠诚信奉者、坚定实践者，马克思主义是我们党的理论基础和行动指南。正是在马克思主义科学理论的指引下，我们取得了中国革命的胜利，成功走上了改革开放和全面建设社会主义现代化国家的康庄大道。依靠我国人民的不懈奋斗和艰苦创业，新中国发生了翻天覆地的历史性巨变。但与此同时，我们也应该看到，改革开放的过程中意识形态方面的斗争仍然十分尖锐和复杂。特别是当前一些错误的社会思潮呼应国际形势的复杂变化，暗流涌动，此起彼伏，竞相发声，制造了不少噪音、杂音，干扰改革开放与国家发展的大局。如“普世”主义、新自由主义、民粹主义、民主社会主义、历史虚无主义和新保守主义等思潮近年在我国纷纷登场，给马克思主义和社会主义带来巨大冲击。这就要求我们主动应对挑战，坚定“四个自信”，坚定不移地沿着中国特色社会主义的道路前进。

其次，理论把握事物本质，能够正确指引我们的工作方向，使各项事业获得成功。依据新时代党的创新理论，我们党制定出正确的路线方针政策，为改革开放实践指明了方向。比如，在文化改革发展上，在党的创新理论的指引下，党的十九大报告强调“要坚持为人民服务、为社会主义服务，坚持百花齐放、百家争鸣，坚持创造性转化、创新性发展，不断铸就中华文化新辉煌”①。这表明，“二为”方向、“双百”方针、“两创”原则，是新时期发展繁荣社会主义文化的基本遵循。社会主义文化无论何种主题、内容，采取何种形式、方式和手段，都必须坚持“为人民服务、为社会主义服务”的根本方向。“二为”方向集中概括了新时代文化工作的方向和目标，决定了社会主义文化的根本性质，是必须长期坚持而不可须臾离开的指针。“双百”方针倡导文学艺术问题上“百花齐放”，不同形式和风格可以自由发展；倡导学术问题上“百家争鸣”，不同观点和学派可以

① 习近平．决胜全面建成小康社会 夺取新时代中国特色社会主义伟大胜利：在中国共产党第十九次全国代表大会上的报告．人民日报，2017-10-28.

自由讨论。这是我国发展、繁荣文学艺术和学术的基本方针，其实质是倡导和实行学术民主、艺术民主，创造良好的文化发展环境。推动中华优秀传统文化“两创”即“创造性转化”和“创新性发展”。“创造性转化”，即将传统文化的合理部分和因子经过改造、创造，赋予新的内涵，使之转换、转化为当今所用的思想财富和精神营养；“创新性发展”，就是将传统文化的精华、精髓加以补充完善、拓展创新，使之发展为当代中国文化的重要元素和内容。“两创”原则深刻揭示了文化发展和文化建设的客观规律，体现了我们党高度的文化自觉和文化自信，不仅是推动中华优秀传统文化传承创新的指南，而且是推动当前文化繁荣发展的准则。显然，这些方针政策的确立和坚持，是推动社会主义文化繁荣兴盛的重要保证。还比如，党的十九大报告作出了我国社会主要矛盾已经转化为“人民日益增长的美好生活需要和不平衡不充分的发展之间的矛盾”的重大理论论断和政治判断，这是我们制定党和国家大政方针、长远战略的重要依据，这一重要理论创新为我们更好推进党和国家事业提供了重要指引。

最后，理论洞悉未来，能够确定理想目标，指引人生选择的方向。习近平曾对各界优秀青年代表说：“理想指引人生方向，信念决定事业成败。没有理想信念，就会导致精神上‘缺钙’。中国梦是全国各族人民的共同理想，也是青年一代应该牢固树立的远大理想。”① 青年面临的选择很多，关键是以正确的世界观、人生观、价值观来指导自己的选择。而正确世界观、人生观、价值观的树立，需要以科学理论作基础。有了以马克思主义科学真理作基础的信仰和信念，其就能转化成为指引和推动我们不断前进的强大精神动力。习近平指出，在今天发展社会主义市场经济的条件下，青年人尤其要倡导和弘扬爱国主义精神。但在当代中国，爱国不是抽象的，而是具体的，必须把爱国主义同社会主义统一起来。要使当代爱国主义更具有崇高的理想、崭新的时代特征和更丰富的思想内涵，就必须由党的创新理论来滋养，需要把中国特色社会主义的思想旗帜、共同理想、文化形象内化于其中。

---

① 习近平．习近平谈治国理政．北京：外文出版社，2014：50.

二、理论指导实践

认识的目的不仅是认识世界，更在于改造世界。从实践中形成理论，这是马克思主义认识论的第一次飞跃；理论再回到实践中去指导实践，这是认识论的第二次飞跃。第二次飞跃意义更为伟大，因为认识的目的在于改造世界。毛泽东说："如果有了正确的理论，只是把它空谈一阵，束之高阁，并不实行，那末，这种理论再好也是没有意义的。"① 习近平指出："我们党一贯重视理论工作，强调理论必须同实践相统一。理论一旦脱离了实践，就会成为僵化的教条，失去活力和生命力。实践如果没有正确理论的指导，也容易'盲人骑瞎马，夜半临深池'。"② 实践要获得成功，离不开科学理论的指导。

马克思主义是我们的指导思想，改革开放和各项工作实践必须坚持和运用马克思主义科学真理。运用科学理论必须学习掌握科学理论。习近平指出："共产党人要把读马克思主义经典、悟马克思主义原理当作一种生活习惯、当作一种精神追求，用经典涵养正气、淬炼思想、升华境界、指导实践。"③ 这就是说，要用马克思主义科学真理改进作风，涵养正气，提升境界；增强理论素质，培养理论思维，提高思维和工作能力；指导实践，指挥行动，推动各项工作。正是由于我们党自成立起就将马克思主义作为自己的指导思想，运用这一科学真理指导实践，才不断取得革命、建设、改革的一个又一个胜利。中国共产党人在把马克思主义与中国实际相结合的过程中，不断推进马克思主义中国化，创立了毛泽东思想、中国特色社会主义理论体系和习近平新时代中国特色社会主义思想。以毛泽东同志为主要代表的中国共产党人善于把丰富的实践经验提升为理论，用理论来指导实践的发展，经过艰苦卓绝的斗争，建立了新中国，开辟了社会主义道路。中国特色社会主义理论体系，是马克思主义中国化最新成果，包括邓小平理论、"三个代表"重要思想、科学发展观。"在当代中国，坚持

---

① 毛泽东．毛泽东选集：第1卷．2版．北京：人民出版社，1991：292.

② 习近平．辩证唯物主义是中国共产党人的世界观和方法论．求是，2019（1）.

③ 习近平．在纪念马克思诞辰200周年大会上的讲话．人民日报，2018-05-05.

中国特色社会主义理论体系，就是真正坚持马克思主义。”① 党的十八大以来，我们党围绕新时代坚持和发展什么样的中国特色社会主义、怎样坚持和发展中国特色社会主义，建设什么样的社会主义现代化强国、怎样建设社会主义现代化强国，建设什么样的长期执政的马克思主义政党、怎样建设长期执政的马克思主义政党等重大时代课题，进行艰辛理论探索，形成了习近平新时代中国特色社会主义思想。在全面深化改革的过程中，我们必须始终坚持用这一思想武装全党、教育人民、指导实践。习近平特别强调：“武装头脑、指导实践、推动工作，落脚点在指导实践、推动工作；学懂弄通做实，落脚点在做实。要牢记空谈误国、实干兴邦的道理，坚持知行合一、真抓实干，做实干家。”② 党的科学理论指导我们在实践中正确执行党的方针政策，按客观规律办事，使理论蕴含的思想和精神力量转化为巨大物质力量。

在全面深化改革和推进现代化建设的过程中，我们必须自觉运用科学理论指导实践，使各方面工作更符合客观规律的要求，更加卓有成效。比如，在社会主义市场经济的理论指导下，习近平指出，全面深化改革“必须坚持社会主义市场经济的改革方向，坚持对外开放的基本国策，以更大的政治勇气和智慧，不失时机深化重要领域改革”③。依据社会主义市场经济的理论创新成果的指导，我国经济体制改革和经济建设不断取得重大成就；依据社会主义民主政治理论创新成果的指导，我国政治体制改革和民主法治建设迈出重大步伐；依据社会主义文化建设理论创新成果的指导，我国文化体制改革和思想文化建设取得重大进展；依据以人民为中心的社会发展理论创新成果的指导，我国社会体制改革和人民生活水平不断得到改善和提高；依据生态文明建设理论创新成果的指导，我国生态文明体制改革和生态文明建设取得显著成效。说到底，党的十八大以来，我国经济、政治、文化、社会、生态文明建设都取得了历史性成就、发生了历史

① 习近平．习近平谈治国理政．北京：外文出版社，2014：9.

② 习近平在中央党校（国家行政学院）中青年干部培训班开班式上发表重要讲话强调 在常学常新中加强理论修养 在知行合一中主动担当作为．人民日报，2019-03-02.

③ 同①67.

性变革，其根本原因在于习近平新时代中国特色社会主义思想的科学指导和指引。

三、理论推动创新

理论源于实践，又可以走到实践的前面引领实践，推进各方面的创新。我们党是高度重视理论建设和理论指导的党，强调理论必须同实践相统一。一方面，坚持马克思主义指导地位，不断推进实践基础上的理论创新，及时回答时代之问、人民之问，不断开辟马克思主义发展新境界①。马克思主义科学理论是时代的理论，必须与时俱进地体现时代精神，回答时代之问；同时是人民的理论，必须及时体现群众的意愿和呼声，回答人民之问，这就要求在实践的基础上不断推进理论创新。另一方面，就是要以理论创新为先导，以理论创新推进实践创新、制度创新、文化创新，以及其他各方面创新。

在全面深化改革和加快现代化建设的过程中，我们要善于通过实践推进理论创新，丰富和发展党的理论。实践没有止境，理论创新也没有止境。要使党和人民事业不停顿，首先理论上不能停顿。我们要根据时代的变化和实践的发展，不断深化认识，不断总结经验，不断进行理论创新，坚持理论指导和实践探索的辩证统一，实现理论创新和实践创新的良性互动，在这种统一和互动中发展21世纪中国的马克思主义。我国推进改革开放的历程，就是不断在实践基础上推进马克思主义中国化的历程，就是不断创造中国化马克思主义最新成果的历程。从邓小平理论、“三个代表”重要思想、科学发展观，到习近平新时代中国特色社会主义思想，无不是我们党在改革开放和现代化建设实践中创造的理论成果。习近平强调，要善于通过不断推进理论创新，“增强理论自信和战略定力，对经过反复实践和比较得出的正确理论，不能心猿意马、犹豫不决，要坚定不移坚持”②。理论自信是我们党最大的优势之一，这一自信来自理论自觉和理论创新。理论自觉是理论创新的前提，理论创新是理论自觉的归宿。自觉不

① 习近平．在庆祝改革开放40周年大会上的讲话．人民日报，2018-12-19．

② 习近平．辩证唯物主义是中国共产党人的世界观和方法论．求是，2019（1）．

断推进理论创新，理论就不会成为僵化的教条而永葆生机活力，具有强大的创造力和引导力。习近平要求，全党要善于通过理论学习培养理论思维，提高理论水平。他说：我们这样一个大国的执政党，“如果缺乏理论思维的有力支撑，是难以战胜各种风险和困难的，也是难以不断前进的”。所以，“全党都要加强对马克思主义哲学的学习和运用，提高运用马克思主义立场、观点、方法分析和解决问题的能力。学习不是背教条、背语录，而是要用以解决实际问题”①。理论思维是理论创新的必然要求，也是推进其他创新的基本条件。

推进理论创新的目的，是要以理论创新为先导，推进实践创新、制度制新、文化创新以及其他各方面的创新，实现理论创新与实践创新及其他创新的良性互动。改革开放的历程表明，每一次思想解放和改革理论的突破与创新，都会带来改革实践的新飞跃，推动改革取得新的进展和重大成果。如邓小平发表著名的南方谈话、社会主义市场理论的确立、十八届三中全会《决定》的通过等，都极大推动了我国改革开放的历史进程。制度创新有赖于理论创新和实践创新，是二者有机结合的重要体现。习近平指出，“我们要坚持以实践基础上的理论创新推动制度创新，坚持和完善现有制度，从实际出发，及时制定一些新的制度，构建系统完备、科学规范、运行有效的制度体系，使各方面制度更加成熟更加定型”②。推进制度创新，不仅需要理论和思维方式上的突破，也需要勇于在实践中不断探索和创新。制度创新不仅是现实的需要，也是理论的诉求，是理论创新和实践创新的必然伴生物。建立“更加成熟更加定型”的制度体系是邓小平在世纪之交提出来的，现在经过多年探索和构建，制度已成规模，党的十九届四中全会专门就制度建设进行了全面的谋划和部署，必将进一步推进我国各方面的制度创新，完善社会主义的制度体系和治理体系。文化创新作为创新的一种重要形式，是在继承前人文化遗产精华的基础上，结合新的实践和时代的要求，结合人民群众精神文化生活的需要，着眼于世界文化发展的前沿所进行的文化上的超越和创造。文化创新的成果，是满足人们

---

① 习近平．坚持历史唯物主义不断开辟当代中国马克思主义发展新境界．求是，2020（2）．

② 习近平．习近平谈治国理政．北京：外文出版社，2014：10．

精神文化需要的精神成果和文化成就。文化引领社会发展，是最需要创新的领域。在实践和理论创新的基础上，重点抓好文化领域的理念创新、艺术创新、手段创新以及基层工作创新，让一切文化创造源泉充分涌流出来，将推动全社会创造更加绚丽多彩的中国特色社会主义文化。不仅如此，习近平还要求以理论创新推进其他各方面创新，如科技创新、社会治理创新等，这些都需要以理论创新为先导。事实上，理论创新和理论指导是贯穿于全面深化改革的整个过程和全部实践中的，这也正是改革开放不断获得成功的重要方法和诀窍。

第七章　新时代改革评价方法论

人们不仅观察、认识着外部世界，同时也在判断、评价着各种事物的“意义”，思考着它的价值。如果说认识主要是解决“真假”问题，那么评价主要是解决“好坏”问题。价值评价方法，就是评估事物对人有用无用、有利不利、优劣好坏的方法，即一定价值主体评定、判断、估量、比较一定事物价值的方式、原则、标准和技巧的总和。全面深化改革，既要回答“改什么、怎么改”，也要回答“改得怎么样、改得成效如何”，这后者就是改革的评价问题。对我国改革开放的结果和成效进行评价，是中国特色社会主义理论和实践中的重大问题。只有运用科学的方法，经过检验和评价，解决孰优孰劣、知好知歹的问题，才能把准方向、坚定信心、扬长避短、攻坚克难，将改革开放进行到底。

第一节　改革评价中的大是大非问题

改革是动力、活力之源，是决定当代中国命运的关键抉择。全面深化改革是持续释放发展活力、满足人民美好生活需求的迫切需要、是解决我国社会深层次矛盾和突出问题、实现经济社会高质量发展的现实要求、是解放和发展社会生产力、提高综合国力的重要保证，是建设社会主义现代化强国、实现中华民族伟大复兴的根本举措。正确地评价改革，正确对待改革评价中的大是大非问题，对于我们客观地总结过去、更好地走向未来，对于坚定信心、振奋精神，进一步深化改革具至关重要的作用和意义。

一、坚持改革还是走回头路

究竟是坚持改革还是否定改革，这一看法和评价是决定走死路还是走活路的分水岭。习近平指出，1992 年，邓小平曾在南方谈话中说："不坚持社会主义，不改革开放，不发展经济，不改善人民生活，只能是死路一条。"实践表明，"改革开放是决定当代中国命运的关键一招"①。这一招，取得了中国 40 多年来经济、政治、文化、社会、生态文明、党的建设、军队和国防的伟大成就，极大改变了中国的面貌；这一招，迎来了中华民族从站起来、富起来到强起来的伟大飞跃，极大改变了中华民族的面貌；这一招，实现了从温饱不足到小康富裕、从精神禁锢到思想解放、从封闭半封闭到开放创新，极大改变了中国人民的面貌；这一招，使党的事业越来越兴旺发达、领导越来越坚强，极大改变了中国共产党的面貌。面向未来，改革开放"也是决定实现'两个一百年'奋斗目标、实现中华民族伟大复兴的关键一招"。只有正确评价和看待改革开放，坚持改革开放，进一步深化改革，扩大开放，才能进一步解放思想，释放社会活力，解放和发展生产力，沿着中国特色社会主义的康庄大道继续前进。

然而，值得注意是，在我们高度评价和讴歌改革开放的同时，转型期也仍有个别僵化保守的人，怀疑甚至否定改革开放。他们怀疑中国特色社会主义道路、理论体系和制度，固守"一大二公"的社会主义模式，主张回到计划经济时代去，走"封闭僵化的老路"。在他们看来，改革开放和市场经济把社会主义改得没有了，越来越改向资本主义了；社会主义不可能与市场经济结合，二者是矛盾的，搞市场经济就是搞资本主义；改革开放虽然使物质文明发展了，但精神文明却被削弱了，带来思想道德滑坡等

① 习近平．习近平谈治国理政．北京：外文出版社，2014：71.

种种问题。现实中其表现为固守过去“左”的一套，这个看不惯，那个动不得，对改革开放中涌现的新事物和人民群众的伟大创造横挑鼻子竖挑眼。有的人正由于僵化保守，致使改革方案迟迟不能出台，出台了也落实不到位，或者使改革空转，贻误时机。有的则怕改革、怨改革，反对改革，抱残守缺，想着计划经济和平均主义的“好”，试图走回头路。因此，如果不能正确评价和看待改革，固守僵化的旧脑筋、旧模式，不想改、不愿改、不敢改，那就只能走回头路、走死路。

二、改好了还是改糟了

究竟是改好还是改坏、改糟了，改革的结果和评价决定着改革的性质和方向。只要“对党和人民事业有利的，对最广大人民有利的，对实现党和国家兴旺发达、长治久安有利的，该改的就要坚定不移改”[①]。该改的如果不改，那就不是对历史、对人民、对国家和民族负责的态度。不能改的，过多少年都不能改，必须坚持。如果该改的改好了，不该改的坚持了，这是改好的结果，就要给予积极的评价；如果该改的没有改，不该改的放弃了，这就要给予否定的评价。中国改革取得成功，是因为坚持了前一种改革。

不容忽视的是，在全面深化改革的过程中，我国有个别别有用心的人，希望改革改旗易帜，走资本主义的邪路。他们反对公有制，主张改革要推行全面私有化，特别是攻击我国国有企业，主张国企要迅速私有化；推崇“市场万能”，放任市场自由主义，反对政府干预；主张全球贸易和金融绝对自由化，反对建立国际经济新秩序。有的人以西方资本主义为坐标、新自由主义为出发点，对当前社会热点问题妄加评析，一叶障目、以偏概全，分析不客观、不全面，不是正确引导，而是大肆渲染、激化社会矛盾；不是维护社会和谐稳定大局，而是唯恐天下不乱。他们热衷于传播负面观点、有害信息和突发事件，只要是对党和政府不利的，就大加渲染和传播。这种错误思潮在我国的传播，动摇人们对社会主义的信念，涣散

① 中共中央文献研究室．习近平关于全面深化改革论述摘编．北京：中央文献出版社，2014：153.

人心，干扰改革开放的大方向。因此，如何看待和评价改革事实上关乎改革开放和国家的前途命运。

三、继续改还是缓一缓

对于全面深化改革，社会上有两种态度：一种态度是，改革搞得差不多了，可以缓一缓，因而陷入改革“疲软症”。不用改、不想改、不敢改、不会改，对全面深化改革消极被动、行动迟缓、不抓落实，拖宕改革进程，贻误党和国家事业。还有的人对改革评头品足，认为这也不是，那也不对，成天埋三怨四，不干实事，甚至成为改革的阻力。另一种态度是，坚定不移推进改革，大胆改革、勇于改革、善于改革，当改革的促进派和实干家，敢于涉险滩，敢于啃硬骨头，推动全面深化改革落地生根。

应当看到，有些党员干部对待深化改革动力不足，精神不振、情绪消极、工作疲沓，害怕、埋怨改革。比如：有的党员干部中出现“天花板现象”，升迁到顶，消极怠工，做一天和尚撞一天钟；出现“59 现象”，认为临退休之前，还搞什么改革，以至忘却初心；出现“愤青现象”，成天像一个不得志的愤青，愤世嫉俗，看什么都不顺眼、不满意；还有“为官不为现象”，不干事、不作为，怕犯错、怕担责，信奉“宁可不干事、但愿不惹事”的庸俗哲学，对改革“敬而远之”。一种虚无主义、颓废主义思想弥散开来，使得这些人对国家没有使命感、对人民没有责任感、对改革没有成就感和紧迫感。这种精神不振、锐气不扬的状态，无疑与消极对待和看待改革紧密相关。可见，如何评价和看待改革是至关重要的大是大非问题。

四、站在谁的一边与谁来评价

如何看待和评价改革，还有一个站在谁的立场上评价、谁来评价的问题。有的人是基于“左”的立场、有的人是基于右的立场，因而得出不同的结论。那么，客观公正地评价改革开放，究竟要站在什么立场、由谁来评价呢？马克思主义价值观坚持人民本位论，坚持以人民为中心的评价导向。

不同的人出于自身的立场和利益，对同一事物会有不同的看法和价值评价；同样的主体对不同事物也会有不同的看法和评价。马克思主义认为，人民是历史的主人，是认识和实践的主体，也是价值和价值评价的主体。党的一切方针政策，一切工作和成就，都要接受人民群众的检验和评价，都要从发展和维护人民的根本利益上来评价。习近平在总结改革开放40周年经验时强调说，“必须坚持以人民为中心，不断实现人民对美好生活的向往”，“全心全意为人民服务是党的根本宗旨，必须以最广大人民根本利益为我们一切工作的根本出发点和落脚点，坚持把人民拥护不拥护、赞成不赞成、高兴不高兴作为制定政策的依据”①。以人民作为价值主体和评价主体，这首先是由我们党的根本宗旨决定的。党除了人民群众的利益，并没有自己的特殊利益。而一件事情人民群众是否真正得到好处，是否有获得感，他们最有发言权。而且，人民是国家的主人。人民当家作主，就有权对各项工作作出评价。社会主义国家的性质决定党和政府的一切言论和行动，必须接受人民群众的评判和监督。当然，党和政府的领导机关、各级组织也能对某件事情和整体工作作出直接评价，但最终的评价在于人民，而且领导的评价与人民的评价本质上是一致的，因为评价都是以人民群众的根本利益获得及其大小为尺度。

全面深化改革的结果成效，必须坚持以人民为主体、由人民群众来检验和评价。习近平在广东考察时指出：“要坚持以人民为中心，把为人民谋幸福作为检验改革成效的标准，让改革开放成果更好惠及广大人民群众。”② 改革开放就是要为人民谋幸福，增进人民福祉。因此，评价和判断改革开放要以此为标准，看“人民拥护不拥护、赞成不赞成、高兴不高兴”。至于对改革开放中的每个党员和领导干部如何进行评价，习近平说：“那就要看他能否坚持全心全意为人民服务的根本宗旨，能否吃苦在前、享受在后，能否勤奋工作、廉洁奉公，能否为理想而奋不顾身去拼搏、去奋斗、去献出自己的全部精力乃至生命。”③ 特别是党员领导干部是“关键少数”，领导干部的言行举止、所作所为直接影响人民群众对党和政府的形象和威信的观感判断，影响社会的风气和氛围。领导干部坚持改革开

---

① 习近平．在庆祝改革开放40周年大会上的讲话．人民日报，2018-12-19.

② 习近平在广东考察时强调 高举新时代改革开放旗帜 把改革开放不断推向深入．人民日报，2018-10-26.

③ 习近平．习近平谈治国理政．北京：外文出版社，2014：23-24.

放、勤奋工作、廉洁奉公，其思想作风和精神状态就可以起很好的示范带动作用，推动社会形成改革创新、团结干事的良好局面，就会得到广大人民群众的认可和积极评价。反之，则会是否定和负面的评价。群众心中有杆秤。

第二节　改革评价的对象

价值评价的一个重要问题是明确评价什么的问题，这就是评价对象的问题。评价对象即评价客体，也就是要评价的事物、活动或人物等。价值评价本质就是一定主体对评价对象作出价值判断和评估，评价对象的选定和确立，其价值的大小、质量、品位等等都是评价主体最为关注的问题。党的十八大以来，我国改革开放和现代化建设在各条战线、各个领域全面推进和深入展开，党的十八届三中全会部署了“5＋1＋1”全面深化改革的战略布局，即除“五位一体”外，还包括党的建设、军队和国防在内的全面改革。对这些领域的改革如何进行评价，习近平进行了多方面的分析和论述。

一、经济体制改革和经济建设

经济体制改革和经济建设是首先要进行评价的领域和对象。党的十八届三中全会通过的《决定》提出深化经济体制改革的目标要求是：“紧紧围绕使市场在资源配置中起决定性作用深化经济体制改革，坚持和完善基本经济制度，加快完善现代市场体系、宏观调控体系、开放型经济体系，加快转变经济发展方式，加快建设创新型国家，推动经济更有效率、更加公平、更可持续发展。”①

对经济体制改革和经济建设进行评价，关键要把握推动经济高质量发展的根本要求，不断增强经济发展的新动能。习近平指出：“发展是硬道

① 中共中央文献研究室. 十八大以来重要文献选编：上. 北京：中央文献出版社，2014：512.

理的战略思想要坚定不移坚持，同时必须坚持科学发展，加大结构性改革力度，坚持以提高发展质量和效益为中心，实现更高质量、更有效率、更加公平、更可持续的发展。”① 为此，要加快形成推动高质量发展的指标体系、政策体系、标准体系、统计体系、绩效评价、政绩考核，创建和完善制度环境，推动我国经济在实现高质量发展上取得突破和进展。必须加快实施创新驱动发展战略，推动以科技创新为核心的全面创新。改革科研绩效评价机制，建立科学分类、合理多元的评价体系，以科技创新引领高质量发展。要明确事权、改革税制，加快形成有利于转变经济发展方式的财税体制和税收政策，更好发挥中央和地方两个积极性。同时，必须建立约束指标体系和绿色发展评价标准，坚决抑制高投入高能耗高污染的不可持续的发展方式。要始终把人民群众生命安全放在第一位，加大安全生产指标考核权重，实行安全生产和重大安全生产事故风险“一票否决”。只有通过创造这样的评价体系、评价机制和评价环境，正确看待和评价我国经济体制改革和经济发展状况，才能挥舞好经济发展的“指挥棒”，以新的发展理念引领经济高质量发展。

二、政治体制改革和政治建设

《决定》提出深化政治体制改革的目标要求是：“紧紧围绕坚持党的领导、人民当家作主、依法治国有机统一深化政治体制改革，加快推进社会主义民主政治制度化、规范化、程序化，建设社会主义法治国家，发展更加广泛、更加充分、更加健全的人民民主。”

对政治体制改革和政治建设进行评价，关键要看社会主义民主政治建设和法治建设的成效。习近平指出，“要适应扩大人民民主、促进经济社会发展的新要求，积极稳妥推进政治体制改革，发展更加广泛、更加充分、更加健全的人民民主”②。要完善和实施人民代表大会制度、党领导的多党合作和政治协商制度、民族区域自治制度、基层群众自治制度，

① 习近平．习近平谈治国理政：第2卷．北京：外文出版社，2017：75.

② 中共中央文献研究室．习近平关于全面深化改革论述摘编．北京：中央文献出版社，2014：69-70.

用制度体系保证人民当家作主。民主的实现形式是多样的，没有万能和刻板的模式，也没有普遍适应的评价体系和衡量标准，绝不能以西方的标准来削足适履。要发挥社会主义协商民主的独特优势，推动协商民主更加广泛、多层次、制度化发展。出台改革的新政策新举措，不是看谁出台得多、出台得快，而是要经过充分调研论证评估，看政策措施实施的实际成效。比如在行政管理体制改革中，进一步推动政府购买服务的改革，要针对购买服务中存在的不足和问题，积极推进政府购买服务第三方绩效评估工作，提高规范化、制度化管理水平。在法制建设和法治改革方面，习近平强调，要压实落实全面依法治国的责任，加强指导督促、考核评估，确保全面依法治国的决策部署落到实处。政治是经济的集中表现，政治工作是一切经济工作的生命线。因此，习近平强调对领导干部及其工作的评价要坚持把政治标准摆在首位。要把“是否忠诚于党和人民，是否具有坚定理想信念，是否增强‘四个意识’、坚定‘四个自信’，是否坚决维护党中央权威和集中统一领导，是否全面贯彻执行党的理论和路线方针政策，作为衡量干部的第一标准”①，营造良好的政治生态。高级干部更要自觉以马克思主义政治家的标准严格要求自己，强化政治担当，提高政治能力。

三、文化体制改革和文化建设

《决定》提出深化文化体制改革的目标要求是：“紧紧围绕建设社会主义核心价值体系、建设社会主义文化强国，完善文化管理体制和文化生产经营机制，建立健全现代公共文化服务体系、现代文化市场体系来做好工作，以此推动社会主义文化大发展大繁荣。”

对文化体制改革和文化建设进行评价，最关键的是要坚持把社会效益放在首位的原则，推动文化创新，发展繁荣文化事业和文化产业。文化是国家和民族的灵魂。习近平要求，深化文化体制改革，增强文化创造活力，推动文化大发展大繁荣，必须“始终坚持社会主义先进文化前进方

① 习近平在中共中央政治局第十次集体学习时强调 严把标准公正用人拓宽视野激励干部 造就忠诚干净担当的高素质干部队伍. 人民日报，2018-11-27.

向，始终把社会效益放在首位。无论改什么、怎么改，导向不能改，阵地不能丢”①。必须坚持马克思主义指导地位，建设具有强大凝聚力和引领力的社会主义意识形态。在价值观建设上，要坚持用社会主义核心价值观凝心聚力，夯实中国特色社会主义的思想道德基础。同时，在习近平看来，“核心价值观，承载着一个民族、一个国家的精神追求，体现着一个社会评判是非曲直的价值标准”②。这就是说，实际上核心价值观本身就是一种评价标准，引导人们的价值选择和价值取向，因而加强核心价值观建设尤为重要。在文化事业繁荣上，必须按照标准化、均等化的要求，完善公共文化服务体系建设，以高质量文化供给和服务增强人们的文化获得感、幸福感。在文化产业发展上，强调制定行业标准进行评估，健全评价体系，加强行业管理，规范经营行为，促进文化市场的健康发展。对广大文艺工作者来说，则要按照德艺双馨的标准来要求，增强社会责任，创作精品力作，做有信仰、有情怀、有担当的文化人。

四、社会体制改革和社会建设

《决定》提出深化社会体制改革的目标要求是：“紧紧围绕更好保障和改善民生、促进社会公平正义深化社会体制改革，改革收入分配制度，促进共同富裕，推进社会领域制度创新，推进基本公共服务均等化，加快形成科学有效的社会治理体制，确保社会既充满活力又和谐有序。”

对社会体制改革和社会建设进行评价，要把握人民对美好生活的向往，坚持在发展中保障和改善民生。“让老百姓过上好日子”，增进民生福祉是发展的根本目的，也是评价改革成败得失的准绳。“我们的人民热爱生活，期盼有更好的教育、更稳定的工作、更满意的收入、更可靠的社会保障、更高水平的医疗卫生服务、更舒适的居住条件、更优美的环境，期盼孩子们能成长得更好、工作得更好、生活得更好。”③ 全面深化改革就是要回应人民的这些新期待，通过制度安排更好地保障人民群众各方面的权

---

① 中共中央文献研究室. 习近平关于全面深化改革论述摘编. 北京：中央文献出版社，2014：85.

② 习近平. 习近平谈治国理政. 北京：外文出版社，2014：168.

③ 同②4.

益，让改革成果更多更公平惠及全体人民。否则，改革就失去了意义，也不可能持续。改革和创新社会体制，必须紧紧抓住教育、就业、医疗、收入分配、社会保障这些最基本的民生问题，明确评价标准和考核体系。对于教育，习近平指出，“要深化教育体制改革，健全立德树人落实机制，扭转不科学的教育评价导向”①，从根本上解决教育评价的指挥棒问题。评价教育成效，要坚决克服唯分数、唯升学、唯文凭、唯论文、唯帽子的顽瘴痼疾，着眼培养德智体美劳全面发展的社会主义建设者和接班人。“就业，牵动着千家万户的生活。”② 要注重千方百计增加就业岗位，提高就业质量，建立全员培训制度，提高劳动人口尤其是就业困难人口的就业能力。推进健康中国建设，“要把医药卫生体制改革纳入全面深化改革中同部署、同要求、同考核”，“全面建立健康影响评价评估制度”③，推进健康医疗大数据的应用。积极性参与健康相关领域国际标准、规范等的研究和谈判，完善我国参与国际重特大突发公共卫生事件应对的紧急援外工作机制。收入分配是民生之源。要“把落实收入分配制度、增加城乡居民收入、缩小收入分配差距、规范收入分配秩序作为重要任务，着力解决人民群众反映突出的问题”④。要充分发挥社会保障稳定器的作用，完善各种社会保障制度和评价体系，维护社会公平正义。

五、生态文明体制改革和生态文明建设

《决定》提出深化生态文明体制改革的目标要求是：“紧紧围绕建设美丽中国深化生态文明体制改革，加快建立生态文明制度，健全国土空间开发、资源节约利用、生态环境保护的体制机制，推动形成人与自然和谐发展现代化建设新格局。”

对生态文明体制改革和生态文明建设进行评价，要坚持人与自然和谐

---

① 习近平在全国教育大会上强调 坚持中国特色社会主义教育发展道路 培养德智体美劳全面发展的社会主义建设者和接班人. 人民日报，2018-09-11.

② 中共中央文献研究室. 习近平关于全面深化改革论述摘编. 北京：中央文献出版社，2014：91.

③ 习近平. 习近平谈治国理政：第 2 卷. 北京：外文出版社，2017：373.

④ 同②92.

共生，为人民创造良好的生产生活环境，建设美丽中国。习近平强调，绿水青山就是金山银山，决不能以牺牲环境为代价去换取一时的经济增长。要“把资源消耗、环境损害、生态效益等体现生态文明建设状况的指标纳入经济社会发展评价体系，使之成为推进生态文明建设的重要导向和约束”①。不能简单以国内生产总值增长率来论英雄，绿色发展搞上去了，也可以挂红花、当英雄。“反过来，如果就是简单为了生产总值，但生态环境问题越演越烈，或者说面貌依旧，即便搞上去了，那也是另一种评价了。”② 要实行最严格的生态环境保护制度，提高污染排放标准，强化排污者责任，健全环保信用评价、信息强制性披露、严惩重罚等制度，推动形成绿色发展方式和生活方式。统筹划定生态保护红线，开展统一调查监测评价，促进自然资源集约开发利用和生态保护修复。如果生态文明建设上不去，生产总值再高也是没有意义的。

六、党建制度改革和党建工作

《决定》提出深化党的建设制度改革的目标要求是：“紧紧围绕提高科学执政、民主执政、依法执政水平深化党的建设制度改革，加强民主集中制建设，完善党的领导体制和执政方式，保持党的先进性和纯洁性，为改革开放和社会主义现代化建设提供坚强政治保证。”

对党的建设制度改革和党建工作进行评价，最重要的是要提高党的执政能力和执政水平，始终保持党的先进性和纯洁性。习近平强调，推进全面从严治党，既要解决思想问题，也要解决制度问题，全方位扎牢制度的笼子。党的十八大以来，我们党深入开展党风廉政建设和反腐败斗争，坚持“老虎”“苍蝇”一起打，得到了广大人民群众的高度认可与评价。在建设高素质干部队伍上，习近平提出了“信念坚定、为民服务、勤政务实、敢于担当、清正廉洁”的德才兼备的好干部标准。强调要“完善干部考核评价机制，建立激励机制和容错纠错机制，旗帜鲜明为那些敢于担

---

① 习近平．习近平谈治国理政．北京：外文出版社，2014：210.

② 中共中央文献研究室．习近平关于全面深化改革论述摘编．北京：中央文献出版社，2014：107.

当、踏实做事、不谋私利的干部撑腰鼓劲”①。要崇实干、重实绩，把敢不敢扛事、愿不愿做事、能不能干事作为识别干部、评判优劣、奖惩升降的重要标准，把干部干了什么事、干了多少事、干的事组织和群众认不认可作为选拔干部的根本依据。同时，要深化人才发展体制机制改革，完善人才培养机制，改进人才评价机制，创新人才流动机制，健全人才激励机制，聚天下英才而用之。在党的基层组织建设上，强调要“加强党支部标准化、规范化建设。要把抓好党支部作为检验党建工作成效的基本标准，考核评价党建工作”②，真正把党支部建设为带领群众深化改革、促进工作的坚强战斗堡垒。

第三节　改革评价的标准

确立评价标准是价值评价的关键问题。确立什么样的价值标准，不仅关系评价客体本身所具有的价值，而且关系到主体的价值取向和价值导向问题。用什么标准来衡量中国改革开放的成效，既是重要理论问题，也是重大实践问题。没有科学的判断标准，改革可能走偏，甚至误入歧途。改革评价标准是判断、评估改革的准绳，是衡量改革成败得失的尺度。由于评价客体具有满足主体需要的多重价值，因而也就会形成不同侧面的多个标准。随着改革的推进和深入，我们党和国家领导人先后提出过各种不同侧面或综合性的标准。概括起来说，主要有生产力标准、人民利益标准、“三个有利于”标准和“两个是否”标准等。

一、生产力标准：评价改革的根本标准

生产力标准是评价改革成败得失的根本标准。生产力标准主要是物的标准，主要是从社会物质财富增长和社会进步的尺度来衡量和判断事物和社会实践活动价值的。生产力是社会存在的基础，是社会发展的决定力

① 习近平. 决胜全面建成小康社会 夺取新时代中国特色社会主义伟大胜利：在中国共产党第十九次全国代表大会上的报告. 人民日报，2017-10-28.

② 中共中央政治局召开会议. 人民日报，2018-09-22.

量。因此，对一切社会实践活动和一切工作的价值评价，首先要着眼于生产力的发展，把握“是否有利于发展生产力”这一根本标准。毛泽东曾指出：“中国一切政党的政策及其实践在中国人民中所表现的作用的好坏、大小，归根到底，看它对于中国人民的生产力的发展是否有帮助及其帮助之大小，看它是束缚生产力的，还是解放生产力的。”① 邓小平在我国改革开放之初说：“不管你搞什么，一定要有利于发展生产力”。“社会主义经济政策对不对，归根到底要看生产力是否发展，人民收入是否增加。这是压倒一切的标准。”② 习近平强调：“生产力是推动社会进步的最活跃、最革命的要素，生产力发展是衡量社会发展的带有根本性的标准。”③ 他还说：“解放思想，解放和增强社会活力，是为了更好解放和发展社会生产力。”④ 改革最根本的目标就是解放和发展生产力，因此评价、判断改革的成败得失，就看是否达到了这一根本目标。对改革开放究竟怎么看，关键看实践，事实胜于雄辩。这个“事实”首先是生产力的发展。生产力标准是社会评价的根本标准，凡是有利于生产力发展和推动社会进步的，就是应当肯定的；反之，则是应当否定的。综合国力的增强、人民生活的改善等，都要建立在生产力发展的基础之上。离开了生产力的发展，一切都是空谈。把是否有利于生产力的发展作为根本标准，不仅体现了实效原则，而且把对改革的评价奠定在唯物史观的基石之上，与用抽象的口号和理性来裁判生活划清了界限。

以生产力标准来评价改革，改革开放 40 多年来，我们破除旧的体制和机制的束缚，极大解放和发展了生产力，经济建设取得巨大成就。到 2021 年底，我国国内生产总值超过 110 万亿元大关（超过 17 万亿美元），稳居世界第二。人均约 1.26 万美元，达到了世界银行确定的高收入国家的门槛线。我国拥有世界上最完整的工业产业链条、最强大的工业制造能力。2010 年，中国工业制造业产值超过美国，成为全球制造业第一大国。中国已成为世界经济的动力之源和稳定之锚，对世界经济增长的贡献率达 30%

① 毛泽东．毛泽东选集：第 3 卷．2 版．北京：人民出版社，1991：1079．

② 邓小平．邓小平文选：第 2 卷．2 版．北京：人民出版社，1994：314．

③ 习近平．坚持历史唯物主义不断开辟当代中国马克思主义发展新境界．求是，2020（2）．

④ 习近平．习近平谈治国理政．北京：外文出版社，2014：92-93．

左右。我们大力实施创新驱动发展战略，建设创新型国家取得一批重大科技成果。开放型经济新体制逐步健全完善，对外贸易、外商投资、外汇储备均稳居世界前列。改革开放奠定了我国社会主义的强大物质基础，取得了极大成功。

二、人民利益标准：评价改革的最高标准

人民利益标准是评价改革成败得失的最高标准。这一标准主要是人的标准，主要是从人们的生活和人的全面发展来衡量社会实践活动和一切工作的。改革也好，生产力的发展也好，最终要使人民群众收获受益，生活水平改善提高，要有利于促进人的全面发展。这是最终，也是最高的标准。毛泽东曾指出："共产党人的一切言论行动，必须以合乎最广大人民群众的最大利益，为最广大人民群众所拥护为最高标准。"① 邓小平认为，各项工作的成效"要最终体现到人民生活水平上"②，要给人民看得见、摸得着的实际利益。习近平指出，全面深化改革要以增进人民福祉为出发点和落脚点，"党的一切工作必须以最广大人民根本利益为最高标准。我们要坚持把人民群众的小事当作自己的大事，从人民群众关心的事情做起，从让人民群众满意的事情做起，带领人民不断创造美好生活"③。人民是历史的主体，也是价值的主体，这决定我们必须坚持以人民为中心、坚持以人为本的执政理念。坚持人民利益标准，就是坚持党的根本宗旨，就是坚持"一切为了人民，一切依靠人民"的群众史观。全面深化改革，就是要"让改革发展成果更多更公平惠及全体人民"，"多谋民生之利，多解民生之忧，在幼有所育、学有所教、劳有所得、病有所医、老有所养、住有所居、弱有所扶上不断取得新进展，不断促进社会公平正义，不断促进人的全面发展、全体人民共同富裕"④。

以人民利益标准来判断和评价改革，改革开放40多年，是人民群众获

---

① 毛泽东．毛泽东选集：第3卷．2版．北京：人民出版社，1991：1096.

② 邓小平．邓小平文选：第3卷．北京：人民出版社，1993：355.

③ 习近平．决胜全面建成小康社会 夺取新时代中国特色社会主义伟大胜利：在中国共产党第十九次全国代表大会上的报告．人民日报，2017-10-28.

④ 习近平在党的十九届一中全会上的讲话．求是，2018（1）.

利最多、生活改善最大、民生保障提高最快的时期，极大增强了人民的获得感、幸福感和安全感。改革得到了人民群众的衷心拥护。我们党坚持以人民为中心的发展思想，脱贫攻坚战成就举世瞩目，实现了贫困地区全部脱贫摘帽，历史性地解决了绝对贫困问题。我们党坚持深化教育改革，教育事业不断发展，中西部地区和农村教育状况得到明显改善。受益于经济的高质量发展，改革创新红利的释放，以及稳就业政策的发力，就业状况持续改善。城乡居民收入增长快于经济增长，中等收入群体继续扩大。覆盖城乡居民的社会保障体系基本建立，人民健康、医疗卫生服务水平大幅提高，保障性安居工程稳步推进。社会治理体系不断完善，社会保持和谐稳定，人民群众安居乐业。经过全党全国各族人民持续奋斗，我们在中华大地上全面建成了小康社会，正向着全面建成社会主义现代化强国的第二个百年奋斗目标迈进。

三、"三个有利于"标准：评价改革的综合标准

"三个有利于"标准是评价改革成败得失的综合标准。这一标准是综合性或总体性标准，它是从社会、国家、人民三个维度，将物的标准和人的标准统一起来共同评价社会实践活动和一切工作的。1992年初，邓小平在南方谈话中提出了"三个有利于"标准。他说，判断改革开放和各方面工作的是非和成败得失，归根到底，"应该主要看是否有利于发展社会主义社会的生产力，是否有利于增强社会主义国家的综合国力，是否有利于提高人民的生活水平"①。"三个有利于"标准将物的标准和人的标准结合起来，分别从社会进步的维度即有利于生产力的发展，从国家发展的维度即有利于综合国力的增强，从人民获得感的维度即有利于人民生活水平的提高，来共同综合评价改革的成败得失，带有综合或总评的意义。这说明，生产力标准、人民利益标准、"三个有利于"标准在总体上和根本上是相互贯通和一致的，不能片面强调一方面而否定另一方面。习近平明确指出，对生产力标准必须全面准确理解，不能绝对化、简单化。生产力发展是综合国力增强和人民生活水平提高的基础和前提，但不是生产力发展

① 邓小平．邓小平文选：第3卷．北京：人民出版社，1993：372.

了，国民经济发展了就一好百好，什么问题都解决了，还要看综合国力和人民生活水平等其他方面。不能把生产力发展单纯理解为急功近利的产值标准、速度标准甚至是赚钱或发财标准等。生产力的发展最终要体现到综合国力增强和人民生活水平的提高上，这就离不开其他标准的补充和支撑，也离不开它们之间的相互作用及关系的调整。所以，我们不能撇开生产关系、上层建筑来孤立地理解生产力标准。“三个有利于”标准带有综合性和全面性，是总的评价准则。

以“三个有利于”标准来看待和评价改革，改革开放40多年，不仅有力促进了生产力的大发展，显著增强了我国的综合国力，而且也实现了人民生活水平大提升、大改善。改革开放使中国和中国人民的面貌焕然一新，中华民族正以崭新姿态屹立于世界的东方，其成绩环顾全球无出其右者。这是改革实践给出的答案，是人民作出的结论。

四、“两个是否”标准：改革评价标准的时代表达

“两个是否”标准是评价改革成败得失的直接标准，也是改革评价标准的时代表达。党的十八大以来，习近平在继承前人思想的基础上，提出了评价改革“是否促进经济社会发展、是否给人民带来实实在在的获得感”的直接标准，形成了“两个是否”的改革评价新标准新表述新论断。2016年2月23日，习近平在中央全面深化改革领导小组第二十一次会议上，明确提出要“把是否促进经济社会发展、是否给人民群众带来实实在在的获得感，作为改革成效的评价标准”。这一标准是适应经济发展新常态和全面深化改革新形势作出的新判断、新界定，是对新时代我国改革实践认识的深化。在我们推进和深化改革过程中，不同时期面临的问题和矛盾不同、达到的具体目标不同、攻坚重点难点不同、改革的策略和措施也不同，评价标准必须适应形势的变化与时俱进，不断赋予新内涵，给予新表述。“两个是否”标准也是从物的方面和人的方面综合提出的，而且带有更加直接、现实、直观的意义，有利于直接衡量和评价改革的实际成效，这是对党的改革理论和方法论的新贡献、新发展。“两个是否”作为直接衡量标准是一个有机整体，物和人的两个方面都要注重，不能只讲一

方面而忽视另一方面。按照“两个是否”的直接标准来衡量和评价全面深化改革的成败得失，我们既要坚持物的尺度，也要凸显人的尺度；既要坚持生产力标准，也要把握人民利益标准；既要关注社会发展进步，也要着眼人民共享改革成果；既要看国民经济发展的指数，还要看人民的幸福指数。如果“见物不见人”，将生产力尤其是 GDP 看成唯一衡量尺度或最高标准，那是十分片面的；反之，离开经济社会发展来谈共享也是不行的，生产力、GDP 仍然是衡量改革成效的核心指标，生产力发展是共享改革成果的物质基础，共享成果离不开这一源头活水。

从物的标准看，“改革开放以来，我国经济社会发展取得了举世瞩目的成就，经济总量跃居世界第二，众多主要经济指标名列世界前列”①。从人的标准看，全面深化改革就是要“做到老百姓关心什么、期盼什么，改革就要抓住什么、推进什么，通过改革给人民群众带来更多获得感”②。这实际上就是要求全面深化改革要聚焦人民群众的“急难愁盼”问题，从人民群众最关注的事情做起，多谋民生之利，多解民生之忧。比如，对于扶贫攻坚，我们提出了“两不愁三保障”，即“不愁吃、不愁穿，保障义务教育、保障基本医疗、保障住房安全”的标准来直接评价脱贫的成效，这无疑更具有直观性和操作意义。

由上不难看出，评价改革成败得失有多方面的价值标准，既有物的标准，也有人的标准；既有主要的标准，也有综合性标准；既有根本长远的标准，也有直接感观的标准。总体上，这些标准的价值取向是完全一致的，它们是相互贯通、相互促进、相互补充的。我们不能用一个标准否定另一个标准，而应当全面掌握和科学运用。

第四节　改革评价的辩证法

改革开放取得成功是用铁的事实铸就的结论，这是全国人民乃至全世

① 习近平．习近平谈治国理政．北京：外文出版社，2014：120.

② 习近平．习近平谈治国理政：第 2 卷．北京：外文出版社，2017：103.

界的基本共识，毋庸置疑。实际上，改革开放的是非成败绝不是一个见仁见智的问题，也不是一个悬而未决的问题，必须坚持客观公正的评价。但对改革开放进行客观公正的评价和判断，并不是件简单容易的事。因为人们对同一事物、同一活动、同一结果常有不同的看法和评价。这除了受立场、观点、利益的制约外，也有看问题、作评价的方法问题。因此，要掌握进行科学评价的辩证法。评价改革开放，既有绝对标准，也有相对标准；既有定性判断，也有定量分析；既有总体评价，也有个体看法。因此，评价中既要坚持两点论，也要坚持重点论，做到两点论和重点论的辩证统一。

一、坚持历史尺度与道德尺度相统一

评价改革开放，既要重视生产力的尺度，也要尊重道德的尺度，坚持历史尺度与道德尺度相统一，历史尺度优先于道德尺度。历史评价尺度与道德评价尺度，从历史发展的过程和总的趋势而言，是一致的；但就历史发展的特定阶段或特定问题来说，历史进步并不总是伴随着道德进步。评价某一历史事件或社会活动，依据历史标准和道德标准，结论可能不尽一致甚至大相径庭，由此带来所谓历史评价与道德评价的某种“二律背反”现象：社会进步伴随着所谓的“道德退步”。当历史评价与道德评价出现二律背反时，历史标准要优先于道德标准。比如，在人类历史长河中，异化是必经的阶段，也是必须承受的道德代价。作为历史现象，异化既具有历史必然性，又具有历史暂时性，是历史合理性与道德不合理性的统一。试图撇开异化来谈论历史，不过是一种“浪漫主义观点”。如何评价异化？青年马克思立足于“道德评价优先”的视角，认为异化现象是消极的，应该从道德上加以谴责，因为“物的世界的**增值**同人的世界的**贬值**成正比”①，“劳动生产了美，但是使工人变成畸形”②。这个时候道德评价属于“强评价”。成熟时期的马克思并未放弃道德评价的合理性，厉声控诉“资本来到世间，从头到脚，每个毛孔都滴着血和肮脏的东西”③，同时又高度

① 马克思，恩格斯．马克思恩格斯选集：第1卷．3版．北京：人民出版社，2012：51.
② 同①53.
③ 马克思，恩格斯．马克思恩格斯全集：第42卷．北京：人民出版社，2016：777.

肯定了“资本的伟大的文明作用”①，高度肯定了资产阶级开创世界历史的伟大意义。显然，这个时候道德评价已经降低为“弱评价”，历史评价则上升为“强评价”②。在马克思看来，尽管资产阶级极度伪善、野蛮、卑鄙，也应该充分肯定其历史进步意义，这突出地体现在下面这两个命题中：“资产阶级在历史上曾经起过非常革命的作用”③，“资产阶级历史时期负有为新世界创造物质基础的使命”④。恩格斯继承了黑格尔关于“恶是历史发展的动力的表现形式”⑤ 的思想，强调“恶”既是摧毁旧秩序的革命力量，又是推动社会进步的杠杆，体现了历史评价优先于道德评价的原则。他说，奴隶社会取代原始社会，这是社会的巨大进步，文化巨大的发展，人类文明的开始；但另一方面，完成这一更替的手段和过程却是卑鄙的、恶劣的，因而给人的感觉是“一种退化”，是一种“道德高峰的堕落”。这里，道德的不合理性与历史的合理性并存，“正是人的恶劣的情欲——贪欲和权势欲成了历史发展的杠杆”⑥。

当今，如果从道德的角度看改革与从历史的角度看改革，结果也可能不尽一致。比如，改革必然触及某些人的利益，改革中会有工人下岗、企业破产，从道德上来说这是值得同情的；但从历史进步的角度来看，改革中国民经济结构转型升级了，产业竞争力提升了，国家发展动力增强了，生产力发展了，这又是值得肯定的。又比如，改革开放社会转型期，“苍蝇”“蚊虫”飞进来了，盗窃、娼妓、赌博、毒品等陈腐污浊的东西又死灰复燃，出现了所谓“道德滑坡”。但改革开放带来思想解放、带来社会活力、带来生产力的大发展，这又是必须肯定的。因此，历史进步标准要优先于道德标准。习近平认为，对于改革开放的评价，首先要坚持生产力标准，也就是把握历史进步的尺度，坚持发展是第一要务，把“蛋糕”做

---

① 马克思，恩格斯．马克思恩格斯文集：第8卷．北京：人民出版社，2009：90.

② 俞吾金．从“道德评价优先”到“历史评价优先”：马克思异化理论发展中的视角转换．中国社会科学，2003（2）.

③ 马克思，恩格斯．马克思恩格斯选集：第1卷．3版．北京：人民出版社，2012：402.

④ 同③862.

⑤ 马克思，恩格斯．马克思恩格斯选集：第4卷．3版．北京：人民出版社，2012：244.

⑥ 马克思，恩格斯．马克思恩格斯全集：第28卷．北京：人民出版社，2018：345.

大。与此同时，必须坚持人民利益标准和公平原则，要尽量分好“蛋糕”，让人民共享改革开放成果。从总体上看，“只要有利于解放和发展社会生产力，只要有利于推动经济社会持续健康发展，只要有利于实现好、维护好、发展好最广大人民根本利益，只要有利于巩固党的执政基础和执政地位，就要大胆试、大胆闯，就要坚决破、坚决改”①。这样的改革，就是应该坚决肯定和大力支持的。马克思主义是历史标准与道德标准的统一，评价改革开放既要关注历史的发展，也要关注道德的进步，坚持二者的统一，以历史标准覆盖道德标准是错误的，以道德评价淹没历史评价也是错误的。二者不是等价的，历史标准优于道德标准，拔高道德评价是错误的，而取消道德评价也是错误的。

二、坚持总体标准高于个体标准

评价改革开放，既要看社会总体评价，也要重视每个人的看法，坚持总体标准与个体标准相统一，总体标准高于个体标准。要重视个体感受，但不为个别意见所绑架。个人与社会的关系问题是哲学史上的一个重大问题。马克思认为，一方面，个人之外没有人，人首先是个体存在物。“社会，即联合起来的单个人”②。离开了个人就无所谓社会，不能以社会遮蔽个人。因而，价值评价首先是在历史中行动的个人的评价。另一方面，离开了社会也无所谓个人，个体是社会存在物。马克思认为，人不是抽象的蛰居于世界之外的存在物，人的本质是一切社会关系的总和，只能从社会关系方面来考察人。人之外无所谓社会的存在，社会之外无所谓人的存在。社会上并不存在完全自足的个人，离开共同体，个人就失去了全面发展自己的条件。因而，评价归根结底是通过社会总体的评价凝练社会共识。

社会进步与个人发展在总体上和终极价值上是一致的，因而社会评价在与个人评价在总体上也是一致的。但在社会发展的一定阶段，个人为

① 中共中央文献研究室. 习近平关于全面深化改革论述摘编. 北京：中央文献出版社，2014：142.

② 马克思，恩格斯. 马克思恩格斯全集：第30卷. 北京：人民出版社，1995：526.

“类”的发展自觉或不自觉地承受损失或作出牺牲，也是无法避免的，因而社会评价与个人评价出现背反现象也是存在的。马克思早就指出，“人类的才能的这种发展，虽然在开始时要靠牺牲多数的个人，甚至靠牺牲整个阶级，但最终会克服这种对抗，而同每个个人的发展相一致；因此，个性的比较高度的发展，只有以牺牲个人的历史过程为代价”①，“类”的发展“只有通过最大地损害个人的发展，才能在作为人类社会主义结构的序幕的历史时期，取得一般人的发展”②，“因为在人类，也像在动植物界一样，种族的利益总是要靠牺牲个体的利益来为自己开辟道路的”③。这一历史辩证法告诉我们，价值评价既要重视社会之中的个人评价，也要重视个人之上的社会评价，而后者更具有根本性、优先性。

事实上，我们党作出任何一项重大决策，做到社会整体满意是底线，做到每一个人满意则是高线。底线是原则，高线是理想。毛泽东曾说：“我们是无产阶级的革命的功利主义者，我们是以占全人口百分之九十以上的最广大群众的目前利益和将来利益的统一为出发点的，所以我们是以最广和最远为目标的革命的功利主义者，而不是只看到局部和目前的狭隘的功利主义者。”④ 在这里，毛泽东提到的最广大群众是90%以上，我们国家现在是14亿多人口的超大型国家，即使满足了99%的人的利益诉求，剩下1%得不到满足的人也是1 400万，这也足以混淆视听、干扰人们的正常判断。比如，今天中国发展方位、国际方位都发生了历史性变化，中国特色社会主义进入了新时代，中国日益走近世界舞台中央，这说明中国特色社会主义道路是对的，改革开放的伟大决策是正确的，党的路线方针政策是正确的。改革开放究竟好不好，社会主义基本经济制度究竟对不对，只能以绝大多数人的评价为准绳，尊重社会的普遍共识。当然，坚持社会标准优先于个体标准，不等于可以忽视个体。今天，我们强调社会政策要托底，守住公平正义的底线，打赢精准脱贫攻坚战，都是基于这一考虑。

改革本质上是利益格局和利益关系的调整。习近平指出，全面深化改

① 马克思，恩格斯．马克思恩格斯全集：第34卷．北京：人民出版社，2008：127.
② 马克思，恩格斯．马克思恩格斯全集：第32卷．北京：人民出版社，1998：405.
③ 同①127.
④ 毛泽东．毛泽东选集：第3卷．2版．北京：人民出版社，1991：864.

革要打破利益固化的藩篱，“正确处理中央和地方、全局和局部、长远和当前的关系，正确对待利益格局调整，坚决克服地方和部门利益的掣肘”①。由于改革使人们获利不同，人们不仅对改革态度不同，而且评价也必然多元。每个人对改革开放都可以有自己的看法，都有自己的视角，但整个社会必然会形成一个最大公约数，这才是判定改革开放是非成败的可靠指针。改革中大多数人的看法很重要，具有决定性的意义。绝大多数人认为改革开放好，这是全社会的基本共识。在社会标准与个体标准不一致的情况下，必须坚持社会标准优先于个体标准，个体评价要服从社会的总体评价。

三、坚持效果重于动机

评价改革开放，既要看初心和动机，也要看实际效果，坚持效果与动机相统一，效果重于动机。办事情、解决问题，动机善良，但效果不好是不行的。我们重视行动预期，关键要拿效果来说话。中国共产党人是动机和效果的统一论者。动机与效果完美统一是理想化的。马克思曾指出，甚至在大多数情况下，人们所预期的东西很少如愿以偿，也即是说，“行动的目的是预期的，但是行动实际产生的结果并不是预期的”，甚至“完全不是预期的结果”②。毛泽东也强调，“我们是辩证唯物主义的动机和效果的统一论者。为大众的动机和被大众欢迎的效果，是分不开的，必须使二者统一起来。为个人的和狭隘集团的动机是不好的，有为大众的动机但无被大众欢迎、对大众有益的效果，也是不好的”③。这就告诉我们，价值评价既要考察其动机，也要考察其效果，在动机和效果之间作出权衡，纵使动机天花乱坠，预期无限美好，但也要以实在的结果为优先。新中国成立以来发生的重大决策，绝大多数动机是好的，效果也是好的，是应当给予充分肯定的。然而，事与愿违的也不是没有。比如，“大跃进”的动机是希望多快好省建设社会主义，跑步进入共产主义，但违背了客观经济规

---

① 中共中央文献研究室．习近平关于全面深化改革论述摘编．北京：中央文献出版社，2014：142.

② 马克思，恩格斯．马克思恩格斯全集：第28卷．北京：人民出版社，2018：356.

③ 毛泽东．毛泽东选集：第3卷．2版．北京：人民出版社，1991：868.

律，属于好心办了不好的事，所以要被否定。

对于全面深化改革的各项工作，从动机和效果来看，效果好最关键，效果重于动机。改革要以解决实际问题的成效为衡量标准。解决问题要看实际效果，而不是决心口号。“痕迹管理”重“痕”不重“绩”，留“迹”不留“心”，必须坚决克服。为了尽快把经济搞上去，虽然动机不错，但“如果生态环境指标很差，一个地方一个部门的表面成绩再好看也不行”①。如果改革开放中的某项改革动机是好的，但效果不好那就不行；反之，如果某项改革虽不合某些人的胃口，但效果好那就必须坚持。改革开放的初衷当然要符合正义的原则，但根本的评价是看效果。比如，家庭联产承包责任制好不好，经济特区好不好，多种所有制经济共同发展好不好，多种分配方式共存好不好，社会主义市场经济好不好，最终都是看效果怎么样，拿事实来说话。改革中有些做法本来动机是好的，比如，教育产业化、医疗产业化，目的是加快教育、医疗事业的发展，但是效果并不好，违背了教育、医疗事业的发展规律。今天，我们说改革开放这条路走对了，不仅仅是从改革开放的初心和动机来说的，更重要的是因为改革开放产生了实绩和奇效，成就不容否定和抹杀。

四、坚持利大于弊

评价改革开放，既要看取得的成绩，也要看付出的代价。成绩与代价相统一，要坚持利大于弊的原则。凡事有利必有弊，有得也会有失，追求价值目标的实现总会付出一定的代价，这就要求我们有代价意识。代价是实践活动中有代有偿的负效应、负价值。重视发展代价，关键是要以最小代价换取最大进步。马克思、恩格斯曾深刻论述进步与代价相伴相生的辩证关系。“在我们这个时代，每一种事物好像都包含有自己的反面。”② 人类征服了自然，却受到了自然界的报复；人类获得了丰富的工业产品，却付出了高昂的环境代价；人类发明了货币，却沦为了金钱的奴隶；强

① 中共中央文献研究室．习近平关于全面深化改革论述摘编．北京：中央文献出版社，2014：104.

② 马克思，恩格斯．马克思恩格斯选集：第1卷．3版．北京：人民出版社，2012：776.

国征服了异族，却湮灭了多彩的文明；市场经济促进了资源合理配置，人却遭受到了“物”的宰制；物的世界无限增值，却伴随着人的世界的贬值；机器大生产创造了丰腴的物质世界，人自身却成了机器的零件；科学日益昌明，人却沦为了单面人；技术理性无底线膨胀，人类却遭受价值理性缺失的难以承受之重，“技术的胜利，似乎是以道德的败坏为代价换来的”①。但是，人类完全没有必要悲观。“没有哪一次巨大的历史灾难不是以历史的进步为补偿的。”② 没有代价就没有进步，这是文明发展到今天所遵循的规律。

进步与代价，是历史面貌呈现出来的两个方面。进行评价关键要看代价是否可控，是否在社会可承受程度之内，是否以最小代价创造最大价值、取得最大进步。中国革命、建设和改革都是要付出代价的。新民主主义革命有代价，革命者流血牺牲数以千万计就是代价。社会主义改造有代价。经济建设挫折也是代价。新中国成立70多年来，我们确实付出了代价，但从整个历史长河来说，中华民族迎来了从站起来、富起来到强起来的伟大飞跃，这是铁的事实铸就的历史结论。以此来判断，新中国历史总体上是应当肯定的，十一届三中全会以来党的路线方针政策是对的，改革开放的伟大决策是正确的，以付出了各种代价为借口而否定新中国历史、改革开放历史是站不住脚的。

推进改革有没有代价，当然有，下岗失业就是代价，腐败问题一度盛行就是代价，贫富差距拉大就是代价，环境问题突出就是代价，区域发展不平衡就是代价，社会矛盾激化就是代价，个别地方国有资产流失也是代价；对外开放有没有代价，当然也有，比如有的产业被国外控制了，有些“苍蝇”“蚊虫”飞进来了，意识形态多元化的挑战前所未有，国际敌对势力遏制中国的挑战前所未有，等等。同样，全面深化改革中难免也可能出些问题，交点“学费”，付出一些代价，我们必须有这样的思想和心理准备。习近平强调“要做好承受改革压力和改革代价的思想准备”③。改革代

① 马克思，恩格斯. 马克思恩格斯选集：第1卷. 3版. 北京：人民出版社，2012：776.

② 马克思，恩格斯. 马克思恩格斯文集：第10卷. 北京：人民出版社，2009：665.

③ 中共中央文献研究室. 习近平关于全面深化改革论述摘编. 北京：中央文献出版社，2014：153.

价和改革压力一样，是全面深化改革的必然伴生物。出些问题，付出一些代价不要大惊小怪，更不要以代价和问题而否定全盘、否定主流。当然，我们要尽量争取不付或少付代价，把一些防患于未然的工作做在前面。所以，习近平要求“提出约束性指标”来，目的就是在制订方案、规划和计划时，防止负效应的出现。任何事物都有两面性。看待改革开放，既要大胆地肯定成绩，又要勇敢地直面问题。“中国奇迹”被世人热议和追捧，我们更应当自警自省自检，如实估量自己的成绩，如实查摆自己的问题，决不可自我泄气，也决不可自我膨胀。

五、坚持中国立场

评价改革开放，中国评价与世界看法相统一，要坚持以我为主的原则，站稳中国立场，绝不能任由西方牵着鼻子走。改革当然要吸取西方智慧，但也要反对“西方中心史观”。马克思主义的历史评价观，反对以西方为尺度妄断其他国家的历史。世界上发生的历史事实都是人类“真实的过往”，西方“先进”不能够作为“中心论”的依据，西方的“标准”也不能作为裁判他国改革成功与否的尺度。各国各民族的改革历史都是在极其特殊的背景展开的，历史的书写必须表达文明平等的理念。如何看待中国的改革开放？自我评价与他者评价不是完全一致的。有人蓄意兜售各种“改革药方”，诱导我国“往西方政治制度的方向改，否则就是不改革”①；有人指摘我国“改革是有选择性的，有些方面的改革是滞后的”；有人炮制“党大还是法大”的伪命题，试图推动“全盘西化”的司法改革；有人妄言“混改的方向就是国企私有化”，妄图诱导国企改革方向；等等。面对这些噪音杂音，我们要“始终坚持以我为主，应该改又能够改的坚决改，不应改的坚决守住”②。改什么、不改什么，怎么改、怎么完善，我们要有主张、有定力、有底线。我们的改革不是为了迎合某些人的“掌声”，不能跟着西方的指挥棒走，不能把西方的理论、观点硬套在自己身上，必须牢牢把握改革评价的自主权。

---

①② 中共中央文献研究室．习近平关于全面深化改革论述摘编．北京：中央文献出版社，2014：19.

改革开放既有我们自己的标准、感受和评价，也有国际规则标准和外国人的看法与评价。国外的评价要重视，但国情不同，了解、感受和体会不同，标准也不尽相同，因此评价中要坚持以我为主的原则。习近平强调，牢记初心使命，进一步推进改革开放，要由群众来评价、由实践来检验，主要看中国人自己的感受和评价。改革开放究竟如何，我们的人民最有发言权。同时，他在第二届“一带一路”国际合作高峰论坛记者会上指出：“我们同意践行高标准、惠民生、可持续理念，积极对接普遍接受的国际规则标准，坚持以人民为中心的发展思想，走经济、社会、环境协调发展之路。”① 这里提出的积极对接普遍接受的国际规则标准，要求我们在注重国情，坚持以我为主的同时，必须树立开放理念、世界眼光，把握国际规则，符合世界潮流，与世界各国人民一道携手共进。争取中国的改革开放事业，既得到国人的衷心赞誉与拥护，同时也得到国际社会的高度评价和肯定。

总之，改革开放的巨大成功，是实践给出的答案，是人民作出的结论。经过 40 年多的快速发展，中国已经成为全球经济的发动机和主引擎，而且中国在这么长的发展周期内没有产生严重的经济和社会危机，保持了社会稳定，这不能不说明我们的道路是成功的，不能不说明改革开放的伟大决策是正确的。中国在西方的夹击中求生存求发展，“千磨万击还坚劲，任尔东西南北风”，真可谓“风景这边独好”。中国道路的巨大成功足以撑起这个颠扑不破的历史结论：只有改革开放才能发展中国、发展社会主义、发展马克思主义。

① 习近平．在第二届“一带一路”国际合作高峰论坛记者会上的讲话．人民日报，2019-04-28.

第八章　新时代改革思维方法论

思路决定出路，方法决定成败。全面深化改革是一场伟大的社会革命，涉及面广、影响深、过程复杂，必须坚持科学的思维方法。习近平关于全面深化改革的重要论述，贯穿着丰富的科学思维方法。这些思维方法主要包括战略思维、历史思维、辩证思维、创新思维、法治思维、底线思维等，其中核心是辩证思维，其他思维都是辩证思维在不同角度、不同方面、不同层面的具体运用、表现和展开。总结概括这些科学思维方法，掌握运用这些科学思维方法，对新时代全面深化改革，推进各项改革工作的顺利进行，提供了重要认识工具和锐利思想武器。

第一节　战略定力与战略思维

战略思维是高瞻远瞩、统揽全局，善于把握事物发展总体趋势和方向的思考方法，展示的是看问题的广度、高度和深度。面对风云变幻的国际局势和国内改革发展的繁重任务，习近平强调，要"加强战略思维，增强战略定力"①。不谋万世者，不足谋一时；不谋全局者，不足谋一域。我国

① 习近平．习近平谈治国理政．北京：外文出版社，2014：247.

改革是关系党和国家事业发展全局的重大战略部署，不是某个领域某个方面的单项改革，也不是一时一事的临时性改革，必须从全局、长远看问题。培养战略思维能力，说到底就是要提高高瞻远瞩、统揽全局、谋划长远的能力，从战略、大局上把握全面深化改革的重大问题。

一、战略考量，掌控全局

全面深化改革需要战略思维，这是由改革的全面性、系统性和整体性决定的。没有着眼全局的宏大战略思维，改革就可能零打碎敲、各行其是，缺乏整体性。只有不断增强战略思维，树立全局观念，进行战略考量，明确目标方向，把控全局，改革才能顺利推进。首先，全面深化改革要有深谋远虑的战略目标。习近平指出，“全面深化改革的总目标，这是两句话组成的一个整体，即完善和发展中国特色社会主义制度、推进国家治理体系和治理能力现代化”①。前一句规定了根本方向，这个方向就是中国特色社会主义道路，而不是其他什么别的道路。后一句规定了在根本方向指引下完善和发展中国特色社会主义制度的基本目标，即推进国家治理体系和治理能力现代化。第一次明确这样的目标，有利于把握方向任务，增强使命感和历史责任感。习近平强调，“为党和国家事业发展、为人民幸福安康、为社会和谐稳定、为国家长治久安提供一整套更完备、更稳定、更管用的制度体系。这项工程极为宏大，必须是全面的系统的改革和改进，是各领域改革和改进的联动和集成，在国家治理体系和治理能力现代化上形成总体效应、取得总体效果。”② 只有确定改革总目标，实行联动和集成推进，才能形成总效应和总效果。其次，全面深化改革要有着眼全局的战略部署。党的十八届三中全会作出了“5＋1＋1”的部署，即全面深化改革要在经济建设、政治建设、文化建设、社会建设、生态文明建设、党的建设以及国防和军队建设等七个方面具体展开。这一基本框架的确立，为我们展开了全面系统、有步骤、有秩序地推进和深化改革的宏伟战略蓝图，明确了各领域的改革任务。再次，全面深化改革要有总揽全局

①② 习近平．习近平谈治国理政．北京：外文出版社，2014：105.

的战略重点。显然，进行战略部署要注重突出战略重点，明确主攻方向。党的十八届三中全会确定，经济体制改革是全面深化改革的重点，而核心问题是处理好政府和市场的关系。同时，全面深化改革要有坚如磐石的战略定力。在全面深化改革的过程中，保持战略定力，最关键的是要一以贯之坚持和发展中国特色社会主义，坚定不移走中国特色社会主义道路。最后，全面深化改革必须有狠抓落实的战略执行。习近平强调“一分部署，九分落实”，要用钉钉子精神抓好改革各项工作的落实。改革的方案蓝图、目标任务、决策措施重在落实，重在行动，良好的战略执行和实施是实现战略目标的关键。不落实、不干，就不可能产生任何改革的成效和成果。

改革是中国特色社会主义自我完善和自我发展的不竭动力。目前，改革已进入攻坚期和深水区，新一轮改革已从过去“比较单一”过渡到“全面综合”，从“相对容易”过渡到“艰巨复杂”，从“面上突破”过渡到“攻坚深化”，从“效率优先”过渡到“注重公平”。因此，改革必须树立战略思维，把握大局、整体推进。当前，我国经济社会发展中积累的各种问题，如经济粗放式发展、民主政治建设滞后、文化软实力偏弱、社会建设有短板以及生态环境堪忧等，都绝不是某一方面零敲碎打、拾遗补阙就能解决的，必须通过全面深化改革来解决。改革和发展中的各种矛盾和问题，只有通过全面深化改革的办法来解决。战略思维的要旨在于正确把握全局与局部、当前与长远、重点与非重点的辩证关系。一是把握全局与局部的关系，着眼于战略整体。全面深化改革既要从整体、全局出发，也要关照各个局部，实现整体利益和局部利益双赢，特殊情况下不排除牺牲局部以成就整体。因此，局部的改革要服从全局，全局的改革要照顾局部。没有大局意识，不能观大势、察全局，就抓不准大局问题，也搞不好局部改革。二是把握当前与长远的关系，着眼于战略未来。全面深化改革既要从长远出发，也要关照当前，实现长远利益与当前利益结合，特殊情况下不排除牺牲当前以成就长远。不谋长远者不足谋一时。习近平强调“要真正向前展望、超前思维、提前谋局”①。改革必须立足现实，但要着眼于未来，不能急功近利，要树立功成不必在我的思想。每一次改革的风口浪

① 习近平．习近平谈治国理政．北京：外文出版社，2014：88.

尖，没有科学准确的战略判断、长远的战略抉择，改革就难以突破和深化，取得真正的成功。三是把握重点与非重点的关系，着眼于战略重点。全面深化改革既要突出重点，也要关照非重点，实现重点与非重点的统一，特殊情况下不排除放弃非重点以成就重点。习近平反复强调，“既要坚持全面系统的观点，又要抓住关键，以重要领域和关键环节的突破带动全局”①。建立社会主义市场经济体制的改革是全面深化改革的火车头，必须紧紧扭住这个重点来推进和带动其他各项改革；而其他各项改革也配合经济体制改革的重点。战略全局中有重点，只有抓住重点来带动非重点，明确方向，判断才能准确，战略才能清晰，才能纲举目张、有条不紊地推进改革。

二、深谋远虑，加强顶层设计

战略思维的重要性是由战略问题决定的。战略问题是一个政党、一个国家的根本性问题。有了高瞻远瞩的战略思维，“战略上判断得准确，战略上谋划得科学，战略上赢得主动，党和人民事业就大有希望”②。战略失误、失策，就会犯根本性、方向性、颠覆性的错误，导致全局性的失败或毁灭性的打击。一个国家、一个民族、一个政党战略上的成功是最重要的成功，是国家和民族之大幸。所以，坚持战略思维、研究战略问题、进行顶层设计，历来是中国共产党人克敌制胜的重要法宝。全面深化改革作为战略问题，必须从宏观战略高度来设计和谋划，加强顶层设计。“所谓顶层设计，就是要对经济体制、政治体制、文化体制、社会体制、生态体制作出统筹设计”③。它具有系统性、整体性和前瞻性。只有总揽全局、谋划长远，从战略上统筹提出一整套改革措施，才能为全面改革提供指导性方案。改革不能头痛医头、脚痛医脚“碎片化”，也不能单枪匹马、单打独斗“一枝秀”。这就要求我们有博大的胸襟、开阔的视野，顺应历史的潮

---

① 习近平．在省部级主要领导干部学习贯彻党的十八届五中全会精神专题研讨班上的讲话．人民日报，2016-05-10.

② 习近平．习近平谈治国理政：第 2 卷．北京：外文出版社，2017：10.

③ 中共中央文献研究室．习近平关于全面深化改革论述摘编．北京：中央文献出版社，2014：32.

流、紧跟时代的步伐，站在战略和全局的高度高瞻远瞩地谋划和处理改革中的各种问题。党的十八届三中全会对全面深化改革作出了总部署，设计勾画了全面深化各方面改革的时间表、路线图；党的十八届五中全会进一步提出了“创新、协调、绿色、开放、共享”的新发展理念；“十四五”规划明确了新时代我国经济社会发展新的目标要求和战略任务，一脉相承地完善和细化了改革的顶层设计。党的十九大勾画了新时代我国改革和现代化建设的宏伟蓝图，提出在全面建成小康社会的基础上分两步走在21世纪中叶建成富强民主文明和谐美丽的社会主义现代化强国。这些顶层设计，都为全面深化改革指明了航向。

习近平强调，摸着石头过河与加强顶层设计是辩证统一的。加强顶层设计绝非拍脑袋凭空设计，而要来自基层的实践探索。顶层设计是前提，推进局部的阶段性改革开放要在加强顶层设计的前提下进行；摸着石头过河是基础，顶层设计要在推进局部的阶段性改革开放的基础上来谋划。离开对改革规律性的探索，顶层设计就会成为空中楼阁；离开顶层设计的统筹谋划，改革就会陷入盲目性和碎片化。比如，对于当前深化党和国家机构改革，习近平指出：总的看，这次深化机构改革是一场系统性、整体性、重构性的变革，力度规模之大、涉及范围之广、触及利益之深前所未有，既有当下“改”的举措，又有长久“立”的设计，是一个比较全面、比较彻底、比较可行的改革顶层设计，而实践中则要逐步实施，稳扎稳打。战略思维就是要胸怀大局、深谋远虑，着眼全局把握大势、着眼未来谋划发展，全面深化改革必须把改革的大局观和改革的实践观统一起来。

三、坚定信心，增强定力

进行战略思维，实施重大战略，不仅要有全局观念，而且要有战略定力。所谓战略定力，就是为实现战略意图和战略目标，在重大战略问题上咬定青山不放松，坚定不移地实施战略的意志、毅力和能力。在复杂多变的国际背景下，在我国社会转型期的全面深化改革中，习近平创造性地提出了战略定力的问题。在习近平看来，保持战略定力，就要坚定走中国特色社会主义道路，坚持和发展中国特色社会主义不动摇；就要在制定政策时冷静慎重，谋定而后动；就要在复杂多变的国际局势中静观其变，趋利避害；就要把握稳中求进的工作总基调，保持改革发展的良好势头。

面对风云变幻的国际环境，错综复杂的各种挑战，全面改革的风险性、选择性、两难性明显加大。因此，在十八届中央政治局第三次集体学习时，习近平强调“加强战略思维，增强战略定力”①，任凭风浪起，稳坐钓鱼船。改革要有战略定力，改什么有主张，不改什么有定力，重大原则问题上要态度鲜明，决不能犯颠覆性错误。他认为，在改革问题上，我们是有共识的，无论遇到什么样的风险，都要保持战略定力，坚定高举改革开放的旗帜不动摇。他说：“在整个社会主义现代化进程中，我们都要高举改革开放的旗帜，决不能有丝毫动摇”②，改革开放只有进行时没有完成时。同时，保持战略定力，必须坚持一张蓝图干到底。对于方向和道路等根本性问题，对于既定的大政方针，对于重大战备部署，要坚持“一张蓝图干到底”。不能朝令夕改、瞻前顾后、犹疑不决，要有咬定青山不放松的战略定力。该改的、能改的我们坚决改，不该改的、不能改的坚决不改，要坚定不移。习近平说：“我们党早就估计到，改革开放是一项长期的、艰巨的、繁重的事业，必须一代又一代人接力干下去。”③ 党的十八届三中全会对全面深化改革作出了顶层设计和谋划，蓝图已经绘就，关键是要把各项改革的举措落到实处。当前改革已经进入新的历史关头，要高扬锐意改革的进取精神，“推进改革必须一鼓作气、坚定不移，必须坚定信心、增强勇气”④。我们推进改革的决心可以归纳为：两个“不可”，即“不可迟疑、不可退缩”；两个强烈感，即“要以强烈的历史使命感”和强烈的“历史责任感”；两个“最大限度”，即“最大限度集中全党全社会智慧，最大限度调动一切积极因素”；两个“敢于”，即“敢于啃硬骨头，敢于涉险滩”；两个“破”，即“冲破思想观念的障碍、突破利益固化的藩篱”⑤。

---

① 习近平．习近平谈治国理政．北京：外文出版社，2014：247.

② 中共中央文献研究室．习近平关于全面深化改革论述摘编．北京：中央文献出版社，2014：10.

③ 同②4.

④⑤ 中共中央文献研究室．习近平关于协调推进“四个全面”战略布局论述摘编．北京：中央文献出版社，2015：64.

共产党人尤其要站在时代最前列，做改革的促进派和实干家，下决心打好全面深化改革的攻坚战。

第二节　以史为鉴与历史思维

以史为鉴是我国的优良传统和古训。历史思维的要义是正确把握历史、现实、未来的辩证关系，以历史过程的眼光观察和看待事物。历史思维能力，说到底就是以历史意识和视野以史为鉴、知古鉴今，思考现实、开辟未来的能力。作为一种以史为镜的过程性思维，历史思维对于全面总结改革开放经验、吸取教训、把握现实、开拓前进，具有特别重要的地位和作用。

一、掌握历史思维，坚持以史为鉴

"前事不忘，后事之师"。以史为镜、借古鉴今，可以看成败、明得失、知兴替；可以穿越时空，总结过去经验，把握现实生活，照亮未来前程。坚持历史唯物主义基本观点对社会问题进行历史性的考察和思维，是马克思主义历史观最基本的思维方法。所谓历史思维，就是以史为鉴、知古鉴今，善于运用历史的眼光观察社会、认识规律、开辟未来、指导现实工作的思维。这种思维方法是一种从历史本身出发观察历史的科学思维，是一种揭示和反映历史规律的科学思维，是一种总结过去、开辟未来的科学思维。历史思维是马克思主义唯物史观的体现和具体运用。马克思、恩格斯创立了唯物史观，历来重视历史和历史思维。马克思指出："我们仅仅知道一门唯一的科学，即历史科学。"① 恩格斯认为："历史就是我们的一切，我们比其他任何一个先前的哲学学派，甚至比黑格尔，都更重视历史。"② 列宁强调，"在分析任何一个社会问题时，马克思主义理论的绝对

---

① 马克思，恩格斯．马克思恩格斯选集：第1卷．3版．北京：人民出版社，2012：146.

② 马克思，恩格斯．马克思恩格斯全集：第3卷．2版．北京：人民出版社，2002：520.

要求，就是要把问题提到一定的历史范围之内”①。看待和评价历史要以当时的历史条件为依据，一切以当时历史的时间、地点、条件为转移。学习历史，掌握历史思维，借鉴和运用历史经验，是中国共产党人一贯重视和倡导的思想方法。毛泽东是读史鉴今的典范，一生酷爱读史，所读史书浩繁，十分重视学习和借鉴历史经验。毛泽东曾指出：“我们是马克思主义的历史主义者，我们不应当割断历史。”② 这里提出的“历史主义”就是科学看待和借鉴历史的历史思维和历史分析方法。邓小平同样重视和倡导历史思维，他说，“我们是历史唯物主义者，研究和解决任何问题都离不开一定的历史条件”③，“那种否定新的历史条件的观点，就是割断历史，脱离实际，搞形而上学，就是违反辩证法”④。他把学习和懂得历史看成是中国发展的一个精神动力，反复强调要用历史教育青年、教育人民，强调总结历史经验是为了开辟未来。江泽民和胡锦涛同样重视学习历史，借鉴历史经验。2003 年 11 月，胡锦涛在第十六届中共中央政治局第九次集体学习时指出：“浩瀚而宝贵的历史知识既是人类总结昨天的记录，又是人类把握今天、创造明天的向导。”

习近平强调运用历史思维指导和推进改革。他说，“一个民族、一个国家，必须知道自己是谁，是从哪里来的，要到哪里去”⑤。改革作为决定中国命运的一招，作为一种历史活动，首先必须把我是谁，我从哪里来、到哪里去搞清楚。要搞清这些问题的来龙去脉就离不开历史意识、历史眼光和历史思维。历史是过去的现实，现实是未来的历史，忘记历史就意味着背叛。全面深化改革，不是什么别的改革，而是中国特色社会主义的改革。改革不是改旗易帜，而是社会主义制度的自我发展和自我完善，是在中国共产党的领导下，按照党的基本路线、方针、政策有计划、有步骤地进行的；改革的目的是解放生产力，发展生产力，促进社会的全面进步。新时代坚持和发展中国特色社会主义，根本动力仍然是全面深化改革。全

① 列宁．列宁选集：第 2 卷．3 版修订版．北京：人民出版社，2012：375.
② 毛泽东．毛泽东选集：第 2 卷．2 版．北京：人民出版社，1991：534.
③ 邓小平．邓小平文选：第 2 卷．2 版．北京：人民出版社，1994：119.
④ 同③121.
⑤ 习近平．习近平谈治国理政．北京：外文出版社，2014：171.

面深化改革不是自然而然生成的，而是从历史中走来的，它尊重历史事实，不搞大否定、大批判，不搞保守主义，也不搞虚无主义。改革开放前后两个历史时期是辩证统一的关系，不能相互否定。没有改革开放前三十年的奋斗，没有那个时候奠定的制度基础、工业体系和国民经济体系，没有那个时候创立的思想成果和积累的重要经验，改革开放难以起步。习近平说："改革开放前的社会主义实践探索，是党和人民在历史新时期把握现实、创造未来的出发阵地，没有它提供的正反两方面的历史经验，没有它积累的思想成果、物质成果、制度成果，改革开放也难以顺利推进。一切向前走，都不能忘记走过的路；走得再远、走到再光辉的未来，也不能忘记走过的过去。"① 尊重历史，不是为了怀念和留恋过去，而是为了走稳走好脚下的路，走向更加美好的未来。改革要改到哪里去呢？全面深化改革的总目标指明，就是"完善和发展中国特色社会主义制度、推进国家治理体系和治理能力现代化"。我们必须以此作为目标方向，不断推进理论创新、实践创新、制度创新以及其他各方面创新，让制度更加成熟定型，让发展更有质量，让治理更有水平，让人民更有获得感。没有改革开放就没有中国的今天，也就没有中国的明天。改革开放是一场深刻的革命，必须坚持正确方向，沿着正确道路推进。方向决定道路，道路决定命运。

二、汲取历史教训，总结改革经验

习近平明确提出并运用"历史思维"来分析和解决问题，使历史思维成为治国理政和深化改革的重要方法论。他深刻指出：历史是最好的教科书，中国革命历史是最好的营养剂。他一再强调学习历史、掌握历史思维方法，要求领导干部加强对党史、新中国史、改革开放史、社会主义发展史和中国历史与世界历史的学习，总结历史经验，汲取人类文明的精华。在他的系列重要论述和讲话中，中外的历史事实、典故、人物、事件、格言、警句信手拈来，灵活运用，以史鉴今、以史明理的特色十分鲜明，显示了深厚的文化底蕴和历史的厚重感。他强调说，"历史、现实、未来是

① 习近平．在纪念毛泽东同志诞辰120周年座谈会上的讲话．人民日报，2013-12-27.

相通的”①，对重大问题、战略问题要放在历史发展过程中作深刻的历史比较和分析。“治理国家和社会，今天遇到的很多事情都可以在历史上找到影子，历史上发生过的很多事情也都可以作为今天的镜鉴。”② 要认清历史趋势，把握历史规律，运用历史规律指导实践，深化改革，更好地推进各项工作。具体说来，其运用历史思维指导和深化改革，主要体现在以下方面：一是论证全面深化改革的必然性。全面深化改革既是现实的要求，也是历史的必然。从社会主义500年的历史、中国近代170多年的历史和新中国成立70多年的历史看，改革开放都是决定中国命运的关键抉择。不改革，只能是死路一条；改革开放不坚持社会主义方向，也是死路一条。这已被苏联解体、东欧剧变所证明。二是指出全面深化改革的艰巨性。从中国历朝历代的改革看，奉行变法、改革者大多曲折艰难，成功者甚少，而且结局悲凉。习近平分析了其多方面的复杂历史原因。从当今改革开放的现实情况看，相对于我们以前的改革，现在要啃的都是难啃的硬骨头，改革比以前更为艰难。从改革的内容看，现在推进和深化的改革是全方位的改革，涉及“五位一体”、军队和国防、党的建设等各方面，全面广泛，任务艰巨而繁重。三是阐明全面深化改革的深刻性。全面深化改革不仅有各领域的具体目标，而且有进一步推进和深化的总目标；不仅要冲破观念的束缚，而且要冲破利益固化的藩篱；不仅是党领导的社会变革，而且也是党加强自身建设的自我革命，其复杂性、深刻性都是过去难以比拟的。四是强化全面深化改革的斗争性。习近平在党的十九大报告中提出了“四个伟大”，即在新的时代条件下，我们要进行伟大斗争、建设伟大工程、推进伟大事业、实现伟大梦想。伟大斗争提供实现中国梦的胆识、勇气和精神动力。全面深化改革是一场新的伟大革命，必须激发斗争精神，敢于斗争、善于斗争，乐于改革创新、勇于攻坚克难。习近平强调，进一步推进伟大事业，“在新时代，中国人民将继续自强不息、自我革新，坚定不移全面深化改革，逢山开路，遇水架桥，敢于向顽瘴痼疾开刀，勇于突破

① 习近平．习近平谈治国理政．北京：外文出版社，2014：67.

② 习近平在中共中央政治局第十八次集体学习时强调 牢记历史经验历史教训历史警示为国家治理能力现代化提供有益借鉴．人民日报，2014-10-31.

利益固化藩篱，将改革进行到底”①。五是强调全面深化改革的参照性。全面深化改革是在我们已有40年改革历史的基础上进行的，要广泛汲取历史经验与教训。历史记述了前人的成功和失败，蕴含着丰富的思想遗产。习近平曾总结历史经验教训，借古鉴今，认为改革首先必须统一思想，形成共识，凝聚力量。在庆祝改革开放40周年大会上，他从党的领导、以人民为中心的价值导向、指导思想、方向道路、制度优势、第一要务、扩大开放、从严治党以及世界观和方法论等方面，系统总结了我国改革开放必须坚持的九条基本经验，为深化改革提供了历史参照和经验智慧。习近平说：“改革开放40年积累的宝贵经验是党和人民弥足珍贵的精神财富，对新时代坚持和发展中国特色社会主义有着极为重要的指导意义，必须倍加珍惜、长期坚持，在实践中不断丰富和发展。”② 不难看出，历史思维不仅是总结历史经验、理解现实、把握未来的基本方法，是深化改革、治国理政、推动社会发展的重要工具和钥匙，同时也是培养青年、教育人民、提高干部素质和能力的思维历练方式。

掌握历史思维全面深化改革，必须树立正确的历史观。改革不是改向，变革不是变色。习近平指出：“推进改革的目的是要不断推进我国社会主义制度自我完善和发展，赋予社会主义新的生机活力。这里面最核心的是坚持和改善党的领导、坚持和完善中国特色社会主义制度，偏离了这一条，那就南辕北辙了。”③ 运用历史思维全面深化改革，必须树立正确的历史观、民族观、国家观，反对唯心史观、英雄史观以及历史虚无主义、民粹主义和僵化保守主义，坚持改革的社会主义方向。历史虚无主义不能客观地看待历史，而是随意践踏、评价和剪裁历史，随意贬损历史上的改革，甚至把我国40年的改革说得一团漆黑，贬低改革历史人物和改革的成就。对改革中的不足和失误采用非历史的观点，求全责备，攻其一点不及其余。民粹主义崇拜改革的自发行为，只看眼前、不看长远，只顾个人情绪、不要集

---

① 习近平．开放共创繁荣 创新引领未来：在博鳌亚洲论坛2018年年会开幕式上的主旨演讲．人民日报，2018-04-11.

② 习近平．在庆祝改革开放40周年大会上的讲话．人民日报，2018-12-19.

③ 中共中央宣传部．习近平新时代中国特色社会主义思想学习纲要．北京：学习出版社，2019：85-86.

中与权威，只要绝对自由、不要组织秩序，急功近利，不要顶层设计和长远考虑，一切依一时的感觉和情绪行事。这种思潮绑架改革必然会使改革脱离党的领导，偏离正确路线和目标，从而弄到不可收拾的地步。僵化保守主义则停留于过去，醉心于过去的历史走不出来。比如，还用过时的计划经济、“一大二公”和“左”的观念和思维来看待改革开放中的新事物，否定改革开放及其成就，认为今不如昔，用改革前 30 年的历史否定改革后 40 年的变革，自觉或不自觉地成为改革的障碍和阻力。因此，习近平反复强调，“我们的改革开放是有方向、有立场、有原则的”①，“问题的实质是改什么、不改什么，有些不能改的，再过多长时间也是不改”②。对于中国这样一个大国，绝不能在根本性问题上出现颠覆性错误，一旦出现就无可挽回、无法弥补。显然，树立和强化历史思维，对于汲取教训，克服各种错误思想倾向和噪音杂音，继往开来，开拓前进，无疑具有极为重要的作用。

三、顺应历史大势，强化改革担当

历史思维深刻体现了唯物史观的基本观点和思维方式，强调从历史本身出发观察历史，深入把握历史客观规律，以史为鉴、改造现实、开辟未来。树立历史思维、提高历史思维能力、深入进行历史透视，必须顺应历史大势，强化改革历史担当，承担起对国家、对民族、对人民的责任，将全面深化改革进行到底。

首先，要尊重历史事实，并以此作为改革的前提和依据。历史是过去事件的沉积，具有客观性，我们只能尊重和正视历史，而不能随意改变和裁剪历史。习近平在纪念毛泽东同志诞辰 120 周年座谈会上、在纪念全民族抗战爆发 77 周年仪式上发表讲话深刻指出，历史不能任意选择；历史就是历史，事实就是事实，任何人都不能改变历史与事实。实际上，我们要改革和不能改的东西，其实都是历史上留存下来的，并不能任意选择。我们只能在既定的条件下创造历史，而不能超越当时的历史条件去做一厢情

① 中共中央文献研究室．习近平关于全面深化改革论述摘编．北京：中央文献出版社，2014：14.

② 同①20.

愿的事情，必须从历史本身来观察和思考改革。分析、看待和解决改革中的任何问题，都不能离开当时既定的历史条件。习近平说："我们党作出实行改革开放的历史性决策，是基于对党和国家前途命运的深刻把握，是基于对社会主义革命和建设实践的深刻总结，是基于对时代潮流的深刻洞察，是基于对人民群众期盼和需要的深刻体悟。"① 这并非某个个人突然冒出的异想天开的想法，也不是单一偶然的因素决定的，而是基于历史的呼唤和党对世情、国情、党情的深刻分析和把握。而改革开放 40 多年来，中国的面貌、中华民族的面貌、中国人民的面貌、中国共产党的面貌极大地改变了，这也是任何人否定和抹杀不了的客观事实。

其次，要掌握历史进程，不能割裂历史的联系和内在逻辑。任何事物都有其发展的历史轨迹，都有它的来龙去脉和内在逻辑。按照历史的顺序和过程，分析其产生、发展和演变，也就在一定程度上能够预测它的未来。运用历史思维，进行历史分析，就要把一切社会现象放到一定历史范围和一定历史条件下进行分析，不要忘记基本的历史联系，割裂历史的内在逻辑。对于中国改革开放，习近平曾经强调，要正确认识改革开放前后两个 30 年。新中国成立后的 30 年建立起了社会主义基本制度和国民经济体系，改革开放后的 30 年开创了经济社会发展新的历史时期，两者绝不是彼此割裂的，更不是根本对立的。决不能用后 30 年否定前 30 年，也不能用前 30 年否定后 30 年。而且，改革和变革中的许多东西并非全盘否定，另起炉灶，而是在继承中创新、在改革中完善的。要坚持辩证扬弃，而不能全盘抛弃。习近平总是联系 5 000 多年中华文明史来思考中华民族的前途命运，联系 500 多年世界社会主义发展史来认识社会主义运动的前进方向，联系中国近代以来 170 多年奋斗史来阐明中国的复兴道路，联系百年革命建设的历程来把握党的历史方位和改革进程，联系"两个一百年"奋斗目标来展望我们党的光明前景。一个国家、民族或政党如果无视、割裂、否定自己的历史，无论建设还是改革都难以取得成功，只会丧失自我、失去自信而误入歧途。

再次，要敬畏历史和人民，推动改革开放行稳致远。总结历史经验、

① 习近平．在庆祝改革开放 40 周年大会上的讲话．人民日报，2018-12-19.

牢记历史教训、汲取历史智慧，从而立足现实，开创未来，是历史思维的基本要求。习近平指出：“历史、现实、未来是相通的。历史是过去的现实，现实是未来的历史。”① 人类社会是一个自然历史发展过程，任何社会现象都有自己演化的历史。因此，观察改革发展稳定等任何社会现象必须运用历史思维。只有运用历史思维，才能在全面深化改革中“继往开来”。“继往”就是总结历史经验，汲取历史教训；“开来”就是立足现实实际，开创未来事业。历史是过去的时光，似乎默默无言，但只要运用历史思维进行分析，历史会告诉我们很多很多。习近平曾借鉴历史经验教训说明改革凝聚共识的重要性，指出历史上战国时期的商鞅变法、宋代的王安石变法、明代的张居正变法，以及清代洋务派代表人物张之洞的革新等，虽然取得一定成效，但最后归于失败，有的甚至身败名裂，就与社会能否形成共识密切相关，借此强调深化改革必须争取人民群众的广泛理解和支持。实践证明，我国推进和深化改革，必须坚持党的领导、坚持社会主义方向、坚持党的基本路线、坚持正确处理改革发展稳定的关系等，这些都是改革开放来之不易的宝贵历史经验，必须一以贯之地坚持。全面深化改革不能脱离国情、世情，不能单打一、碎片化，不能毕其功于一役、搞“休克疗法”，不能照搬“西方模式”、脱离人民群众等，这都是苏联、东欧等一些国家改革失败留给我们的历史教训。以史为鉴，无论历史的经验还是教训都是极其宝贵的，可以使我们少交学费、少走弯路，对改革中坚持什么、避免什么，都会保持清醒的头脑。推进改革开放和社会主义现代化事业，尤其要从中国近现代史、从科学社会主义发展史、从人类文明发展史中汲取营养。同时，总结历史可以开辟未来。习近平指出：历史不能选择，但现在可以把握，未来可以开创。“重视历史、研究历史、借鉴历史，可以给人类带来很多了解昨天、把握今天、开创明天的智慧。”② 回顾和总结历史，有利于把握历史的逻辑和规律，科学决策，制定正确的路线方针政策，推动改革开放行稳致远。

最后，要强化历史担当，做改革的促进派和实干家。历史思维也是一

① 习近平．习近平谈治国理政．北京：外文出版社，2014：67．

② 习近平致第二十二届国际历史科学大会的贺信．人民日报，2015-08-24．

种主体性思维，要求找准自己的位置，明确其历史责任和担当。改革的历史潮流不可阻挡，僵化保守没有出路，反对抵制徒劳无益，唯有大胆投身改革、拥护改革、推动改革，才能跟上时代和历史的步伐。坚持历史思维深化改革，就要认识我们的初心和历史使命。“改革开放 40 年的实践启示我们：为中国人民谋幸福，为中华民族谋复兴，是中国共产党人的初心和使命，也是改革开放的初心和使命。”① 我们每个人即使在平凡的岗位上工作，也是社会历史的一员，我们所做的一切都将成为历史，载入历史。因此，我们都要以满腔热情和认真负责的工作态度，在全面深化改革中踏踏实实干好自己的本职工作。坚持历史思维全面深化改革，就要敢于担当，承担起应该承担的责任。习近平强调把直面问题、敢于担当作为选拔干部的重要条件。当前，改革发展处于攻坚阶段和关键时刻，尤其要有担当精神，敢想敢干，敢于做从前没有做过的事情，做改革的促进派和实干家。不敢担当、不负责、不作为就不可能在全面深化改革的过程中建功立业。坚持历史思维深化改革，就要创造经得起人民、实践和历史检验的业绩。习近平要求领导干部要“既当改革促进派、又当改革实干家，以钉钉子精神抓好改革落实，扭住关键、精准发力，敢于啃硬骨头，盯着抓、反复抓，直到抓出成效”②。历史的检验是时间的检验，是最严格的检验。放在历史的检阅台上，一切如过眼云烟，唯有创造和贡献不朽。我们只有把时代使命扛在肩上，把推动改革发展稳定的责任担当起来，以“我将无我”的精神推动和深化改革，开拓创新、埋头苦干，才能创造一流的工作业绩，不负历史和时代的重托。

第三节　矛盾分析与辩证思维

辩证思维是马克思主义唯物辩证法在方法论上的体现，是中国共产党

① 习近平．在庆祝改革开放 40 周年大会上的讲话．人民日报，2018-12-19.

② 习近平主持召开中央全面深化改革领导小组第二十一次会议强调 深入扎实抓好改革落实工作 盯着抓反复抓直到抓出成效．人民日报，2016-02-24.

人科学思维的精华，也是新时代全面深化改革思维方法论的核心。习近平强调“我们要学会运用辩证法”，“既要讲两点论，又要讲重点论”，把辩证思维与战略思维、历史思维、创新思维、法治思维、底线思维等统一起来，作为完整的科学思维方法的体系来掌握。学习和把握辩证思维，有助于我们在全面深化改革中统筹全局、抓住重点、化解矛盾，提高驾驭复杂局面和解决实际问题的能力。

一、掌握辩证思维，克服形而上学

所谓辩证思维方法就是用联系、发展、全面和矛盾的观点来观察思考和分析处理问题。它是超越形而上学孤立、片面、静止地看问题的一种高级的思维方式。辩证思维具有客观性，强调主观辩证法是客观辩证法的反映，“事物的辩证法创造观念的辩证法，而不是相反”①。辩证思维具有全面性，强调事物都是相互联系和相互作用的，处在不可分割的有机整体和普遍联系之中，反对孤立、片面地看问题。辩证思维具有革命性，指出一切事物，都是运动变化发展着的，反对维持事物一成不变的现状，着力推动现存事物的发展和转化。辩证思维突出矛盾性，认为矛盾是推动事物发展的动力和源泉，承认矛盾、分析矛盾、解决矛盾，并由此推动事物的发展。矛盾思维是辩证思维的核心。辩证思维能力，说到底就是承认矛盾、分析矛盾、解决矛盾，善于抓住关键、找准重点、洞察事物发展规律的能力。习近平指出，我们的事业越向纵深发展，改革开放越向前推进，就越要不断增强辩证思维能力。提高辩证思维能力，就要运用唯物辩证法观察事物、分析问题、解决问题，在矛盾双方对立统一的过程中把握事物发展规律，克服极端化和片面性。

辩证思维在全面深化改革思维方法论中居于核心位置，属于统领性的思维方法，其他改革思维归根结底都是辩证思维的具体运用或体现。比如，战略思维侧重于处理全局与局部、当前与长远的辩证关系；历史思维侧重于处理历史、现在、未来的辩证关系；整体思维侧重于处理中央与地方、系统与要素、整体与部分的辩证关系；创新思维侧重于处理新观念与

① 列宁．列宁全集：第55卷．2版．北京：人民出版社，1990：166.

旧脑筋、守旧与开新的辩证关系；协同思维侧重于处理要素之间、部门之间、地域之间、条块之间、上下游之间的辩证关系；底线思维侧重于处理“上限”与“下限”、质与量、安与危、好与坏的辩证关系；法治思维侧重于处理权与法、情与法的辩证关系等。可见，掌握了辩证思维，就能统筹兼顾、左右逢源、得心应手地开展工作，有效克服全面深化改革过程中的形而上学和片面性。

二、坚持矛盾分析，全面深化改革

在全面深化改革的过程中，习近平强调要学会辩证法，把握矛盾分析方法，坚持在“矛盾双方对立统一的过程中把握事物发展规律，克服极端化、片面化”①。对立统一规律是宇宙的根本规律，是唯物辩证法的实质和核心，辩证思维突出表现为矛盾思维。矛盾思维的本质，就是在对立中把握统一、在统一中把握对立。形而上学思维的基本特征就是否认事物内部的矛盾性，在绝对不相容的对立中思维。辩证思维作为一种高超的思维方法和艺术，能够在日常观念仅仅看到对立的东西里面，发现统一关系；在日常观念仅仅看到统一的东西里面，发现对立关系。正由于辩证思维超出简单直观的观念，能透过事物的表面现象，深入事物的内部，抓住事物的本质，所以它才能成为一种更高级的思维方法。

习近平指出，要学习掌握事物矛盾运动的基本原理，不断强化问题意识，积极面对和化解前进中遇到的矛盾。矛盾是普遍存在的，在全面深化改革的过程中，共产党人要以敢于担当的精神，“承认矛盾、分析矛盾、解决矛盾”，推动事物向有利于生产力和人的方向发展。这深刻揭示了矛盾思维，即矛盾分析方法的基本内容和步骤。第一步是发现和承认矛盾。这就是要在实际工作和生活中，通过观察和调查研究，发现矛盾，直面问题，对改革开放中的各种矛盾及其双方的联结有大体的了解和把握，认识矛盾的基本概貌和表现形式。第二步是认识和分析矛盾。发现和提出矛盾后，就要进一步认识和分析矛盾双方及其特点，“同中求异”“异中求同”，即在同一中把握对立，在对立中把握同一，认识全面深化改革中各种矛盾

---

① 中共中央宣传部．习近平总书记系列重要讲话读本．北京：学习出版社，2014：180.

的特征、性质及复杂程度。同时，要认识这一矛盾和其他诸种矛盾之间的关系，注意区分内部矛盾与外部矛盾、主要矛盾与次要矛盾、矛盾的主要方面和次要方面、对抗性矛盾和非对抗性矛盾等，预测矛盾的未来，把握矛盾转化的时机。第三步是处理和解决矛盾。认识和分析矛盾是为了解决矛盾。深化改革，推动高质量发展，要在分析矛盾的基础上，根据矛盾的性质、状况和复杂程度，提出和选择解决矛盾的方法，制订改革方案，并将矛盾的解决诉诸实践活动，从而推动矛盾的解决，在解决矛盾中实现高质量发展。

习近平关于全面深化改革的系列讲话和重要论述，处处体现着辩证思维和矛盾分析方法。比如，习近平在谈到凝聚改革共识时，强调既要“求同”，也要“存异”，体现了同与异的辩证法；在谈到改革布局时，强调既要“整体推进”，也要“重点突破”，体现了点与面的辩证法；在谈到改革谋划时，强调既要“顶层设计”，也要“基层探索”，体现了上与下的辩证法；在谈到改革力度时，强调既要“胆子大”，也要“步子稳”，体现了变与稳的辩证法；在谈到政府治理分寸时，强调“一潭死水不行”，“波涛汹涌也不行”，体现了松与紧的辩证法；在谈到改革策略时，强调“战略上要进取”，“战术上要稳扎稳打”，体现了战略战术的辩证法；在谈到党的建设体制改革时，强调既要形成不敢腐的震慑威力，也要建设不能腐的制度体系，体现了标本兼治的辩证法；在谈到转变政府职能时，强调既要从“从‘越位点’退出”，“把‘缺位点’补上”①，体现了管与放的辩证法；在谈到处理政府与市场的关系时，强调既要发挥“市场的决定性作用”，也要“更好发挥政府作用”，体现了两点论与重点论的统一；等等。显然，坚持矛盾分析方法，就能辩证处理好改革中的各种关系，化难为易、化危为机、化险为夷，攻坚克难，从而把改革开放推向深入。

三、弹好改革开放“钢琴”

树立辩证思维，进行矛盾分析，全面深化改革和扩大开放，最重要的

① 中共中央文献研究室. 习近平关于全面深化改革论述摘编. 北京：中央文献出版社，2014：55.

是要把握好“两点论”和“重点论”的辩证关系，即既要指出改革开放中的矛盾都有两点，同时又要把握两点中的重点。正如习近平指出的那样：“在任何工作中，我们既要讲两点论，又要讲重点论，没有主次，不加区别，眉毛胡子一把抓，是做不好工作的。”[①] 辩证思维讲的两点，是有重点的两点，如果两点中没有重点，那就是均衡论；同理，辩证思维讲的重点，是有两点的重点，如果只讲重点不讲两点，那就是一点论。“弹钢琴”的方法就是要坚持两点论和重点论的统一。

一方面，必须坚持“两点论”，反对“一点论”。在矛盾思维和矛盾分析中，要同时看到事物矛盾的两面，而不是只知其一不知其二，这种思维方法就叫作“两点论”。“一分为二”“两分法”就是它的表现形式。“一点论”就是只看到矛盾的一个方面，而不能同时看到另外的方面，因而产生片面性。习近平指出，全面深化改革要特别处理好解放思想与实事求是、顶层设计与摸着石头过河、胆子要大与步子要稳、整体推进与重点突破等方面的关系。全面深化改革只有坚持解放思想，打破各种主观偏见和习惯势力的束缚，才能真正做到一切从实际出发、实事求是。同时，只有坚持一切从实际出发，实事求是而不是只凭老本本、红头文件、原有经验或固有做法来办事，才是真正的解放思想。改革开放已经 40 多年了，必须加强顶层设计，作好总体规划，增强改革的系统性、整体性、协同性；同时必须“摸着石头过河”，进一步探索规律，大胆试验、大胆突破、投石问路。全面深化改革胆子要大，必须敢于担当、敢于试验、敢于作为，不能前怕狼后怕虎；但同时步子一定要稳，稳扎稳打，干一件事成一件事，一步一个脚印。面对错综复杂、快速变化的形势，我们必须坚持两点论，一分为二看问题，既要看到国际国内形势都有好的一面，对我国改革发展的前景充满信心，同时也要清醒认识国际国内各种不利因素的长期性、复杂性、曲折性，不回避矛盾，不掩盖问题，积极面对和克服前进中的困难。与此同时，还要坚持“重点论”，反对“均衡论”。矛盾对立双方的发展是不平衡的，有主有次，而事物的性质，主要是由取得支配地位的矛盾的主要方

---

① 中共中央宣传部. 习近平总书记系列重要讲话读本：2016 年版. 北京：学习出版社，2016：48.

面决定的。因此，在认识事物矛盾时，要分清主次地位，突出重点。习近平总是在全面深化改革中注重突出重点，强调要有强烈的问题意识，以重大问题为导向，抓住重大问题、关键问题进行研究思考，找出答案，着力推动解决我国改革发展面临的一系列突出矛盾和问题。他指出，“整体推进不是平均用力、齐头并进，而是要注重抓主要矛盾和矛盾的主要方面，注重抓重要领域和关键环节”① 去取得突破。比如，在“五位一体”、党的建设、军队和国防体制的全面改革中，经济体制改革是重点，是全面深化改革的火车头。而经济体制改革的重点和核心，是处理好政府与市场的关系。而要抓好重点，就要着力体现特点，抓好热点，把握难点，创造亮点，以中心工作或重点工作去推动和带动全盘。如改革发展稳定就是全面深化改革必须辩证处理的重大关系。改革是经济社会发展的强大动力，发展是目标和硬道理，稳定是改革发展的前提，实践中我们必须把改革的力度、发展的速度和社会可承受的程度有机统一起来。显然，要妥善处理好这些重大关系，必须坚持辩证思维，掌握“十个指头弹钢琴”的艺术，既把握两点，又突出重点，做到统筹兼顾，协同推进。只有把握了这种“弹钢琴”的方法和艺术，我们才会在全面深化改革的复杂工作中、在处理各种关系和矛盾时，做到得心应手、游刃有余。

第四节 因时而变与创新思维

“创新是一个民族进步的灵魂，是一个国家兴旺发达的不竭动力，也是中华民族最深沉的民族禀赋。在激烈的国际竞争中，惟创新者进，惟创新者强，惟创新者胜。”② 创新是时代的主旋律，是时代精神的核心，也是决定未来长远发展的法宝。全面深化改革是创新、创造性事业，习近平反复强调全面深化改革必须树立创新思维，提高创新思维能力。

---

① 中共中央文献研究室. 习近平关于全面深化改革论述摘编. 北京：中央文献出版社，2014：44.

② 习近平. 在欧美同学会成立 100 周年庆祝大会上的讲话. 人民日报，2013-10-22.

一、掌握创新思维，提高创新能力

“世间万物，变动不居。‘明者因时而变，知者随世而制’。”① 创新思维是一种基于现实又突破和超越现实的开拓性思维，是一种破除迷信、超越陈规、知难而进、勇于创造的科学思维，是辩证发展观的生动体现。创新思维的本质在出新，惟创新者进，惟创新者强，惟创新者胜。其要义在于正确把握恒与变的辩证关系，敢走前人未走之路、敢做前人未做之事。唯物辩证法发展观特别强调创新，马克思、恩格斯曾经指出：“全部问题都在于使现存世界革命化，实际地反对并改变现存的事物。”② 创新就是强调一切事物的暂时性和发展的永恒性，竭力推动事物向有利于人的方面转化和改变。创新思维求新求异，着力发现新问题，获得新知识，建立新理论，思维成果具有开拓性和独创性。习近平指出，创新首先是一种求异的思维和实践活动，充满着不确定性和风险性，必须要有一种精神和勇气来支撑。创新思维最重要的特征和品质是创造性，打破迷信盲从和旧的习惯势力的束缚，突破原有的思维框架，致力于创造和超越。创新思维同时具有不确定性，它通常与灵感、直觉、顿悟紧密相联，具有非逻辑性和跳跃性，是实践经验长期积累、突发飞跃的结果。创新思维还具有高风险性的特点，并不必然意味着成功，常有失败相伴随。包容创新中的失败，应该成为创新思维的题中之义。

改革实际上就是弃旧图新、不断创造和变革的过程，创新思维是全面深化改革的最基本的思维方式。习近平指出“创新是改革开放的生命”，强调要掌握创新思维，将改革创新精神贯穿于改革开放的全过程。党的十八大闭幕后不久，习近平调研了深圳，因为深圳是我国改革开放的试验田，是勇于探索、勇于创新、得风气之先的地方。在深圳，习近平现场回顾了我国改革开放的历史进程，强调要坚定不移将改革开放继续推向前进。他深刻指出：现在我国改革已经进入攻坚期和深水区，必须以更大的政治勇气和智慧，不失时机深化重要领域的改革。深化改革开放，要坚定

① 习近平．习近平谈治国理政．北京：外文出版社，2014：330.

② 马克思，恩格斯．马克思恩格斯文集：第1卷．北京：人民出版社，2009：527.

信心、凝聚共识、统筹谋划、协同推进；要坚持改革开放正确方向，敢于啃硬骨头，敢于涉险滩，更加注重改革的系统性、整体性、协同性，做到改革不停顿、开放不止步。

习近平说："生活从不眷顾因循守旧、满足现状者，从不等待不思进取、坐享其成者，而是将更多机遇留给善于和勇于创新的人们。"① 立足当前，放眼长远谋发展，眷顾过去，因循守旧不行；满足现状，不思进取不行；守株待兔，坐享其成不行。唯有勇于创新、开拓进取，才能既改变现状，又顾及长远。无论当今和未来，"迎接挑战，最根本的是改革创新。改革，最本质的要求就是创新。中华民族是具有伟大创新精神的民族，以伟大创造能力著称于世。'苟日新，日日新，又日新'，是对中华民族创新精神的最好写照"②。推动当代中国社会的发展和进步，最根本的办法，一为改革，二为创新。而改革本质上是一种创新。所以，以习近平同志为核心的党中央把创新提到特别重要的地位，强调只有改革创新，才能激发社会活力，调动一切积极因素，创新理论、创新知识、创新技术、创新管理、创新制度、创新文化，从而推动中国特色社会主义事业不断取得新的胜利。

二、敢于破旧立新，深化各项改革

改革创新本质是破旧立新的过程。运用创新思维全面深化改革，一方面要"破"，另一方面要"立"。"破"就是要破除对本本、原有经验、已有权威的迷信。任何本本、经验、权威都有因发展或条件的变化而变得与现实不适应，可能成为束缚改革的思想和障碍。要改革就要创新出新的理论、经验和事物，破除教条主义、经验主义和对权威的盲从和依附。

全面深化改革迷信"经验"不行。经验是宝贵的财富，总结经验是开展工作的有效途径。但是，经验来自过去的实践，经验的知识能够说明过去，却并不能准确地说明现实和未来，经验对现实和未来事物只具有或然性。因此，经验只能借鉴，而不能成为"指挥棒"。改革要重视、尊重经

① 习近平．习近平谈治国理政．北京：外文出版社，2014：51.

② 习近平．在全国政协新年茶话会上的讲话．人民日报，2014-01-01.

验，但不能搞经验主义。经验主义者不懂得一切以时间、地点、条件为转移的辩证法，将特定时间的经验永恒化，特定地点的经验“普世”化，特定条件的经验绝对化，这就难免导致失误。失败的“经验”不可迷信，成功的经验也不可迷信；一般性经验不可迷信，典型的经验也不可迷信；别人的经验不可迷信，自己的经验也不可迷信；过去的经验不可迷信，新鲜的经验也不可迷信；中国的经验不可迷信，国外的经验也不可迷信。而且，我们评判一个国家的改革道路、改革方向和改革方针政策是否合理，并不是简单地依凭所谓国际惯例、西方经验、他人套路就可以判断的。某种制度模式、思路原则、政策主张在历史上可行，在今天不见得可行；现在可行，不见得永远可行；在发达国家可行，在发展中国家不见得可行；在西方可行，在中国不见得可行；在中国沿海可行，在内地不见得可行；在中国的城市可行，在农村不见得可行。可行不可行的结论只能以具体时间、地点、条件为转移，根据自己的实践实事求是地去做、去评判。

全面深化改革迁就本本不行。本本是特定历史条件下的产物，是前人认识成果的记录和结晶，无法避免历史的局限性。“尽信书则不如无书”。本本的真理性是具体的，同一个本本在变化了的时空条件下是否仍然具有真理性，这不是一个理论问题，而是一个实践问题，是一个有待实践检验的问题。因此，我们想问题、办事情、作决策不能迷信本本，本本的权威再高，也不能高过实践，实践的结果决不迁就任何本本。改革需要本本，但不能迷信本本，搞本本主义。西方的本本不能迷信，老祖宗的本本也不能迷信；古人的本本不能迷信，今天的本本也不能迷信。本本中蕴含着改革的智慧，但不是衡量改革成功的标准。教条主义者不懂得一切以时间、地点、条件为转移的辩证法，唯书不唯实，要么迷信古人的本本，要么迷信马列的本本，要么迷信西方的本本，以此代替对一定时间、地点、条件下矛盾特殊性的分析，这也是不可取的。当然，承认本本的局限性，绝不能成为贬低本本甚至否定本本的借口，而只能成为发展本本、超越本本的理由，本本仍然是我们提升理论素养、认识水平和工作能力的指导和帮手。

全面深化改革盲从“权威”不行。谁掌握了权力，谁就掌握了真理；

谁的权力大，谁的真理就多。这种权力真理论在我国曾一度泛滥。其实，职务和权力属于政治范畴，而真理属于认识论范畴，二者之间并无必然联系。职务可以给人以权力，但不能保证给人以智慧，在真理面前人人平等，大家都应服从真理的裁决。权力从来就不是，也不应该成为判断“路线对错”“工作是非”的标准。领导干部越是位高权重，越是要谦虚谨慎，不瞎折腾、不随意表态、不说过头话、不办过头事、不随心所欲发号施令，更不可在涉及改革发展规划、发展战略等重大问题上刻意追求所谓“个人色彩”。作为下级，既要贯彻上级的指示和工作部署，但又不能盲从权威、屈从权威、依附权威，不能靠揣摩领导意图行事。改革要有权威，但不能迷信权威，搞官僚主义。领导权威不能迷信，专家权威也不能迷信；西方的权威不能迷信，中国的权威也不能迷信。实践才具有最高的权威，是检验改革成败的最终标准。

除破除对原有经验、本本、已有权威的迷信外，同时还要破除条条框框的桎梏，破除利益固化的藩篱。制度体制上要破除不适应的陈旧的体制机制和条条框框。社会生活中传统的习惯势力、过时的体制机制、陈旧的条条框框，都是阻碍生产力和社会发展的桎梏，改革不是根本制度的改革，而是要改革不适应生产力发展和经济基础巩固的东西，激发创新创造的活力，实现突破和超越。同时，在利益观上要突破利益固化的藩篱。相对于观念的改变和突破，利益固化的藩篱更难打破。改革最根本的问题是利益格局的调整和改变，只有调整和优化了利益关系，各尽所能、各得其所，才能调动广大人民群众的积极性，进一步推动改革发展和创新。

敢于“破”的另一方面，是要善于“立”。运用创新思维推动改革必须“立”，推动理论创新、实践创新、制度创新、文化创新和其他各方面的创新。通过理论创新发展理论，通过实践创新创造新业，通过制度创新改革体制，通过文化创新繁荣文化。当今深化新时代的改革，尤其要将创新思维转化为创新机制和创新行为，创新发展理念，实施创新驱动发展战略，培养创新人才，使创新思维落实到改革开放的丰富实践和各项工作中去。

三、勇于改革创新，不断开拓进取

创新是改革的本质要求，改革是不断创新的过程。习近平总结历史经验教训说：纵观人类发展历史，“如果我们不识变、不应变、不求变，就可能陷入战略被动，错失发展机遇，甚至错过整整一个时代”①。一部改革开放史，就是不断开拓创新的历史，创新贯穿于改革发展的各领域、各环节、全过程。理论创新为全面深化改革提供理论指导，制度创新为全面深化改革提供制度保障，体制创新为全面深化改革提供体制机制，文化创新为全面深化改革提供精神条件，知识创新为全面深化改革提供智力支持，科技创新为全面深化改革提供科技支撑。

“世界每时每刻都在发生变化，中国也每时每刻都在发生变化，我们必须在理论上跟上时代，不断认识规律，不断推进理论创新、实践创新、制度创新、文化创新以及其他各方面创新。”② 在改革开放和现代化建设的实践中，我们尤其要以理论创新引领实践创新。实践是理论的源泉，理论是实践的指导。实践创新推动理论创新，理论创新引导实践创新。习近平强调，我们要在不断推进马克思主义中国化的过程中，深入进行马克思主义理论研究，不断推进实践基础上的理论创新。理论创新居于主导地位，是其他一切创新的先导。我们党历来十分重视理论建设和理论创新。没有中国特色社会主义的理论创新，就不会有中国特色社会主义的成功实践。党的创新理论成果不断引导我们去进行新的探索和实践，不断夺取中国特色社会主义的新胜利。要以制度创新完善体制。制度决定体制，制度好，优越性就能体现出来；制度不好，使好人也无法做好事。全面深化改革必须围绕制度创新，改革和完善经济体制、政治体制、文化体制、社会体制、生态文明体制等各种体制，推动国家治理体系和治理能力现代化。要以科技创新壮大产业。习近平说：“一个地方、一个企业，要突破发展瓶颈、解决深层次矛盾和问题，根本出路在于创新，关键要靠科技力量。”③ 我国实施创新驱动发展战略，就是要把科技创新的潜力更好地释放出来，推动科技转化为现实生产力，培育和壮大产业。科技创新是提高社会生产

① 习近平．习近平谈治国理政：第2卷．北京：外文出版社，2017：267.

② 习近平．决胜全面建成小康社会 夺取新时代中国特色社会主义伟大胜利：在中国共产党第十九次全国代表大会上的报告．人民日报，2017-10-28.

③ 习近平在河南考察时强调 深化改革发挥优势创新思路统筹兼顾 确保经济持续健康发展社会和谐稳定．人民日报，2014-05-11.

力和综合国力的战略支撑，科技兴则民族兴，科技强则国家强。一个国家只有拥有强大的自主创新能力，才能在激烈的国际竞争中赢得主动、立于不败之地。要以文化创新提升实力。文化是国家的软实力。习近平在文艺工作座谈会上勉励文艺工作者："希望大家勇于创新创造，用精湛的艺术推动文化创新发展。优秀作品反映着一个国家、一个民族文化创新创造的能力和水平。"① 提升文化软实力，必须推进文化创新，坚持用社会主义核心价值观凝心聚力，加快构建中国特色的哲学社会科学，提高新闻舆论的传播力、引导力、影响力和公信力，进行无愧于时代的文艺创造，推动中华优秀传统文化的创造性转化和创新性发展。只有这样，才能不断铸就中华文化的新辉煌。唯有改革创新，才能不断让各种发展活力充分迸发出来。

第五节　法治方式与法治思维

新时代全面深化改革，关键是"全面"和"深化"。而要"全面深化"就必须树立战略思维，站在全局看问题；就必须树立历史思维，把握历史纵深和未来趋势；就必须树立辩证思维，正确处理改革发展稳定的关系和各种矛盾，走活全国改革开放"一盘棋"；就必须树立创新思维，不断创新，开拓进取；就必须树立底线思维，把握和守住不可逾越的底线。与此同时，我国作为社会主义法治国家，还必须树立法治思维，以法律为准绳、以法治方式去处理和解决改革开放中的问题。

一、掌握法治思维，运用法治方式

运用法治思维和法治方式推进和深化改革，是全面深化改革的重要思想方法和工作方法。改革开放之初，我国的法制还处于恢复和建设之中，人们的法治意识比较淡薄，凡事信法依法用法的思维还没有很好地建立起

① 习近平．在中国文联十大、中国作协九大开幕式上的讲话．北京：人民出版社，2016：15.

来，改革更直接的是依靠政策和行政管理措施来推进。进入新时代，随着我国社会主义法治体系的建立和完善，人们的法治意识和法治思维得到极大提高，依法治国成为我国治国理政的基本方式，法治思维也成为处理改革发展稳定等各种问题的基本思维方法。习近平适应时代的发展和实践的要求，创造性地将法治思维纳入中国共产党人的科学思维方法体系，丰富了思维方法论的内容。

所谓法治思维，就是增强尊法学法守法用法意识，将法治的各种要求应用到观察思考、分析问题的思维方式上，并运用法治方式去处理和解决问题的科学思维。也可以说，法治思维就是体现法治意识、符合法治精神的思考方式。法治思维强调法制的权威，以合法性为底线，以公平正义为核心，坚持法定权利与义务的统一，维护正当程序和权益。它区别于旧的人治思维、特权思维、关系思维等，要求牢固树立法治观念，尊崇、遵守宪法和法律，做到在法治的框架下而不是在法治之外或法治之上来观察思考问题、谋事决策和指挥行动，从而保证权力和行动在法治的轨道上运行。习近平认为，治理一个国家、一个社会，关键是要立规矩、讲规矩、守规矩。法律是治国理政的最大最重要的规矩。在“四个全面”战略布局中，如果“没有全面依法治国，我们就治不好国、理不好政，我们的战略布局就会落空”①。将法治思维作为治国理政的一种基本思维方式，充分显示了法律、制度、规则的根本性和严肃性，以及它在社会生活中的普适性和必备性，充分彰显了我们全面依法治国的决心。习近平将法治思维与其他科学思维并列作为我们一种最基本的思维方式，不仅丰富了思维方式的内容，也意味着治国理政执政方式的重大转换，标志着我国向国家治理体系和治理能力的现代化迈出了关键性的步伐。

法治方式是指运用法治思维从事法律活动和其他社会活动、处理工作和解决问题的活动方式与行为方式。人们常说的“办事依法、遇事找法、解决问题用法、化解矛盾靠法”，都属于法治方式的范畴。法治思维是内

① 中共中央文献研究室. 习近平关于全面依法治国论述摘编. 北京：中央文献出版社，2015：15.

在的，影响并决定着法治方式；法治方式是外在的，是法治思维在人们行为活动中的具体体现。法治方式是以法律为准绳、以法治思维为导向办事，它区别于看场面、看脸面、看情面的讲人情的办事方式。法治方式强调依法行政、用权、办事，不看场面大小、不看脸面厚薄、不看情面宽严，一律平等对待，公正执法办事。它坚持“凡事找法、凡事依法、凡事合法”的原则。凡事找法，即凡事不是去找关系、找门路，而是找法律的根据去办、去做。尽管改革是当前最大的政治，但改革必须在法律许可范围内行事。凡事依法，即办事最根本的底线、最基本的依据是法律。离法就会离谱、脱轨。深化改革只有依法办事，不偏袒于任何人和任何利益集团，才能维护社会公平正义。凡事合法，即事情办的结果如何，最基本的评价是是否合法，不合法的最终不会被认可和接受。合法的改革成果才能被社会认可，得到人们的理解和支持。因此，全面推进和深化改革，必须厉行法治。

法治思维和法治方式，是新时代以习近平同志为核心的党中央提出并形成的新概念、新理论、新思维。运用法治思维和法治方式深化改革，是关系党执政兴国、关系人民幸福安康、关系党和国家长治久安的重大战略问题。对于全面深化改革，习近平指出：“凡属重大改革都要于法有据。在整个改革过程中，都要高度重视运用法治思维和法治方式，发挥法治的引领和推动作用，加强对相关立法工作的协调，确保在法治轨道上推进改革。”① 但实际工作中确实还存在一些法治思维缺乏、法治淡薄的现象。有些领导干部习惯于“拍脑袋决策”，以“行政命令办事”；有的领导干部习惯于“家长制”“一言堂”；有的领导干部喜欢“先抓牌后定规则”，认为依法办事清规戒律多、条条框框多，束手束脚，仍然存在人治思想和简单的命令思维。还有的领导干部甚至目无党纪国法、知法犯法、徇情枉法。习近平严肃指出：“任何人都不得违背党中央的大政方针、搞‘独立王国’、自行其是，任何人都不得把党的政治纪律和政治规矩当儿戏、胡作非为，任何人都不得凌驾于国家法律之上、徇私枉法，任何人都不得把司

① 中共中央文献研究室．习近平关于全面深化改革论述摘编．北京：中央文献出版社，2014：153.

法权力作为私器牟取私利、满足私欲。”① 各级领导干部必须心中高悬法律的明镜，手中紧握法律的戒尺，依法为官办事。能否坚持和运用法治思维和法治方式，是衡量执政党法治水平的基本标志。

二、在法治下推进改革，在改革中完善法治

掌握和运用法治思维，必须正确把握改革与法治的辩证关系。“改革和法治如鸟之两翼、车之两轮”②，要一体考虑，一体推进，“在法治下推进改革、在改革中完善法治”③。改革与法治，相伴相随、相辅相成、相得益彰。改革离不开法治，法治是改革顺利推进的保障；而健全法治也离不开改革，改革是健全法治的强大动力。这种改革与法治的辩证关系，深刻揭示了全面深化改革与全面推进依法治国的内在逻辑。

一方面，改革必须在法治轨道上推进，改革需要法治作保障。改革作为决定当代中国命运的关键抉择，需要用法治来凝聚共识，引导改革方向，确定改革方式，规范改革行为，确保改革成果。这主要表现为，一是改革要在法治框架下谋划。设计和谋划某项改革，首先要想到法治，是否可行首先在于是否合法。无论是顶层设计还是基层探索，都要在法律的框架下考虑。不合法律的事情要否决、制止，突破法律的事情要等待、缓行，只有法律允许的事情才能实施。正如习近平所指出的那样，“谋划工作要运用法治思维，处理问题要运用法治方式，说话做事要先考虑一下是不是合法”④。二是改革要在法治轨道上运行。全面深化改革要不越轨、不脱轨，最根本的是在法治的轨道上运行。首要的是遵守宪法，宪法作为根本大法保证改革的社会主义方向，其他的具体法律保证改革有计划、有秩序、有步骤地推进。全面深化改革必须尊重宪法法律权威，在宪法法律规定的范围内活动，任何重大改革都必须于法有据。法律是底线、是红线。严禁踩踏法律的底线，无法无天、知法犯法；严禁触碰法律的红线，打擦

① 中共中央纪律检查委员会，中共中央文献研究室．习近平关于严明党的纪律和规矩论述摘编．北京：中央文献出版社，2016：86．

② 习近平．习近平谈治国理政：第2卷．北京：外文出版社，2017：39．

③ 同②102．

④ 同②127．

边球、搞变通。对于公职人员来说，办事有法律依据的，要看法律如何具体规定；没有法律具体依据的，看上位法或看宪法的原则性规定；即使有些全新的事物，也应该按照法律的基本原则来对待，使之符合法律的精神和相关法理。只有依法办事，才不致出现大的偏差和混乱。三是改革要在法治的制约中完善。法治不仅为改革提供规则和规范，使改革可以根据程序有序推进，而且还为改革成果提供合法性保障。改革是社会主义制度的自我发展和完善，改革的成果要在法治的制约和规范下巩固和完善。不合法的必须抛弃和去除，合法的才能固化和复制。只有经过法律认可的成果，才能产生长久影响改革的正效应。

另一方面，法治需要在改革中完善，改革为法治建设提供动力。法律是改革的基本遵循，但法律也不能成为改革的“拦路虎”。法律是由人依据社会关系制定的，是变动更新的，是可以修改乃至废止的。全面深化改革要正确“处理好改革与相关法律立改废的关系”①，“改革要于法有据，但也不能因为现行法律规定就不敢越雷池一步，那是无法推进改革的，正所谓‘苟利于民不必法古，苟周于事不必循旧’。需要推进的改革，将来可以先修改法律规定再推进”②。对一些不适应改革要求和发展需要的法律法规，要及时修改废止，而不能使旧的法律法规成为制约改革的桎梏。这就要求我们及时做好法律的立、改、废、释的工作。“立”即立新法。法律作为上层建筑，总是适应经济基础、社会生活和社会治理的实际而产生的，带有一定的滞后性。“实践是法律的基础，法律要随着实践发展而发展。”“要完善立法工作机制和程序，扩大公众有序参与，充分听取各方面意见，使法律准确反映经济社会发展要求，更好协调利益关系，发挥立法的引领和推动作用。”③ 要使立法工作同改革决策有机衔接起来，适应深化改革的需要，及时制定和出台新法，以便为改革保驾护航。“改”即修改法律。有的法律会因经济社会的变化、实践的发展而不适应改革的需要，这就必须进行及时的修改、补充、调整和完善。“废”即废除、废止。有

① 习近平．习近平谈治国理政：第2卷．北京：外文出版社，2017：97.

② 同①124.

③ 习近平．习近平谈治国理政．北京：外文出版社，2014：144.

的法律，会因时过境迁变得完全不适应，甚至成为改革的阻碍，这就必须果断加以清理和废止。“释”即对原法作出具体或新的解释。在全面深化改革的过程中，如果原法过于笼统，就要作出具体解释；如果原法内涵不足，就要赋予新的内涵，作出新的补充。党的十八届四中全会通过的《中共中央关于全面推进依法治国若干重大问题的决定》指出，要“实现立法和改革决策相衔接，做到重大改革于法有据、立法主动适应改革和经济社会发展需要。实践证明行之有效的，要及时上升为法律。实践条件还不成熟、需要先行先试的，要按照法定程序作出授权。对不适应改革要求的法律法规，要及时修改和废止”①。这样，通过不断深化改革，就能进一步完善法治，建立健全社会主义的法治体系。可见，改革与法治都不是一成不变的，而是相互促进、相辅相成的。

三、提高法治思维能力，依法推进改革工作

自觉用法治思维推进和深化改革，是新时代改革思维方法论的重要内容，也是对各级领导干部的明确要求。习近平指出：“各级领导机关和领导干部要提高运用法治思维和法治方式的能力，努力以法治凝聚改革共识、规范发展行为、促进矛盾化解、保障社会和谐。”② 他多次提出法治思维能力建设问题，用意十分深远，我们必须认真思考和践行。

作为领导干部尤其要率先确立和运用法治思维和法治方式，提升法治水平和法律素养。对此，习近平提出了“尊法”“学法”“守法”“用法”的明确要求。领导干部必须带头“尊法”，信仰法律，敬畏法律，做到心中有法有戒。“法律必须被信仰，否则形同虚设。”培养法治思维，领导干部必须增强对法律的信仰。法律是至高无上的，必须被敬畏和信仰，才能成为自觉的行为。法律工具主义者仅仅只把法律当作其实现目的的工具或手段，要么在法律有用时用一下；要么则束之高阁，缺乏自觉性。这就会使有法不依、执法不严、知法犯法不可避免。事实上，领导干部只有从内心培养对法律的情感，信仰、敬畏、尊重、依赖法律，才能自觉形成法治

---

① 中共中央关于全面推进依法治国若干重大问题的决定．北京：人民出版社，2014：15.

② 习近平．习近平谈治国理政．北京：外文出版社，2014：145.

思维，按法治方式办事。领导干部必须主动“学法”，增强法律意识和法治观念，带头熟悉和掌握法律法规。法律知识是领导干部的必备知识，深厚的法律知识是提高法治思维能力不可或缺的基础和前提。知者不惑，不知者迷，一个法盲不可能有自觉的法治思维，提高法治思维能力必须加强法律法规的学习。领导干部尤其要主动学法，除了熟悉和掌握与自己工作相关的法律法规外，还要加强对宪法、行政法和相关程序法规等知识的学习，还要学习相应法律法规的基本原理和原则，掌握法治精神。知识长久内化就会成为思维习惯，形成法律面前人人平等的法治思维。领导干部必须自觉守法，以身作则，带头遵纪守法，维护法治。必须高悬法律明镜，严守党纪政纪，将守法贯穿于工作和生活的各个方面，使之成为自然而然的行为。必须搞清楚领导干部如何用权，划清什么合法、什么不合法的界限。坚持做到“法定职责必须为，法无授权不可为”。法定职责必须为，就是要敢于作为，勇于负责，担当应该担当的法定职责。法无授权不可为，就是无法律依据的，不能擅自作为、妄作为、乱作为。要坚决把权力关进制度的笼子，不能越过法律红线，不能触碰法律底线。领导干部必须善于“用法”，厉行法治，善用法律思维和法律方式去分析和解决问题。法律的生命力在于实施，其权威也在于实施。厉行法治的关键在于领导干部要知行合一，把法律法规落到各项工作的实处。无论是统筹推进“五位一体”总体布局，还是深化改革、促进发展，还是化解矛盾、进行社会治理，都要严格依法行政、依法办事，真正做带头尊法、学法、守法、用法的典范。

提高法治思维能力，运用法治思维全面推进和深化各项改革，说到底就是运用法治思想和手段谋划改革、推动改革、保障改革。首先，在全面深化改革中，要自觉运用法治思维来认识和谋划改革，牢记重大改革必须于法有据。全面深化改革要在法治的前提下思考，在法治的框架下谋划。任何置法律于不顾的认识和行为，都会偏离改革的目标和方向。合法不合法，是认识改革可能不可能的标尺，是判断改革可行不可行的基本依据。其次，要自觉运用法治思维来思考决策和引导改革。推进改革，出台任何改革措施，都要在法治的框架下来思考决策。要充分运用法治思维思考问题，发挥法治的引领、推动、规范和保障的作用。法治引领改革，要求运用法律法规引导改革的方向，改革不改向、变革不变色，必须保证改革沿着中国特色社会主义道路前进。法治推动改革，要求依法改革、依法办事，保证各项改革措施在法律轨道上运行。法治规范改革，要求用法治规范各项改革的执行和实施，合法的坚持，不合法的摒弃。法治保障改革，要求用法治为改革保驾护航，以法治作为维护和保障改革的后盾。最后，要自觉运用法治思维指导实践行动。习近平深刻论述了运用法治思维指导深化改革的几种情况：一是严格守法遵法，依法办事。凡属重大改革要于法有据，各项改革及措施的出台，均要在法律的框架下制定，在法律的轨道上运行。特别是一些实践证明行之有效的，要及时上升为法律，使之成为普遍的规范性要求和做法。二是先立后破，有序进行。对于有的重大改革，原有的法律法规可能不适应其进一步改革发展的要求和需要，这就要突破原有的法律框架。“需要修改法律的可以先修改法律，先立后破，有序进行”①，这样才能稳而不乱。三是法律授权，依法推进。实践条件还不成熟，需要先试先行进行探索的，不能打法律的擦边球，强行推进，而应当按照法定程序作出授权，再按程序推进。“有的重要改革举措，需要得到法律授权的，要按法律程序进行。”② 通过一定法律程序授权后，才能去有效实施。

总之，任何人任何时候，推进和深化改革都必须尊法守法用法，而不能弃法渎法违法。要善于用法治思维审视改革、谋划改革、推动改革；用法治方式寻求改革路径，破解改革难题，优化改革环境，从而保证全面深化改革行稳致远。

第六节　忧患意识与底线思维

底线思维是与忧患意识、危机意识联系在一起的，是一种防患于未然的思维方式。习近平多次强调指出，“凡事从坏处准备，努力争取最好的

---

①② 中共中央文献研究室．习近平关于协调推进“四个全面”战略布局论述摘编．北京：中央文献出版社，2015：73.

结果，这样才能有备无患、遇事不慌，牢牢把握主动权”①。坚持底线思维，就要把握事物发展的“度”，守住“上限”或“下限”的临界点，促进事物朝着主体优化的价值目标努力；就要坚持用“两点论”看问题，看到机遇和挑战并存、有利和不利同在、成绩和困难都有，充分作好应对最坏情况的准备；就要增强忧患意识和责任意识，居安思危，敢于担当，善于化难为易、化险为夷。对于全面深化改革这场新的革命来说，尤其应该把握和运用底线思维。

一、从坏处准备，从好处努力

底线思维，就是客观地设定最低目标、守住最低点、争取最大期望值的托底优化思维。古人云，“君子安而不忘危，存而不忘亡，治而不忘乱”。这体现的就是一种忧患意识、底线思维。我国传统文化历来强调“生于忧患，死于安乐”，“君子以思患而豫防之”，强调要常怀忧患意识，做到居安思危，秉持励精图治，鼓励逆境奋起。底线思维具有主体性、风险性、界限性和前瞻性等基本特征。底线思维是一种实践智慧，是在人的实践活动中产生的主体性思维，是实践中居安思危、化危为机的产物。底线思维强调事物的危机性、风险性，可能遭遇的失败和损失，要求充分发挥人的主观能动性，避免“温水煮青蛙”的困局。底线思维也是一种把握事物“度”的界限性思维，不越界、不逾底线、守住底线是其根本要求。底线思维同时是具有前瞻性的思维，意味着对事物不利的一面有清醒的估计和预见，以防患于未然。它是内涵马克思主义实践观、辩证法的托底优化性思维。

坚持底线思维的关键是正确把握“度”的边界，遵循“底”与“顶”的辩证法。底线思维能力，说到底就是“立足最低点，争取最大期望值”的能力。习近平强调，“要善于运用‘底线思维’的方法，凡事从坏处准备，努力争取最好的结果”②。1945 年，毛泽东在党的七大上作总结报告，

① 中共中央宣传部. 习近平总书记系列重要讲话读本. 北京：学习出版社，2014：180-181.

② 中共中央宣传部. 习近平总书记系列重要讲话读本：2016 年版. 北京：学习出版社，2016：288.

在讲到“准备吃亏”、准备对付困难时一口气列了 17 条困难。毛泽东说：“许多事情是意料不到的，但是一定要想到，尤其是我们的高级负责干部要有这种精神准备，准备对付非常的困难，对付非常的不利情况。”① 对于全面深化改革来说，难啃的硬骨头多，难打的硬仗多，因此重大改革必须制订好工作预案，做好应付最坏局面的思想准备、人员准备、政策准备、行动准备、应急准备、纠错准备，做到胸中有数、处变不惊、遇事不慌，牢牢把握改革的主动权。

“从最坏处准备、从最好处努力”，这是我们党革命、建设和改革的一条极其重要的经验和方法论原则。根据习近平的论述，坚持底线思维，全面深化改革就是要从最难处思考、从最坏处准备、从最好处努力。从最难处思考，就是要充分认识改革攻坚的难度。全面深化改革要啃剩下的、难啃的硬骨头，“停顿和倒退没有出路。现在，推进改革矛盾多、难度大，但不改不行”②。要清醒认识面临的困难和问题，力求把困难挑战考虑得严峻一些，见微知著。从最坏处准备，就是要不回避矛盾，不掩盖问题，客观分析每个可能出现的问题，充分考虑改革可能遇到的风险，着眼最坏情况的出现，准备好对策，并把应对措施准备得充分一些，在最坏的可能性上建立我们的政策措施。这样，即使出现较大风险和问题，有了预案和应对之策，天也不会塌下来。从最好处努力，就是要注重对危机和风险等负面因素进行管控，坚定信心、鼓足干劲，稳打稳扎，积小胜为大胜，努力争取最好的结果。“对一些重大改革，不可能毕其功于一役，可以提出总体思路和方案，但推行起来还是要稳扎稳打，通过不断努力逐步达到目标，积小胜为大胜。”③ 当前，全面深化改革处于攻坚期和深水区，面对改革发展中的各种困难和风险，也是考验我们勇气与智慧的时候，这就看我们能不能看到“坏处”、会不会解决“难处”、敢不敢争取“好处”，从而使各项改革不断取得新的成就。

---

① 中共中央宣传部．习近平总书记系列重要讲话读本：2016 年版．北京：学习出版社，2016：288.

② 中共中央文献研究室．习近平关于全面深化改革论述摘编．北京：中央文献出版社，2014：30.

③ 同③41-42.

二、守住底线，不越红线

强化忧患意识，用好底线思维，要求我们在全面深化改革的工作和实践中，要坚决守住底线，坚持不越红线。事实上，一个社会的风险很多，底线也是多方面的。习近平强调，“各种风险我们都要防控，但重点要防控那些可能迟滞或中断中华民族伟大复兴的全局性风险，这是我一直强调底线思维的根本含义”①。这就是说，全面深化改革的过程中决不能在根本性问题上犯颠覆性的错误，必须坚持和发展中国特色社会主义，坚定我们的道路自信、理论自信、制度自信和文化自信，百折不挠地去实现我们的奋斗目标。

在习近平看来，底线表现在全面深化改革、社会生活各领域、各方面，任何一方面底线的失守或突破将会导致不良后果甚至全局性的失败。从“五位一体”总体布局来看，经济方面的底线，是必须在保证质量、效益的前提下稳中求进，使社会经济的发展保持在合理的区间，推进高质量发展。特别是要把防控金融风险放到更加重要的位置，坚决守住不发生系统性风险的底线。如果经济不发展，一切问题都来了，所以全面深化改革要以经济体制改革为重点，以深化经济供给侧结构性改革为主线，走高质量发展之路。政治领域的底线，就是必须坚持中国特色社会主义政治发展道路，决不能走改旗易帜的邪路和封闭僵化的老路。“改革是社会主义制度自我完善和发展，怎么改、改什么，有我们的政治原则和底线，要有政治定力。”② 思想文化上的底线，是必须坚持马克思主义在意识形态领域的指导地位，加强社会主义核心价值体系和价值观建设，在大是大非和原则问题上，一定要旗帜鲜明、立场坚定、敢于斗争。社会领域的底线，是必须守住保障群众基本生活这条民生底线，抓好就业这个民生之本，“全面深化改革必须以促进社会公平正义、增进人民福祉

① 中共中央宣传部. 习近平新时代中国特色社会主义思想三十讲. 北京：学习出版社，2018：334.

② 中共中央文献研究室. 习近平关于全面深化改革论述摘编. 北京：中央文献出版社，2014：49.

为出发点和落脚点”①。生态文明建设的底线，是不跨越保护环境的“生态红线”。习近平指出，在生态环境问题上，就是不能越雷池一步，否则就应该受到惩罚。对造成生态环境损害负有责任的领导干部，必须严肃追责。从国家治理手段和能力来看，就是必须坚守政策底线、法律底线和道德底线。改革的各项政策是全面深化改革的基本手段，是党和国家的生命。坚守政策底线，要求各地各部门不能搞“选择性改革”，合意的执行，不合意的就不执行；更不能搞上有政策，下有对策，必须执行政策不走样，坚决保持政令畅通。法律是改革不可逾越的红线、不可触碰的底线。所有改革都必须在法律的框架下运行，各项改革举措也要在法治的轨道上来推动。习近平指出，领导干部“要牢记法律红线不可逾越、法律底线不可触碰，作决策、开展工作多想一想是否合法、是否可行，多想一想法律的依据、法定的程序、违法的后果，自觉当依法治国的推动者、守护者”②。无论在工作中还是在生活中都要守住做人、处事、用权、交友的底线，自觉维护法律尊严和权威。道德底线是人们公认的不可逾越的道德准则和规范，改革无论怎样改，必须坚持社会主义核心价值观。面向市场的改革决不能让唯利是图、坑蒙拐骗、制假售假、贪赃枉法的失德丧德行为大行其道。习近平强调：“国无德不兴，人无德不立。一个民族、一个人能不能把握自己，很大程度上取决于道德价值。”③ 从领导干部从政来看，则必须坚守“为民、务实、清廉”的底线。为民是领导干部必须坚守的宗旨，务实是领导干部必须弘扬的作风，清廉是领导干部不可踩踏的红线。习近平强调，要有边界意识，“对违规违纪、破坏法规制度踩‘红线’、越‘底线’、闯‘雷区’的，要坚决严肃查处，不以权势大而破规，不以问题小而姑息，不以违者众而放任，不留‘暗门’、不开‘天窗’，坚决防止‘破窗效应’”④。坚持守住底线，不越红线，这无疑是底线思维的“保

① 习近平．切实把思想统一到党的十八届三中全会精神上来．求是，2014（1）．

② 中共中央文献研究室．习近平关于协调推进“四个全面”战略布局论述摘编．北京：中央文献出版社，2015：109－110．

③ 中共中央文献研究室．习近平关于全面深化改革论述摘编．北京：中央文献出版社，2014：88．

④ 中共中央纪律检查委员会，中共中央文献研究室．习近平关于严明党的纪律和规矩论述摘编．北京：中央文献出版社，2016：90．

底”要求。

三、划清界限，把握方向

运用底线思维全面深化改革，在实践中必须把握几个主要环节：一是预测。充分估计未来可能的风险和忧患。底线思维注重对危机、风险、忧患等负面因素和问题进行预测和管理。凡事预则立，不预则废。这个“预”就是提前预测，有备无患，遇事不慌。二是划界。划分并确定底线，把边界弄清楚，把握事物的“度”，做到心中有数。底线是不可逾越的界线，是事物质变的临界点。一旦突破底线，就会出现损失和坏的结果。三是储备。底线思维注重对危机和风险等负面因素进行管控，作最坏的准备，努力争取最好的结果，做到防患于未然。在现实生活中，有备无患的关键在于“备”，做好各种准备和储备。四是坚守。坚守底线，确保实现最低目标，在底线之上争取最好结果。坚守底线不是消极坚守，而是积极作为实现最好的结果。

习近平特别注重从方法论视角来分析如何划清界限，坚守底线思维，把握改革的方向和临界点的问题。一是必须谨慎从事，不能“犯颠覆性错误”。改革最重要的底线是不能犯颠覆性的错误。习近平反复强调，“‘治大国若烹小鲜。’我国是一个大国，决不能在根本性问题上出现颠覆性错误，一旦出现就无法挽回、无法弥补”①。他强调一方面搞改革要大胆探索，不可能都四平八稳，没有任何风险，该干的要大胆干；另一方面，改革必须小心谨慎，如履薄冰，改革不仅要加强顶层设计，而且改革举措要反复研究、反复论证，以避免犯全局性、颠覆性的错误。二是重大改革必须于法有据，不能随便“翻烧饼”。“我们的政策举措出台之前必须经过反复论证和科学评估，力求切合实际、行之有效、行之久远，不能随便‘翻烧饼’。”② 翻烧饼的改革，今天这样，明天那样，后天又折回来，朝令夕改，翻来覆去，反复无常，虎头蛇尾。这种瞎折腾的改革不仅劳民伤财，贻误时机，还会动摇人民群众的改革信心，是长官意志的典型表现。因

①② 中共中央文献研究室．习近平关于全面深化改革论述摘编．北京：中央文献出版社，2014：42.

此，习近平强调要依法、依规办事，以避免长官意志，避免随便“翻烧饼”和瞎折腾。三是必须把握改革规律，不能脚踩西瓜皮。改革作为伟大革命和变革，有其内在的规律性。能变的大胆地变，不能变的坚决不变；不因变而失了方寸、乱了阵脚，不因不变而停滞不前、一潭死水。发挥主观能动性必须建立在对客观规律的科学认识和把握的基础上。“要按照已经认识到的规律来办，在实践中再加深对规律的认识，而不是脚踩西瓜皮，滑到哪里算哪里。”① 他强调把握规律，“研究、思考、确定全面深化改革的思路和重大举措，刻舟求剑不行，闭门造车不行，异想天开更不行，必须进行全面深入的调查研究”②。刻舟求剑，把今天的改革等同于过去的改革，不能与时俱进，就会贻误改革；闭门造车，脱离实际制定蓝图、措施搞改革，只会南辕北辙；异想天开，守株待兔坐等改革成果，只能是竹篮打水一场空。全面深化改革要遵从社会发展客观规律来推进改革，适应我国社会基本矛盾运动的变化来推进社会发展。

同时，全面深化改革必须做好采取各种防控措施的准备。习近平强调，当前和今后一个时期，我们在国际和国内面临的矛盾和风险都不少，决不可掉以轻心。我们要宁可把形势估计得更复杂一点，把挑战看得更严峻一些，做好应付最坏情况的思想准备、物质准备和组织准备。从坚守来看，必须守住底线，不越红线。底线失守，往往意味着全盘皆输。但守住底线不是目的，还应在此基础上积极努力，推动事物向好的方向转化，努力争取最好的结果。改革越深入，越要保持清醒的头脑，运用好底线思维，掌控好改革的方向和大局，从而把改革开放不断推向前进。

---

① 中共中央文献研究室．习近平关于全面深化改革论述摘编．北京：中央文献出版社，2014：43．

② 同①38．

第九章　新时代改革关系论

全面深化改革是一项系统工程，涉及各个领域、方方面面，需要正确处理解放思想与实事求是、顶层与基层、政府与市场、改革发展稳定、中央与地方、党的领导与群众创造、改革与法治、胆子与步子等若干重大关系，要讲辩证法，要讲两点论，找准平衡点，防止任何一种片面性。

第一节　解放思想与实事求是

中国改革开放事业的成功，从一定程度上可以说，就是“解放思想、实事求是”思想路线的成功。解放思想、实事求是，是中国改革方法论的精髓、灵魂，是其活的灵魂。进入新时代，我们把握改革方法论首要的是把握其精髓，坚持科学的改革方法论要害是坚持其精髓，运用改革方法论关键是运用其精髓。

解放思想、实事求是，是中国共产党改革方法论最鲜明的精神实质，最本质的特征。把握了这个精神实质，就把握了中国改革方法论最本质的东西，就把握了改革方法论与建设方法论的历史联系。习近平强调：“冲破思想观念的障碍、突破利益固化的藩篱，解放思想是首要的。”① 解放思想、实事求是，是我们党的思想路线，也是马克思主义的精神实质。中国改革方法论的核心要义，从根子上讲就是解放思想，实事求是。

解放思想、实事求是，既是一种思想方法，也是一种精神状态。解放思想重在为改革破除利益固化的藩篱，习近平指出，“思想不解放，我们就很难看清各种利益固化的症结所在，很难找准突破的方向和着力点，很难拿出创造性的改革举措”②。但是，解放思想不是胡思乱想，解放思想的目的是实事求是。实事求是重在探索改革规律，遵循改革规律，科学谋划改革。正是因为始终保持“解放思想、实事求是”的精神状态，一代又一代的中国共产党人在开创中国特色社会主义事业的历史进程中，在完善中国特色社会主义制度的过程中，不断解决改革实践提出的新课题、新任务，形成了富有中国特色的改革方法论。党的十八大以来，习近平准确把握世界发展大势，深入研究我国发展的阶段性特征，作出了全面深化改革的战略部署，开辟了改革方法论的崭新境界。

解放思想、实事求是贯穿改革开放的始终。中国共产党人将马克思主义的基本原理与当代中国改革实践相结合，围绕“为什么改、改什么、怎么改”这一首要的基本问题，围绕“如何认识改革、如何推进改革、如何评价改革”这一重要的策略问题，提出了一系列新思想新观点新论断，形成了中国共产党人的改革方法论。比如，今天的改革与30年前的改革就有了很大的不同，沿用过去的老办法可能不管用、不够用、不顶用，这就要求我们解放思想、实事求是，推进改革方法论的发展创新。具体来说，过去强调摸着石头过河，今天则进一步提出“摸着石头过河和加强顶层设计是辩证统一的”③；过去强调改革胆子要大、步子要稳，“有错误就赶快改，小错误不要变成大错误”④，今天则进一步强调改革“决不能在根本性问题上出现颠覆性错误”⑤；过去强调“改革是社会主义制度的自我完善和发

---

①② 习近平．习近平谈治国理政．北京：外文出版社，2014：87.

③ 同①68.

④ 邓小平．邓小平文选：第3卷．北京：人民出版社，1993：174.

⑤ 同①348.

展”[①]，今天则进一步强调改革的总目标是“完善和发展中国特色社会主义制度，推进国家治理体系和治理能力现代化”[②]；过去强调“不争论”“拿事实来说话”[③]，今天则进一步强调“一分部署，九分落实”[④]，“空谈误国，实干兴邦”[⑤]；过去强调“市场的基础性作用”[⑥]，今天则进一步强调“使市场在资源配置中起决定性作用和更好发挥政府作用”[⑦]；过去强调“试点”“试验”，今天则强调掌握节奏、区别对待，“对条件已经成熟、各方面要求强烈的改革，要下定决心加快推进；对各方面认识还不一致、但又必须突破的改革，要处理好各方面利益关系，尽可能寻求最大公约数、凝聚改革共识；对实践发展有要求、但操作上一时还不那么有把握的改革，可以先行试点，取得经验后再推开”[⑧]；过去强调“三个有利于”的改革评价标准，今天则进一步提出“两个是否”的新标准，等等，这些新思想新观点新论断的提出，既是解放思想的成果，也是实事求是的体现。

实践无止境，改革无止境，解放思想、实事求是永远在路上。中国改革方法论不是封闭的，而是开放的理论体系，它既是我们推进改革的根本指针，又是我们探索深化改革方法论的崭新起点。中国特色社会主义事业是不断发展的事业，改革开放永远在路上，“只有进行时没有完成时”[⑨]，改革路上还会遇到这样那样的新情况新课题，还要应对各种可以预料和难以预料的风险挑战，还要进行新的实践和新的探索。只要我们始终坚持解放思想、实事求是，不断丰富改革方法论的理论体系，不断赋予改革方法论新的实践特色、理论特色、民族特色、时代特色，就一定能在改革中不

① 中共中央文献研究室. 改革开放三十年重要文献选编：上. 北京：中央文献出版社，2008：821.

② 习近平. 习近平谈治国理政. 北京：外文出版社，2014：90.

③ 邓小平. 邓小平文选：第3卷. 北京：人民出版社，1993：155.

④ 中共中央文献研究室. 习近平关于全面深化改革论述摘编. 北京：中央文献出版社，2014：144.

⑤ 同②406.

⑥ 中共中央文献研究室. 十七大以来重要文献选编：中. 北京：人民出版社，2011：947.

⑦ 同②75.

⑧ 刘云山. 加强和改善党对全面深化改革的领导. 人民日报，2013-11-19.

⑨ 同②69.

断地完善中国特色社会主义制度，不断地推进国家治理体系和治理能力现代化。

第二节　顶层与基层

社会是一个复杂的大系统，顶层和基层，构成社会大系统的两个方面。改革，一方面联结着顶层，一方面对接着基层。顶层设计是从高端规划改革的时间表、路线图，是战略层面的设计；基层创新是从一线贯彻改革的战略部署，是战术层面的创新。顶层设计侧重科学性、前瞻性、指导性，给基层改革留足施展空间；基层实践讲究实效性、管用性、可操作性，为顶层设计提供一线资料和支撑。顶层设计为基层创新提供方向和保证，基层创新为顶层设计提供依据、积累经验，顶层设计与基层创新双轮驱动，双向互动，确保改革取得实效。顶层设计没做好，基层改革很可能就是各自为战、一盘散沙，不解决根本问题；反之，基层实践不接地气，无新招，那顶层设计就无法落地，沦为一纸空文。顶层设计自上而下，亟须与基层保持良性互动，汇聚自下而上的动力，呼应基层的改革意愿；基层改革自下而上，亟须对接顶层设计的改革蓝图，注入自上而下的推力，呼应中央的改革部署。脱离顶层设计的宏观指导，必然导致基层实践的盲目性、随意性；脱离基层创造的丰富经验，则难以避免顶层设计的乌托邦色彩。

顶层设计是谋划改革的重要方法。改革是一项复杂的系统工程，需要加强顶层设计和整体谋划，加强各项改革关联性、系统性、可行性研究。顶层设计重点在于谋划改革的总体思路、总体原则、总体安排，制订一揽子改革方案，体现的是改革的共同属性、普遍特征。习近平指出，全面深化改革的顶层设计胆子要大、步子要稳，“其中步子要稳就是要统筹考虑、全面论证、科学决策。经济、政治、文化、社会、生态文明各领域改革和党的建设改革紧密联系、相互交融，任何一个领域的改革都会牵动其他领域，同时也需要其他领域改革密切配合。如果各领域改革不配套，各方面改革措施相互牵扯，全面深化改革就很难推进下去，即使勉强推进，效果也会大打折扣”①。

基层创新是改革落地的重要方法。基层为改革落地的关键一环，习近平在主持中央全面深化改革领导小组第十七次会议时强调，“中央通过的改革方案落地生根，必须鼓励和允许不同地方进行差别化探索。全面深化改革任务越重，越要重视基层探索实践。要把鼓励基层改革创新、大胆探索作为抓改革落地的重要方法，坚持问题导向，着力解决好改革方案同实际相结合的问题、利益调整中的阻力问题、推动改革落实的责任担当问题，把改革落准落细落实，使改革更加精准地对接发展所需、基层所盼、民心所向，更好造福群众”②。顶层设计固然重要，基层创新也不可轻视。基层改革的原则和目标必须对准顶层设计，在“顶层设计”的指引下进行，否则就会碎片化；但具体实施要考虑到地域差异、文化差异，因地制宜，因时制宜，不宜搞一刀切。习近平强调，基层改革要“聚焦具体问题，细化措施，细分责任，细排时间，把握好政策界限范围、尺度、节奏”③。基层改革的一个主要特征就是摸着石头过河。“摸着石头过河就是摸规律，从实践中获得真知。”④ 改革是一个过程，对改革必然性的发现也是一个过程，我们对改革的认识推进到哪里，改革实践就推进到哪里。任何时候，我们都不可能穷尽对改革的认识，改革的必然王国都会存在，改革的未知领域都会存在，都需要摸索着前进。改革风险越大，不可控因素越多，摸着石头过河越是不能掉以轻心。因此，从哲学的高度来看，摸着石头过河过去有用，今天有用，将来也有用。

坚持顶层设计与基层创新相结合的辩证改革观。顶层设计同基层创新相辅相成，强调顶层设计的重要性，并不意味着削弱乃至否定基层创新；强调基层创新的重要性，也不意味着不需要顶层设计。习近平说：“摸着石头过河和加强顶层设计是辩证统一的，推进局部的阶段性改革开放要在加强顶层设计的前提下进行，加强顶层设计要在推进局部的阶段性改革开

① 习近平．习近平谈治国理政．北京：外文出版社，2014：88.

②③ 习近平主持召开中央全面深化改革领导小组第十七次会议强调 鼓励基层改革创新大胆探索 推动改革落地生根造福群众．人民日报，2015-10-14.

④ 同①68.

放的基础上来谋划。”① “要加强宏观思考和顶层设计，更加注重改革的系统性、整体性、协同性，同时也要继续鼓励大胆试验、大胆突破，不断把改革开放引向深入。”② 顶层设计始于基层实践。基层大胆试验、小心试错，为顶层设计创造积累新鲜经验。基层改革中发现的问题、解决的方法、蕴含的规律，要及时归纳总结，上升为理性认识，转化为指导全局工作的政策、法律、规章、制度。来自基层的微观实践，成为顶层设计取之不尽、用之不竭的灵感源泉。顶层设计高于基层实践。顶层设计不是简单地在“空间”上将基层经验推而广之，也不是基层经验的简单叠加，而是在更高层面的宏观统筹和总体设计，简单复制的结果只能是囫囵吞枣、南橘北枳。今天，改革已经进入攻坚期、深水区，一方面要更加注重改革的顶层设计，为改革提供指导、保驾护航；另一方面也要更加注重改革的基层创新，为改革积累经验、打开局面。要善于从顶层设计中谋划改革的方针政策，也要善于从基层实践中完善改革的政策主张。

第三节 政府与市场

政府与市场的关系问题，说到底是“管”与“放”的问题，也即“管”与“不管”的问题，这历来是现代经济治理中的一个重大难题，也是深化经济体制改革的关键所在。坚持社会主义市场经济改革方向，核心问题是处理好政府与市场的关系。这里要讲两句话：一句话是“使市场在资源配置中起决定性作用”，另一句话是“更好发挥政府作用”。但现在有些人只讲前面一句话，不讲后面一句话，这是片面的。当然，也有少数人只讲后面一句话，不讲前面一句话，这更是错误的。全面深化改革要讲两句话，防止任何一种片面性。

政府与市场，宏观调控与市场调节，是驾驭现代经济运行的“两只手”。这“两只手”，没有哪只手是多余的，没有哪只手是无关紧要的。宏

①② 习近平．习近平谈治国理政．北京：外文出版社，2014：68.

观调控这一只手意味着“管”，但不等于管的越多越好；市场调节这一只手意味着“放”，但不等于不管。市场不是万能的，市场不能管、管不了的交给政府；政府不是全能的，政府不能管、管不好的交给市场。这就是“管”与“放”的辩证法。

“管”与“放”的实质是权力的博弈，背后凸显的是政府的权力边界问题。处理好“管”与“放”的关系，关键是厘清哪些事情该管，哪些事情不该管；哪些领域要管，哪些领域要放，守住权力的界限，有权不可越界，有权不可懈怠，有权不可任性。改革从某种意义上说就是对“权力”本身的改革，重新为权力立法，为权力划界。

改革要把握好“管”与“放”的张力，拿捏好“管”与“放”的力度，坚持有管有放，管要管到位，放要放到位；坚持有进有退，缺位的要补上，越位的要退出。党的十八届三中全会通过的《决定》指出，理顺政府与市场的关系，不该管的要放开，该管的一定要管住管好，“着力解决市场体系不完善、政府干预过多和监管不到位问题”①。习近平也反复强调，各级政府“该管的事一定要管好、管到位，该放的权一定要放足、放到位，坚决克服政府职能错位、越位、缺位现象”②。当前，更好发挥政府作用，应当主要着眼于“三位”现象：一是政府职能“缺位”，本来应当由政府生产和提供的公共产品和服务，政府却没有充分尽职尽责，甚至在某些领域出现了“真空”；二是政府职能“越位”，政府职能与市场功能不分，政府做了不该做的事和管了不该管的事，政府组织与企业组织、社会中介组织、事业组织不分；三是政府职能“错位”，政府职能分工定位上存在交叉和混淆的情况。今后，我国政府体制、行政体制改革将朝向于解决上述“三位”问题。

政府和市场，两手都要用。邓小平早就指出，计划与市场都是经济调节的手段和资源配置的机制，与社会制度无关。计划经济不等于社会主义，资本主义也有计划；市场经济不等于社会主义，社会主义也有市场。

---

① 中共中央文献研究室. 十八大以来重要文献选编：上. 北京：中央文献出版社，2014：513.

② 习近平. 习近平谈治国理政. 北京：外文出版社，2014：118.

全面深化改革，既要发挥政府作用，也要发挥市场作用，不能只讲一句话，不能只强调一个方面，两句话都讲，两方面都做，才是辩证法。习近平在主持中央政治局第十五次集体学习时指出，在市场作用和政府作用的问题上，要讲辩证法、两点论。市场这只“看不见的手”要用好，政府这只“看得见的手”也要用好，两手都要用，努力形成市场作用和政府作用有机统一，“看不见的手”与“看得见的手”相互补充，左手和右手相互促进的格局，推动经济社会持续健康发展。各级干部特别是领导干部要“成为善于驾驭政府和市场关系的行家里手”①。我们既要用好“市场”这只手，“使市场在资源配置中起决定性作用”②，把市场能管的、该管的交给市场，让“看不见的手”在微观经济活动中展示力量、发挥作用；也要用好“政府”这只手，“更好发挥政府作用”③，把市场管不了、管不好的事情管起来，让“看得见的手”在宏观经济管理层面展示力量、发挥作用。市场不是万能的，市场也会失灵。因此，市场在资源配置中起决定性作用，并不是起全部作用，总有市场管不了、管不好、不愿管的空间有待于政府来弥补。同样，政府也不是万能的，政府也可能失误，总有政府管不了、管不好、多管不如少管、管不如不管的领域需要市场发挥作用。因此，习近平指出，“更好发挥政府作用，不是要更多发挥政府作用，而是要在保证市场发挥决定性作用的前提下，管好那些市场管不了或管不好的事情”④。

市场作用和政府作用，二者是相互配合、互相补位、有机统一的，而不是相互否定、相互对抗的。不能把二者割裂开来、对立起来，“既不能用市场在资源配置中的决定性作用取代甚至否定政府作用，也不能用更好发挥政府作用取代甚至否定使市场在资源配置中起决定性作用”⑤。市场作用和政府作用都有边界，都有限度。市场的决定性作用再大，也无法取代和否定政府的作用；同样，政府的作用发挥再好，也不能取代和否定市场

① 习近平．习近平谈治国理政．北京：外文出版社，2014：118.

②③ 同①75.

④ 中共中央宣传部．习近平总书记系列重要讲话读本：2016 年版．北京：学习出版社，2016：150.

⑤ 同①117.

的作用。市场作用和政府作用相互补充，相得益彰。

第四节　改革发展稳定

改革发展稳定是我国社会主义现代化建设的三个重要支点。实现改革发展稳定动态统一，是关系我国社会主义现代化建设全局、关系中华民族复兴大业、关系民生幸福的重要指导方针。

改革是经济和社会发展的强大动力，是社会主义制度的自我完善和发展。改革是社会基本矛盾运动的结果，也是解决社会矛盾的主要形式。任何社会都需要改革，改革伴随人类社会的始终。在古代，商鞅变法为秦王朝的统一奠定了基础，王安石变法为北宋的经济社会发展积蓄了能量；在近代，路德的宗教改革为资本主义发展开辟了道路，明治维新为日本崛起扫清了障碍；在当代，罗斯福新政带领西方世界摆脱了危机的阴霾，邓小平的改革引领中国大踏步赶上了时代。社会主义社会不是一种一成不变的东西，它和封建社会、资本主义社会一样，和任何其他社会形态一样，只能“看成是经常变化和改革的社会”①。邓小平反复强调，不改革，只有死路一条。只有坚定不移地推进改革，才能为经济社会发展提供源源不断的动力。

发展是硬道理，是党治国理政的第一要务，是解决中国所有问题的关键。中国特色社会主义进入了新时代，但我国处于并将长期处于社会主义初级阶段的基本国情没有变，我国是世界上最大发展中国家的国际地位没有变，我国发展仍不平衡不充分，这是我们党始终扭住“发展”不放松的基本依据。只有抓住发展这个第一要务，才能不断增强综合国力和国际竞争力，更好地解决前进的矛盾和问题。

稳定是硬任务，是改革和发展的前提。改革和发展要有稳定的政治和社会环境。邓小平指出：“中国的问题，压倒一切的是需要稳定。没有稳

① 马克思，恩格斯．马克思恩格斯全集：第 37 卷．北京：人民出版社，1971：443.

定的环境，什么都搞不成。”[1] 习近平多次强调，“没有和谐稳定的社会环境，一切改革发展都无从谈起，再好的规划和方案都难以实现，已经取得的成果也会失去”[2]。这是由中国的改革实践所证明了的真理，也是由世界上一切国家的经验教训所宣示的基本结论。只有坚定不移维护稳定，才能为改革发展创造有利条件。

改革发展稳定，三者相互依存、相互制约，构成有机整体。习近平强调，“稳定是改革发展的前提，必须坚持改革发展稳定的统一。只有社会稳定，改革发展才能不断推进；只有改革发展不断推进，社会稳定才能具有坚实基础”[3]。改革是动力，发展是关键，稳定是前提，作为社会主义现代化建设的三个重要支点，三者缺一不可，任何一个方面出了问题，都会影响社会主义现代化事业的全局。改革开放 40 多年来的历史性成就充分证明，只有社会和谐稳定，改革发展才能不断向前推进；只有改革发展不断推进，社会稳定才具有坚实基础。党的十八大以来，我国进入全面深化改革的攻坚期，如何在保持稳定中推进改革发展，在改革发展中保持社会稳定，仍然是一个重大的现实问题。新时代持续推进社会主义现代化事业，必须坚持全面深化改革、实现高质量发展和保持社会稳定的有机统一。

改革发展稳定，三者应当保持合理张力，实现动态平衡。习近平在主持十八届中央政治局第二次集体学习时指出，“要坚持把改革的力度、发展的速度和社会可承受的程度统一起来，把改善人民生活作为正确处理改革发展稳定关系的结合点”[4]。改革发展稳定的关系是动态的。改革力度越大，发展动力就越强；发展水平越高，社会稳定因素就越多；社会稳定越持久，深化改革条件就越充分。只有保持改革力度、发展速度和社会可承受度之间的动态平衡关系，始终贯穿以人民为中心的思想红线，才能形成改革发展稳定的良性循环。要善于准确把握改革发展稳定的平衡点，不能

---

① 邓小平．邓小平文选：第 3 卷．北京：人民出版社，1993：284.

② 中共中央宣传部．习近平总书记系列重要讲话读本：2016 年版．北京：学习出版社，2016：222.

③④ 习近平．习近平谈治国理政．北京：外文出版社，2014：68.

因为改革中潜藏着风险，就质疑改革；不能因为发展不平衡不充分，就否定发展；也不能因为稳定总是相对的，就无视稳定的极端重要性。否则，打破这种动态平衡，就会使改革发展缺乏动力、社会稳定丧失根基、现代化建设停滞不前，最终违背人民群众的根本利益和普遍期待。

第五节　中央与地方

中央和地方都是改革的责任主体、实施主体，是推进改革的重要力量。新时代推进全面深化改革，要发挥中央和地方两个积极性，要讲两句话，防止片面性。

中央与地方，方位不同，权责不同，改革中扮演的角色和发挥的作用自然也不一样。中央从“大”处着眼，负责改革的总决策、总部署，从宏观上把握改革方向和进程，为地方“定调子”；地方从“小”处入手，负责改革的全面推广和具体落实，从微观上确保改革的有效实施，为中央“探路子”。改革要充分调动中央和地方两个积极性。改革涉及顶层设计、宏观布局、全局性事务方面，需要发挥中央政府的权威，否则地方政府微观理性的行为可能导致宏观不理性的后果，陷入地方保护主义的泥淖；改革涉及微观布局、地方性事务方面，需要发挥地方的积极性，否则中央层面的理想设计可能导致地方层面平庸的改革效果。

中央和地方的关系，核心是权力的授受关系。党政军民学，东西南北中，党是领导一切的。党是最高政治领导力量。坚持党对全面深化改革工作的集中统一领导，有利于全党全国在改革上统一思想、统一步调、统一行动，有利于地方稳步推进各项改革，为全面深化改革提供坚强政治保障，有利于全国各地不打折扣贯彻落实党中央的改革决策部署。中央全面深化改革委员会是新时代改革的总指挥部，是一切改革政策、政令的权威决策机构和发布机构。新时代全面深化改革，该中央收紧的权力，承担的责任，一刻也不能放松；该下放地方的权力不含糊，该地方承担的责任不推诿。中央和地方在各自权限范围内协同推进改革，改革越是深入，越要注意协同推进，相向发力，共同做好“改革这篇大文章”。

中央和地方作为改革的行为主体，都要有边界意识，遵守权力和权利的边界。边界不能逾越，权力不能僭越，有权不可任性。中央是改革的领导核心，其决策部署关乎改革成败，树立党中央权威、建立集中统一领导机制，才能统筹改革全局；地方是改革的具体践行主体，在贯彻改革决策过程中具有创新性、灵活性，赋予地方相应的自主权，才能更好落实改革部署、检验改革成效。发挥中央的积极性，既要树立中央权威，确保集中统一领导，又要避免垄断权力，包办一切，越界指挥；发挥地方的积极性，既要权力下放，赋予地方自主权，又要避免地方政府各自为政，各行其是，大搞“上有政策、下有对策”①，肆意打擦边球、搞变通。处理中央与地方的关系需要建立分工合理、权界清晰、权责一致的机制，既要有全局统一性，坚持中央统筹全局、地方服从中央，又要有局部灵活性，中央对地方分类指导，地方因地制宜、积极作为。这样才能上下贯通、执行有力，更好发挥中央和地方的作用，确保改革成效。

改革需要中央与地方协同发力，发挥两个积极性。改革既要做好从上到下、从中央到地方的筹划部署，也要做好从下到上、从地方到中央的摸索反馈。“该中央统一安排的各地不要抢跑”②，该地方主动担当的不要推诿，地方“要按照中央要求来推进，不要事情还没弄明白就盲目推进”③。习近平在重庆考察工作时强调：“地方抓改革、推改革，一方面要落实好党中央部署的改革任务，一方面要搞好探索创新。”④ 地方要吃透中央精神，吃透中央制定的重点改革方案，在坚持全国一盘棋的前提下，充分发挥地方的积极性、主动性、创造性，结合地方实际确定改革重点、路径、次序、方法，使地方改革精准对接中央要求、发展所需、基层所盼、民心所向。同时，中央也要吃透国情，吃透地方实际，出台的总体性改革方案接地气、能解渴、能落地，在坚持全国一盘棋的情况下，释放给地方尽可

① 胡锦涛. 胡锦涛文选：第2卷. 北京：人民出版社，2016：555.

②③ 中共中央文献研究室. 习近平关于全面深化改革论述摘编. 北京：中央文献出版社，2014：49.

④ 习近平. 习近平谈治国理政：第2卷. 北京：外文出版社，2017：108.

能大的施展空间。

第六节　党的领导与群众创造

习近平在主持十八届中央政治局第二次集体学习时指出："改革开放是亿万人民自己的事业，必须坚持尊重人民首创精神，坚持在党的领导下推进。"① 这里深刻揭示了党的领导与群众创造之间的辩证关系。

人民群众是改革的实践主体、动力之源。人民群众既是历史的创造者，也是社会变革的决定力量，"没有人民支持和参与，任何改革都不可能取得成功"②。习近平指出，"改革开放在认识和实践上的每一次突破和发展，改革开放中每一个新生事物的产生和发展，改革开放每一个方面经验的创造和积累，无不来自亿万人民的实践和智慧"③，改革开放只有深深扎根于人民群众之中，才能获得力量之源。

党是改革的责任主体、领导力量。党是领导一切的，是改革开放事业的根本保证。回顾改革开放 40 多年历程，正是在党的领导下，我们才作出改革开放的伟大抉择，制定了正确的路线方针政策，取得了举世瞩目的改革成就。改革开放的顺利推进，最核心的是坚持和改善党的领导，离开了党的领导，就从根本上离开了社会主义市场经济的改革方向，离开了社会主义制度自我完善和发展的改革目标。

党的领导与群众创造统一于改革开放的伟大实践，必须尊重人民的首创精神，不断坚持和改善党的领导。一方面，改革开放是亿万人民自己的事业，必须尊重人民群众的实践创造，在民主集中的基础上有序推进。人民是改革的实践主体，改革怎么展开，需要人民的深入实践，改革是否成功，人民的体验最有说服力。改革发展稳定任务越繁重，我们越要保持党同人民群众的血肉联系，越要尊重群众的首创精神，越要善于从群众的实

① 习近平．习近平谈治国理政．北京：外文出版社，2014：68.

② 中共中央文献研究室．习近平关于全面深化改革论述摘编．北京：中央文献出版社，2014：141.

③ 同①.

践创造中汲取经验智慧，越要善于在听取群众意见的过程中完善政策主张，使改革的方案设计更符合群众期待，使改革的政策主张更接地气，使改革发展成果更多更公平惠及全体人民。另一方面，党要不断提高领导、谋划、推动、落实改革的能力和水平。改革发展稳定任务越繁重，我们越要加强和改善党的领导，越要保持党同人民群众的血肉联系，善于通过提出和贯彻正确的路线方针政策带领人民前进，善于从人民的实践创造和发展要求中完善政策主张，使改革方案的含金量充分释放出来，使改革发展成果更多更公平惠及全体人民，不断为改革夯实群众基础。党在领导改革的全过程中，要将群众放在最高位置，切实做到人民有所呼、改革有所应，“做到老百姓关心什么、期盼什么，改革就要抓住什么、推进什么，通过改革给人民群众带来更多获得感”①。

改革的持续推进需要凝聚党和人民共识，汇聚党和人民的力量。习近平强调：“凝聚共识很重要，没有广泛共识，改革就难以顺利推进，也难以取得全面成功。”② 改革事业越是向前推进，越需要积聚最广泛的智慧和力量；改革越是处于攻坚期和深水区，越需要上下同心、共渡难关。凝聚共识，就是党要广泛听取群众意见和建议，及时总结群众创造的鲜活经验，将其提升为指导改革的方针和政策，上升为规范改革的法律和规章；凝聚共识，就是人民要坚持党的集中统一领导，维护党的领导核心地位，依靠党的科学指导思想统筹各个地方、协调各个领域和落实各项政策，保持改革过程中的政治社会稳定。没有人民的支持和参与，无视群众创造的鲜活经验，任何改革都不可能取得成功；没有党的统筹和谋划，无视党的坚强领导和科学决策，任何改革都无法开展。在中国这样一个 14 亿多人口的国家深化改革，国情复杂、阻力巨大，只有把党和全国人民的力量凝聚在一起，拧成一股绳，才能在改革道路上继续攻克一个个难关，爬过一道道坡坎，共同成就改革开放的辉煌事业。

① 习近平．习近平谈治国理政：第 2 卷．北京：外文出版社，2017：103.

② 中共中央文献研究室．习近平关于全面深化改革论述摘编．北京：中央文献出版社，2014：45.

第七节　改革与法治

改革与法治是当代中国社会的两大实践主题。习近平指出，“改革和法治如鸟之两翼、车之两轮”①，二者相辅相成、相伴相生，统一于国家治理现代化进程之中，要一体考虑，协同推进，不可偏废。

改革与法治同为国家治理的重要方式，二者是辩证统一的。改革的特点是变，表现出创新性，强调革故鼎新；法律的特点是定，表现为稳定性，强调规则秩序。改革助推法治，为法治发展明确方向和拓展空间，实现法治目标的根本途径在于改革；法治引领改革，为改革提供行为边界和权威保障，改革目标必须通过推进法治的方式实现。法治筑就底线，改革不能逾越法律红线，必须在法治框架下进行，否则就是非法的、无效的；改革破除藩篱，法治不能阻碍改革进程，必须为改革提供制度保障，否则就失去了实践合理性。“改革和法治相辅相成、相伴而生”②，统一于推进国家治理现代化进程之中，缺一不可。

推进国家治理体系和治理能力现代化，需要改革和法治双轮驱动、协同共进。古今中外，任何国家的改革往往首先体现为改法，法律的立改废是改革最重要的标志。我国历史上的历次变法，都是改革和法治紧密结合，变旧法、立新法，改旧制、出新章。战国时期商鞅变法是改革，宋代王安石变法是改革，明代张居正变法也是改革，晚清光绪变法还是为了改革。改革是社会发展的不竭动力，能够通过对旧制度、旧关系进行局部或根本性调整以解放和发展生产力，激发社会生机与活力，实现经济社会的持续发展；法治是治理国家的重要依托，能够通过制定法律法规以维持社会秩序稳定，巩固改革发展成果，保障国家各项事业有序进行。只有把改革与法治统一于推进国家治理体系和治理能力现代化之中，统一于中国特

---

① 中共中央文献研究室. 习近平关于全面依法治国论述摘编. 北京：中央文献出版社，2015：14.

② 同①51.

色社会主义制度的完善之中，“在法治下推进改革，在改革中完善法治”①，实现全面深化改革与全面依法治国良性互动、相得益彰，才能不断开创改革开放新局面。

在法治下推进改革，要确保改革于法有据、有序推进。改革必须维护宪法法律权威，改革的目标和重大举措都必须纳入法治程序，任何组织和个人都不得有超越宪法法律的特权，任何重大改革都必须于法有据，任何时候都必须牢牢把握“法定职权必须为、法无授权不可为”的基本要求。改革过程中要自觉践行法治原则，在法治框架内规范改革：主动运用法治思维谋划改革工作，做到法治之下想问题；积极运用法治方式破解改革难题，做到法治之内办事情。严格地说，打法律的擦边球，钻法律的空子，这不是改革，也不是本事。随着改革开放的持续深入，我们面临的各种风险挑战不断增多，改革只有运用法治手段，才能化解重大风险；只有纳入法治轨道，才能行稳致远。

在改革中完善法治，要“坚持改革决策和立法决策相统一、相衔接”②。小智治事，中智治人，大智立法。法律具有稳定性，但不是一成不变的，“改革要于法有据，但也不能因为现行法律规定就不敢越雷池一步，那是无法推进改革的”③。面对社会变革的新形势，法治建设应主动适应改革的现实需要，改革走到哪一步，法治建设就要跟进到哪一步。要坚持立法主动适应改革需求，“处理好改革与相关法律立改废的关系”④，“在研究改革方案和改革措施时，要同步考虑改革涉及的立法问题，及时提出立法需求和立法建议。实践证明行之有效的，要及时上升为法律。实践条件还不成熟、需要先行先试的，要按照法定程序作出授权。对不适应改革要求的法律法规，要及时修改和废止”⑤。法治建设只有符合时代需求、适应改革需要，才能获得内生动力，取得治理成效。

今天，正确处理改革与法治的关系，必须纠正两种认识上的误区。随

①② 中共中央文献研究室．习近平关于全面依法治国论述摘编．北京：中央文献出版社，2015：52.

③ 习近平．习近平谈治国理政：第2卷．北京：外文出版社，2017：124.

④ 同③97.

⑤ 同①51.

着改革进入攻坚期和深水区，一些人对改革与法治关系的认识也出现了偏差。“一种观点认为，改革就是要冲破法律的禁区，现在法律的条条框框妨碍和迟滞了改革，改革要上路、法律要让路。另一种观点则认为，法律就是要保持稳定性、权威性、适当的滞后性，法律很难引领改革。这两种看法都是不全面的。”① 一方面，改革是对旧体制的深刻变革，必然会释放强大冲击力，引发社会矛盾与冲突，需要法治予以约束和引导，才能确保改革平稳有序推进，否则就会陷入混乱；另一方面，法律权威为改革提供强制力保障，法治适应时代需要、紧跟改革步伐，建立适应生产力发展的新体制和新机制，才能确保改革的方向与进程，否则便会被废弃。改革开放 40 多年的历程充分证明，我们的每一次改革突破都是建立在法治保障之上的，每一次法治进步都是在改革中推动的，社会主义现代化事业正是改革与法治协同发力、共同推进的。

第八节　胆子与步子

改革是一项伟大创举。“我们的立场是胆子要大、步子要稳，既要大胆探索、勇于开拓，也要稳妥审慎、三思而后行。”②胆子是态度与担当问题，步子是方法和策略问题。改革既要胆子大，也要步子稳。只有处理好胆子与步子的关系，才能深入推进新时代改革开放的伟大事业。

所谓胆子要大，强调的是改革的勇气和决心。习近平指出：“胆子要大，就是改革再难也要向前推进，敢于担当，敢于啃硬骨头，敢于涉险滩。”③ 改革开放本身就是一项创举，没有任何可以参照的现成模板，只有具备冒险精神、敢闯敢干、披荆斩棘，才能开拓出具有中国特色的社会主

① 中共中央文献研究室. 习近平关于全面依法治国论述摘编. 北京：中央文献出版社，2015：52.

② 中共中央宣传部. 习近平总书记系列重要讲话读本：2016 年版. 北京：学习出版社，2016：285.

③ 中共中央文献研究室. 习近平关于全面深化改革论述摘编. 北京：中央文献出版社，2014：51.

义改革道路。回顾历史，中国改革开放事业之所以能取得成功，就在于我们有自主探索的决心、不畏艰难的勇气和敢于担当的胆识。在新的历史条件下，改革已进入攻坚期和深水区，我们面临的情势更加复杂、任务更加艰巨、挑战更加严峻。在这关键时刻，我们要敢于“破坚冰”，冲破陈旧思想观念障碍，打破固有体制机制束缚，顺应潮流、与时俱进，以创新精神深化体制机制改革；要敢于“啃硬骨头”，聚焦各个领域存在的突出矛盾和问题，攻坚克难、勇往直前，不断深化各个重要领域的改革；要敢于“涉险滩”，对经济社会中群众反映强烈、牵涉复杂部门利益的积存顽疾，“敢于开刀”“对症下药”，勇于突破利益固化的藩篱。我们强调胆子要大，就必须有勇气、有魄力、有担当，只要是有利于解放和发展生产力，有利于经济社会持续发展，有利于维护和实现人民根本利益，有利于巩固党的执政基础和地位，“就要大胆试、大胆闯，就要坚决破、坚决改”①。

所谓步子要稳，强调的是改革的方法和策略。习近平强调：“步子要稳，就是方向一定要准，行驶一定要稳，尤其是不能犯颠覆性错误。”② 改革不是一蹴而就的，考验我们的耐心与定力。只有方向正确、决策科学、步步为营，才能稳中取胜。步子稳就是要握稳方向盘，保持战略定力，始终“坚持社会主义市场经济改革方向”，坚持完善和发展中国特色社会主义的总目标，“决不能在根本性问题上出现颠覆性错误”③；就是要讲究策略，把握改革发展规律，“采取试点探索、投石问路的方法”④，使改革从小到大、从点到面、从易到难循序推进；就是要稳扎稳打，积小胜为大胜，每一项改革举措出台之前都“必须经过反复论证和科学评估”⑤，形成共识再推开，取得经验再推进，不能毕其功于一役。40 多年来，从实行家庭联产承包责任制到发展乡镇企业，从设立经济特区到建立沿海开放城市，从引进外资到全方位对外开放，改革开放每一个阶段的目标都以坚持

---

① 中共中央文献研究室．习近平关于全面深化改革论述摘编．北京：中央文献出版社，2014：142.

② 同①51.

③ 同①42.

④ 同①35.

⑤ 同①42.

和完善社会主义的总目标为指向，每一个重大决策都经过了充分论证和反复实践，每一个步伐都包含对时代发展规律的宏观把握。

胆子要大与步子要稳是辩证统一、互为条件的。胆子要大强调主观能动性，是改革的前提和动力，没有胆子，就迈不开步子；步子要稳强调的是客观可能性，是改革的保障和定力，步子不稳，就会变成鲁莽蛮干。二者并举，才能相得益彰。胆子要大、步子要稳就是坚持主观与客观相统一，战略与战术相结合，“战略上要勇于进取，战术上则要稳扎稳打”①。一方面要“拿出全面深化改革的勇气，搞改革不可能都是四平八稳、没有任何风险。只要是经过了充分论证和评估，只要是符合实际、必须做的，该干的要大胆地干”②。另一方面，必须稳妥审慎、三思而后行。“对改革进程中已经出现和可能出现的问题和困难，要一个一个解决和克服，既敢于出招又善于应招，做到蹄疾而步稳。”③ 当前，改革已进入深水区、攻坚期，只有把胆子大与步子稳有机结合，才能确保改革不断取得新突破，打好全面深化改革这场攻坚战。

---

①②③ 中共中央宣传部. 习近平总书记系列重要讲话读本：2016 年版. 北京：学习出版社，2016：81.

第十章　新时代改革策略与艺术

古人云：工欲善其事，必先利其器。“照辩证法办事”，这是重要的改革方法和改革艺术。习近平在十八届中央政治局第二次集体学习时指出：“改革开放是前无古人的崭新事业，必须坚持正确的方法论。”① 改革的任务越是繁重，越是需要坚持正确的改革方法论；改革的头绪越是繁多，越是需要遵循科学的改革辩证法。全面深化改革已经步入攻坚期、深水区，面对的都是“硬骨头”，唯有遵循一与多的统一、上与下的联动、变与稳的协调、底与顶的兼顾、点与面的配合、先与后的贯通、破与立的结合等改革艺术，才能打好全面深化改革攻坚战。

第一节　一与多的统一

一与多是对立统一的关系。一意味着统一、主导，多意味着差异、多样。一可以分为多，多可以合为一。正如恩格斯所说，“多包含于一中，

① 习近平在中共中央政治局第二次集体学习时强调 以更大的政治勇气和智慧深化改革 朝着十八大指引的改革开放方向前进. 人民日报，2013-01-02.

正如一包含于多中一样”①。一与多相互依存、不可分离。正确处理一与多的关系，既要坚持一的主导地位，又要尊重差异、包容多样；既要在多元中寻找一致，在多样中谋求共识，又要在相似中寻找差异，在共相中发现殊相。

社会主义有多种模式。社会主义是一和多的统一体。如果说社会主义是“一”，不同的社会主义模式就是“多”。正如一种声音谈不上动听，一种味道算不上佳肴，一种颜色说不上五彩，一种模式也构不成世界。列宁曾指出，“一切民族都将走向社会主义，这是不可避免的，但是一切民族的走法却不会完全一样，在民主的这种或那种形式上，在无产阶级专政的这种或那种形态上，每个民族都会有自己的特点”②。邓小平也指出，“社会主义制度并不等于建设社会主义的具体做法”③。具体做法可以有千万种，普遍性存在于特殊性之中，统一性要通过多样性来实现。任何国家都只能走切合本国实际、具有本国特色的道路，创造体现本国个性、行之有效的模式。江泽民指出：“世界是丰富多彩的。如同宇宙间不能只有一种色彩一样，世界上也不能只有一种文明、一种社会制度、一种发展模式、一种价值观念。应充分尊重不同民族、不同宗教、不同文明的多样性。世界发展的活力恰恰在于这种多样性的共存。”④ 一与多的辩证法告诉我们，中国推进社会主义改革，“科学社会主义基本原则不能丢，丢了就不是社会主义”⑤。但是，中国必须赋予社会主义“中国元素”、时代特征和民族特色，发展植根中国大地、符合中国国情的社会主义。

改革有多种改法。“改革”是各个国家的共同任务，这是不可避免的。但是各个国家的改法却不会完全一样，在改革的战略重点、主攻方向、方式方法、优先顺序、原则方针上，在改什么、不改什么，先改什么、后改什么，重点改什么、其次改什么，怎么去改、改得怎么样等等问题上，每

① 马克思，恩格斯. 马克思恩格斯全集：第20卷. 北京：人民出版社，1971：604.

② 列宁. 列宁全集：第28卷. 2版增订版. 北京：人民出版社，2017：163.

③ 邓小平. 邓小平文选：第2卷. 2版. 北京：人民出版社，1994：250.

④ 江泽民. 江泽民文选：第3卷. 北京：人民出版社，2006：110.

⑤ 习近平在新进中央委员会的委员、候补委员学习贯彻党的十八大精神研讨班开班式上发表重要讲话强调 毫不动摇坚持和发展中国特色社会主义. 人民日报，2013-01-06.

个国家都会有自己的特点。中国不能关起门搞改革，但也无法照搬西方的改革模式。世界上不存在放之四海而皆准的改革套路，西方的改革模式中被证明是有效的东西，绝不意味着可以无条件地套用于中国。中国与西方在推进市场化改革的政策主张上存在耦合之处，但是，我们所有这些政策主张都不是从西方原封不动地搬过来的。改革“要注意学习和借鉴外国经验，但是，照抄照搬别国经验、别国模式，从来不能得到成功”①。习近平在比利时欧洲学院发表演讲时指出，“中国和欧盟都在经历人类历史上前所未有的改革进程，都在走前人没有走过的路”②。中欧应尊重对方自主选择的改革道路，借鉴对方的改革经验，不将自己的改革模式强加于人。“世界是多向度发展的，世界历史更不是单线式前进的。中国不能全盘照搬别国的政治制度和发展模式，否则的话不仅会水土不服，而且会带来灾难性后果。”③ 中国拥有独特的文化传统、独特的历史命运、独特的现实国情，这些都注定了中国只能走适合自身特点的改革发展道路。

中国的改革不是向西方模式靠拢，不是要改成西方的模样；中国的改革也不是苏东模式的翻版，不是要重蹈苏东的覆辙。中国特色的改革方法论是中国对人类文明宝库的又一重要贡献，是当代中国人的宝贵精神财富。西方有人秉持“除了资本主义别无出路”的先验逻辑，试图以西式现代化引领中国的改革方向，以西方的好恶审视中国的改革成败，以西方的改革方法规范中国的改革动作，以西方的改革模板塑造西方的又一个“他者”，这就违背了一与多的改革辩证法。历史的发展有自身的逻辑，不会尊崇任何人的主观意志。西方的有识之士已经认识到，西式自由民主模式并没有“普世性”，不能成为其他国家改革的目的地。德国前总理施密特2009年在日本《读卖新闻》发表文章说，西方的民主价值既源于“启蒙思想”，也源于基督教教义，它完全是西方的东西，因此，在亚洲并不行得通。其实，西方的现代化模式并没有终结人类对现代化的探索，西方总是

---

① 中共中央文献研究室．十八大以来重要文献选编：上．北京：中央文献出版社，2014：110.

②③ 习近平．在布鲁日欧洲学院的演讲．人民日报，2014-04-02.

试图扮演“上帝选民”，总想去“拯救”别人，其结果是损人不利己。正如雅克所指出的，“现代性模式绝非只有一种，事实上有很多种”①。美国现代化专家布莱克强调，“没有两个社会以同一种方式实现现代化”②。西方的现代化只是现代化道路中的一条，中国的改革并没有脱离现代化的轨道和方向，中国式现代化是世界现代化进程的重要组成部分。

第二节　上与下的联动

上与下，在这里意指顶层与基层、中央与地方，重点涉及顶层设计与摸着石头过河的关系。上与下，方向不同，方位不同，扮演的角色和发挥的作用自然也不一样。上与下的联动，既包括从上到下、从中央到地方的筹划部署，也包括从下到上、从地方到中央的摸索反馈。顶层设计与摸着石头过河都是推进改革的重要方法。顶层设计，主要是设计改革蓝图、规划改革步骤、明确改革方向，制定改革时间表、路线图；摸着石头过河，主要是摸市场规律、摸执政规律、摸经济形势、摸社会脉动、摸中国国情、摸世界大势。顶层设计与摸着石头过河，一个都不能放松。

全面深化改革，仍然需要摸着石头过河。摸着石头过河，是富有中国特色、符合中国国情的改革方法。然而，有人说，40 多年前改革刚刚起步时，人们对社会主义改革开放、社会主义市场经济、社会主义建设规律、共产党执政规律等各方面的认识还相当有限，改革只能走一步看一步，摸着石头过河有其必要性。但今天，中国特色社会主义已经进入新时代，改革开放已步入不惑之年，我们对改革的认识已大大深化，没必要强调摸着石头过河；况且，今天改革已经进入攻坚期、深水区，“河水”越来越深，“水流”越来越急，“漩涡”越来越多，危险越来越大，石头已经摸不着了，如果继续摸着石头前行就有可能被激流拍到沙滩上。因此，全面深化

---

① 雅克．当中国统治世界．北京：中信出版社，2010：330.

② 布莱克．现代化的动力．杭州：浙江人民出版社，1989：87.

改革的关键是强化顶层设计和理论先行，摸着石头过河已经过时了。其实，这种论调是片面的、肤浅的。习近平指出，“‘摸着石头过河’就是摸规律，从实践中获得真知”①。改革是一个过程，对改革的认识也是一个过程，我们对改革的认识推进到哪里，改革实践就推进到哪里。改革的自由程度取决于我们对改革必然性的把握程度。任何时候，我们都不可能穷尽对改革的认识，改革的必然王国都会存在，改革的未知领域都会存在，都需要摸索着前进。改革风险越大，不可控因素越多，摸着石头过河越是不能掉以轻心。摸着石头过河不是无的放矢，在黑暗中摸索，“不是脚踩西瓜皮，滑到哪里算哪里”②，而是照规律办事，在实践中摸索。从这个意义上来说，摸着石头过河过去有用，今天有用，将来也有用。

全面深化改革，需要坚持顶层设计与摸着石头过河相结合。顶层设计与摸着石头过河并非不能相容，强调顶层设计的重要性，并不意味着削弱乃至否定摸着石头过河；强调摸着石头过河没有过时，也不意味着不需要顶层设计。习近平曾深刻论及二者的辩证关系，他说：“摸着石头过河和加强顶层设计是辩证统一的，推进局部的阶段性改革开放要在加强顶层设计的前提下进行，加强顶层设计要在推进局部的阶段性改革开放的基础上来谋划。”③ 顶层设计是在摸着石头过河取得经验的基础上进行的，否则就是闭门造车；摸着石头过河是在顶层设计的指引下进行的，否则就会碎片化。顶层设计与摸着石头过河统一于改革全过程。全面深化改革，不可能处处都走一步看一步，也不可能眉毛胡子一把抓，更不可能头痛医头、脚痛医脚，必须统筹谋划，“要加强宏观思考和顶层设计，更加注重改革的系统性、整体性、协同性，同时也要继续鼓励大胆试验、大胆突破，不断把改革开放引向深入”④。

中央和地方，顶层和基层，都存在顶层设计的问题，也都存在摸着石头过河的问题，简单将顶层设计同摸着石头过河割裂开来、对立起来是错

---

① 习近平. 习近平在中共中央政治局第二次集体学习时强调 以更大的政治勇气和智慧深化改革 朝着十八大指引的改革方向前进. 人民日报，2013-01-02.

② 中共中央文献研究室. 习近平关于协调推进“四个全面”战略布局论述摘编. 北京：中央文献出版社，2015：71.

③④ 同①.

误的。有人讲顶层设计是中央的事，地方不存在顶层设计；摸着石头过河是地方特别是基层的事，中央无须摸着石头过河。我以为这种看法是片面的、不准确的。全面深化改革的总体思路、总体安排、总体部署，当然属于中央事权，需要中央拿主意，此谓顶层设计。但是，全球进入风险时代，确定性风险与不确定性风险叠加；国内改革步入攻坚期、深水区，面临的矛盾错综复杂，许多问题牵一发而动全身，中央在一些方面也仍然需要谨慎试探，摸索着前进，此谓摸着石头过河。同理，地方、基层作为改革落地的关键一环，摸着石头过河是基本的改革方法论。但是，地方也有地方的全局性问题，也需要进行地方层级的总体部署和顶层设计。可见，不管是中央还是地方，都需要处理好顶层设计与摸着石头过河的关系，更加注重改革的顶层设计，为改革提供指导、保驾护航；更加注重改革的摸索创新，为改革积累经验、打开局面；更加注重顶层设计同基层创新的紧密配合，既要善于从宏观的运筹帷幄中谋划改革的方针政策，也要善于从基层的实践创造中完善改革的政策主张；更加注重“上”与“下”的呼应联动，发挥中央和地方两个积极性，剃头挑子一头热搞不好改革。

第三节　变与稳的协调

变与稳既对立又统一，变中有不变，不变中有变。变是无条件的、永恒的、绝对的，不变是有条件的、暂时的、相对的。在绝对的变异中总有某些相对稳定的、不变的东西，在相对的稳定中也总有某些变动不居的东西。一成不变的改革不成其为改革，瞬息万变的改革在现实中也是行不通的。有变化方有可能进步。事物的变化无非是变好与变坏两种可能，要避免坏的可能，争取好的结果。邓小平指出：“问题是变好还是变坏。不要拒绝变，拒绝变化就不能进步。这是个思想方法问题。”①

① 邓小平．邓小平文选：第 3 卷．北京：人民出版社，1993：73.

全面深化改革既有变的一面，也有稳的一面。变是活力，稳是定力。有所变，有所不变；敢于变，敢于不变；有所为，有所不为；能变的大胆地变，可为的大胆地为；不能变的坚决不变，不可为的坚决不为；不因变而失了方寸、乱了阵脚，不因稳而停滞不前、一潭死水。有人认为，改革就是变，不变还能推进改革？其实这种看法是片面的。还有一些人看到某些东西没有变，或变得不够大、不够快，变得不符合自己的预期，就质疑改革，这也是不符合辩证法的。变必须在稳的前提下进行，稳中求变。如果以放弃稳为代价求变求新，则只能是乱套、失控，苏联这方面的惨痛教训实在是太深刻了。习近平在2013年中央经济工作会议上强调："'稳'也好，'改'也好，是辩证统一、互为条件的。一静一动，静要有定力，动要有秩序，关键是把握好这两者之间的度。"① 回首过去，中国的改革开放事业之所以取得成功，一个重要原因就在于有所变，有所不变，能变的大胆地变，不能变的不瞎变。中国改革过程中，社会主义的有些东西永远不能丢，资本主义的有些东西永远不能学。1984年，邓小平在接见港澳国庆观礼团时指出，中国有大变的一面，也有不变的一面，"最大的不变是社会主义制度不变，而'一国两制'就是大变，农村政策就是大变……城市改革也是变，是翻天覆地的变化"②。然而，戈尔巴乔夫的改革则以失败告终，一个重要原因就是不懂得变与稳的辩证法，饥不择食、乱开药方，一味求变而忽略不能变的一面，强行拆除国家的四梁八柱，导致整个社会动荡失序，国家轰然坍塌，其结果是改革变成了改向，变革成了变色，把自己的执政地位也给改掉了。今天，站在新的历史起点上，全面深化改革面临的情势更加复杂，更需要我们把握好变与稳的辩证法，不能不变，也不能乱变。

全面深化改革既是一个新事物，又不是一个新事物，稳中有变的一面，变中有稳的一面。具体来说，改革不是改旗易帜，"改革是社会主义制度自我完善和发展，怎么改、改什么，有我们的政治原则和底线，要

---

① 中共中央文献研究室．习近平关于全面深化改革论述摘编．北京：中央文献出版社，2014：49.

② 邓小平．邓小平文选：第3卷．北京：人民出版社，1993：73.

有政治定力”①；改革不是改向，要保持战略定力，“坚持社会主义市场经济改革方向”②；改革要循序渐进，“坚持改革的力度、发展的速度与市场可承受程度的统一”③；改革要有定力，“我国国家治理体系需要改进和完善，但怎么改、怎么完善，我们要有主张、有定力”④；改革不能乱套，“中国是一个大国，决不能在根本性问题上出现颠覆性错误”⑤；改革不是另起炉灶，“科学社会主义基本原则不能丢，丢了就不是社会主义”⑥；改革要胆大步稳，“提出改革举措当然要慎重，要反复研究、反复论证，但也不能因此就谨小慎微、裹足不前，什么也不敢干、不敢试”⑦；等等。习近平的这些论断都体现了变与稳相结合的哲学智慧。

今天，中华民族正处在复兴的关键时期，我们更需要保持战略定力，不为外部的噪音所扰，不为短期的诱惑所动，稳住改革节奏，把准改革方向，实现新时代改革总目标。这里，我们要特别注意两种倾向：

第一种倾向是，国内外有人企图误导中国改革，将中国的改革引导到否定社会主义制度的方向去，把改革定义为往西方的市场经济、西方的发展模式、西方的政治制度、西方的“普世价值”方向改，否则就是假改革、不改革、反改革，就是“左”。现在，有一种说法，就是西方发达国家有的我们要搬来，西方国家没有的或西方觉得不好的，就要去除。对此，习近平掷地有声地予以回答：“问题的实质是改什么、不改什么，有些不能改的，再过多长时间也是不改，不能把这说成是不改革。我们不断推进改革，是为了推动党和人民事业更好发展，而不是为了迎合某些人的‘掌声’，不能把西方的理论、观点生搬硬套在自己身上。”⑧ 习近平还特别

---

① 中共中央文献研究室．习近平关于全面深化改革论述摘编．北京：中央文献出版社，2014：49.

② 中共中央文献研究室．十八大以来重要文献选编：上．北京：中央文献出版社，2014：551.

③ 中共中央文献研究室．十六大以来重要文献选编：上．北京：中央文献出版社，2005：748.

④ 习近平．习近平谈治国理政．北京：外文出版社，2014：105.

⑤ 习近平．在全国党校工作会议上的讲话．北京：人民出版社，2016：14.

⑥ 同②109.

⑦ 同②509.

⑧ 同①20.

指出："在政治制度上，看到别的国家有而我们没有就简单认为有欠缺，要搬过来；或者，看到我们有而别的国家没有就简单认为是多余的，要去除掉。这两种观点都是简单化的、片面的，因而都是不正确的。"[①] 习近平在主持召开十九届中央全面深化改革领导小组第一次会议时强调，坚定改革方向，最为关键的是，"无论改什么、改到哪一步，坚持党对改革的集中统一领导不能变，完善和发展中国特色社会主义制度、推进国家治理体系和治理能力现代化的总目标不能变，坚持以人民为中心的改革价值取向不能变"[②]。全面深化改革的总目标包含两句话，一句是完善和发展中国特色社会主义制度，一句是推进国家治理体系和治理能力现代化，这两句话是一个统一的整体，不能只讲一句话，更不能割裂开来、对立起来。任何时候，中国的改革都是行走在社会主义道路上的改革，推进国家治理体系和治理能力现代化，绝不是西方化、资本主义化！

第二种倾向是，西方一些学者对中国改革存在误判，企图扰乱中国改革。比如，有西方学者认为，中国改革的实质是"利用社会主义来建设资本主义"，而不是"利用资本主义来建设社会主义"。美籍华人黄亚生指出"中国特色社会主义"实质是"中国特色资本主义"。美国著名左翼学者兰兹伯格和伯克特指出："中国的市场改革并不通往社会主义的复兴，而是通往彻底的资本主义复辟。"美国学者安德森认为，中国改革与苏东国家一样，没有背离新自由主义的改革方向，区别在于中国是新自由主义改革成功的典范。《世界是平的》作者、《纽约时报》专栏作家弗里德曼认为，美国和中国改革正在走向"两国一制"（two countries，one system），当然这个"一制"不是社会主义，而是资本主义。这些学者看到中国改革与西方存在某种耦合，就断言中国背离了社会主义，滑向了资本主义的发展轨道，完全违背了变与不变的辩证法。他们只看到中国"改"的一面：支持非公经济发展，鼓励外资进入，允许生产要素参与分配，承认市场在资源配置中的决定性作用，允许一部分地区一部分人先富起来，等等；而忽

---

① 中共中央文献研究室．习近平关于社会主义政治建设论述摘编．北京：中央文献出版社，2017：11.

② 习近平主持召开十九届中央全面深化改革领导小组第一次会议强调 全面贯彻党的十九大精神 坚定不移将改革推向深入．人民日报，2017-11-21.

视了中国还有“稳”的一面：公有制的主体地位没有变，国有经济的主导地位没有变，按劳分配的主体地位没有变，人民至上的改革立场没有变，共同富裕的价值目标没有变，国家政权的社会主义性质没有变。理解中国的改革，既要看到变的一面，也要看到稳的一面。两面都看到，才是真实的中国。

第四节　底与顶的兼顾

底是边界，是底线；顶是理想，是目标。底与顶的辩证法，指的是度的两端的关节点的对立统一，即通过保底、守底，逐步达到顶点、目标，也即“有守”与“有为”的辩证统一。在这里，守底线是手段，争取好的结果才是目的，此谓“守乎其低而争乎其高”。底线与高线是相辅相成、内在统一的，守住了底线，才能向往高线；突破了底线，与高线就渐行渐远了。反过来，把握高线，对准高线，持之以恒靠近高线，是对底线最好的坚守。

坚持底与顶的结合，关键是坚持底线思维。底线是为人处世、开展工作必须坚守的最低的界限、标准、原则、要求，是不可逾越的警戒线，是事物质变的临界点。底线思维就是要敬畏底线，守住底线，增强忧患意识，不回避矛盾，不掩盖问题，凡事从坏处准备，努力争取最好的结果，牢牢把握主动权。古人讲“君子安而不忘危，存而不忘亡，治而不忘乱，是以身安而国家可保也”，说的就是这个道理。

改革有底线。资本主义改革有资本主义的底线，社会主义改革有社会主义的底线。比较 20 世纪 80 年代的中苏改革，能不能守住底线决定了结局。中国改革自一开始就明确了底线，我们的改革是社会主义制度的自我完善和发展，不是从根本上改变社会主义的基本制度。戈尔巴乔夫改革则几乎越过了社会主义制度的每一条底线——推行国有企业私有化，触及了社会主义经济基础这条底线；取消共产党的领导地位，触及了社会主义执政基础这条底线；取消了马克思主义的指导地位，触及了社会主义意识形态这条底线；选择“摧毁整个社会大厦”，“走西方文明之路”，触及了社会主义制度这条底线；主张“一切权力归苏维埃”，触及了中央权威、大局稳定这条底线；改革导致经济形势急剧恶化、民生凋敝，触及了人民利益和民生保障这条底线。最终的结局就是事与愿违，改革以失败告终。

全面深化改革要守住底线，也要守望高线。从总体上来说，改革的底线就是：方向是底线，改革不能改向，中国特色社会主义道路不能动摇；基本制度是底线，改革不能改制，社会主义制度不能动摇；大局稳定是底线，改革不能乱套，不能犯颠覆性错误；群众利益是底线，改革不能与民争利，改革成果应由人民共享。具体到每一个领域，又有各自的底线。比如，经济体制改革的底线是，社会主义基本经济制度不能动摇；政治体制改革的底线是，“坚持和改善党的领导、坚持和完善中国特色社会主义制度，偏离了这一条，那就南辕北辙了”①；文化体制改革的底线是，“导向不能改，阵地不能丢”②；社会体制改革的底线是，社会政策要托底，“兜着民生底线”；生态文明体制改革的底线是，“决不以牺牲环境为代价去换取一时的经济增长”③；农村土地制度改革的底线是，“不管怎么改，不能把农村土地集体所有制改垮了，不能把耕地改少了，不能把粮食产量改下去了，不能把农民利益损害了”④；等等。“高线”是目标，即党的十八届三中全会提出的全面深化改革总目标，是由两句话组成的一个整体：完善和发展中国特色社会主义制度、推进国家治理体系和治理能力现代化。“前一句规定了根本方向，我们的方向就是中国特色社会主义道路，而不是其他什么道路。后一句规定了在根本方向指引下完善和发展中国特色社会主义制度的鲜明指向。两句话都讲，才是完整的。”⑤ 这个简洁鲜明的总目标，同党的十八大报告关于“构建系统完备、科学规范、运行有效的制

① 中共中央文献研究室．习近平关于全面深化改革论述摘编．北京：中央文献出版社，2014：18.

② 同①85.

③ 同①107.

④ 同①66.

⑤ 习近平．在庆祝全国人民代表大会成立60周年大会上的讲话．北京：人民出版社，2014：20.

度体系，使各方面制度更加成熟更加定型”① 相比，更加清晰具体。此外，涉及每一具体领域、具体行业的改革又有各自的底线与边界，也有各自的理想与目标。

当前，我国的改革进入攻坚期、深水区，在全面深化改革过程中如何管控风险、守住底线，是决定改革能否达到理想目标的前提。习近平反复强调，要善于运用底线思维的方法，凡事从坏处准备，努力争取最好的结果，做到有备无患、遇事不慌，牢牢把握主动权。全面深化改革要坚持底线思维，从底线出发，逐步逼近顶点。全面深化改革要敬畏底线，以底线思维划定边界，不越雷池半步，一旦突破底线，不仅无法达到改革的目的，还会带来不可挽回的损失。全面深化改革也要追求高线，以高线引领改革方向，让改革再上一层楼，发展更上一重天。

第五节　点与面的配合

“点”即构成事物的关键环节、局部、重点，“面”即事物的整体、全局。点与面的关系，也即整体与部分的关系。整体和部分不可分割，整体由部分构成，部分是整体的部分，整体统率局部，局部制约整体。整体与部分相辅相成，离开了部分，整体不复存在；离开了整体，部分不成其为部分。整体与部分相互影响，整体的性能状态及其变化决定部分的性能状态及其变化，部分的性能状态及其变化也会影响到整体的性能状态及其变化。对此，黑格尔曾形象地指出，手离开了身体就失去了其作为手的意义，就不叫作手了。离开整体只看局部，或者把部分当成整体，其结果无异于“盲人摸象”。我们认识事物，既要把握事物的重点方面和关键环节，更重要的是把握事物的一切方面、一切联系，把握事物的整体。想问题、办事情、做决策、搞改革，既要从整体着眼，从面上考虑，树立全局观念和战略思维；也要重视局部的作用，搞好局部，优化结构，使整体功能得

① 中共中央文献研究室．十八大以来重要文献选编：上．北京：中央文献出版社，2014：14.

到最大限度发挥。“全面深化改革是立足国家整体利益、根本利益、长远利益进行部署的，目的是要达到一加一大于二的效果，使整体利益产生乘数效应，避免一加一小于二的状况，防止局部利益相互掣肘、相互抵消。”①

全面深化改革，着眼于“全面”，功夫在“重点”。“重点”抓得准不准，关乎改革的成败。习近平在十八届中央政治局第二次集体学习时指出，“改革开放是一个系统工程，必须坚持全面改革，在各项改革协同配合中推进。改革开放是一场深刻而全面的社会变革，每一项改革都会对其他改革产生重要影响，每一项改革又都需要其他改革协同配合。要更加注重各项改革的相互促进、良性互动，整体推进，重点突破，形成推进改革开放的强大合力”②。习近平还强调指出：“全面深化改革是关系党和国家事业发展全局的重大战略部署，不是某个领域某个方面的单项改革。”③ 古人讲“得其大者可以兼其小”。改革如果没有面上的推进，难免顾此失彼；如果没有点上的突破，难免杂乱无章。全面深化改革不能眉毛胡子一把抓，没有重点就没有头绪、没有章法；没有重点就没有政策、没有主张；没有重点，工作就没有波澜起伏、风生水起。深水区的改革，单兵突进不行，齐头并进也不行；畸轻畸重不行，同等发力、同步推进也不行；一哄而上不行，停滞倒退也不行。坚持整体推进，就要“加强不同时期、不同方面改革配套和衔接，注重改革措施整体效果，防止畸重畸轻、单兵突进、顾此失彼”④。但同时要突出重点，“整体推进不是平均用力、齐头并进，而是要注重抓主要矛盾和矛盾的主要方面，注重抓重要领域和关键环节”⑤ 来推进各项改革。2016 年 11 月 1 日，习近平主持召开中央全面深化改革领导小组第二十九次会议时强调，“坚定不移抓好各项重大改革举措，

① 中共中央文献研究室．习近平关于全面深化改革论述摘编．北京：中央文献出版社，2014：152.

② 习近平．习近平在中共中央政治局第二次集体学习时强调 以更大的政治勇气和智慧深化改革 朝着十八大指引的改革开放方向前进．人民日报，2013-01-02.

③ 中共中央文献研究室．十八大以来重要文献选编：上．北京：中央文献出版社，2014：509.

④⑤ 中共中央文献研究室．习近平关于协调推进“四个全面”战略布局论述摘编．北京：中央文献出版社，2015：72.

既抓重要领域、重要任务、重要试点，又抓关键主体、关键环节、关键节点，以重点带动全局，把各项改革任务落到实处”①。全面深化改革，既要抓住关键性的局部，也要兼顾事物的整体，坚持“整体推进和重点突破相结合”，从“牵一发而动全身”的重点领域入手，从“落一子而活全局”的关键环节着力，以点带面，激活全盘改革，这就是点面结合的改革辩证法。

全面深化改革要找准“面”，关键还要抓住“点”。当前，改革的“面”就是“5＋2”的改革布局，“5”涵盖政治体制、经济体制、文化体制、社会管理体制、生态文明体制等方方面面，“2”涉及党的建设体制、国防和军队体制等。全面深化改革的“点”又是什么呢？有人认为，过去40多年的改革重点一直是经济领域，政治体制改革已经滞后，因此，当务之急是迎头赶上，加快政治体制改革的步伐。其实，这种说法似是而非，不符合历史唯物主义的基本观点。从面上来看，“我们党领导的改革历来是全面改革”②。中国改革在某个方面滞后的说法是不成立的，“在某些方面、某个时期，快一点、慢一点是有的，但总体上不存在中国改革哪些方面改了，哪些方面没有改”③。从点上来看，改革的龙头仍然没有变，“经济体制改革仍然是全面深化改革的重点”④。这不是回避其他领域的矛盾，更不是刻意绕开政治体制改革，而是因为经济建设仍然是我们的中心工作，发展生产力仍然是我们的根本任务。马克思主义认为，生产力是最革命、最活跃的因素，是社会发展的最终动力。生产力决定生产关系，生产关系（经济基础）必须适应生产力的发展要求。随着经济基础的变更，全部庞大的上层建筑才会或快或慢地发生变革。因此，任何时候，改革都必须从生产关系、经济基础、经济体制这个切入口着手谋划，通过经济体制改革带动其他各方面改革，这才符合社会的演进逻辑、历史的发展逻辑、

---

① 习近平主持召开中央全面深化改革领导小组第二十九次会议强调 全面贯彻党的十八届六中全会精神 抓好改革重点落实改革任务．人民日报，2016－11－02．

② 中共中央文献研究室．习近平关于全面深化改革论述摘编．北京：中央文献出版社，2014：20．

③ 同②33．

④ 中共中央文献研究室．十八大以来重要文献选编：上．北京：中央文献出版社，2014：498．

改革的实践逻辑。反过来，如果试图通过政治体制改革带动其他各方面改革，则完全是本末倒置。苏联的改革结局已经证明了这一点。今天，全面深化改革必须牢牢扭住“经济体制”这个重点，“发挥经济体制改革牵引作用，推动生产关系同生产力、上层建筑同经济基础相适应，推动经济社会持续健康发展”①。只有牵住经济体制改革这个“牛鼻子”，才能带动全盘改革，实现改革的初衷，完成改革的目标。当然，我们强调经济体制改革的“龙头”地位，并不是要拖延政治体制改革的步伐，也不是要否定政治体制改革的紧迫性和必要性。实际上，我们的政治体制改革从未停止，国家治理体系不断优化，中国特色社会主义制度成熟和制度定型不断迈出新步伐。

第六节　先与后的贯通

办事情的先后次序，表面上是时间问题，实质上是哲学认识论问题，背后蕴含着深刻的方法论智慧。其一，办事情应该有先有后，切忌一哄而上，摊子铺得很大，事情办得很糟；其二，办事情应该知所先后，有条件的、应该办的先办，不具备条件的、不该办的不强行推进；其三，办事情切忌先后颠倒，看准的、该办的事情拖宕推诿，看不准的、有待观察研究的事情仓促上马。

改革涉及方方面面，必须尊重先与后的实践逻辑。我们知道，20 世纪 80 年代，邓小平和戈尔巴乔夫主导中苏两个社会主义大国的改革，在方法论层面的区别之一就是改革先后次序不同。中国的改革遵循先易后难、先经后政、先农村后城市的步骤，循序渐进、有秩序地推进；戈尔巴乔夫则反其道而行之，不分难易，不问先后，不顾后果，一步到位。这种区别绝不是偶然性或不同国情在起作用，从根本上说是遵循还是背离马克思主义方法论的问题，是服从还是违背认识规律的问题。马克思

① 中共中央文献研究室. 十八大以来重要文献选编：上. 北京：中央文献出版社，2014：513.

主义认识论告诉我们，人类认识的基本规律是实践、认识、再实践、再认识，从不知到知，从少知到多知，从熟知到真知。人类的改革实践只能服从认识的基本规律，由浅到深，由简入繁。习近平指出："改革是循序渐进的工作……不能违背规律一哄而上。"① 当改革的规律还没摸清楚，对改革的认知还处于必然王国，还为未知的必然性所控制时，就去强行啃硬骨头、涉险滩，比拼着出台新政策新举措，这不仅难有成效，而且是有害的。

全面深化改革是一项系统工程，要讲究章法，注重节奏，张弛有度，知所先后，有序推进。深水区的改革，单兵突进不行，齐头并进也不行；畸轻畸重不行，同步推进也不行；一哄而上不行，无序改革也不行。习近平强调："要有序推进改革，该中央统一部署的不要抢跑，该尽早推进的不要拖宕，该试点的不要仓促推开，该深入研究后再推进的不要急于求成，该得到法律授权的不要超前推进。"② "要坚持先易后难，易做的先做，难做的不是不做，而是要抓紧谋划、及早推出，为深化下一步改革创造条件。"③ 刘云山也指出：全面深化改革要掌握好节奏，"对条件已经成熟、各方面要求强烈的改革，要下定决心加快推进；对各方面认识还不一致、但又必须突破的改革，要处理好各方面利益关系，尽可能寻求最大公约数、凝聚改革共识；对实践发展有要求、但操作上一时还不那么有把握的改革，可以先行试点，取得经验后再推开"④。也就是说，全面深化改革的路线图设计要从实际出发，具体情况具体分析：看准了的，尽早推动，不要拖宕；认识不一致的，找到改革共识，不要急于求成；看得不那么准的，先行试点，不要仓促推开；缺乏法律授权的，先行修法立法，不要超前推进。改革任务越是纷繁复杂、千头万绪，越是要注重优先顺序、方法步骤。如果没有先后，不顾缓急，眉毛胡子一把抓，核桃栗子一齐数，改

① 中共中央文献研究室. 习近平关于全面深化改革论述摘编. 北京：中央文献出版社，2014：151.

② 习近平. 习近平在山东考察时强调 认真贯彻党的十八届三中全会精神 汇聚起全面深化改革的强大正能量. 人民日报，2013-11-29.

③ 同①146.

④ 刘云山. 加强和改善党对全面深化改革的领导. 人民日报，2013-11-19.

革就会乱了节奏、丢了章法。中国的改革已经到了一个新的重要关头，必须统筹考虑、协同推进，根据实际情况作出有序安排和部署。

第七节　破与立的结合

古人云："不破不立，不塞不流，不止不行"。"破"不是要打倒一切、砸烂一切，"立"不是要改弦易辙、另起炉灶。"破"与"立"的真谛不在于孰轻孰重，也不在于孰先孰后，而在于有破有立，当破则破，当立则立。破为立之始，立在破之中，破与立互为前提和条件。有破无立，必然导致社会失序，出现治理真空地带，甚至走向无政府状态；只立不破，必然出现改革反复，该立的最终也难以立起来。

破旧与立新是对立统一的关系。破，就是要突破陈规。就是要有辩证的否定精神，敢于破除已经被实践证明是错误的东西，打破习惯势力和主观偏见的束缚，把思想认识从那些不合时宜的观念、做法和体制的束缚中解放出来，从对马克思主义的错误的和教条式的理解中解放出来，从主观主义和形而上学的桎梏中解放出来，使主观与客观相符合，使思想与实际相一致。立，就是要创立新说、创新实践。就是要有科学的创新精神。实践基础上的理论创新是社会发展和变革的先导。改革的过程也就是创新的过程。当然，创新是艰难的，在探索中难免会发生失误，难免会发生新旧观点的分歧、对立和冲撞，难免会出现一些真理性的"新说"被当作"异端"，因而需要形成鼓励成功、宽容失败的改革氛围。

全面深化改革既要敢于破，更要善于立；既要破中有立防止失序，又要立中有破防止反复。习近平指出，改革"一定要有自我革新的勇气和胸怀，跳出条条框框限制，克服部门利益掣肘，以积极主动精神研究和提出改革举措"①；"搞改革，现有的工作格局和体制运行不可能一点都不打破"②。只要经过充分论证和评估，只要符合实际，该破的就要大胆地破。

① 中共中央文献研究室. 十八大以来重要文献选编：上. 北京：中央文献出版社，2014：509.

② 同①.

破就是破经济社会发展的瓶颈，破体制机制的障碍，破利益固化的藩篱，破权力寻租的土壤，破不合时宜的思维定势；立就是围绕全面深化改革的总目标，确立与国家治理体系和治理能力现代化相匹配的新体制、新机制、新做法、新理念、新思维。

全面深化改革的过程就是破与立相结合的过程。党的十八大以来，党中央出台的每一项改革举措都体现了破立结合的改革辩证法。比如，经济体制改革方面，不破除 GDP 崇拜，新发展理念就立不起来，供给侧结构性改革就推不下去；政治体制改革方面，不结束过去多头管理的反腐败格局，就不可能建立集中高效的国家监察体系；行政体制改革方面，不破除过去的行政许可审批格局，一站式改革、只跑一趟的改革就难以落地；社会体制改革方面，不废除养老金的双轨制，就无法建立更加公平、更可持续的养老金制度；军事体制改革方面，不摒弃四总部体制、大军区体制、大陆军思维，现代军事体制就立不起来。此外，破旧立新的过程中，旧与新要衔接好，要避免出现真空和缝隙。如果不注意配套和衔接，不注意时序和步骤，极容易产生体制机制上的漏洞。习近平在十八届中央纪委五次全会上指出，“十八届三中全会作出全面深化改革重大部署，党的十八届四中全会对全面推进依法治国作出战略部署，体现了‘破’和‘立’的辩证统一。深入推进党风廉政建设和反腐败斗争，同样要做好‘破’和‘立’这两篇文章”①。全面深化改革既蕴含了破的功夫，也体现了立的要求，贯穿了破立结合的改革方法论。

① 习近平．习近平在十八届中央纪委五次全会上发表重要讲话强调 深化改革巩固成果积极拓展 不断把反腐败斗争引向深入．人民日报，2015-01-14.

第十一章　新时代改革的坚强保障

改革开放以来，中国取得了举世瞩目的发展成就，中华民族伟大复兴展现出光明的前景，中国的国际地位与世界影响与日俱增。辉煌的成绩单，正是中国共产党为什么能赢得人民长久信任的深刻原因。解开中国改革的成功密码，一些人有意无意地绕开马克思主义中国化的指导思想，绕开中国特色社会主义制度，绕开中国共产党。其实，马克思主义中国化的理论优势、中国特色社会主义的制度优势、中国共产党的治国理政优势是无法绕过的，这是中国改革成功的关键密码，是新时代全面深化改革的坚强保障。不了解马克思主义中国化的理论成果，不了解中国特色社会主义制度，不了解中国共产党，就无法解码当代中国，也无法破译中国改革的成功密码，更难以走好未来的改革之路。

第一节　马克思主义中国化的理论优势
——改革成功的思想保障

思想文化是一个国家、一个民族的灵魂。无论哪一个国家、哪一个民族，如果不珍惜自己的思想文化，丢掉了思想文化这个灵魂，这个国家、这个民族是立不起来的。改革开放的成功离不开思想的引领，尤其是离不开马克思主义的科学指引。中国改革开放的伟大胜利，经验可以总结很多条，坚持马克思主义指导地位是管总的一条。

一、坚持马克思主义在全面深化改革中的指导地位

理论是实践的先导，思想是行动的指南。任何成功的实践，都离不开科学理论的指导。

坚持马克思主义指导地位是改革过程中必须始终遵循的基本原则。坚持马克思主义的指导地位，反对指导思想的多元化，这不是由一党之私或一己之私决定的。中国共产党选择和坚持马克思主义，是由马克思主义的科学性、真理性、价值性决定的，是由马克思主义在近代中国一百多年来的伟大征程中所发挥的历史作用决定的，是由国际共产主义运动兴衰成败的历史经验决定的，是由实现中华民族伟大复兴中国梦的历史使命决定的，是由中国共产党成立以来的伟大实践特别是改革开放的伟大胜利决定的，是由共产党执政规律、社会主义建设规律和人类社会发展规律决定的。归根结底，坚持马克思主义的指导地位，是由历史的逻辑、时代的逻辑、理论自身的逻辑以及人民的意志决定的。改革开放必须坚持科学的理论武装，否则就会因为没有正确的理论基础而迷失方向，最终走向失败。任何一个国家、任何一个民族，不管其精神世界多么丰富、思想文化如何多样，都必然有一种占主导地位的文化形态和思想体系，否则，这个社会就会成为一盘散沙，就会失去思想灵魂。精神文化发展不是只要多样不要统一，正如一首美妙的音乐虽然由不同的音符组成，但各种各样的音符还需要统一在共同的主旋律下，才能演奏出动人的乐章。中国改革能够走向成功，在意识形态领域，就是我们始终坚持马克思主义的指导性地位，坚持马克思主义这个主旋律。

坚持马克思主义的指导地位，既包括坚持马克思主义，也包括坚持马克思主义中国化系列理论成果，二者是统一的、一致的。改革开放以来，在坚持、发展、壮大中国特色社会主义的伟大实践中，在不断应对前进道路上各种新情况新问题新挑战的过程中，我们党始终坚持解放思想、实事

求是、与时俱进，坚持把马克思主义基本原理同我国改革发展的具体实际和时代特征结合起来，开辟了中国特色社会主义道路，形成了邓小平理论、“三个代表”重要思想、科学发展观，以及习近平新时代中国特色社会主义思想。中国特色社会主义理论体系创立于改革开放的伟大时代，在一定意义上就是关于社会主义改革开放的正确的理论原则和经验总结。马克思主义及其在新时代的最新理论成果——习近平新时代中国特色社会主义思想，是新时代全面深化改革的基本遵循和行动指南。

新时代改革方法论是习近平新时代中国特色社会主义思想的内容，是马克思主义中国化的重要内容。坚持新时代改革方法论，就是坚持马克思主义，就是坚持马克思主义在全面深化改革中的指导地位。新时代改革方法论为改革指明了方向，确保改革不偏离正确的轨道；新时代改革方法论为改革实践提供了策略，确保改革有的放矢；新时代改革方法论为改革提供了评价的方法，确保改革取得满意的成效。全面深化改革，之所以能在纷繁复杂的世界局势中取得举世瞩目的成绩，其中最重要的一个原因就是坚持科学的改革方法论。习近平曾说，“治大国若烹小鲜”，其中也包含着改革方法论的意蕴。中国的改革正是在改革方法论的指引下不断前行的。当前，我国改革已经进入了攻坚期、深水区，同过去相比，改革所面临的问题更多、难度更大。因此，我们要毫不动摇坚持马克思主义在全面深化改革中的指导地位，毫不动摇坚持科学的改革方法论，以更大的政治勇气和智慧推动下一步的改革。

坚持马克思主义的主导地位，绝不意味着反对社会思想多样化。居于指导地位的思想始终是一元的，但是社会生活中思想应该而且必然是多样的。“思想”是每个人的自由，“如何思想”取决于每个人所持的立场、所接受的教化、所生活的环境、所依赖的背景、所归属的阶级等等，因此，我们决不能以反对“指导思想多元化”为名反对“社会思想多样化”。“指导思想多元化”与“社会思想多样化”是两个完全不同的概念。全面深化改革，改什么，不改什么，为谁改，靠谁改，怎么改，指导思想是明确的，那就是马克思主义；但社会认识却是多样的甚至是对立的。我们要反对“指导思想多元化”，但同时要鼓励思想交锋和学术争鸣。春秋时期政治家晏婴说过，“若以水济水，谁能食之？若琴瑟之专一，谁能听之？”一种声音构不成美妙的音乐，一种颜色构不成美丽的图案，这就是“和而不同”的妙处。“天下有道而庶民议”，才是一个文明和谐的社会。对于当代中国而言，社会思想越是开放和多元，改革的思想迷雾越是重重笼罩，越是要旗帜鲜明地坚持指导思想的一元化；对马克思主义指导地位的挑战越多，对全面深化改革的质疑越多，越是要敢于亮剑，越是要旗帜鲜明地坚持马克思主义的指导地位。

二、用发展着的马克思主义指导新的改革实践

马克思主义是不断发展的、开放的理论体系，会随着时代的发展而不断增添新的内容。坚持马克思主义的指导地位不动摇，指的是坚持马克思主义立场、观点、方法不动摇，并在实践中丰富和发展马克思主义。

世间万物，变是唯一的不变，时代亦然。改革是永恒的主题，作为指引改革的思想武器，马克思主义特别是社会主义改革理论也不能拘泥于特定时代的约束，而是必须根据时代的要求推进中国马克思主义的理论创新，用发展着的马克思主义指导新的改革实践。

用发展着的马克思主义指导新的改革实践，是改革实践发展的客观要求。实践是一个永无止境的发展过程，社会主义改革理论和改革方法论也不可能一成不变、一劳永逸。中国马克思主义必须跟上时代的步伐、改革的节奏，与时俱进、创新升级。随着改革开放的深入发展，旧的问题解决了，新的问题又会出现，过去的改革理论可能会出现不够用、不管用、不能用的状况，这就要求创新发展社会主义改革理论特别是改革方法论，用新的改革理论应对改革中的新情况，解决改革中的新问题。改革每向前推进一步，社会主义改革理论便跟进一步。改革的实践永无止境，社会主义改革理论的创新也永无止境。比如，从改革到全面深化改革；从“胆子要大、步子要稳”到“决不能在根本性问题上出现颠覆性错误”；从“改革是社会主义制度的自我完善和发展”，到“完善和发展中国特色社会主义制度，推进国家治理体系和治理能力现代化”；从“不争论”“拿事实来说话”，到“一分部署，九分落实”；从“市场的基础性作用”，到“使市场

在资源配置中起决定性作用和更好发挥政府作用”……鲜明体现了用发展着的马克思主义指导新的改革实践的基本要求。

用发展着的马克思主义指导新的改革实践，是改革认识深化的内在要求。时代在发展，人们的认识也在深化。马克思主义认识论告诉我们，人对社会主义改革的认识不是一次完成的，而是一个多次反复、无限深化的过程。人的认识总是从不知到知，从知之不多到知之较多，从知之不够深刻到知之比较深刻，不断深化，以至无穷；总是从假说到科学，从现象到本质，从初级本质到二级本质，不断深化，以至无穷；总是从熟知到真知，从经验到知识，从常识到真理，不断深化，以至无穷。随着改革认识的深化，我们必须解放思想，破除迷信，用新思想、新观点、新论断丰富和发展马克思主义，推进马克思主义中国化。全面深化改革是中国改革开放的新阶段，既不能搞教条主义，也不能搞经验主义。过去的改革经验不能迷信，新鲜的改革经验也不能迷信；西方的改革经验不能迷信，自己的改革经验也不能迷信；失败的改革经验不会迷信，成功的改革经验也不要迷信。今天，中国的改革取得了前所未有的成功，积累了丰富的改革经验，创造了科学的改革方法论，形成了中国特色社会主义改革观，但这绝不意味着我们可以依靠过去的改革经验指导未来的改革实践，绝不意味着成熟的改革理论可以一劳永逸地解决未来的改革难题。随着改革实践的深入，改革理论也必将深化。改革没有止境，认识没有终点，马克思主义中国化也不会终结。

用发展着的马克思主义指导新的改革实践，是优化改革效果的现实需要。经过 40 多年的风雨兼程，中国的改革已经取得了举世瞩目的成就。改革解决了多年积累的一系列矛盾和问题，生产力获得了巨大的发展，综合国力显著增强，人民生活水平普遍提高。今天，中国改革已经进入攻坚期、深水区，改革所达到的层面，所遇到的问题，所面临的挑战，都是前所未有的。改革到了一个新的重要关头，各种矛盾和问题相互交织、叠加呈现，各种利益关系错综复杂、纠缠不清。如果说改革初期是吃好吃的肉，那么现在则是啃难啃的骨头。改革到了收效的瓶颈期，与这个瓶颈期相对应的，是人民对美好生活更高的期待和对改革成效更高的要求。如果说以前的改革为的是“解决温饱问题”，那么今天的改革则是“更着眼全面发展，追求的是社会公正，关切的是民众尊严，铸就的是发展动力”①。恰如习近平所说：“我们的人民热爱生活，期盼有更好的教育、更稳定的工作、更满意的收入、更可靠的社会保障、更高水平的医疗卫生服务、更舒适的居住条件、更优美的环境，期盼孩子们能成长得更好、工作得更好、生活得更好。”② 新时代，人们对改革目标有更高的要求，对改革成效有更高的期待，这是中国马克思主义创新发展、社会主义改革理论更新升级的内在动力。

三、坚决防止各种错误思潮干扰改革

新时代推进全面深化改革，必须旗帜鲜明反对新自由主义和民主社会主义。

新自由主义在思想“自由化”的口号下，企图照搬资本主义意识形态，在政治领域搞“全盘西化”，在经济领域搞“全盘私有化”“完全市场化”，在文化领域搞“普世价值化”“完全自由化”，企图将中国改革锁定为“往西方政治制度的方向改”③，这是完全错误的。“新自由主义”改革观作为一种舶来品，衍生于改革开放时期，是西方新自由主义思潮理论逻辑与中国市场化改革实践逻辑耦合的结果，是西方资本主义国家为攫取国际垄断利润而向全球推销的政策主张。它凭借着抽象人权的“普世理念”、个人至上的精神信仰、多元制衡的“宪政民主”、绝对自由的市场经济，试图为中国广泛而深刻的社会变革提供思想指引，幻想把控中国未来社会发展的前进方向。对此，习近平说得非常清楚：“在方向问题上，我们头脑必须十分清醒。我们的方向就是不断推动社会主义制度自我完善和发展，而不是对社会主义制度改弦易张。”④

---

① 改革，回应人民的强烈期待（人民观点）：深化改革方法论之一. 人民日报，2013-01-04.

② 习近平. 习近平谈治国理政. 北京：外文出版社，2014：4.

③ 中共中央文献研究室. 习近平关于全面深化改革论述摘编. 北京：中央文献出版社，2014：19.

④ 同③15.

新自由主义是当代右翼资产阶级的意识形态，是适应国家垄断资本主义向国际垄断资本主义转变的要求而形成的一种思想体系、理论思潮和政策主张。关于新自由主义的内涵与本质，正如一位西方学者所说："新自由主义是我们这个时代明确的政治、经济范式——它指的是这样一些政策与过程：相当一批私有业者能够得以控制尽可能广的社会层面，从而获取最大的个人利益。新自由主义首先与里根和撒切尔关联，最近 20 年，它一直是主流政治党派、大多数传统左派和右派所采取的全球政治、经济趋向。这些党派及其实施的政策，代表了极端富裕的投资者和不到 1 000 家庞大公司的直接利益。"① 新自由主义经济政策是新自由主义理论的集中反映。

一些西方学者将中国改革开放的成功归因于新自由主义，将中国特色社会主义解读为中国特色的新自由主义模式。在这些学者看来，现代化的道路只有华山一条路。苏联道路已经被证明是错误的，中国道路也终将被证明是错误的，历史的发展只能终结于西式自由民主模式。中国如果有成功的地方，那原因就在于走上了西方开辟的新自由主义道路，中国的未来在于继续推进而不是背离这条道路，中国能否成功取决于能否实现彻底的私有化、自由化和市场化。西方新马克思主义的代表人物大卫·哈维（David Harvey）即是其中的代表性人物。哈维将中国改革开放的总设计师邓小平与新自由主义政治家里根、撒切尔夫人并列，意在强调中国的改革开放与英、美一样，实质上转向了新自由主义的发展道路。他指出：邓小平所提出的一系列理论观点，解放思想、实事求是，实践是检验真理的唯一标准，发展才是硬道理，社会主义市场经济，等等，都只不过是为中国脱离社会主义发展轨道的借口，改革开放的初衷就是要脱离社会主义，引进资本主义。"邓小平领导的中国政府宣布了一项经济改革计划，其时间正好与英美转向新自由主义耦合——很难不将之视为是具有世界历史意义的偶然性事件。改革的结果是独裁主义控制下的特殊类型的新自由主义。"哈维在《新自由主义简史》中还指出，中国改革开放的时间与美、英等发

① 乔姆斯基. 新自由主义和全球秩序. 南京：江苏人民出版社，2000：3.

达国家转向新自由主义的时间是基本一致的，这并不是一种简单的巧合①；如果没有里根总统和撒切尔首相20世纪80年代开启的新自由主义转向给中国打开一个空间，中国奇迹是难以想象的；中国的崛起是“发达资本主义世界向新自由主义转向所带来的始料未及的后果”②；中国不仅没有背离新自由主义的发展方向，而且代表着“首屈一指的新自由主义样板国家的形象”③，中国是新自由主义成功的典范④；中国创造了一种具有中国特色的新自由主义模式。

新自由主义左翼学者之所以把中国模式提升到“样板国”和“成功典范”的高度，目的在于“寻找新的成功故事”，树立新的转型样板，炮制出东亚模式（如韩国、泰国、马来西亚）、拉美模式（如墨西哥）之后的又一个“转型明星”。

如何看待新自由主义对中国改革的误导性定位呢？

第一，中国的改革道路与新自由主义改革模式存在某种耦合，但不能借此将中国道路定位为新自由主义。确实，西方世界的新自由主义转向与中国改革开放在时间上是耦合的，市场经济、自由贸易、吸引外资等政策主张也有相似之处。但是，市场经济、自由贸易、吸引外资等都是发展经济的手段，不具有社会制度的属性，资本主义可以用，社会主义也可以用。况且，中国的市场经济是社会主义市场经济，这不同于新自由主义所主张的完全放任的市场化；中国吸引外资、发展私有经济等始终是在公有制为主体的前提下进行的，没有冲击国有经济的主导力和控制力，这不同于新自由主义所主张的完全私有化；中国对外开放、自由贸易始终以独立自主、自力更生为立足点，这不同于新自由主义所主张的完全放任的自由化。

第二，新自由主义改革观没有抓住中国改革发展的主要特征。哈维等西方学者只看到了中国改革与新自由主义模式之间某种耦合的地方，却忽

① HARVEY D，A brief history of neoliberalism. Oxford University Press，2005：120.

② 哈维. 新自由主义和阶级力量的复辟/重建. 经济管理文摘，2007（4）：41.

③ HART-LANDSBERG H，BURKETT P. China and socialism：market reforms and class struggle. Monthly Review，July-August 2004：17.

④ 安德森. 走出神话：中国不会改变世界的七个理由. 北京：中信出版社，2006：239.

略了它们之间不一致的地方，比如在坚持公有制的主体地位、坚持人民主体地位、坚持共产党的领导地位、坚持马克思主义的指导地位、坚持共同富裕的奋斗目标等根本问题上，我们毫不含糊、决不动摇。正是这些基本特征将中国道路同新自由主义模式区别开来。

第三，纵观新自由主义在全球惹的祸，中国改革的成功恰恰说明中国没有误入新自由主义的歧途。新自由主义在全球粉墨登场已经40多年。这期间，新自由主义的触角延伸到全球经济、政治、文化的每一个角落，扮演着重要的角色。但是，同时，新自由主义也在全球惹下了重重灾祸。很多国家在服下新自由主义的药方之后所遭遇的不是“休克”，就是“陷阱”。比如，俄罗斯“休克”容易“苏醒”难，拉美失去“十年”才觉醒，发达国家自身也“遍体鳞伤”。俄罗斯经济学家克洛茨沃格就曾善意地提醒我们：“中国过去在十月革命后‘以俄为师’，现在，我建议中国同志继续‘以俄为师’，只是我们这次不是胜利者，而是失败者。俄罗斯的改革彻底失败了。莫斯科是北京的一面镜子。”① 反观中国，自20世纪80年代以来，一花独秀，从容崛起，其间的重要原因就在于我们挡住了新自由主义的屡屡来犯，坚守自己的原则立场，始终确保改革的社会主义方向。

民主社会主义在意识形态“多元化”的旗号下，鼓吹在社会主义国家发展多元化意识形态，把马克思主义看成多元意识形态中的一元，否定其在意识形态领域的指导地位，将中国改革目标锁定为“民主社会主义化”。这是我们坚决反对的。

民主社会主义，也称社会民主主义，起源于19世纪初的西欧，一直是欧洲左翼政党的指导性理论。民主社会主义主张在民主体制里进行社会主义运动，主张将资本主义的优点与社会主义的优点结合起来，主张开辟既超越资本主义又超越传统社会主义的“第三条道路”。民主社会主义自认为其是社会主义的“民主模式”，是生产领域中的资本主义、分配领域中的社会主义，是替代资本主义的唯一选择，是社会主义的发展方向。

---

① 吴易风. 俄罗斯经济学家谈俄罗斯和中国经济问题：下. 高校理论战线，1995（12）.

民主社会主义思潮在西方历史久远，而传入中国是 20 世纪 80 年代以后的事了。到了 21 世纪初，民主社会主义思潮在我国骤然升温，这一思潮的口号就是“只有民主社会主义才能救中国”。在这些人看来，所谓“有中国特色的社会主义”，其实不过是“有中国特色的民主社会主义”而已。民主社会主义“不仅‘修正’了社会主义，而且‘修正’了资本主义”。以瑞典等北欧国家为代表的社会民主党人成功开辟了从发达资本主义国家和平过渡到社会主义的道路，即所谓“民主社会主义”的道路。这一模式是由宪政民主、市场经济、福利制度、混合私有制等构成的。

民主社会主义思潮传入我国有诸多的原因，既有外部的原因，也有内部的原因，主要是内部的原因。比如，改革开放以来，我国经济社会发展出现了阶段性特征，在贫富差距拉大的基础上因收入分配不公而引起的利益矛盾日益突出，由民主监督缺位而导致的腐败现象愈演愈烈，与经济快速发展相适应的改革相对滞后，等等，这些都给了民主社会主义以可乘之机。

民主社会主义因其高扬“民主”的旗帜而具有极大的欺骗性、诱惑性。因此，我们对这一定位更应该加以仔细地甄别，避免落入他人预先设下的圈套。

第一，民主社会主义≠民主+社会主义。民主是社会主义的生命，没有民主就没有社会主义。从这个意义上说，社会主义从本质上来说是“民主的”社会主义。但民主社会主义不是民主+社会主义，它与科学社会主义有着根本的区别：在指导思想上，科学社会主义坚持马克思主义的指导地位，民主社会主义则将指导思想多元化奉为自己的思想纲领；在发展动力的问题上，科学社会主义既坚持革命也不否定改良（改革），而民主社会主义只主张改良（改革），从根本上否定革命，鼓吹改良主义，民主社会主义始终局限在资本主义框架内，维护资本主义制度；在关于资本主义的前途命运问题上，科学社会主义坚持用社会主义取代资本主义，而民主社会主义则把“社会主义”仅仅看成是对自由、公平、正义的价值追求，不主张从根本上超越资本主义，价值就是一切，“运动就是一切，目的是微不足道的”。总之，民主社会主义思潮不过是打着“社会主义”旗号的反社会主义思潮，民主社会主义作为一种改良型的资本主义，其基本价值主张并没有完全脱离资本主义的制度框架。

第二，中国特色社会主义不等于“民主社会主义”。中国特色社会主义需要民主，必须循序渐进地发展民主，发展更加广泛、更加充分、更加健全的人民民主，发展形式更加丰富、监督更加有力、效果更加明显的人民民主，发展群众感受更加真切的人民民主。因此，我们完全有理由断言，中国特色社会主义一定会走向更加民主的社会主义，但绝不是走向民主社会主义。中国特色社会主义同民主社会主义在理论和实践上都有着本质的区别。中国特色社会主义始终坚持马克思主义的指导地位，决不搞指导思想多元化；始终坚持中国特色的政治发展道路，决不搞西方的三权分立和多党制；始终坚持社会主义市场经济体制，决不走西方的市场化道路；始终坚持公有制为主体、多种所有制经济共同发展的基本经济制度，决不动摇公有制经济的主体地位；始终坚持走共同富裕的发展之路，决不走两极分化的歪路；始终坚持以社会主义核心价值体系引领社会思潮，决不放弃马克思主义在意识形态领域的指导地位。民主社会主义论者只看到中国私有经济的发展壮大，看不到公有经济的主体地位没有变，国有经济的主导作用没有变；只看到中国允许一部分人先富起来，看不到按劳分配的主体地位没有变，共同富裕的价值目标没有变；只看到社会主义市场经济与资本主义市场经济的共性，看不到国家的根本性质没有变，市场经济的社会主义属性没有变；只看到福利保障制度对于缓和劳资矛盾、改善工人阶级状况的积极意义，看不到资本主义的基本矛盾没有变，工人阶级的地位没有变。一言以蔽之，民主社会主义论者只及一点不及其余，只识其表不入其里，以现象代替本质，以局部代替整体，以逻辑代替经验，因而作出错误的估计和判断。

第三，批判民主社会主义的有力武器不是理论而是实践。批判民主社会主义，理论批判固然可取，实践批判才更为有力。今天，如果我们仅仅去批判民主社会主义的虚伪性、欺骗性，而不去完善我国的社会主义经济体制、政治体制、文化体制、社会体制等各项具体制度，不去解决贫富分化问题，不去铲除腐败现象，不去匡扶社会公平与正义，那就永远都不可能铲除民主社会主义在我国生存的土壤。中国特色社会主义若能够在政治民主、社会公平正义、经济发展方面持续作出比所谓的民主社会主义国家更大的成就，充分发挥出社会主义相对于资本主义的优越性，充分彰显中国道路的民族意义和世界意义，那么，民主社会主义在我国将自然失去生存的土壤而归于沉寂。

邓小平在改革伊始就指出："在改革中坚持社会主义方向，这是一个很重要的问题。"① 习近平也明确指出，"我们的改革开放是有方向、有立场、有原则的"②。在涉及改革的方向、立场、原则等根本性问题上，我们必须立场坚定、旗帜鲜明，不讲模棱两可的话，不做遮遮掩掩的事，不犯颠覆性的错误。任何时候，改革不管改到哪种程度，不管面对多大的外部压力，科学社会主义基本原则不能丢，丢了就不是社会主义。

第二节　中国特色社会主义的制度优势
——改革成功的制度保障

1989 年，美国政治学者福山在《历史的终结》中提出了"历史终结论"，认为冷战结束以后，人类政治历史发展已经到达终点，构成历史的最基本的原则和制度就此止步，"资本主义与自由民主的现代体制已经超越了历史和意识形态矛盾，但其他的世界角落还在追赶历史。自由民主制度也许是人类意识形态发展的终点和人类最后一种统治形式"③，西式民主制度是"人类政府的最后形式"，这就是历史的终结。曾几何时，苏联解体、东欧剧变，仿佛都在印证他的说法。

然而，21 世纪的历史已经证明，历史并没有终结。相反，西式民主乱象丛生，制度危机凸显。与此形成鲜明对比的是，社会主义中国"风景这

① 邓小平．邓小平文选：第 3 卷．北京：人民出版社，1993：138.

② 中共中央文献研究室．习近平关于全面深化改革论述摘编．北京：中央文献出版社，2014：14.

③ 福山．历史的终结．呼和浩特：远方出版社，1998：1.

边独好”。面对这样的事实，福山也不得不改口：“随着中国崛起，所谓‘历史终结论’有待进一步推敲和完善，人类思想宝库需要为中国传统留有一席之地。”① 可以说，这体现了中国特色社会主义制度的优越性，是中国改革开放走向成功的重要原因。

一、中国共产党领导的最大优势

中国共产党是中国特色社会主义事业的领导核心。党的领导是中国特色社会主义最本质的特征，是中国特色社会主义制度的最大优势。中国共产党的领导，是历史的选择，人民的选择。近代以来，中国始终处在内外交困的局势中，外有列强虎视眈眈，内有军阀混战剥削压迫。中国共产党从一开始就把维护和实现中国人民的根本利益作为奋斗目标。在革命、建设、改革的伟大征程中，中国共产党坚定捍卫国家民族利益，克服重重阻碍，团结带领人民迎来了从站起来、富起来到强起来的伟大飞跃。正如习近平所说：“没有共产党，就没有新中国，就没有新中国的繁荣富强。坚持中国共产党这一坚强领导核心，是中华民族的命运所系。”②

改革开放是一项庞大的系统工程，是党在新的时代条件下带领人民进行的新的伟大革命。只有坚持党的领导，才能始终保证社会主义现代化建设的正确方向。邓小平曾明确指出，“我们搞四个现代化，是搞社会主义的四个现代化，不是搞别的现代化”③，“如果我们的政策导致两极分化，我们就失败了；如果产生了什么新的资产阶级，那我们就真是走了邪路了”④。这告诉我们，社会主义现代化建设，中国的改革开放，始终是同社会主义基本制度结合在一起的。历史经验证明，只有坚持党的领导，才能顺利实现党提出的战略目标，始终保持改革开放沿着社会主义方向顺利前进。

只有坚持党的领导，才能为社会主义现代化建设创造稳定、安定、团结的社会环境。团结就是大局，团结就是力量。稳定、安定、团结是全国

① 福山．日本要直面中国世纪．中央公论（日本），2009（9）．

② 习近平．习近平谈治国理政：第2卷．北京：外文出版社，2017：18．

③ 邓小平．邓小平文选：第3卷．北京：人民出版社，1993：110．

④ 同③111．

人民的共同愿望，是社会主义现代化建设的先决条件。政局不稳，社会动荡，人心涣散，现代化建设就难以顺利进行。中国共产党具有统揽全局的能力，能够坚持实事求是的思想路线，善于区分和处理不同性质的矛盾，及时调整各方面的利益关系，可以有力地把全国各民族、各阶层的人民团结起来；中国共产党还善于革新进取，总结历史的经验教训，能够紧紧把握社会发展的总趋势，将积累的丰富治党治国经验转化成实际效能，将各项事业不断推向前进。正如邓小平同志在《党和国家领导制度的改革》中所说："在中国这样的大国，要把几亿人口的思想和力量统一起来建设社会主义，没有一个由具有高度觉悟性、纪律性和自我牺牲精神的党员组成的能够真正代表和团结人民群众的党，没有这样一个党的统一领导，是不可能设想的，那就只会四分五裂，一事无成。"① "中国由共产党领导，中国的社会主义现代化建设事业由共产党领导，这个原则是不能动摇的；动摇了中国就要倒退到分裂和混乱，就不可能实现现代化。"②

只有坚持党的领导，才能调动各方面的积极因素，搞好社会主义现代化建设。我们国家幅员辽阔，有 14 亿多人口，56 个民族，经济要发展、政治要稳定、文化要繁荣、社会要和谐、生态要美丽、民族要团结、人民要过上好日子，没有一个强有力的领导核心是不行的。改革开放和现代化建设是群众自己的事业，必须最广泛地动员他们参加，充分发挥他们的聪明才智，得到他们最有力的支持。我们党始终坚持群众路线，通过制定符合中国国情和人民群众根本利益的路线、方针和政策，最大限度地调动起人民群众建设社会主义的积极性；通过强有力的思想政治工作，使全国各族人民团结一致地为实现社会主义现代化而奋斗；通过党的基层组织的战斗堡垒作用和共产党员的先锋模范作用，把人民群众动员和组织起来。改革开放的伟大实践充分证明：党对改革开放和现代化建设的领导核心作用，是任何其他组织和团体都不能代替的。

改革开放 40 多年来，全国各族人民在党的坚强领导下，充分发挥积极性和主动性，心往一处想，劲往一处使，形成一股万众一心、无坚不摧的

① 邓小平．邓小平文选：第 2 卷．2 版．北京：人民出版社，1994：341-342.

② 同①267-268.

磅礴力量，以非凡的智慧和创造力，推动改革开放和社会主义现代化建设取得了辉煌成就，呈现出崭新的局面。实践雄辩地证明：党的领导是改革开放取得成功的根本保障，只有坚持党的领导，才能实现建成富强民主文明和谐美丽的社会主义现代化强国的梦想。

二、人民当家作主的民主优势

习近平在庆祝全国人民代表大会成立六十周年大会上指出："人民当家作主是社会主义民主政治的本质和核心。人民民主是社会主义的生命。没有民主就没有社会主义，就没有社会主义的现代化，就没有中华民族伟大复兴。我们必须坚持国家一切权力属于人民，坚持人民主体地位，支持和保证人民通过人民代表大会行使国家权力。"①

早在抗日战争时期，陕甘宁边区就流传着这样一首民谣，"金豆豆、银豆豆，豆豆不能随便投。选好人，办好事，投在好人碗里头"，生动描述了当时选举的场景，这承载着人民当家作主的愿望。1945 年 7 月，在延安的一孔窑洞里，民主人士黄炎培先生问过毛主席一个问题，怎样才能跳出"其兴也浡焉，其亡也忽焉"的历史周期率？毛泽东回答："我们已经找到新路，我们能跳出这周期率。这条新路，就是民主。只有让人民来监督政府，政府才不敢松懈。只有人人起来负责，才不会人亡政息。"② 事后黄公写下了对毛泽东答话的感想："我想：这话是对的。只有大政方针决之于公众，个人功业欲才不会发生。只有把每一地方的事，公之于每一地方的人，才能使地地得人，人人得事，用民主来打破这个周期律，怕是有效的。"可以说，我国社会主义制度的建立，开创了人民当家作主的新纪元，使占人口绝大多数的广大劳动人民能够以平等的经济地位和政治地位参与到政治生活中去，真正掌握自己的命运。这是社会主义民主政治同一切剥削阶级政治制度的根本区别。

改革开放能够取得成功离不开人民当家作主的制度优势。人民当家作

---

① 习近平．在庆祝全国人民代表大会成立 60 周年大会上的讲话．北京：人民出版社，2014：7.

② 中共中央文献研究室．毛泽东年谱（1893—1949）（修订本）：中卷．北京：中央文献出版社，2013：611.

主的核心要义包括五个方面：第一，中华人民共和国的一切权利属于人民，体现在国家根本性质（国体）上，就是工人阶级领导的、以工农联盟为基础的人民民主专政的社会主义国家；体现在国家政权组织形式（政体）上，就是人民通过各级人民代表大会行使国家权力。第二，国家建立健全法律制度和体制机制，保证人民依照法律规定，通过各种途径和形式，管理国家事务，管理经济文化事业，管理社会事务。第三，一切国家机关和国家工作人员必须依靠人民的支持，保持同人民的密切联系，倾听人民的意见和建议，接受人民的监督，努力为人民服务。第四，国家制定实施的法律法规和方针政策必须体现人民意志、尊重人民意愿、得到人民拥护、维护最广大人民根本利益。第五，国家各方面事业和各方面工作必须坚持以人民为中心的发展思想，不断满足人民日益增长的美好生活需要，促进人的全面发展。

人民当家作主好就好在，可以广泛动员和有效组织全体人民以主人翁的身份投身到社会主义改革和发展事业之中，广泛而充分地调动人民群众建设国家和各项事业的积极性、主动性、创造性，凝聚起全体人民的智慧和力量。人民是历史的创造者、社会变革的推动者，是我们国家的主人。人民的衷心拥护和支持，人民主人翁精神的充分发挥，是改革开放取得胜利的不竭动力。

人民当家作主好就好在，国家各项工作都要贯彻党的群众路线，密切同人民群众的联系，倾听人民呼声，回应人民期待，全心全意为人民服务，不断解决好人民最关心最直接最现实的利益问题，充分体现了我们党执政为民、立党为公的宗旨意识。

人民当家作主好就好在，保证了党的主张与人民意志、国家意志的统一，保证了国家的一切权利属于人民，并接受人民监督，保证了我们少犯错误少走弯路，为我国经济社会发展和人民安居乐业提供了制度保障。

历经70多年实践检验的人民当家作主的制度设计，根植于960万平方公里的丰腴沃土，集聚世界1/5人口的智慧，汲取人类政治文明的精华，焕发着勃勃生机，展现出强大生命力，也必将为我国深化改革、加快发展继续助力加油。

三、公有制为主体的力量优势

经过不懈努力，改革开放以来，中国经济实力迈上了大台阶。到2021年，中国GDP总量已经超过17万亿美元，稳居世界第二，占世界GDP总量的比重从1976年的2.2%上升到了18%；人均GDP已经超过1万美元。今天的中国外汇储备世界第一，制造业增加值世界第一。中国总体上已从一个农业国转型为世界上最大的制造大国，同时也基本上完成了从农村社会向城市社会的转型。中国在40多年间发生了翻天覆地的巨大变化，这些成绩的取得离不开国家掌握经济命脉的力量优势。

我国实行公有制为主体、多种所有制经济共同发展的基本经济制度。公有制主体地位是由社会主义本质所规定并由宪法固化了的法律原则。我国宪法明确规定："中华人民共和国的社会主义经济制度的基础是生产资料的社会主义公有制，即全民所有制和劳动群众集体所有制。"公有制主体地位主要体现在公有资产在社会总资产中占优势地位，国有经济控制国民经济命脉并对经济发展起主导作用。

国家掌握经济命脉可以有效避免出现重大的经济安全隐患，维护国家经济安全。国有经济作为公有制经济的重要组成部分，是社会主义制度的重要经济基础，是国家引导、推动、调控经济和社会发展的重要力量，也是实现广大人民根本利益和共同富裕的重要保证。无论在哪个国家，也无论它采取什么样的体制、制度，控制国家经济命脉的大企业都关系到国家的经济稳定和安全，国家也需要保证这些大企业的安全。国家掌握经济命脉，才能更好地实现企业效益与社会效益、企业发展与国家发展的统一。

国家掌握经济命脉可以有效避免资源浪费、恶性竞争，有利于社会稳定、经济发展。有的学者认为，国有经济缺乏足够的激励和约束机制，因而必然缺乏效率。不可否认，在计划经济体制下，部分国有企业曾经因经济体制和管理制度的原因而效率低下。然而，随着近些年我国国企改革不断深入，国有企业已建立起了比较完善的现代企业制度，其不仅吸收了西方企业管理制度的优点，而且同时兼有我国自身独特的政治优势，比如加强了党组织在企业中的政治核心作用，建立健全职工代表大会制度等。通过建立和完善现代企业制度，我国国有企业经济效益明显提高，科技开发能力、市场竞争能力和抗御风险能力明显增强，总体上已经成为一股健康的经济力量。

国家掌握经济命脉有利于增强对整个国民经济的控制力、影响力和带动力。在改革的过程中，我们也一直不断调试国有企业和国有经济的布局，使之适应改革的需要。例如，针对国有经济分布过宽、整体素质不高、资源配置不尽合理的状况，我们采取了“有进有退、有所为有所不为”的方针，有力推动经济持续健康发展。虽说可能国有经济的比重有所减少，但总量继续增加，质量得到了很大提高，控制力、影响力、带动力得到增强。可以说，国有经济通过“有进有退、有所为有所不为”，更好地发挥了对国民经济的主导作用。国有经济在某些时期、某些领域的“进”和“退”，不是目的，而是手段，是为了更好地发挥国有经济对国民经济的主导作用，促进整个国民经济健康发展。通过不断改革，在一些不属于国家经济命脉的一般性竞争领域，对一些负担过重、经营困难、长期亏损、技术落后的国有企业进行“关停并转”，表现出国有经济的“退”，有利于国有经济集中力量、加强重点，发挥主导作用；而对一些关系国计民生和国家经济命脉的重要领域，鼓励国有企业做优做大做强，鼓励竞争能力强、技术水平高的国有企业兼并技术落后、经营粗放的民营企业，这既是转方式、调结构的需要，也有利于发挥国有企业的主导作用，有利于提高国民经济的整体素质，有利于捍卫改革的社会主义方向。

四、宏观调控与市场调节相结合的体制优势

领导现代经济活动，关键是处理好计划和市场、宏观调控与市场调节的关系。所谓计划，就是按照预定的目标设计相应的行动方案，合理调配人力、物力、财力，以达到最佳的经济效益和社会效益。它的优点是高效、集中。其不足主要有两点：一是经济决策权过于集中，企业成为行政部门的下属单位，缺乏自主权；二是靠指令性计划配置资源，市场机制被完全排斥在外，使人们丧失发展经济的积极性。所谓市场，就是在资源配置过程中，市场起决定性作用。它的优势就是发挥市场的积极作用，能充

分调动人们的积极性。它的不足体现在市场机制只能解决市场微观平衡问题，不能解决宏观经济的平衡问题；只能反映现有的生产结构和需求结构，而不能有效反映国民经济发展的长远目标和结构；不能有效提供公共产品和服务；不能完全解决社会公平和正义问题等，尤其是市场经济本身的逐利原则，使一些市场主体一味追求利益，将商品的质量和诚信放在一边。

如何看待计划和市场的关系？邓小平作出了深刻的回答，他说："计划和市场都是方法嘛。只要对发展生产力有好处，就可以利用。"① 他还说："计划经济不等于社会主义，资本主义也有计划；市场经济不等于资本主义，社会主义也有市场。计划和市场都是经济手段。"② 社会主义经济制度下完全可以实行市场经济这一资源配置方式和经济调节手段。从实践经验层面来讲，我国的改革开放能够一路走来正是充分总结了原有的高度集中的计划经济自身的固有缺陷，改革了不能适应现代社会生产力发展要求的计划经济体制，实行了具备更优资源配置功能的市场经济体制，极大地解放了生产力、发展了生产力，极大地提高了人民生活水平和国家的综合国力。

我国建立社会主义市场经济体制就是把计划和市场这两种手段结合起来，发挥政府作用和市场机制两个优越性，充分调动各方面的积极性，激发全社会的创造活力。但是，我国市场经济体制并不是对西方发达国家市场模式的简单复制，而是充分考虑我国国情和中国特色社会主义的制度属性后形成完善的。宏观调控与市场调节相结合是中国社会发展的必然要求。当代社会科技快速发展，知识更新很快，分工不断加速，产品琳琅满目，只有让市场在资源配置中起决定性作用，才能与经济发展的潮流同步；同时，只有让政府更好地发挥作用，才能有效避免市场机制失灵。

宏观调控与市场调节相结合，有利于经济社会持续健康发展。市场经济体系越完善，越要强调计划和市场的统一，那种认为市场的完善就是计

---

① 邓小平．邓小平文选：第 3 卷．北京：人民出版社，1993：203.

② 同①373.

划的退出的观点是完全错误的。现代经济存在各种不确定性，风险增加，市场机制没有根除风险的功能，放任市场是不可取的，风险和代价都是不可控的。例如美国金融危机就是对资本主义完全放任市场的一次否定。同样，放弃计划，市场经济固有的自发性、盲目性和滞后性就会被放大。社会主义市场经济将计划与市场有机结合，发挥两者的优势，回避两者的不足，可以有效扭转经济运行过程中的偏向问题，有利于经济社会的可持续发展。

宏观调控与市场调节相结合，有利于化解效率与公平的矛盾，既能充分发挥市场机制的作用，又能够最大限度地实现社会公平，有利于全体人民共享改革成果，逐步实现共同富裕。效率与公平是矛盾统一体，统一于适当的社会利益差距。有差距才有效率，但差距又必须保持在一定范围内。差距太小，效率低，动力不足，社会不能有效发展；而差距太大，有失公平，矛盾突出，社会同样难以发展。因此，社会主义与市场经济结合，既能够发挥市场在资源配置方面的效率优势，推动生产力发展，又能够以社会主义的制度优势矫正市场机制唯效率目标所产生的各种问题，实现二者的优势互补，实现公平与效率的统一。

五、社会和谐与政局稳定的环境优势

中国在过去的40多年里之所以发展很快，很重要的一个原因就是社会和谐、政局稳定。和谐稳定对一个国家来说非常重要。只有社会和谐、政局稳定，国家才能正常运转，经济社会才能发展进步，老百姓才能过上安定幸福的生活。和谐稳定是社会上一种相对平衡、均衡协调的运动状态。和谐稳定是指政治稳定、经济稳定、人心和顺、安居乐业等。要想改革开放，稳定是基本条件，其中政治稳定是前提。当然，这里的稳定绝不是指死水一潭，毫无生机。

早在20世纪80年代，邓小平就多次提出必须保持国内安定团结的政治局面。1987年3月8日，邓小平在接见外宾时指出，保持国内安定团结的政治局面，“有领导有秩序地进行社会主义建设”，是实现“三步走发展战略”的重要条件之一。1989年2月，邓小平在会见美国总统布什时指出："中国的问题，压倒一切的是需要稳定。没有稳定的环境，什么都搞不成，已经取得的成果也会失掉。"① 党的十一届三中全会以来，中国共产党深刻总结历史经验和教训，采取了一系列的措施稳定经济、稳定政局、稳定社会，将一个曾经"以阶级斗争为纲"的中国转变到集中力量发展社会生产力的正确轨道上来。今天的中国，百业兴旺，欣欣向荣，可以说，这都与政局稳定分不开。

党的十五大报告指出："在社会主义初级阶段，正确处理改革、发展同稳定的关系，保持稳定的政治环境和社会秩序，具有极端重要的意义。"发展是目的，是硬道理。发展首先是经济发展，也包括政治和文化诸方面的全面进步。改革是动力，是进一步解放和发展生产力，是社会主义制度的自我完善和发展。稳定是前提，是改革、发展必备的政治条件。没有稳定，就根本谈不上什么发展和改革，试想一个动荡不安、兵荒马乱的国家，人民会有什么心思去谋发展、搞改革。稳定包括路线和方针的稳定，这就是国家政治的稳定。作为上层建筑，政治的稳定不仅有利于国家政局和党的政权，而且还有利于经济文化的发展和稳定。解决中国问题的希望，关键是靠改革和发展，靠稳定的政治环境，离开国家的稳定就谈不上改革和发展，更无法提升人民的物质文化生活水平。

政局稳定是改革开放的重要保障，没有政局稳定就没有改革开放的可能性。邓小平指出："中国一定要坚持改革开放，这是解决中国问题的希望。但是要改革，就一定要有稳定的政治环境。"② 改革开放是一场深刻的革命。它是要调整生产关系不适应生产力发展的某些方面和环节，调整上层建筑不适应经济基础的某些方面和环节，其实质是社会主义制度的自我完善，它是一种自上而下的有机结合过程。"自我完善"本身就意味着要在稳定的政局下进行。与此同时，改革是全面而系统的，涉及方方面面、各条战线、各个地区、各个部门、各个单位，它要求破除一切阻碍体制机制的弊端，阻碍发展活力的因素，是一项庞大、复杂、艰巨的系统工程。没有稳定、没有纪律、没有秩序，自然是不行的。我们必须有秩序地进行

①② 邓小平．邓小平文选：第3卷．北京：人民出版社，1993：284.

改革。“所谓有秩序，就是既大胆又慎重，要及时总结经验，稳步前进。如果没有秩序，遇到这样那样的干扰，把我们的精力都消耗在那上面，改革就搞不成了。”① 改革需要稳定，同样开放也需要稳定。只有在政局稳定的前提下，才能广泛地吸引外资来华投资，吸引国外的企业来华办厂，吸收国外的先进技术和管理经验，吸引国外优秀人才流向中国。

六、多党合作和政治协商的政治优势

中国共产党领导的多党合作和政治协商制度是具有中国特色和显著优势的基本政治制度，社会主义协商民主是中国共产党和中国人民的伟大创造。习近平指出，“协商民主是中国社会主义民主政治中独特的、独有的、独到的民主形式”②，社会主义协商民主的创造权、发明权归属于中国。1949 年 9 月，中国人民政治协商会议第一届全体会议通过了《中国人民政治协商会议共同纲领》《中国人民政治协商会议组织法》，标志着中国共产党领导的多党合作和政治协商制度正式确立。70 多年来，政治协商制度与国家、与时代同步发展，汇聚广泛正能量，画好最大同心圆，为社会主义现代化事业作出了重大贡献，是我们改革开放能够取得成功的一条重要经验。

有事好商量，众人的事情由众人商量。习近平指出，“在中国社会主义制度下，有事好商量，众人的事情由众人商量，找到全社会意愿和要求的最大公约数，是人民民主的真谛”③，也是社会主义协商民主的真谛。社会主义协商民主是人民民主的重要形式，具有西式民主不具备的独特优势，习近平概括为五个“有效克服”。

协商民主可以“有效克服党派和利益集团为自己的利益相互竞争甚至相互倾轧的弊端”④。在西方，政党和利益集团门派林立，要么沆瀣一气、相互勾结，要么相互掣肘、排挤倾轧。中国是具有深厚集体主义文化传统

① 邓小平．邓小平文选：第 3 卷．北京：人民出版社，1993：199.

② 习近平．在庆祝中国人民政治协商会议成立 65 周年大会上的讲话．北京：人民出版社，2014：15.

③ 习近平．习近平谈治国理政：第 2 卷．北京：外文出版社，2017：292.

④ 同③295.

的国家，在协商民主的平台下，在中国共产党统一领导下，通过多种形式的协商，广泛听取意见和建议，广泛接受批评和监督，广泛达成决策共识，有效避免了党争纷沓、相互倾轧的现象。

协商民主可以“有效克服不同政治力量为了维护和争取自己的利益固执己见、排斥异己的弊端”①。在西式民主下，各派政治力量为一己之私利、图一时之输赢，奉行“零和博弈”的斗争策略，缺乏协商办事、合作共事、妥协谋事的规则意识，导致符合国家长远利益和人民根本利益的主张难以进入决策程序，难以形成国家意志和公共政策。在中国，中国共产党除了捍卫国家和人民的利益，没有自己特殊的利益追求。中国的一切理论和路线方针政策，一切工作部署和安排，都是为了人民的利益。在这样的格局下，各种利益诉求能够畅通表达，利益共识和决策共识比较容易达成，避免了“大鱼吃小鱼”的困境。

协商民主可以“有效克服决策中情况不明、自以为是的弊端”②。在西方，执政党的责任在于“建构”，而反对党的义务在于“反对”；一方是选择性的建构，一方是无条件的反对。在上台下台的交替中，在执政在野的议会大战中，双双沉沦于受虐和施虐的快感之中，而全然不顾事物的本来面目，这是西方政治生态的缩影。社会主义协商民主的要义在于协商，协商本身就是一个信息共享、意见互通的过程，就是一个避免自以为是、自不量力的过程，就是一个发现错误、纠正错误的过程。

协商民主可以“有效克服人民群众在国家政治生活和社会治理中无法表达、难以参与的弊端”③。西式民主的一个突出弊端就是人民形式上有权、实际上无权。西方将民主简化为选举，将选举简化为投票，“人民只有在投票时被唤醒、投票后就进入休眠期”④。西式民主无法解决在投票之后或非选举期间人民如何行使权利的问题，无法解决政党在选举时漫天许诺、选举后无人过问的问题。然而，中国共产党保证和支持人民当家作主则不是一句口号、一句空话，社会主义协商民主充分发掘了各种参与渠道

① 习近平. 在庆祝中国人民政治协商会议成立65周年大会上的讲话. 北京：人民出版社，2014：17-18.

②③ 同①18.

④ 同①14.

的潜力，形成人民群众参与各层次管理和治理的机制，保证人民依法有效行使管理国家事务、管理经济和文化事业、管理社会事务的权力，有效避免了人民形式上有权、实际上无权的现象。

协商民主可以“有效克服各项政策和工作共识不高、无以落实的弊端”①。政策和工作的落实与否关键在人民群众接不接受、认不认可。协商的过程就是提升共识和认可度的过程，也是督促工作、落实工作的过程。众所周知，议而不决、效率低下与事不关己、政治冷漠是西式民主的通病，这已成为西方国家无法摆脱的民主陷阱。社会主义协商民主则消除了人民群众的政治冷漠，调动了人民群众参政议政的积极性，广泛凝聚起全社会的智慧和力量，形成推进改革发展的强大合力，有效避免了相互掣肘、内耗严重的现象。

中国是一个大国，尚处于社会转型、改革攻坚的关键时期，利益分化愈发多元，各方面矛盾纠纷日益增多。一项决策，尤其是关乎国运民生的重大决策，从形成到落实，需要经历广阔的时空跨度，需要穿越复杂的纵深结构。为了保证决策的科学性、合理性、有效性，协商必须覆盖决策的全过程，协商于决策之前和决策之中。

邓小平曾经说过：“我们评价一个国家的政治体制、政治结构和政策是否正确，关键看三条：第一是看国家的政局是否稳定；第二是看能否增进人民的团结，改善人民的生活；第三是看生产力能否得到持续发展。”②改革开放以来，中国经济实力、综合国力、人民生活水平不断跨上新台阶，我们不断战胜前进道路上各种世所罕见的艰难险阻，中国各民族长期共同团结奋斗、共同繁荣发展，中国社会长期保持和谐稳定，关键就在于社会主义的制度优势充分发挥。绕开了社会主义的制度因素，如同绕开中国共产党的政党因素，绕开马克思主义的思想因素一样，都无法理解中国的改革开放事业，更不可能破译中国改革的成功密码。

---

① 习近平．在庆祝中国人民政治协商会议成立65周年大会上的讲话．北京：人民出版社，2014：18.

② 邓小平．邓小平文选：第3卷．北京：人民出版社，1993：213.

第三节　中国共产党的治国理政优势
——改革成功的政治保证

中国共产党领导是中国特色社会主义最本质的特征，是中国特色社会主义制度的最大优势。中国改革的成功，不能忽略中国特色的政党体制和社会治理模式。从治理模式和执政能力来看，中国共产党不输西方国家任何政党，中国特色的政党制度和治理模式具有鲜明的比较优势。

相对于三权分立、多党竞选、轮流坐庄的西方政治模式，坚持党是最高政治领导力量，坚持党的领导、人民当家作主、依法治国的有机统一，坚持人民代表大会制度、中国共产党领导的多党合作和政治协商制度、民族区域自治制度及基层群众自治制度，构成了中国政治制度和治理模式的突出特色。中国特色的政治制度彰显了以下几个方面的治理优势：

一、社会整合的能力

一党主导、多党合作的政党模式可以有效整合社会资源，集中力量办大事，克服不同党派和利益集团相互倾轧和掣肘的弊端，避免为反对而反对的“极化”政治和“否决政体”。

中国能办大事，也办成了许多别国办不了的大事。成功的秘诀之一是我国社会主义制度具有集中力量办大事的政治优势。邓小平指出：“社会主义同资本主义比较，它的优越性就在于能做到全国一盘棋，集中力量，保证重点。”① 习近平指出：“我们最大的优势是我国社会主义制度能够集中力量办大事。这是我们成就事业的重要法宝。”② 随着中华民族复兴大业的不断推进，集中力量办大事的优势仍然大有用武之地。在一些关系国计民生的重要领域、关键行业、重大工程上，仅仅依靠某一地区或部门的力

---

① 邓小平. 邓小平文选：第3卷. 北京：人民出版社，1993：16-17.

② 习近平. 为建设世界科技强国而奋斗：在全国科技创新大会、两院院士大会、中国科协第九次全国代表大会上的讲话. 北京：人民出版社，2016：14.

量是难以办到的，必须举全国之力才能推进。这样的例子有很多，例如“两弹一星”工程，就是中央在政治环境异常严峻、经济条件异常艰苦的条件下，举全国全民之力集中力量办大事的历史丰碑。邓小平曾经指出：“如果六十年代以来中国没有原子弹、氢弹，没有发射卫星，中国就不能叫有重要影响的大国，就没有现在这样的国际地位。这些东西反映一个民族的能力，也是一个民族、一个国家兴旺发达的标志。”① 改革开放以来，我国又利用社会主义集中力量办大事这一优势，先后建成了三峡工程、高铁、西气东输、西电东送，以及世界上最大的电信网络等举世瞩目的建设项目；完成了“神舟号”“天宫号”“天河号”“蛟龙号”“量子通信”“北斗导航系统”等高科技项目；战胜了洪水、大地震等一系列重大自然灾害。习近平指出，“每个人的力量是有限的，但只要我们万众一心、众志成城，就没有克服不了的困难”②。

反观西方，西方政党制度无法有效整合全社会的力量，要么陷入多数人的暴政，要么陷入少数人的暴政。

“多数人的暴政”是由西式民主体制的基因缺陷所致。所谓“多数人的暴政”，根据法国学者托克维尔在《论美国的民主》中的定义，乃是指以多数人名义行使的无限权力。西方将民主简化为选举，而“少数服从多数”的选举原则衍生出来的副产品就是“多数人的暴政”。尚不论“真理有时往往掌握在少数人手中”，即使少数人不掌握真理，难道就应该沦为被忽略的、被牺牲的那一部分吗?“美国宪法之父”麦迪逊在《联邦党人》第 51 篇中说，“虽然独立战争击败了来自英国的暴政，但独立而民主的美国社会却存在着多数人暴政的可能性”。德国的纳粹大屠杀，美国的黑人歧视，以及弥漫整个世界的种族和性别歧视，这些都是资本主义民主暴政抹不去的记忆。今天，西方民主在发展，“多数人的暴政”却依然根深蒂固，只不过其形式变得越发隐蔽了。

“少数人的暴政”是多数人暴政泛滥所带来的附属产物。西式民主将“少数服从多数”这一原则简单化、绝对化，导致多数人可以天经地义地

---

① 邓小平．邓小平文选：第 3 卷．北京：人民出版社，1993：279.

② 习近平．习近平谈治国理政．北京：外文出版社，2014：5.

凌驾于少数人之上，少数人为了自己的正当利益甚至是非正当利益，以民主的名义践踏民主，这就是少数人的暴政。比如在一些国家和地区，少数人打着民主的旗号瘫痪政府、瘫痪社会，乃至颠覆整个社会体制，而“多数”则往往选择沉默，甚至还在一旁“偷着乐”。泰国的乱局可能是最好的例证。首先是一人一票的民主选举，接下来是没完没了的“红黄大战”，最后是军方又一次以“没有选择的”政变来收场，无一不是由少数人引起的暴政。还有一种形式则隐藏的更深，可以以前些年热播的美剧《纸牌屋》为例。抛却其中浮夸的戏剧元素，其无疑真实映射了美国社会一种另类的少数人的暴政——党鞭们所演绎的“温柔的”、兵不血刃的暴政，他们借用自由民主投机取巧，排斥异己，影响甚至颠覆国家的权力设置和正常运行。他们用贫穷、战争、物欲、消费、娱乐、价值观愚化了多数人，左右了多数人。

进入 21 世纪，西方政党制度越来越走向“否决政体”“极化政治”，反对党为反对而反对，相互倾轧掣肘，很难整合全社会的力量，无法就关乎长远的问题作出安排，关乎长远的改革步履维艰。福山认为，美国“极化政治”成了主流，“否决政治”盛行。比如，特朗普上任以后，奥巴马所有载入史册的政治遗产都被特朗普废掉了。奥巴马的跨太平洋伙伴关系协定（TPP），被特朗普废了；奥巴马的“医改法案”将 5 000 万没有医保的人纳入进来，被特朗普废了；奥巴马与古巴达成的协定改写了美国 50 多年的美古外交关系史，被特朗普废了；奥巴马签署的《巴黎协定》载入史册，特朗普退出了；奥巴马签署的《伊核协议》，特朗普退出了；特朗普还退出了联合国教科文组织、联合国人权理事会、世界卫生组织、万国邮政联盟、《全球性难民和移民协议》、《维也纳外交关系公约》、《中导条约》等。如果一个国家的政党完全沦为不同社会阶层操弄的工具，那么整合全社会力量就几乎不可能了。

二、战略规划的定力

中国政治制度的优势之一在于可以制定长远发展规划，保持大政方针政策的稳定性、连续性，使今天的事业与明天的事业相衔接，当前的利益同长远的利益相结合，局部的利益同整体的利益相一致，而不受政党更替的影响。这在那些“走马灯”式地换政党的国家是根本做不到的。

中华民族复兴事业之所以走得快、走得稳，改革开放事业之所以取得前所未有的巨大成功，与中国共产党人一届接着一届干，一代接着一代干，一张蓝图绘到底是分不开的。

反观西方，囿于当下和眼前的利益，缺乏长远的战略眼光，这是西方政党体制的一大软肋和硬伤。

“浮于当下”即目标短视、利益短视。在西方，政党恶斗，只顾眼前利益不顾长远利益，只注重任期目标忽视战略目标，这早已不是什么秘密。政党、政客为了选票竞相讨好选民，选票成为政党的指挥棒，政党围着选票转。比如，美国早已成为政治僵局的代名词，政党利益高于一切，国家痴迷于党派之争。美国的“高铁梦”就是政党纷争的牺牲品。1965年，美国出台《高速地面运输法》，这成为美国“高铁梦”正式出炉的标志。奥巴马政府2009年上台后即制定了雄心勃勃的高铁规划，可直至奥巴马卸任也没有一条高铁通车，沦为世界笑话。这一切皆是因为政治。2011年2月，时任副总统拜登宣布了一项耗资530亿美元的高铁计划。但是，2011年共和党控制众议院后，却拒绝为这项计划买单。美国联邦政府早在2009年就给相关州拨付了110亿美元的高铁建设启动经费，但2010年来自共和党的佛罗里达州新州长上任后立即否决了该州的高铁建设计划，并把24亿美元拨款退回联邦政府。随后，同为共和党的俄亥俄州州长和威斯康星州州长也相继取消了高铁项目，退回了联邦政府划拨的资金。如今，奥巴马的“高铁梦”已破碎，毕竟在一个“政党纷争”的时代，即使作为总统的奥巴马也心有余而力不足。美国的民主中缺少一个能代表最广大人民根本利益、长远利益的政治权威，所以，美国要搞点改革，比中国难多了。难怪时任美国国防部长帕内塔就议会的恶斗愤怒地对记者说：“我过去总感觉，国会领袖以及无论哪位总统，当涉及这个国家面临的重大问题时，都愿意合力解决那些问题。总是有一些界线……我认为，眼下的状况太卑鄙了。”

西方政党体制在“选票”的催化作用下一个劲地奔驰向前，无暇高瞻远瞩，谁能赢得当下就能赢得未来，谁能赢得选票就能赢得当下。资本主义社会是“铁打的民主，流水的官”，党派轮流执政，权力轮流执掌，各路豪杰轮番登场又轮流谢幕，大政方针和战略思路难免改弦更张、前后不续。为了下一轮选票，唯有在任期之内建功立业，“赢得生前身后名”；唯有从当下入手，着眼于触手可及的目标和利益；唯有寅吃卯粮，不惜举债填充当下人的胃口。冰岛破产！希腊破产！爱尔兰破产！欧债危机！美国、英国、法国、日本、西班牙、葡萄牙、意大利等西方国家债台高筑！政客们想要说服选民接受财政紧缩，却又害怕被选民抛弃。民主被迫至此，难道这就是西方政党模式“普世”的地方吗？

在西方，多党竞选、轮流执政的制度设计，以及只顾当前、急功近利的选票导向，决定了西方难以出台中、长期战略规划。邓小平曾说道：“美国把它的制度吹得那么好，可是总统竞选时一个说法，刚上任一个说法，中期选举一个说法，临近下一届大选时又是一个说法。美国还说我们的政策不稳定，同美国比起来，我们的政策稳定得多。”① 中国是一届接着一届干，一张蓝图绘到底；而西方是一届隔着一届干，一届对着一届干。2012 年，英国《金融时报》曾进行过一次“全球著名企业 CEO 眼中最称职、最可靠的组织是什么”的调查，结果显示，在这些 CEO 看来，自己的能力是第一位，中央银行处在第二位，“中国共产党”居第三位，得票率为 64%，远高于美国总统（33%）和美国国会（5%）。他们的理由是，中国政府在制定政策时总是着眼长远，而“美国的问题在于政策都是短期的，没有人知道接下来会发生什么”。今天，很多人都在探寻中国崛起的奥秘，或许这就是中国奇迹的制度根源。

三、决策执行的效率

中国共产党崇尚实干兴邦，拿事实来说话，对出现的挑战及时反应，对认准的事情有序推进，对攸关长远的事情“一届接着一届干”。这在那些擅长掣肘、内耗，为反对而反对的西方议会制度和政党体制下是不可想象的。

崇尚实干，不尚空谈，是马克思主义政党的重要特征。实践的观点是

① 邓小平. 邓小平文选：第 3 卷. 北京：人民出版社，1993：31.

马克思主义哲学首要的基本的观点。马克思曾批判道，哲学家们只是解释世界，问题在于改变世界。社会生活在本质上是实践的，社会主义是干出来的，世界上的事情都是干出来的，不干，半点马克思主义都没有。我们党历来强调实干，不争论，不折腾，拿事实来说话。邓小平指出，“社会主义国家有个最大的优越性，就是干一件事情，一下决心，一做出决议，就立即执行，不受牵扯。……没有那么多互相牵扯，议而不决，决而不行。就这个范围来说，我们的效率是高的”①。习近平在谈到民族复兴时，强调“空谈误国，实干兴邦”②；在谈到“中国梦”时，强调“幸福不会从天而降，梦想不会自动成真”③；在谈到改革方案时，强调“一分部署，九分落实”④；在谈到扶贫工作时，强调“脱贫攻坚工作要实打实干”⑤；在谈到国家发展成就时，强调“幸福都是奋斗出来的”⑥。习近平还号召全国人民，“大家撸起袖子加油干”⑦，走好我们这一代人的长征路。这些论述都是对马克思主义政党实践品格的最好阐释。

效率低下是西式政党模式无法摆脱的梦魇。由于制度设计的结构性缺陷，西方政治制度已经“从一种旨在防止当政者集中过多权力的制度变成一个谁也无法集中足够权力作出重要决定的制度”（弗里德曼语）。本来，人们“成立政府是为了发挥作用和作出决断”（福山语），而现在，由于国会制衡权力的扩大、政治分歧的加剧、特殊利益集团影响力的上升，国家的权力碎片化，朝野政党尖锐对立，体制改革举步维艰，议会立法议而不决，政府施政效率低下，甚至出现议会会期停摆、政府关门歇业的尴尬局面。美国前财长萨默斯对此深有体会，长期以来，美国都以民主典范自居，可“如今在美国，人们对民主制度的基本功能普遍感到担忧”，“任何人，只要在华盛顿政界工作过，都有充足的机会体会巨大的挫折感。在美国政界，几乎每个人都感到，有很多事非做不可，但在当前的环境下却又

① 邓小平．邓小平文选：第3卷．北京：人民出版社，1993：240.
② 习近平．习近平谈治国理政．北京：外文出版社，2014：36.
③ 同②44.
④ 习近平．习近平谈治国理政：第2卷．北京：外文出版社，2017：261.
⑤ 同④92.
⑥ 习近平．习近平主席新年贺词（2014—2018）．北京：人民出版社，2018：3.
⑦ 同⑥9.

做不成”。美国普林斯顿大学教授克鲁格曼则断言：“只要我们是一个否决政体而非民主政体，我们就不可能是伟大国家。”《华盛顿邮报》评论员威尔曾在文章中写了一段有趣的对比：美国在大萧条时代花了 410 天建起帝国大厦，在战时花 16 个月建造了五角大楼，如今在圣迭戈造一座海水淡化厂都需要花 9 年时间才能通过审批。特朗普制订了雄心勃勃的基础设施建设计划。在 2018 年 1 月 31 日的国情咨文演讲中，特朗普称：美国曾是建筑者的国度，曾在一年内建起了帝国大厦，但如今一条公路获批需要耗时十年，这难道不是耻辱？他还说：“我要求民主党与共和党共同合作，给我们一个安全、快速、可靠、现代化的基础设施，这是美国经济所需，也是美国人民所需。”然而，特朗普能否成为美国的“基建总统”，能否实现 21 世纪的美国梦，现实已给出了答案。

西方政治模式之所以效率低下，源于分散多核的权力中心、个人主义的价值观、模糊的公共利益界限。在政治活动中，利益集团之间要角力争雄，议员之间要编排“舌尖上的民主”，执政党与在野党之间要互相诋毁掣肘，总统和议会之间要斗智斗勇，选民有事没事出来折腾。似乎不反对不扯皮就显示不出“民主”的存在，似乎“低效”是民主必须付出的代价。相反，政党和议会紧密配合、政府和百姓同心同德、中央和地方上下一心，这与现代“民主”似乎格格不入，“高效”已经沦为威权统治的潜台词。然而，将权力制衡和保障个人自由作为“低效民主”的挡箭牌，未免太过牵强附会。美国布鲁金斯学会研究员、克林顿政府国家安全委员会特别助理李侃如在谈及印度的“制度成本”时说：“印度政府从来都有一个雄心勃勃的计划，但只是‘Paper Plan’，从来没有变成‘Real Plan’。一项基础设施必须要与不同的利益集团讨价还价，谈项目要好几年，干项目又要好几年。”印度计划委员会一位高级顾问曾说，印度早在 20 世纪 60 年代就开始搞“经济特区”，而成功的却是中国。印度一位驻华大使回国后发现，三年前就动工的一座立交桥还没有修完，而北京在三年内不知修了多少立交桥。

四、选贤任能的制度

中国共产党执政团队的培养选拔机制也有优势，比如国家领导层有序更替，注重基层经验和多层级历练，不受财团的牵制、民粹的裹挟、演技的忽悠，可以避免选出富豪代言人、民粹领导人或平庸政客。

中国各层级领导团队的选拔有一套严密的规则，能综合考虑各方面因素。比如，台阶很重要，一个台阶一个台阶上，火箭式提拔在今天的中国不可能出现；历练很重要，重要领导岗位人选一般都需要在两三个下级岗位上经受锻炼；政绩很重要，是不是作出了实实在在的业绩，得到各方面的认可；口碑很重要，群众认不认可、满不满意是选拔干部的重要参考；能力很重要，拟提拔任用的干部是不是具有驾驭一方的工作能力；程序很重要，是不是按程序、按规定操作，有没有走民主程序，有没有经过集体讨论决策。中国这一套制度安排，目的就是要将最合适的人选拔到相应的岗位上。

“辨材须待七年期”，经过这样层层考核选出来的干部，特别是高级领导干部，绝大多数都具有高度的政治忠诚、坚定的理想信念，都有在中国社会各领域主持过工作的丰富阅历与经验，都取得突出政绩赢得了人民的拥护，成为推动中国经济社会持续快速发展的关键领导力量。中国的政治实践充分证明：具有中国特色的选贤任能用人制度是富有成效的，它确保了所选出来的干部始终全心全意为人民服务，而不是为选票服务；确保了所选出来的干部是开拓创新的“实干家”，而不是只凭口舌博取选票的“演说家”；确保了所选出来的干部能真正落实各项方针政策，为人民谋求福利，而不是只开空头支票，无法兑现对选民的承诺。

反观西方领导人的选拔，执政经验和执政能力可能是次要的，政绩是次要的，台阶是次要的，而演说能力、游说能力、外表形象、金钱实力、营销策略等却反次为主，成为决定选举胜负的主要因素。西方将民主选举变成了游戏，选民以娱乐的心态对待民主。西式民主在游戏中沉沦，选民在娱乐中迷茫。在这场游戏中，赢的永远是政客，输的始终是选民。

“民主游戏”的基本玩法是：民主被简化为竞选程序，竞选程序又被简化为政治营销，政治营销又被等同于拼资源、拼公关、拼谋略、拼形象、拼演艺表演（张维为语）。口才好胜于能力好，好脸蛋胜于好才干！一句话，选民和政客都在“闹着玩儿”。比如 2013 年，1/4 的意大利选民支持贝佩·格里洛——一位喜剧演员。日本前首相野田佳彦公开说“在现有政治家中，我是街头演说做得最好的”。

“民主游戏”的基本特征是：“刺激”。在这场游戏中，选民玩的是刺激，政客玩的是心跳。为了吸引更多人来玩，政治家费尽心机，一味邀宠于选民。在选举中，激进的声音、批判的声音、猎奇的声音、破坏性的声音容易吸引选民，而温和的声音、理性的声音、折中的声音、建设性的声音却得不到肯定；中规中矩、一板一眼的选举无人关注，互相缠斗、相互揭老底的厮杀却引人入胜。比如2010年，冰岛的“最佳党”承诺将公然腐败，却赢得足够选票，成功走进雷克雅未克市议会。我们还发现，“作秀”和“煽情”成为政治家的基本素质，“奇闻逸事”和“花边新闻”成为克敌制胜的法宝，擅长甜言蜜语的政客往往能够渔翁得利。

“民主游戏”的重大缺陷是：好玩但不经玩。“民主游戏”往往缺乏“保鲜期”，“投与不投一个样，投你投他一个样”。在激情过后，饱含着选民对民主的审美疲劳和占有的乏味，其中还夹杂着对不断重复的现实的失望，这些足以解释为什么西方国家选民投票率普遍偏低，为什么大量选民“偏偏有权不用，等着过期作废”。一项针对49个“民主国家”的研究显示，选民数量从1980—1984年间至2007—2013年间下降了10个百分点。他们渴望民主却又厌倦民主，他们依赖民主却又反抗民主，他们被民主绑架，为民主所奴役，玩“民主”而丧志。

我们或许可以说，西方想要的并不是民主，而是“民主”这一标签本身。民主被赋予了“文明、进步、自由、人道”等丰富内涵，政客们“言必称民主”，仿佛不如此就不足以占领道义的制高点。任何国家、任何政治人物，只要贴上了“民主”的标签，就掌握了至高无上的道义力量和话语霸权，就握有了国际社会的通行证，就可以趾高气扬地行走在列国之间，就拥有了对其他国家说三道四的资格，就可以以“民主”为界党同伐异。而至于“民主”的真谛——人民主权早已抛于九霄云外了。

五、自我净化的机制

历史总是循着曲折的道路，奔向理想的彼岸。一帆风顺是理想，曲折前行是必然。一个政党的伟大不取决于在顺境中轻装上路、阔步前行，而取决于在逆境中能逆势前行，在绝境中能绝地重生，在错误之后能拨乱反正，在挫折之后能毅然奋起，在风雨中能风雨兼程，在谷底能向着远方的目标坚定前行。中国共产党干的是一项崭新的事业，马克思没有讲过，我们的前人没有做过，其他社会主义国家没有干过，没有现成的经验可学。我们只能在实践中摸索，不犯错误是良好愿望，有错误是客观事实，关键在于如何少犯错误，如何避免犯颠覆性的错误，如何对待自己的错误，是否有能力修正自己的错误。

100 多年来，中国共产党书写了世界政党史和国际共运史上最辉煌的篇章，锻造了世界上最强大的政党；但曾经也因为右的错误、“左”的错误，路线的错误、主义的错误，一次次站在了生死存亡的悬崖边上。比如，陈独秀右倾机会主义错误导致大革命失败，近 6 万党员锐减到 1 万多人；王明“左”倾教条主义错误导致第五次反“围剿”失败，革命力量遭到极大损失；“大跃进”和人民公社化运动造成国民经济比例严重失调，国家和人民遭到重大损失；“文化大革命”使国民经济到了崩溃边缘，给党、国家、人民带来严重灾难；等等。但是，在历史紧要关头，中国共产党之所以能够一次次悬崖勒马、力挽狂澜，一次次转危为安、化危为机，就在于我们党敢于坚持真理、修正错误，始终保持自我革命、从头再来的勇气；就在于我们党始终具有极强自我纠错能力和自我修复能力，不会因为一次的跌倒而失去站立的能力，不会因为一时的错误而坠入万劫不复的深渊。习近平指出：“我们党为什么能够在现代中国各种政治力量的反复较量中脱颖而出？为什么能够始终走在时代前列、成为中国人民和中华民族的主心骨？根本原因就在于始终保持了承认并改正错误的勇气，一次次拿起手术刀来革除自身的病症、解决自身的问题。”① 世界上没有不犯错误的党。中国共产党的伟大不在于不犯错误，而在于从不讳疾忌医、不掩饰缺点、不回避问题、不文过饰非，有缺点克服缺点，有问题解决问题，有错误承认并纠正错误。这是中国共产党从胜利走向胜利的重要

① 本报评论员．党必须发扬自我革命精神：三论学习贯彻习近平总书记在省部级专题研讨班上重要讲话．人民日报，2017-02-16.

秘籍。

党的十八大以来，我们党持续推进自我革命，以自我革命引领伟大社会革命。我国经济总量稳居世界第二位，中国特色社会主义民主政治不断发展，意识形态领域一度出现的被动局面得到根本扭转，脱贫攻坚取得决定性进展，生态文明建设成效显著。我国国际影响力不断增强，党和国家事业取得全方位、开创性的成就，发生深层次、根本性的变革。究其原因，就在于党在自我革命中实现了浴火重生。在党的十九大开幕后第二天的新闻发布会上，中纪委副书记杨晓渡给出的数字是，十八大以来的五年，我们立案审查省军级以上党员干部及其他中管干部 440 人，其中，中央委员、候补中央委员 43 人，1945—2012 年间，中央开除的中央委员 27 人，候补中央委员 8 人，共计 35 人。可见，自我净化、自我革命是中国共产党的生存法则。实践充分证明，以习近平同志为核心的党中央站在党和国家事业全局的战略高度，以猛药去疴、重典治乱的决心，以刮骨疗毒、壮士断腕的勇气，以“得罪千百人，不负十四亿”的担当全面从严治党，使党在革命性锻造中焕发出强大生机活力，为新时代中国特色社会主义这场伟大社会革命的推进提供了坚强政治保证，为推动改革开放取得新的更大胜利奠定了坚实政治基础。

六、国际交往的韬略

40 多年来，中国改革开放事业取得巨大成功，与总体有利的国际环境是分不开的，与中国共产党的国际交往韬略是分不开的。

国内外历史经验证明，国家的发展需要良好的国内外环境，需要尊重国际社会发展的普遍规律。逆世界历史潮流而动，最终只会饮下自己酿造的苦酒。

西方大国似乎只认识到，国强必霸是 500 年来始终不变的历史旋律。回顾近代史，16 世纪，西班牙、葡萄牙建立了海洋霸权，瓜分了世界；17 世纪，海上马车夫——荷兰取而代之，成为新的世界霸主；18、19 世纪是英法两国争夺世界霸权的世纪，英法两国打了 150 多年，法国越打越穷，英国越打越富，最后成就了“日不落帝国”；19 世纪末 20 世纪初，德国和日本相继崛起，试图通过战争建立新的世界霸权，可惜“壮志未酬”，惨遭失败；20 世纪是美苏争霸的世纪，也是美国完胜的世纪；21 世纪头十几年，国际格局仍然是“一超主导”，霸权秩序仍然是国际社会的主导逻辑。

中国共产党则认识到，霸极必衰是逃不脱的历史法则。历史是最好的教科书。纵观世界历史几千年，凡是称王称霸的国家最后都没有好结果，不是被人灭亡就是自取灭亡。比如亚述帝国、阿拉伯帝国、波斯帝国、亚历山大帝国、古罗马帝国、奥斯曼帝国、拜占庭帝国、法兰西帝国、大英帝国，再到 20 世纪的法西斯德国、日本帝国等，都不过是昙花一现，成为历史的匆匆过客。20 世纪末，美国在美元、美军和美语三大支柱的支撑下，建立了第一个覆盖全球的世界性霸权。但这绝不意味着美国的霸权将会万年不朽、与日同辉。国虽大，好战必亡。今天，美国的颓势已经显现，霸权的没落不可避免。“以史为鉴，可以知兴替。”中国人何其有智慧，岂会重蹈西方霸极必衰的覆辙。改革开放之初，邓小平就公开宣示，“中国永远不会称霸，永远不会欺负别人”①；“我们反对人家对我们发号施令，我们也决不能对人家发号施令”②；“我们就不应该要求其他发展中国家都按照中国的模式去进行革命，更不应该要求发达的资本主义国家也采取中国的模式”③。江泽民在与克林顿总统会谈时指出：“中国不搞军备竞赛，不搞军事集团，不会对美国的安全构成威胁。”④ 胡锦涛倡导建设持久和平、共同繁荣的和谐世界。习近平在党的十九大报告中再次向世界公开承诺，“中国发展不对任何国家构成威胁。中国无论发展到什么程度，永远不称霸，永远不搞扩张”⑤。中国共产党人历来言必信、行必果。

中国共产党深谙国际环境的重要性，始终坚定奉行独立自主的和平外

① 邓小平．邓小平文选：第 3 卷．北京：人民出版社，1993：56.

② 邓小平．邓小平文选：第 2 卷．2 版．北京：人民出版社，1994：319.

③ 同②318.

④ 江泽民．江泽民文选：第 1 卷．北京：人民出版社，2006：333.

⑤ 习近平．决胜全面建成小康社会 夺取新时代中国特色社会主义伟大胜利：在中国共产党第十九次全国代表大会上的报告．北京：人民出版社，2017：59.

交方针。20 世纪 80 年代，邓小平提出了冷静观察、沉着应付、韬光养晦、有所作为的方针，构成了我国外交工作为国家战略目标服务的指导思想。所谓“冷静观察、沉着应付”，指的是面对错综复杂的国际环境及其发展变化，我们应当秉持的基本态度。所谓“韬光养晦”，是指应当从我国基本国情和国际力量对比的实际出发，首先把我国的事情办好，不称霸，不谋求势力范围，不搞集团政治，不干涉别国内政。既不当霸权主义的头头，也不当第三世界的头头，过头的话不讲，过头的事不做。避免过分张扬、授人以柄、引火烧身，着重营造有利于我国集中力量进行经济建设和长期的和平国际环境。韬光养晦，绝不等于忍气吞声，更不是“软弱退让”，而是要“收敛锋芒，保存自己，徐图发展”①，这是中国外交的大智慧，国际交往的大韬略。所谓“有所作为”，是指面对复杂的国际环境，特别是某些时期的严峻形势，我国外交工作应有的精神面貌和工作要求。中国决不能因为错综复杂的环境和严峻的形势而无所作为，必须始终保持奋发有为的精神状态，为实现我国现代化建设战略目标争取有利的国际环境。

① 江泽民．江泽民文选：第 2 卷．北京：人民出版社，2006：202.

第十二章　中国方案与全球治理体系改革

“世界怎么了、我们怎么办?”这是习近平主席发出的“世界之问”。西方主导的世界体系为维系战后世界格局发挥了重要作用，但一定程度上也构成了“世界之问”的制度根源。“世界之问”，制度是表象，根子在哲学。现行国际秩序隐藏着反映西方利益的文明规则和价值理性，这是当今世界诸多乱象的哲学本原。在不确定的世界中寻找确定性，国际社会的目光投向中国，期待看到中国方案，中国没有缺席。中国方案直指人类面临的发展赤字、治理赤字、信任赤字、文明赤字、和平赤字和制度赤字，具体呈现为发展的中国方案、治理的中国方案、信任的中国方案、文明的中国方案、和平的中国方案和制度的中国方案，贯穿其中的总方案是人类命运共同体理念。中国方案旨在推动国际关系民主化，推动全球治理体系改革，旨在建设更加美好的世界。中国方案走向世界是一个循序渐进、水到渠成的过程。归根结底，中国方案与中国复兴共命运。中国方案走向世界，绝不是追求中华文化殖民世界，绝不是走向东方中心主义。

第一节　“世界怎么了”

“这是最好的时代，也是最坏的时代。”英国文学家狄更斯对工业革命后世界景象的描述似乎仍然适应于当今时代。

（1）发展赤字。20世纪中叶，美国主导塑造了第二次世界大战以后的世界经济体系。在这个体系中，发达国家是中心国家，而发展中国家则固守边缘地带。西方发达国家在全球产业分工和工业链条上占领制高点，扮演技术创新引领者、高端产品供应地的角色；发展中国家则处于低端，扮演资源来源地、产品倾销地、低端产品制造地的角色。西方发达国家通过不合理的国际分工掠夺发展中国家的资源、资产和市场，霸占发展空间，独享发展权益；发展中国家的经济增长空间被极大地压缩，贫富差距、南北差距问题日益突出。

进入21世纪，发展中国家的发展赤字尚未解决，发达国家又陷入了新的经济危机之中。今天，尽管美国等少数发达国家复苏迹象明显，但全球依然增长动力不足，需求不振，金融市场反复动荡，国际贸易和投资面临严峻挑战，逆全球化动向拖累世界经济，发展赤字更加凸显，南北差距更加突出。正如习近平2017年1月在达沃斯论坛的主旨演讲中所道明的，当今世界，经济领域三大突出矛盾一个都没有得到有效解决。“一是全球增长动能不足，难以支撑世界经济持续稳定增长。……二是全球经济治理滞后，难以适应世界经济新变化。……三是全球发展失衡，难以满足人们对美好生活的期待。”①

（2）治理赤字。民族历史转变为世界历史，地域性的问题也转变为世界性的共同难题，需要全人类共同面对、协同治理、一道解决。然而，传统的西方治理逻辑，要么强调大国共治，挤压小国施展的空间；要么强调霸权稳定，主张单极世界。这既与国际格局的新变化不相适应，也难以解决当今世界面临的治理难题。

自第二次世界大战结束以来，西方凭借其强大的军事力量、资本力量和价值观力量，建立起覆盖经济、政治、文化、安全、法治等各个领域的全球治理体系。个别国家视全球治理机制为私器，机构由西方大国把持，规则由西方大国制定，议程由西方大国主导，争议由西方大国裁判，是非公义早已弃之不顾。

---

①　习近平．习近平谈治国理政：第2卷．北京：外文出版社，2017：479-480．

传统全球治理体系的治理主体缺乏代表性、包容性，未能反映新兴市场国家群体性崛起的事实；治理规则和机制很大程度上体现的是发达国家的意图，服务于少数大国的利益；治理的结果是世界层面的制度失灵和秩序失范，是全球层面的正义缺失。习近平指出，“过去数十年，国际经济力量对比深刻演变，而全球治理体系未能反映新格局，代表性和包容性很不够”①。比如，美国主导的北大西洋公约组织以价值观划界，抱团结盟，奉行霸权主义和冷战思维，与和平发展、合作共赢的时代潮流背道而驰；美国领导的 G7 是富人俱乐部，缺乏代表性，早已失去执全球经济牛耳的合理性、合法性；世界银行、国际货币基金组织奉行双重标准，单一国家掌控绝对话语权，未能反映国际力量对比的新变化。这套治理体系已经无力解决当今世界面临的诸多全球性问题，有的甚至已经沦为全球治理体系改革的阻滞力，沦为全球治理困局的直接根源。

（3）信任赤字。全球化意味着整个世界形成了一个地球村，客观上产生了作为整体的公共空间，形成了关乎全人类的公共利益。如果各个国家要保全这个整体，维护公共空间的正常秩序，必须让渡一部分自身利益，以服从整体利益。然而，当今世界的悖论在于，“世界越来越全球化，世界主义却越来越淡化”②。应当说，自黑格尔主义以来，世界主义通常是主流传统。只不过随着国际金融危机的爆发，全球化二重效应彰显特别是负效应被放大，西方世界民族主义、民粹主义高涨，压制世界主义，强调国家利益至上，准确地说是西方大国利益至上，“只有永恒的利益，没有永恒的朋友”被西方视作国际关系的通行法则。“在资产阶级的世界里，‘生存竞争’是其经济思想、政治思想、社会思想及生物思想的基本隐喻。在‘生存竞争’中，唯有‘适者’能够生存。适者不仅有权生存，而且有权统治。占世界绝大多数的其余部分，便成了他们的盘中餐。遭资本主义世界践踏的社会和国家，在与资本主义世界取得妥协这点上，是失败的。‘欠发达国家’的地区，在当时只能听任西方摆布，成了无可奈何的牺牲

① 习近平．习近平谈治国理政：第 2 卷．北京：外文出版社，2017：479.

② 曾明珠．当前学术状况的回顾与展望：许纪霖、黄万盛、杜维明三人谈//哈佛燕京学社．全球化与文明对话．南京：江苏教育出版社，2004：173.

品。”[1] 西方大国以大欺小，只讲利益不讲规矩，只求利己不顾利他，国际竞争摩擦呈上升之势，严重侵蚀国际社会信任基础。特朗普公然宣称，“美国第一”是我的政府的主要的和高于一切的主题，是我作出任何一项决策的基石。法国极右翼国民阵线主席勒庞，以爱国主义之名大行民族主义之实，以“法国人优先”抵抗全球化、多元化和欧洲一体化，以“人民的名义”冲击爱丽舍宫，期待在法国复制“特朗普式的成功”。今天，“本国优先”“本国第一”已经上升为个别西方大国的执政理念，以本国利益为轴心，以牺牲他国利益为代价，任意退群、肆意毁约，枉顾全球公义，单边主义挑战外交共识，制造信任危机，维系国际交往关系的全球信任体系濒临崩塌。在这样的游戏规则之下，整个世界或将退回康德所描述的自然状态，甚至是弱肉强食的丛林世界。这是全人类难以承受之重。

（4）文明赤字。传统全球化时代，国际交往理性、世界文明格局（“普世价值论”“西方中心论”“文明优越论”“历史终结论”）本质上是西方精神的世界化，是地域性知识的“普世”化，是守护西方利益的卫道士，是西方文化霸权和文化殖民的结果。当今世界的文明秩序、文明规则和文化价值观是与人类社会的发展逻辑、全球化的演进逻辑、世界历史的正义原则相背离的，是世界上诸多矛盾的深层次根源。

伴随着西方资本力量的强势扩张，西方文明也摆脱了地域性知识的身份，上升为世界性知识，殖民于全世界。大多数非西方文明在西方文明的夹击下，节节败退，沦为边缘性的存在。“西方中心论”者、“文明优越论”者认为，西方文明是最先进的文明，是不可超越的终极存在，具有其他文明无可比拟的优越性，代表着人类文明发展的方向。西方国家极力宣扬文明优越论，无非是想要用西方的价值体系来统领、替代其他文明，其真正意图在于实现西方文明对世界的永恒主宰。美国前总统克林顿公开宣称，我们“要开辟一个新的战场，其目标就是西方价值观统治世界，实现思想的征服”。然而，如果西方文明真的统治全球，非西方文明从此退出历史舞台，这绝不是西方之幸，更不是全人类之幸，而是世界性的文化危机和

---

① 霍布斯鲍姆．资本的年代：1848—1857．北京：中信出版社，2014：136.

文明灾难。面对此情此景，我们真的应该在西方圈定的文化格局中沉沦吗？

（5）和平赤字。资本主义主导世界秩序的时代，国际安全秩序服从三大原则：一是实力原则，即国强必霸的历史逻辑；二是对抗原则，即修昔底德陷阱；三是排他性原则，即抱团结盟机制。西方奉行的霸权逻辑、结盟机制与全球正义原则相背离，与和平发展基调相冲突，已经成为当今世界上诸多纷争、战乱的深层次根源。

当前，国际局势不确定性突出，地区热点持续动荡，兵戎相见时有发生，冷战思维和强权政治阴魂不散，恐怖主义蔓延肆虐，传统安全和非传统安全威胁相互交织，安全问题的内涵和外延都在进一步拓展。无论是实力至上基础上的自卫，还是联盟式的抱团取暖，都已经无法解决人类面临的全球安全问题。事实证明，“民主和平论”期待通过民主输入、政权改造来化解战争威胁，反而成了世界动乱的导火索。“颜色革命”给一些国家输送了西式民主，但并没有带来和平。事实也证明，排他性安全观已经不合时宜。西方国家间的军事同盟，不管是北约，还是美日、美菲、美韩等军事同盟，在确保成员国安全的同时，带给世界巨大的安全风险。今天，尽管“和平与发展已经成为时代主题，但世界仍很不太平，战争的‘达摩克利斯之剑’依然悬在人类头上”①，消解和平赤字依然任重道远。

（6）制度赤字。世界五大洲200多个国家和地区，文化传统、历史命运和现实国情各不相同，然而，社会制度供给却严重不足。西方制度定于一尊，地域性的发展道路和制度模式上升为“普世”的标准和模板，“历史终结论”“世界趋同论”一度甚嚣尘上就反映了制度供给缺失的现实。

“历史终结论”认为，西式自由民主制度是“人类意识形态发展的终点”和“人类最后一种统治形式”②，也构成历史的终结。“世界趋同论”的主流观点认为，社会主义与资本主义都在变形，差异日益减少，整个世界最终将趋同于完全的资本主义。在他们看来，苏联解体、东欧剧变、冷战结束以及社会主义国家的新变化，都是通往共产主义“终结”之路的一

① 习近平．习近平谈治国理政：第2卷．北京：外文出版社，2017：446.

② 福山．历史的终结及最后之人．黄盛强，许铭原，译．北京：中国社会科学出版社，2003：1.

大步，人类历史的未来前景只有一个方向、一条道路，那就是资本主义的市场经济和民主政治，西式自由民主将是人类社会进化的终点，是最美好也是最后的统治形式。这不仅违背了人类历史发展的规律，而且与历史基本事实不符，只能是西方的一厢情愿和故步自封。

“历史终结论”“世界趋同论”不过是西方编织的“制度神话”和“话语陷阱”。事实胜于雄辩，近年来，西方大搞模式输出、制度输出、民主输出，然而事与愿违，“一些发展中国家照搬西方政治制度和政党制度模式，结果如何呢？很多国家陷入政治动荡、社会动乱，人民流离失所”①。这些迷信西方的发展中国家，在拥抱西方政治制度和政党模式之后，并没有带来期盼中的民主自由、繁荣富足、社会和谐、政局稳定，不过是以牺牲自己的发展、安全、稳定、国家统一和领土完整等核心利益为代价，为西方制度增添了一块又一块失败的试验田。习近平在批评西方制度霸权时指出，“条条大路通罗马。谁都不应该把自己的发展道路定为一尊，更不应该把自己的发展道路强加于人”②。

第二节　“世界之问”的制度根源

第二次世界大战结束以来，西方主导的全球治理体系为维系战后几十年总体稳定的世界格局发挥了重要作用，但在一定程度上也构成了世界诸多矛盾和问题的制度根源。

一是合则用之、不合则弃之的国际政治秩序。建立公正合理的国际秩序是人类孜孜以求的目标。1648 年签订的《威斯特伐利亚和约》确立了平等和主权原则，奠定了近现代国际关系的基石，开启了欧洲主导世界秩序的时代。此后，维也纳体系、凡尔赛-华盛顿体系、雅尔塔体系都遵循《威斯特伐利亚和约》确立的基本原则。19 世纪 60 年代，《日内瓦公约》

---

① 中共中央文献研究室. 习近平关于社会主义政治建设论述摘编. 北京：中央文献出版社，2017：19.

② 习近平. 习近平谈治国理政：第 2 卷. 北京：外文出版社，2017：482.

确立了国际人道主义精神。70多年前，《联合国宪章》明确了四大宗旨和七项原则，国际关系演变积累了一系列国际公认的宗旨原则，为维护世界总体和平稳定作出了有目共睹的贡献。以《联合国宪章》为原则的全球政治体系仍在发挥作用。总体而言，国际秩序过去往往是强权国家设计和推行的秩序，本质是强权政治、丛林法则、霸权逻辑，但有秩序毕竟是历史的进步。现在的问题在于，联合国作为首要的全球治理平台，西方大国合则用之、不合则弃之。1993年，美国总统克林顿告诉联合国说，美国“只要可能，就奉行多边主义；只要必要，就奉行单边主义”，过去是这样，今后还会是这样。时任美国驻联合国大使奥尔布赖特一再重申这一立场。美国前国防部长科恩曾说，当美国“确信其市场、能源供应和战略资源受到威胁”的时候，美国将坚持“单方面使用军事力量”，以捍卫那些至关重要的利益。联合国及所属机构达成的一系列国际公约和法律文书，无法得到平等统一适用，少数国家搞双重标准，难以做到“无偏无党，王道荡荡”，这已成为危及世界秩序稳定的一大公害。

二是大国操控的国际经济金融秩序。1816年，世界霸主大英帝国通过《金本位制度法案》，在全球推行金本位制，金本位制实际上是英镑本位制，英镑成为世界货币，以英镑为中心的国际金融体系正式确立。进入20世纪，受两次世界大战的拖累，英国衰落，英国主导的国际金融体系正式落幕。1944年，布雷顿森林体系建立，其核心是美元与黄金挂钩，美元取代英镑成为新的世界货币，建立以美元为中心的固定汇率制度，美国主导的国际金融体系正式确立。20世纪70年代，布雷顿森林体系经过几十年的发展演化走向瓦解，金本位制度退出历史舞台，固定汇率制度宣告终结。但截止到今天，西方大国对国际金融体系的绝对控制权没有根本改变，在世界银行、国际货币基金组织的绝对话语权没有根本改变，美元的世界霸权地位没有根本改变，世界贸易组织的权力格局没有根本改变，G7的地位有所下降但仍是西方大国专属俱乐部。

三是一元主导的世界文明格局。世界历史从来不是用单一颜料绘成的蹩脚画，而是一张多姿多彩的巨幅画卷。世界上有200多个国家和地区、2 000多个民族，人类文明多样性是世界的基本特征。然而，西方长期秉持“文明优越论”“西方中心论”“普世价值论”，以西方文明为模板，塑造一元化的价值世界、话语世界、文明世界。美国是西方价值观的主要吹鼓手，大肆宣扬文明冲突论，制造对抗气氛。为了配合文明和价值观输出，西方大国不惜动用一切手段，大搞价值观外交、“颜色革命”乃至武力颠覆，为宁静的世界埋下了不和谐、不安宁的隐患。中国作为一个有5 000年历史的文明古国也未能幸免，价值观演变、C型包围圈，就是西方大国对付中国的文明策略。

四是抱团结盟的国际安全秩序。联合国作为维系世界和平与安全的重要机构，却无力担当本应担起的安全责任。根本原因在于，在国际安全上，美国倚重的是自己领导的同盟体系，以北约为基础、以结盟机制为依托、以牺牲他国安全为代价维护自身所谓绝对安全。美国主导的军事同盟体系是排他性、对抗性、单向性的，是以俄罗斯、中国、伊朗、朝鲜、古巴等国家为假想敌的。这套军事同盟体系就好比一座房子，中国、俄罗斯这些国家是不能进去的。今天，笼罩在世界上空的战争阴霾，无论是政权颠覆、军事围堵，还是战争恫吓，最根本的还是霸权思维、强权政治支配下的单边主义安全追求在作祟。当今世界，各国命运紧密相连，联盟间抱团取暖无法从根本上解决安全问题。没有一个国家能够凭借一己之力谋求自身的绝对安全，也没有一个国家可以从别国的动荡中收获稳定。一个国家安全而其他国家不安全，一部分国家安全而另一部分国家不安全，无法构建稳固持久的安全世界。

五是公器私用的国际法治体系。国际法治体系主要由联合国相关机构通过的各类公约以及海牙国际法院、海牙国际刑事法院、海牙常设仲裁法院构成。依据《国际法院规约》设立的国际法院（ICJ），依据《罗马规约》设立的国际刑事法院（ICC），依据《海牙规约》设立的海牙常设仲裁法院（PCA），很大程度上沦为了西方国家的私器。比如，国际刑事法院对种族灭绝罪、危害人类罪、战争罪、侵略罪行使管辖权，但实际上奉行双重标准，目前无法对少数西方大国领导人以莫须有罪名发起的伊拉克战争提起诉讼。再比如，《海牙规约》明确规定，国际仲裁在法律上的先决条件是双方自愿，菲律宾南海仲裁显然未满足立案的先决条件，但海牙常设仲裁法院强行仲裁，法律公器完全沦为西方大国政治操纵的工具，背离了匡扶正义的法律精神。

第三节 “世界之问”的哲学本原

“世界之问”，制度是表象，根子在哲学。现行国际秩序隐藏着反映西方利益的文明理性和价值规则，我们将其归纳为八个方面：

一是线性进化的发展理性。第二次世界大战结束以后，美国主导塑造了当今世界经济秩序。这一经济秩序遵循梯度发展、线性进化的发展逻辑，认为现代化是一个由传统向现代、由低端向中高端的单线演变进程，西方模式是走向现代化的唯一选择，其他国家除了遵循西方的发展道路梯度发展、线性进化，没有别的选择。按照线性进化逻辑，西方发达国家在全球产业分工和工业链条上占领制高点，扮演技术创新引领者、高端产品供应地的角色；发展中国家则处于低端，扮演资源来源地、产品倾销地、低端产品制造地的角色。

梯度发展、线性进化的发展逻辑有违当今世界合作共赢的发展潮流，无助于消解全球发展赤字。21 世纪以来，随着经济全球化的深入发展，各国经济联系日益紧密，相互依赖程度日益加深，没有一个国家或地区能够离开外部的资源、资本、技术、市场而独自发展。那种以掠夺别国为前提、独享发展权益为目的的时代已经一去不复返。与此同时，发展中国家和新兴经济体群体性崛起，全球经济体系的基本结构发生重大变化，各国产业体系高度融合，国际分工与合作日益加深，跨国产业链和跨国公司成为经济全球化的重要载体和实现形式，各国不过是全球经济网中的一个网结。

二是零和博弈的经济理性。所谓零和博弈，即非合作博弈，博弈中一方所得必然意味着另一方所失，双方不存在合作共赢的可能。西方国家的发展史就是一部资本扩张史，历来遵循弱肉强食的生存逻辑，视世界为你输我赢的竞技场，视零和博弈为永恒的游戏规则，视赢者全拿为当然的游戏结果。它崇尚胜利，敬重强者，奉行自身利益至上的原则。美国学者桑德曼对此作过论述："国家是世界政治生活中的主要单位，要在一个难以捉摸和充满威胁的环境中行动，他们除了将自己的利益置于他国及国际体系的利益之上外，别无他法。"① 基于此，近代以来，"利益至上""只有永恒的利益，没有永恒的朋友"等西方理念被视作国际关系的通行法则，"本国优先""本国第一"公然上升为某些西方大国的执政理念。在这种理念支配下，西方大国结盟对抗，成为制约世界各国共同发展的文化阻滞力。

零和博弈、丛林法则已被历史证明是行不通的。其最后达成的效果往往不是"帕累托最优"，而是"囚徒困境"；不是公义的增多，而是利益的两极分化；不是"公利"战胜"私利"，而是"私利"破坏公平；不是为未来开辟道路，而是以牺牲可持续发展为代价。西方国家自以为深谙利益攫取之道，其实是在狭隘的道路上越走越远。殊不知，"最大的利益不一定是专有利益，因为最大利益往往只能存在于与人共有的关系中，而不可能个人占有，一旦试图独占，这种利益就反而消失了"②。

三是历史终结的制度理性。"历史终结论"认为，西式自由民主已发展到顶峰，是人类统治的最后形态，也构成历史的终结，西方世界的繁荣富强拜西式自由民主所赐，非西方国家要实现现代化，除了资本主义，别无选择。20 世纪 90 年代，美国总统国家安全事务助理布热津斯基认为，共产主义现象是一场历史悲剧，共产主义在发达国家和发展中国家都已遭到失败，进入"最后危机"。"21 世纪，共产主义将不可逆转地在历史上衰亡，它的实践与信条将不再与人类的状况有什么关系。"西方正是凭借对"民主"概念的垄断，将"西式自由民主制度"上升为政治宗教和政治圣经，不遗余力地向全世界传经布道。西方秉持历史终结的制度理性，热衷于制度输出，频繁策动"颜色革命"，已经成为诸多世界乱象的重要根源。

---

① 奥尔森. 国际关系的理论与实践. 北京：中国社会科学出版社，1987：118.

② 赵汀阳. 坏世界研究：作为第一哲学的政治哲学. 北京：中国人民大学出版社，2009：362.

其实，“历史终结论”不过是西方编造的“制度神话”和“话语陷阱”。自这些论调问世以来，盲目复制西方制度的发展中国家，要么暗淡经营，要么陷入混乱，要么重回专制，鲜有成功的个案。历史与现实都告诉我们，“向西方学习，我们永远要牢记邯郸学步的教训。学步不成，忘其故步，结果匍匐而归”①。改革开放以来，中国奇迹举世瞩目，中国特色民主政治体制经受住了实践的检验。福山2009年慨叹道：“‘中国模式’的有效性证明，西式自由民主并非人类历史进化的终点。人类思想宝库要为中国传统留有一席之地。”

四是大国共治的治理理性。在传统的全球治理体系中，治理的主体要么是个别发达国家，要么是同质化的西方国家联合体，代表性和包容性不够。比如，作为全球金融治理的核心组织——世界银行和国际货币基金组织不过是西方大国掌控的政策工具和政治筹码，曾经在全球经济治理中发挥主导作用的G7集团不过是富人俱乐部，主宰全球安全秩序的北约组织彻底沦为了美国主导的、以意识形态划界的军事恫吓组织。大国主导、几方共治的治理体系，伤害了广大中小国家特别是落后国家的利益，导致东西问题、南北问题愈加突出，发展鸿沟愈加拉大。

其实，国家不分大小、强弱、贫富，都是国际社会平等的成员，理应平等参与决策、享受权利、履行义务。没有哪个国家可以垄断全球治理权，没有哪个国家天然就是被治理的对象，谁也无法剥夺“地球边缘”的国家和人们参与全球治理的权利。世界不能沦为少数大国的娱乐场，而是全人类的共同家园。“世界命运应该由各国共同掌握，国际规则应该由各国共同书写，全球事务应该由各国共同治理，发展成果应该由各国共同分享。”②

五是“普世”主义的价值理性。“西方中心论”者、“文明优越论”者认为，西方文明是最先进的文明，西方价值观是“普世”的价值观，代表着人类文明发展的方向。他们将地域性的文明上升为世界性的人类文明，将自身的特殊价值提升为超越时空的“普世价值”，企图建构一元化的文

① 陈先达. 文明必然趋同 文化一定求异. 新华日报，2017-07-21.

② 习近平. 习近平谈治国理政：第2卷. 北京：外文出版社，2017：540.

明世界和价值世界。他们只认同一种文化，那就是西方文化；他们只接受一种结局，那就是世界文明西方化、西方价值“普世”化。

西方中心的文明理性与“普世”主义的价值理性忽视了各种文明交融互鉴的事实，已成为导致文明冲突和世界战乱的深层次根源。西方国家极力宣扬“文明优越论”“普世价值论”，其真正意图在于实现西方文明对世界的永恒主宰。西方国家过去通过文化帝国主义和文化殖民主义主宰世界，今天改头换面通过新干涉主义、民主输出学说、“普世价值”思潮谋求世界霸权，其实质是以自己的价值体系来改造他者，为资本全球化开辟道路，为西方利益保驾护航。习近平指出，西方宣扬“普世价值”，不过是“挂羊头卖狗肉，目的就是要同我们争夺阵地、争夺人心、争夺群众，最终推翻中国共产党领导和中国社会主义制度。如果听任这些言论大行其道，指鹿为马，三人成虎，势必搞乱党心民心，危及党的领导和社会主义国家政权安全”①。

六是自我至上的安全理性。一些西方国家固守冷战思维和自我中心主义的安全理性，要么倡导实力至上的排他性安全观，要么倡导霸权稳定论，试图通过结盟对抗和霸权统治，实现自身的绝对安全。排他性安全观认为，西方大国没有责任保障盟友之外的国家的安全，结盟才能带来安全。霸权稳定论认为，多极化无益于世界和平与安宁，纷扰不堪的世界需要一支一锤定音的领导力量，霸权国家充当世界警察有利于世界和平。

西方国家为了实现霸权统治，对抱团结盟趋之若鹜，对团团伙伙情有独钟，刻意制造“假象敌人”，谋求战略优势。他们奉行双重标准，“圈内”与“圈外”有别，对“圈内”的国家包庇纵容、迁就照顾，对“圈外”的国家吹毛求疵，极力打压。两次世界大战就是最典型的证明。第一次世界大战是以德奥意三国组成的“同盟国”和以英法俄三国组成的“协约国”这两大军事同盟之间，为了争夺在欧洲地区各自的核心霸权和势力范围，而引发的全球超级争霸战争。第二次世界大战中的欧洲战场，本质上也是德意两个法西斯帝国以先发制人之势，强势抢夺其在欧洲大陆、海

① 中共中央文献研究室．习近平关于社会主义文化建设论述摘编．北京：中央文献出版社，2017：27.

上、资源、空间上的绝对控制权和领导权，而爆发的军事掠夺战争。这两次发生在欧洲的世界性战争都证明，结盟机制危及世界，也会殃及自身。

七是中心-边缘的关系理性。过去的地缘政治模型具有典型的西方色彩、依附特征，表现为大国主导下的中心-边缘结构。依附型世界体系和中心-边缘结构的哲学基础是“西方中心论”，思维方式是主客二分。由美国主导的依附型世界体系，实际上将主权国家主客二分，核心国家是一言九鼎的“我”（美国），中心国家是志同道合的“我们”（比如英德法意加日等），边缘国家是处于依附地位或相对独立的“你们”（比如菲律宾、韩国、新加坡等），还有大量的尚未融入这个体系的外围国家（比如朝鲜、古巴、伊朗以及部分亚非拉国家），属于被遗忘、忽略的“他们”。西方国际关系理论往往奉行冷战思维，以意识形态和价值观划界，大搞敌友外交、亲疏外交、团伙外交。

中心-边缘结构的驱动机制是资本逻辑。在西方主导的世界体系中，资本是国际体系的真正主人，资本的力量直接介入国际体系内部各成员间的权力分配。由于资本力量的悬殊，国际政治版图才出现了中心、边缘的分界线。盘踞中心位置的国家上升为国际社会的超级主体，掌握着国际秩序的规则制定权，拥有国际秩序塑造的绝对权力；而居于边缘地带的国家则扮演依附的角色，缺乏独立性和自主性，除了被迫服从中心的统治之外，别无选择。在依附型世界体系中，“中心”的利益拥有绝对优先地位，“边缘”的利益只有在迎合或不冲击“中心”利益的情况下才是合理的①。中心国家，作为唯一的目的在场，作为绝对的权威宰制世界，作为“齐一”的标准发布号令；而边缘国家则只能作为工具在场，其使命是服从中心、服务中心，消磨差异向着中心国家看齐，向着“齐一”的标准靠拢。

八是国强必霸的权力理性。大国关系历来是牵引世界和平与稳定的重要因素，大国相处之道关乎人类社会的前途命运。长期以来，西方国家固守国强必霸、大国必战的逻辑，认为大国之间无法避免“修昔底德陷阱”。这种霸权思维一旦主导大国关系建构，势必强化守成大国的对抗意识、遏制力度，将“守成大国”与“新兴大国”引向冲突对抗的两极状态，将国

---

① 陈曙光. 人类命运与超国家政治共同体. 政治学研究，2016（6）.

际关系引向不确定的方向。

根据西方传统的国际关系理论，国际政治的本质就是权力的争夺，是权力的政治。斯派曼克指出，“夺取权力的竞争是人类关系的根本本质。在国际事务的领域内尤其如此——其余一切都是次要的。因为到最后唯有强权才能实现外交政策的目的”①。在西方看来，冲突是世界的本质，对抗是交往的常态，国际秩序总是建立在霸权统治之上。“霸权是任何国家确保自己生存的最佳手段”②，唯有建立霸权，才能实现对世界的主宰。

如何才能获得霸权呢？西方的逻辑是，强大是霸权的前提，霸权是强大的结果。500 年来，国强必霸是西方无法摆脱的历史宿命，“大国博弈的政治悲剧”一再上演，大国之间必有一战的“修昔底德陷阱”貌似成了不变的“历史定律”。然而，这一“定律”并非人类历史的普遍规律，它只是建立在地方性国际政治经验基础上的西方国际关系理论，并不适用于所有时代、所有国家。这一“定律”带有明显的经验主义色彩，它是用西方的历史逻辑来框定他国的现实选择，用过去的历史经验来判定未来的历史趋势，无益于世界大国的理性交往，无益于全球的和平稳定。

第四节　“世界之问”的中国答案

“世界那么大，问题那么多，国际社会期待听到中国声音、看到中国方案，中国不能缺席”③，走近世界舞台中央的中国为解决人类面临的共同难题提供了中国方案。所谓中国方案，“特指中国在走近世界舞台中央的背景下，为破解人类面临的共同难题，为维护世界和平与促进共同发展，为优化全球治理体系、推动国际关系民主化而提出的中国主张或采取的中

① 伯恩斯. 当代世界政治理论. 北京：商务印书馆，1983：479.

② 米尔斯海默. 大国政治的悲剧. 上海：上海人民出版社，2008：2.

③ 国家主席习近平发表二〇一六年新年贺词. 人民日报，2016-01-01。

国行动”[①]。中国方案直接指向当今世界的发展赤字、治理赤字、信任赤字、文明赤字、和平赤字、制度赤字等重大难题。中国方案不是某种单一的主张或行动，而是包括一系列中国主张和中国行动在内的方案体系。中国方案包括一个总方案，六个中观层面的方案，一系列具体的主张和行动，即“1＋6＋x”的方案体系。

第一，总方案：构建人类命运共同体。人类命运共同体属于元哲学层面的中国方案，是中国方案的理念形态、哲学基础、轴心原则，是总体性的中国方案。2017 年 1 月 18 日，习近平在日内瓦总部的演讲中指出：“让和平的薪火代代相传，让发展的动力源源不断，让文明的光芒熠熠生辉，是各国人民的期待，也是我们这一代政治家应有的担当。中国方案是：构建人类命运共同体，实现共赢共享。”[②] 显然，在这里，习近平揭示的是中国方案的理念形态，而非具象形态。人类命运共同体作为一种理念，唯有通过一个个的具体方案才能体现出来，彰显力量。人类命运共同体理念的实现形式是多维的、多样的，在其展开的过程中外化为发展的中国方案、治理的中国方案、信任的中国方案、文明的中国方案、和平的中国方案以及制度的中国方案。

第二，改写全球发展观念的中国方案。在发展道路方面，中国成功开辟了中国式现代化道路，改写了西方主导的现代化观念和术语，摆脱了要么选择依附性的发展、要么选择脱钩后的贫穷的两难处境，“拓展了发展中国家走向现代化的途径，给世界上那些既希望加快发展又希望保持自身独立性的国家和民族提供了全新选择”[③]，为解决人类面临的发展难题贡献了中国方案。在发展理念方面，中方倡导“创新、协同、绿色、开放、共享”的新发展理念，倡导“公道正义、平等相待，互利共赢、共同发展”的正确义利观，倡导“开放、融通、互利、共赢”的合作观，为促进世界共同发展贡献了中国智慧。在发展动力方面，中方主导或牵头成立亚投

---

① 陈曙光. 贡献中国方案的思想理论体系. 学习时报，2019-07-22。

② 习近平. 习近平谈治国理政：第 2 卷. 北京：外文出版社，2017：539.

③ 习近平. 决胜全面建成小康社会 夺取新时代中国特色社会主义伟大胜利：在中国共产党第十九次全国代表大会上的报告. 北京：人民出版社，2017：10.

行、金砖银行、丝路基金等多边金融机构，为低迷的世界经济注入了中国动力。在发展平台方面，中国提出“一带一路”国际合作倡议，为消解全球“发展赤字”作出了中国贡献。

第三，优化全球治理的中国方案。进入21世纪，国际力量对比消长变化，全球进入风险社会，变革全球治理体系是大势所趋。今天的全球治理体系是美国主导建构的。这套治理体系在特定历史阶段发挥了建设性的作用，但是也带来了诸多严重的全球性问题。这套国际治理体系遵循大国主导、几方共治的治理逻辑，不符合全球正义的原则，不符合国际关系民主化的要求，没有反映国际力量对比的新变化，也完全无视新兴市场国家崛起的事实。习近平指出，“我们要推进国际关系民主化，不能搞‘一国独霸’或‘几方共治’”①。垄断国际事务的想法是落后于时代的，垄断国际事务的行动也注定不能成功。中国秉持共商共建共享的全球治理观，超越了大国主导、几方共治的西方治理逻辑，为改革和完善全球治理体系贡献了中国智慧。中方认为，全球治理是国际社会大家的事，推动全球治理体系变革也是国际社会大家的事，不能由一家说了算，不能由少数人说了算。中国主张第一次为处于“地球边缘”的国家提供了公平参与全球治理的机会。

第四，增进全球信任的中国方案。信任是交往的基础，人无信不立，国无信不交。习近平指出，“信任是国际关系中最好的黏合剂”②。没有信任，不同文明的国家不可能在同一个舞台上展开合作、共同行动。然而，不同国家间道不同，何以相交？确实，与非西方社会相比，自由主义、个人主义、利己主义是西方价值观的显著标志，这套价值观延伸到国际交往领域就表现为本国优先、本国第一、只有私利、不顾公义的政策取向，肆意退群、毁约、筑墙就是典型。一位西方学者在调研多个国家后得出结论：个人主义、利己主义这一在西方被视为最重要的价值，在世界范围内最不重要。如何化解全球信任赤字，重构国际交往理性？中方倡导建设相

① 习近平．习近平谈治国理政：第2卷．北京：外文出版社，2017：540．

② 习近平．为建设更加美好的地球家园贡献智慧和力量：在中法全球治理论坛闭幕式上的讲话．人民日报，2019-03-27．

互尊重、公平正义、合作共赢的新型国际关系，坚持以义为先、义利兼顾的正确义利观，增进战略互信，减少相互猜疑，构建命运与共的全球伙伴关系。中方提出的正确义利观、信任观，是对西方利益观和丛林法则的超越，为世界各国相互信任、并肩前行、共同建设更加美好的世界提供了正确遵循。

第五，重构世界文明格局的中国方案。针对不合理的世界文明秩序，针对西方中心、文明优越、文明冲突等陈旧论调，习近平倡导“平等、互鉴、对话、包容”的文明观，倡导“和平、发展、公平、正义、民主、自由”的全人类共同价值，以文明交流超越文明隔阂，以文明互鉴超越文明冲突，以文明共存超越文明优越，以共同价值超越“普世价值”，以美美与共超越西方中心，为人类文明发展指明了一条和谐共生之路。我们不否认西方文明和西方价值观的合理性，但我们反对西方把地域性的价值模式上升为普适性的方案，把西方的地域性文明上升为“普世”的文明，反对用一把尺子度量整个世界。我们倡导全人类普遍认可的共同价值，倡导美美与共的文明观，绝不垄断价值标准的定义权、裁判权，绝不将地域性的文明和价值观强加给全世界，绝不谋求中华文明统治整个世界，绝不在反对西方中心主义的旗帜下走向东方中心主义。

第六，维护世界和平的中国方案。针对西方的强权政治、结盟机制和冷战思维，中方倡导“对话而不对抗、结伴而不结盟”的国际交往观，主张把对话当作“黄金法则”，彼此多拆墙、少筑墙，“走对话而不对抗、结伴而不结盟的国与国交往新路”①。针对西方奉行的霸权稳定论、民主和平论及排他性安全观，中方主张“共同、综合、合作、可持续”的新安全观，主张营造公道正义、共建共享的安全格局，反对以牺牲别国安全换取自身绝对安全的做法，实现普遍安全。针对大国必战、国强必霸的西方逻辑，中方倡导“不冲突、不对抗、相互尊重、合作共赢”的新型大国关系，为谋划21世纪新兴大国与守成大国的关系作出了新的设计，为避免重蹈“修昔底德陷阱”贡献了中国智慧。

---

① 习近平．决胜全面建成小康社会 夺取新时代中国特色社会主义伟大胜利：在中国共产党第十九次全国代表大会上的报告．北京：人民出版社，2017：59.

第七，探索更好社会制度的中国方案。针对西方奉行的“历史终结论”，中方倡导“自主选择”的制度观。中国向来主张，“国家不分大小、强弱、贫富……都有权自主选择社会制度和发展道路”①，不可能也不必要定于一尊。鞋子合不合脚，自己穿了才知道。各国文化传统不同、民族心理不同、宗教结构不同、历史命运不同、现实国情不同，不存在适用于一切国家的制度模板，不能幻想突然搬来一座政治制度上的“飞来峰”。改革开放以来，中国成功开辟了中国特色社会主义道路，迎来了中华民族伟大复兴的光明前景。中国故事告诉世界，西式自由民主制度不是唯一的方案。“历史没有终结，也不可能被终结。”② 中国故事告诉世界，资本主义不是最后的选择，“除了资本主义，别无选择”的论调是荒谬的。中国故事告诉世界，历史不是单线演进的，世界终将趋同于资本主义的看法是短视的。中国的成功，归根结底是中国道路、中国理论、中国制度的成功。走自己的路，才是不变的法则、永恒的真理。

第五节 中国方案的价值与限度

中国方案是理想化、超越性的设计。习近平指出，“构建人类命运共同体是一个美好的目标，也是一个需要一代又一代人接力跑才能实现的目标”③。就其理想来说，中国方案指向未来，说到底就是中国为全球发展出主意，为国际交往定规矩，为人类文明谱新篇，为世界未来开太平。中国方案改变的将不仅是世界舞台上的经济话语、政治话语、安全话语，还将改变全球化的术语、现代化的术语，改变国际交往的规则，改变是非曲直的评判标准，改变全世界人们的思维方式和价值观念。中国方案无论就其哲学理念来说，还是就其具体行动来说，都占据着道义的制高点，都指向人类共同的善，以至于因为太理想了而在资本逻辑主导的现实世界中遭遇

① 习近平. 习近平谈治国理政：第 2 卷. 北京：外文出版社，2017：539.
② 习近平. 在庆祝中国共产党成立 95 周年大会上的讲话. 北京：人民出版社，2016：13.
③ 同①548.

重重阻力，难以完全付诸实施。

理想不是现实。中国方案的现实境遇大致分为三种情况：一类是已经成为国际共识，多次写进联合国文件，如人类命运共同体。一类是已经实质运转，国际社会广泛参与，如亚投行、“一带一路”建设。还有一类是尚未成为国际社会普遍共识，甚至为西方大国所反对，比如，“新型大国关系”尚未得到世界主要大国的认可，“新型国际关系”取代依附型世界体系和中心-边缘结构依然任重道远，“全人类共同价值”取代“普世价值观”还为时尚早，“正确义利观”取代丛林法则还面临霸凌主义的挑战，“新安全观”与“排他性安全观”的角力还是长期的，“自主选择的制度观”取代“历史终结论”还有待时日，“新文明观”代替“文明优越论”“文明冲突论”，“全球治理观”取代“大国治理逻辑”都不是一朝一夕的事情。

中国方案走向世界、付诸实践是一个循序渐进、水到渠成的过程。对此，我们要有信心、有定力，要掌握节奏、把握时机、作好谋划，一步步推进中国方案的世界化，完全没有必要揠苗助长、急于求成，更不能自乱阵脚、丢失方寸。我们以为，中国方案只要符合全球正义的原则，符合人类文明的发展潮流，符合国际关系民主化的方向，符合国际社会的普遍期待，中国方案的全球接受度必将越来越高，理想与现实的间距也会越来越小。终有一日，越来越多的中国方案将转化为全人类的共识，自觉参与世界秩序的理性塑造。

中国方案走向世界，绝不是追求中华文化殖民世界，绝不是走向东方中心主义。中国方案，与其说是中国的东西，不如说是全人类的最大公约数，是大多数国家能够接受的文明共识。这种文明共识不是任何一种民族文化的世界化，不会湮没各个国家的民族文化，反而会推动各民族文化意识的觉醒，在全球化的境遇中保存“文化自我”，在国际交往中强化自己的文化身份。这种文明共识的价值不在于挤压民族文化的生存空间，也不在于消磨民族文化的差异性，而在于确立国际交往理性，规范国际交往行为，建构国际新社会。

展望未来，中国方案与中国复兴共命运。中国方案的实现程度，根本上取决于中国力量的崛起，取决于新兴市场国家和广大发展中国家的群体性崛起，取决于国际力量对比的根本转变，取决于世界历史“东升西降”的最终完成。随着中国国力的提升，中国健步走近世界舞台中央，越来越多的中国方案将写进联合国文件，越来越多的中国理念将上升为国际交往的文化理念。中国方案世界化所带来的变化将是深刻的、持久的甚至是颠覆性的，它意味着国际交往理性和国际文明规则正在重塑，意味着一种新的世界文明和世界精神正在崛起，意味着一个时代的结束、另一个时代的开启。中国作为文明型国家，有责任、有条件为人类新文明的重构提供中国智慧，有资格、有能力为全球交往理性的重塑贡献中国方案。正是在此意义上，“中国的奋斗，便是人类的奋斗”。

第十三章 “一带一路”与全球治理新平台

“一带一路”是中国为推动世界经济复苏、优化全球经济治理、重建世界交往理性而提出的中国方案。“一带一路”倡议来自中国，成效惠及世界。这一伟大倡议，不仅关乎世界边缘的均衡发展，也关乎世界经济地理的重构；不仅关乎国家治理体系的现代化，也关乎全球治理体系的优化；不仅关乎世界经济版图的重塑，也关乎国际政治格局的变迁；不仅关乎资本主义世界化的终结，也关乎新型全球化的开启；不仅关乎民族文化的交流互鉴，也关乎人类新文明的出场。

第一节 “一带一路”与世界经济地理重构

“一带一路”倡议，中国是发起者，但绝不是中国一家的独角戏，更不是为中国一方量身打造的复兴战略。中国提出“一带一路”倡议，旨在与世界分享中国发展带来的广阔机遇，欢迎各国搭乘中国和地区经济增长的快车，共同谱写合作共赢新乐章。“一带一路”贯穿亚欧非大陆，一头是活跃的东亚经济圈，一头是发达的西欧经济圈，中间广大腹地发展潜力巨大，成长空间无限。“丝绸之路经济带”的重点方向是中国经中亚、俄罗斯至欧洲（波罗的海），中国经中亚、西亚至波斯湾、地中海，中国至东南亚、南亚、印度洋。“21世纪海上丝绸之路”的重点方向是从中国沿海港口过南海到印度洋，延伸至欧洲，从中国沿海港口过南海到南太平洋。陆上依托国际大通道，以沿线中心城市为支撑，以重点经贸产业园区为合作平台，共同打造新亚欧大陆桥、中蒙俄、中国-中亚-西亚、中国-中南半岛等国际经济合作走廊；海上以重点港口为节点，共同建设通畅安全高效的运输大通道。“一带一路”建设，中国在行动，沿线国家在行动，世界在行动。

在“一带一路”的国际合作平台上，中国的发展优势、制度优势、资金优势、人才优势、技术优势、产能优势、政策稳定优势、战略规划优势将转化为沿线国家的发展动能与合作优势，中华民族伟大复兴的机遇将转化为世界各国共同发展的机遇。习近平指出，“‘一带一路’建设，有利于沿线各国创造需求和就业，推动世界经济整体复苏”①；“一带一路”建设“不仅造福中国人民，更造福沿线各国人民”②；“中国欢迎各方搭乘中国发展的快车、便车，欢迎世界各国和国际组织参与到合作中来”③。“桃李不言，下自成蹊。”“一带一路”倡议提出以来，全球100多个国家和国际组织积极支持和参与“一带一路”建设，中国同多个国家和国际组织签署了合作协议，开展机制化产能合作，联合国大会、联合国安理会等重要决议也纳入“一带一路”建设内容，以亚投行、丝路基金为代表的金融合作不断深入，一批有影响力的标志性项目逐步落地。“一带一路”建设从无到有、由点及面，进度和成果超出预期。2017年5月14日至15日，“一带一路”国际合作高峰论坛在北京召开，来自丝路沿线国家的29位国家元首和政府首脑参会。2019年4月25日至27日，第二届“一带一路”国际合作高峰论坛在北京举行，来自150个国家和92个国际组织的嘉宾参会。在这个高峰论坛上，我们推动“一带一路”从倡议变成机制，从共识变成行动，从图纸写到大地。世界也再次见证中国速度、中国效率。

“一带一路”倡议成功落地、深入推进，必将带动欧、亚、非大陆一

① 习近平会见“读懂中国”国际会议外方代表. 人民日报，2015-11-04.

②③ 吴秋余，兰红光. 习近平在推进“一带一路”建设工作座谈会上强调 总结经验坚定信心扎实推进 让“一带一路”建设造福沿线各国人民. 人民日报，2016-08-18.

体化发展，改写全球经济版图，重塑世界经济地理。第一次工业革命迄今已近300年，发达经济体纷纷进入后工业化阶段，然而，“一带一路”沿线大多数国家却尚未开启现代化的大门，至今仍游离于现代社会之外。2021年全球GDP总量达90万亿美元。其中北美经济圈约25万亿美元，东亚经济圈约28万亿美元，西欧经济圈约20万亿美元，三大经济圈占了全球的3/4。而“一带一路”串起来的国家，人口接近世界的3/2，GDP却不到世界的1/3，国际贸易额仅占世界的1/5，这既是差距，同时也意味着巨大的发展空间。正基于此，中国提出共建“一带一路”的合作倡议。据英国《卫报》报道，英国财政大臣哈蒙德说：“‘一带一路’从雄心规模来说，真是突破性的，涵盖了四大洲，有望提高全球70%人口的生活水平。”巴基斯坦总理谢里夫高度评价“一带一路”倡议，他说，“我们将迎来地缘经济革命。事实上，现在就是真正跨大洲合力合作的新时代黎明”。

未来，如果东南亚、南亚、西亚、东欧、非洲等广大沿线国家在“一带一路”框架内实现群体性崛起，成为一条活跃、繁荣的经济带，构筑起全球经济贸易新的闭合大循环，这在人类发展史、世界文明史上的意义都是不可低估的。这正是“一带一路”的谋略之所在、魅力之所在、希望之所在。

第二节　“一带一路”与全球治理体系优化

“一带一路”是中国向世界提供的制度性公共产品，是中国为优化全球治理体系而推出的顶层设计方案。这是人类发展史上第一次由发展中国家提出的大型国际合作倡议，体现了中国作为最大的发展中国家和全球第二大经济体，为推动国际经济治理体系朝着公平、公正、合理方向发展的责任担当。针对传统治理体系落后于时代、革新缓慢等问题，习近平强调，中国要“在国际规则制定中发出更多中国声音、注入更多中国元素”①。“一带一路”建设秉持“团结互信、平等互利、包容互鉴、合作共赢”的丝路精

① 习近平在中共中央政治局第十九次集体学习时强调 加快实施自由贸易区战略 加快构建开放型经济新体制. 人民日报，2014-12-07.

神，秉持“共商、共建、共享”的基本原则，致力于打造利益共同体、命运共同体和责任共同体，为推动全球治理体系和治理能力现代化开辟了新的愿景。

一是治理主体平等参与。传统治理体系主体单一化、同质化，要么是个别国家的独奏，要么是同质化国家的联合体，代表性和包容性很不够。比如，G7 是富人俱乐部，G20 以大国为主体，欧盟、东盟、非盟不过是地域性的“小圈子”，世界银行、国际货币基金组织由某些国家掌控绝对话语权。中方一贯认为，国家不分大小、强弱、贫富，都是国际社会平等成员，理应平等参与决策、享受权利、履行义务。今天，中国倡导的“一带一路”国际合作平台，既不是“会员俱乐部”，也不是“精英”和“贵族”的专利，而是广泛的“朋友圈”。习近平主席在“一带一路”国际合作高峰论坛上指出：“‘一带一路’建设……重点面向亚欧非大陆，同时向所有朋友开放。不论来自亚洲、欧洲，还是非洲、美洲，都是‘一带一路’建设国际合作的伙伴。‘一带一路’建设将由大家共同商量，‘一带一路’建设成果将由大家共同分享。”① 法国前总理德维尔潘也认为，“一带一路”建设是联通古今、通向未来的桥梁，旨在在发展的道路上“不让一个人掉队”②。总之，“一带一路”不是中国的独角戏，而是多国平等参与的“大合唱”，是全世界合作的“交响乐”。

二是治理机制整合升级。传统治理体系存在的一个突出问题是治理体系孤立化、国际合作碎片化，形不成整合资源、协调各方、统一行动的合力，也难以解决当今世界面临的共同难题。今天，全球治理体系变革的紧迫性越来越突出，国际社会呼声越来越高。全球治理体系只有适应国际格局新要求，才能为全球治理提供有力保障。“一带一路”建设不局限于某个领域，而是大范围、宽领域、多层次、全方位的区域合作，跨越不同地域、不同发展阶段、不同文明，覆盖经济、政治、文化、社会、生态文明各个领域，是沿线各国共同打造的全球公共产品。各国在这个新的平台上

---

① 习近平. 携手推进“一带一路”建设：在“一带一路”国际合作高峰论坛开幕式上的演讲. 人民日报，2017-05-15.

② 秦杰，霍小光，李忠发，等. “一起飞向辽阔的蓝天”：习近平主席出席“一带一路”国际合作高峰论坛纪实. 人民日报，2017-05-17.

通力合作，共同规划制定顶层方案，建立覆盖沿线国家的综合统筹协调机制，共同解决世界面临的和平赤字、发展赤字、治理赤字、生态赤字，携手打造“绿色丝绸之路”“健康丝绸之路”“智力丝绸之路”“和平丝绸之路”，实现全球治理机制的整合创新，推动全球治理体系和治理能力现代化。

三是治理规则彰显正义。传统治理体系规则混乱，有的政治挂帅，有的意识形态划界，有的搞排他性安排，有的设立准入门槛，有的缺乏代表性、包容性，有失公允。比如，TPP设立排他性条款，人为地将中国排除在外；北约则以价值观划界，奉行冷战思维；世界银行、国际货币基金组织以及亚洲开发银行等机构则设立援助的政治门槛；G7等代表性和包容性不够，未能反映新兴市场国家和发展中国家对全球经济增长的贡献（已经达到80%）。“一带一路”建设倡导正确义利观，实现同呼吸、共命运、齐发展；倡导开放包容的原则，不搞关门主义；倡导多边主义，反对单边主义。习近平主席在“一带一路”国际合作高峰论坛闭幕后会见记者时指出，“一带一路”建设不以意识形态划线，不搞政治议程，不搞排他性安排。“中国愿同世界各国分享发展经验，但不会干涉他国内政，不会输出社会制度和发展模式，更不会强加于人。我们推进‘一带一路’建设不会重复地缘博弈的老套路，而将开创合作共赢的新模式；不会形成破坏稳定的小集团，而将建设和谐共存的大家庭。”① “一带一路”原则和精神彰显了全球正义，表现出强大的文化包容性，第一次为处于“地球边缘”的国家和人们提供了公平参与、共同发展的机遇。这是对既往国际治理机制的反思、调整和矫正。

第三节　“一带一路”与国际政治格局变迁

“一带一路”建设不仅影响世界经济版图，而且会深刻影响国际政治格局的变迁。

① 习近平．携手推进“一带一路”建设：在“一带一路”国际合作高峰论坛开幕式上的演讲．人民日报，2017-05-15.

当前的国际格局是美国主导的依附型世界体系，在时间维度上表现为美国时代，在空间维度上表现为中心-边缘结构。然而，自 2008 年金融危机以来，依附型国际格局呈现出变动的迹象。以美国退出 TPP、英国脱欧、英德法意组团加入亚投行为标志，西方世界的地理板块正在分化，西方世界的统一性正在削弱，西方世界的概念体系正在瓦解。这是美国时代衰落的信号，这是多极化时代出场的征候。2017 年 2 月，德国慕尼黑安全会议的主题是“后真相、后西方、后秩序”，从这一主题不难读出，旧的世界秩序，即西方主导的世界政治体系、布雷顿森林体系、文化价值体系正在走向终结。

“一带一路”是中国崛起之路上的标志性事件，也是国际格局重塑的重要起点。当前，国际格局的突出特点是中美时空切换，从时间维度来说，就是纽约时间与北京时间的切换，资本主义世界化与新型全球化的切换，霸权时代与共赢时代的切换；从空间维度来说，就是中心-边缘结构与网格化结构的切换，依附型的世界体系与平等合作的世界新秩序的切换，突出标志是中国崛起并重返世界之巅，广泛参与全球治理。当然，时空切换绝不像切换电视频道那么简单，这是一个比较长的过程，有一个历史周期。比如，19 世纪 50 年代，美国时代与英国时代进入切换周期，历经半个多世纪而最终完成，英国时代彻底让位于美国时代。

中美从 2008 年进入切换周期，最终完成估计在 21 世纪中叶。可以确定的是，“一带一路”建设将贯穿中美时空切换的整个历史周期。这个周期可以分为三个阶段。第一个阶段是启动阶段。在这个阶段，整体上仍然属于美国时代，但“中国时刻”会频频绽放，点缀其中，展现风采。第二个阶段是相持阶段。这个阶段大约从中美 GDP 基本持平开始算起，估计会持续 20 年左右的时间。第三个阶段是反转阶段。大约到 21 世纪中叶，美国时代将缓慢落幕，中国时代决定性开启。这个阶段时间很短，主要通过一两个标志性的重大历史事件来完成①。

① 美国时代的终结意味着西方中心的终结，霸权时代的终结，但绝不意味着以东方中心主义取代西方中心主义，以新的世界霸权取代美国霸权。随着中国时代的来临，人类将有望迎来一个没有霸权的新时代。

这里必须指出的是，中国主导推动“一带一路”建设，目标“不是要谋求势力范围，而是要支持各国共同发展；不是要营造自己的后花园，而是要建设各国共享的百花园”①。“一带一路”是和平之路，“一带一路”沿线国家不是“团伙关系”，而是“对话不对抗、结伴不结盟的伙伴关系”②，中国的复兴不同于16世纪以来任何一个西方国家的崛起，中国参与塑造的未来秩序也不是16世纪以来霸权体系的延续，也不是资本主义世界体系的继承。中国也不是旧秩序的新主人，不是21世纪的新霸主。这是一种全新的秩序，在这里，主体间性的思维方式将主导国际事务的讨论，中心-边缘结构将因为失去合理性而不复存在。

第四节　“一带一路”与新型全球化的开启

全球化是一个自然历史过程，它的出场不可抗拒，它的方向不可逆转，它的发展充满挑战，它的前景无限美好。

全球化1.0本质上是资本主义世界化。从资本走出国门，到处落地、到处开花、到处殖民这个时候开始，一直到资本主义世界体系完全成熟和定型，都属于全球化的1.0版本。在这一阶段，国际产业分工固化，中心-边缘的权力结构固化，依附型国际秩序定型，西方中心主义扩张，霸权逻辑、丛林法则、文化殖民合法化。在资本主义世界化的体系中，广大发展中国家几乎没有上升的通道，因而是不均衡、非正义的全球化。

20世纪70年代末，全球化进入2.0版本，这是新自由主义全球化阶段，本质上还是资本主义世界化，是资本主义世界化的升级版。新自由主义全球化是顺应国家垄断资本主义向国际垄断资本主义转变而出现的，是为建立国际垄断资本主导的全球秩序服务的，是为国际垄断资产阶级的全球扩张服务的，是为国际垄断资本在全球攫取剩余价值服务的，是为资本

① 习近平. 中国发展新起点 全球增长新蓝图：在二十国集团工商峰会开幕式上的主旨演讲. 人民日报，2016-09-04.

② 习近平. 携手推进“一带一路”建设：在“一带一路”国际合作高峰论坛开幕式上的演讲. 人民日报，2017-05-15.

主义文化和价值观的全球化战略服务的。1989 年“华盛顿共识”的形成，标志着新自由主义意识形态已经被国际垄断资本集团系统化为领导世界的经济纲领、政治纲领和文化纲领，成为国际社会的“强势话语”。新自由主义全球化首先在西方世界登场，其后通过“华盛顿共识”“休克疗法”等向全世界扩张，这一波全球化浪潮最终以 2008 年新自由主义的世界性大溃败而宣告结束。

无论是全球化 1.0 版本还是 2.0 版本，它们在本质上是一致的，都属于旧全球化时代。这一时代的共性在于：“‘一体化’甚至‘单一化’成为全球张力焦点，一个标准、一个道路、一个模式、一个体系，使全球现代性被纳入西方资本轨道”①。这种以统一消磨差异、以一致排斥个性、以陈规抑制创造的行动逻辑，意味着温柔的理性异化为理性的暴力，意味着理性的建构功能异化为社会发展的阻滞力量，这是全人类难以承受之重。

2008 年以来，随着全球金融危机的爆发，资本主义世界化走到了尽头。不单单是新兴经济体不愿意在西方搭建的平台上继续玩，不愿意按照西方制定的规则继续玩，关键时刻美国、欧洲都出现了逆全球化、去全球化的新动向，世界范围内的“特朗普现象”正在上演。西方国家纷纷出台贸易保护措施。国际货币基金组织的数据显示，2015 年，全球实施的限制性贸易措施多达 736 个，同比增加 50%，是自由贸易促进措施的 3 倍。国际货物贸易在 2000—2008 年年均增长 9%，2008—2016 年年均增长 3%，收缩趋向明显。联合国贸发会议和世界银行最新报告显示，2016 年全球外国直接投资下降了 13%，贸易增长仅略高于 1%，是 2008 年全球金融危机以来，表现最差的一年。特朗普主张“美国优先”，强调“买美国货、雇美国人”，这些都已经由竞选口号变成了施政措施。英国“脱欧”公投成功，多米诺骨牌效应陆续显现，欧洲一体化遭遇重大挑战。法国勒庞崛起，主张“法国人优先”，反对移民，反对欧盟和自由贸易，反对全球化，强调国家利益高于全球化。全球化遭遇到了前所未有的挑战。

今天，全球化走到了十字路口，何去何从，全世界的目光都聚焦于中

① 任平．脱域与重构：反思现代性的中国问题与哲学视域．现代哲学，2010（5）．

国，中国“不能当旁观者、跟随者，而是要做参与者、引领者”①。在当今逆全球化、反全球化抬头的大背景下，习近平主席在G20杭州峰会和达沃斯论坛上提出的“中国方案”给全世界吃了定心丸：中国是贸易与投资自由化的坚定推动者，是经济全球化的坚定捍卫者。“把困扰世界的问题简单归咎于经济全球化，既不符合事实，也无助于问题解决”，我们“要适应和引导好经济全球化，消解经济全球化的负面影响，让它更好惠及每个国家、每个民族”②。

全球化不可逆转，也不会逆转。全球化是生产力发展的客观要求和科技进步的必然结果，是民族历史向世界历史转化的基本样态，是历史发展的必然趋势，是人类通往未来理想社会的必经之路。只有在世界市场的基础上才能实现全人类的共同发展，也只有在世界历史的前提下才能实现全人类的解放。共产主义一定是全人类的事业，是“‘世界历史性的’存在”③，单一国家可以宣布率先进入社会主义，但一定不会率先实现共产主义。

全球化可以重构，也一定要重构。“一带一路”开启了全球化3.0的新愿景，资本主义世界化在狂飙数百年之后第一次迎来了决定性的转向。“共建‘一带一路’顺应世界多极化、经济全球化、文化多样化、社会信息化的潮流，秉持开放的区域合作精神，致力于维护全球自由贸易体系和开放型世界经济。”④“一带一路”蕴含的哲学智慧和价值追求是对资本主义世界化的反击，是对传统全球化运动的矫正，是对西方中心论的抛弃，是对零和思维、丛林法则和霸权逻辑的超越。“一带一路”建设的实施，标志着中国由全球化的跟随者转而成为全球化的引领者，从搭全球化的便车转而成为全球化的舵手，遭遇重重挑战的全球化再次展露出美好的愿

① 习近平在中共中央政治局第十九次集体学习时强调 加快实施自由贸易区战略 加快构建开放型经济新体制. 人民日报，2014-12-07.

② 习近平. 共担时代责任 共促全球发展：在世界经济论坛2017年年会开幕式上的主旨演讲. 人民日报，2017-01-18.

③ 马克思，恩格斯. 马克思恩格斯文集：第1卷. 北京：人民出版社，2009：539.

④ 国家发展改革委，外交部，商务部. 推动共建丝绸之路经济带和21世纪海上丝绸之路的愿景与行动. 人民日报，2015-03-29.

景，全球化将迎来新的纪元。

中国引领的新型全球化，是一场以造就国际合作、世界共赢、全球正义为目标的社会运动，与工业化时期的资本主义世界化有着完全不同的性质和目标，遵循着完全不同的价值和理想。新型全球化不是从西向东、从北向南的单向度全球化，而是东西互联、南北互通的互动型全球化；不是以制度、文明和价值观划界的局域全球化，而是开放包容的广域全球化；不是欧美优先、充斥暗角的局部全球化，而是全覆盖、无死角的世界全球化；不是海权优先、陆海二分的海上全球化，而是平衡海陆发展的均衡全球化；不是部分国家的发展以牺牲他国利益为代价的畸形全球化，而是均衡发展、利益共享的普惠型全球化。总之，“一带一路”意味着“一国独霸”“几方共治”“零和博弈”“赢者通吃”的极化全球化时代的结束，意味着“多中心崛起”“全方位合作”“全人类共赢”的包容性全球化时代的开启。

全球化 3.0 是全球化运动中一个较高级的阶段，它的发展方向“是消解而不是延续资本主义世界化所造就的世界中心-边缘结构”①，是打破而不是固化依附型的世界体系，是终结而不是捍卫世界霸权秩序，是改革而不是沿袭现存国际治理体系，是要在去中心化的追求中建构起一个更加平等、包容、普惠的世界。新型全球化是对资本主义世界化的超越。资本主义世界化是全球化的一种历史形式，而不是唯一可能的形式，更不是最后的形式。唯一可持续的全球化，乃是“共享繁荣”（sustainable prosperity）（约瑟夫·斯蒂格利茨语）的新型全球化。沿着新型全球化的方向延伸，人类将迎来全球合作社会，走向全球共同发展，通往全世界的大联合，最终走向全人类的普遍解放。

第五节 “一带一路”与人类新文明的崛起

“一带一路”极富想象与创意，它源于古代中国的文化符号，又赋予了现代中国的文化元素。有人说，“一带一路”与其说是“路”，不如说

① 张康之.“全球化”运动行进中的概念解读.教学与研究，2015 (10).

是“道”。我是非常赞同这一看法的。原先对应千万级、上亿级人口规模的西方现代性文明及其制度安排，远远跟不上时代发展的要求，反而成为全球化的桎梏。传统全球化时代，国际交往理性本质上是非理性的，是西方单方面确立的，是与人类社会的发展逻辑、全球化的演进逻辑相背离的；世界精神本质上是西方精神的世界化，是文化霸权和文化殖民的结果。

文化是制度的本体。“一带一路”建设的制度设计和机制化安排，都是一定的文化精神和价值观念的投射。中国作为“一带一路”的首创国、主导方，中国政府规划制定的“一带一路”的愿景与行动纲领，注入了中国价值和中国精神，为重构新全球化时代的国际交往理性和世界精神奠定了基础。具体来说，“一带一路”的合作主体是沿线国家，不搞关门主义，不孤立第三方，不设排他性条款，这与西方主导的依附型世界体系和集团化合作机制是不一样的。“一带一路”的合作内容是“政策沟通、设施联通、贸易畅通、资金融通、民心相通”，这与西方追求的资本扩张、殖民掠夺是不一样的。“一带一路”的合作原则是“共商、共建、共享”，它“不是中国一家的独奏，而是沿线国家的合唱”①，这与大国主导、几方共治的西方治理逻辑是不一样的。“一带一路”的核心理念是“和平合作、开放包容、互学互鉴、互利共赢”②，这与西方惯常的中心意识、冷战思维、优越感是不一样的。“一带一路”的交往理性是“尊重彼此主权、尊严、领土完整，尊重彼此发展道路和社会制度，尊重彼此核心利益和重大关切”③，这与西方奉行的社会制度趋同化、发展模式西方化、西方文化“普世化”是不一样的。“一带一路”的发展目标是“打造开放、包容、均衡、普惠的区域经济合作架构”④，促进共同发展、实现共同繁荣，这与西方信仰的丛林法则、梯度发展逻辑是不一样的。“一带一路”的理想愿景

---

① 习近平．迈向命运共同体 开创亚洲新未来：在博鳌亚洲论坛 2015 年年会上的主旨演讲．人民日报，2015-03-29.

② 国家发展改革委，外交部，商务部．推动共建丝绸之路经济带和 21 世纪海上丝绸之路的愿景与行动．人民日报，2015-03-29.

③ 习近平．携手推进“一带一路”建设：在“一带一路”国际合作高峰论坛开幕式上的演讲．人民日报，2017-05-15.

④ 同②.

是“打造政治互信、经济融合、文化包容的利益共同体、命运共同体和责任共同体”①，这与西方建构的资本主义世界体系是不一样的。“一带一路”不仅仅是联通中国与世界的经济带，也是联通中国与世界的“文明大运河”。“一带一路”蕴含的丝路精神、发展理念、哲学智慧，将中华古代文明、西方文明的优质基因熔为一炉，将社会主义价值观注入其中，它意味着一种新型现代性即将出场，意味着一种新的人类文明和世界精神正在崛起。这是一种对应十亿量级人口规模的新型文明。

这种新型人类文明和世界精神继承了西方经典现代性的优质基因，但又超越了西方文明的地域性、片面性、狭隘性。这大概体现在这些方面：超越线性进化、梯度转移的发展逻辑，代之以跨越赶超、共同复兴的发展观；超越“西方中心论”，代之以多中心的崛起；超越狭隘的民族观和种族优越论，代之以人类整体观；超越“西方文明最优论”“文明冲突论”，代之以包容互鉴的文明观；超越以实力抗衡为基础的丛林法则、霸权秩序，代之以合作共赢原则；超越小集团化的圈子意识，代之以平等参与的地位观；超越依附型的世界体系和中心-边缘结构，代之以命运共同体；超越“历史终结论”和意识形态的边界，代之以人类的视野和世界的眼光。总之，“一带一路”建设，不仅将改变世界经济格局，还将改变全球化的术语，改变国际交往的规则，改变人们的思维方式和价值观念。

这种人类新文明的精神实质与中国在全球化境遇中的文化主张相通。中国作为文明型国家、领导型国家，有条件为人类新文明的崛起提供中国价值、中国理念。正是在此意义上，诺贝尔经济学奖得主科斯说，“中国的奋斗，便是人类的奋斗”②。

最后必须强调的是，人类新文明不是某种民族文化的世界化，也不会上升为各个民族国家的主导文化，更不是要以一种世界性的文明湮没各个民族国家的文化。人类新文明不仅不会遮蔽民族文化的价值，挤压民族文

① 国家发展改革委，外交部，商务部．推动共建丝绸之路经济带和21世纪海上丝绸之路的愿景与行动．人民日报，2015-03-29.

② 桂维民．白与黑：时政演讲沉思录．北京：中共中央党校出版社，2014：21.

化的生存空间，消磨民族文化的差异性，反而会推动各民族文化意识的觉醒，在全球化的境遇中保存“文化自我”，在国际交往中强化自己的文化身份。人类新文明与民族文化相互补充，各司其职。民族文化的功能在于塑造国民的文化心理、民族性格、行为方式和生活习惯，而人类新文明则是为了确立国际交往理性，规范国际交往行为。

参考文献

1. 马克思，恩格斯. 马克思恩格斯选集：第 1—4 卷. 3 版. 北京：人民出版社，2012.

2. 马克思，恩格斯. 马克思恩格斯文集：第 1—10 卷. 北京：人民出版社，2009.

3. 马克思，恩格斯. 马克思恩格斯全集：第 1 卷. 北京：人民出版社，1956.

4. 马克思，恩格斯. 马克思恩格斯全集：第 2 卷. 北京：人民出版社，1957.

5. 马克思，恩格斯. 马克思恩格斯全集：第 3 卷. 北京：人民出版社，2002.

6. 马克思，恩格斯. 马克思恩格斯全集：第 4 卷. 北京：人民出版社，1958.

7. 马克思，恩格斯. 马克思恩格斯全集：第 20 卷. 北京：人民出版社，1971.

8. 马克思，恩格斯. 马克思恩格斯全集：第 26 卷. 北京：人民出版社，2014.

9. 马克思，恩格斯. 马克思恩格斯全集：第 28 卷. 北京：人民出版社，2018.

10. 马克思，恩格斯. 马克思恩格斯全集：第30卷. 北京：人民出版社，1995.

11. 马克思，恩格斯. 马克思恩格斯全集：第32卷. 北京：人民出版社，1998.

12. 马克思，恩格斯. 马克思恩格斯全集：第34卷. 北京：人民出版社，2008.

13. 马克思，恩格斯. 马克思恩格斯全集：第37卷. 北京：人民出版社，1971.

14. 马克思，恩格斯. 马克思恩格斯全集：第42卷. 北京：人民出版社，2016.

15. 列宁. 列宁选集：第1—4卷. 3版修订版. 北京：人民出版社，2012.

16. 列宁. 列宁全集：第2卷. 2版. 北京：人民出版社，1984.

17. 列宁. 列宁全集：第27卷. 2版. 北京：人民出版社，1985.

18. 列宁. 列宁全集：第33卷. 2版. 北京：人民出版社，1985.

19. 列宁. 列宁全集：第34卷. 2版. 北京：人民出版社，1985.

20. 列宁. 列宁全集：第42卷. 2版. 北京：人民出版社，1987.

21. 列宁. 列宁全集：第43卷. 2版. 北京：人民出版社，1987.

22. 列宁. 列宁全集：第52卷. 2版. 北京：人民出版社，1988.

23. 列宁. 列宁全集：第55卷. 2版. 北京：人民出版社，1990.

24. 列宁. 列宁专题文集·论资本主义. 北京：人民出版社，2009.

25. 列宁. 列宁专题文集·论社会主义. 北京：人民出版社，2009.

26. 列宁. 列宁专题文集·论马克思主义. 北京：人民出版社，2009.

27. 列宁. 列宁专题文集·论无产阶级政党. 北京：人民出版社，2009.

28. 列宁. 列宁专题文集·论辩证唯物主义和历史唯物主义. 北京：人民出版社，2009.

29. 毛泽东. 毛泽东选集：第1—4卷. 2版. 北京：人民出版社，1991.

30. 毛泽东. 毛泽东文集：第1—8卷. 北京：人民出版社，1999.

31. 邓小平. 邓小平文选：第1—3卷. 2版. 北京：人民出版社，1994.

32. 邓小平. 邓小平文选：第3卷. 北京：人民出版社，1993.

33. 中共中央文献研究室. 邓小平思想年谱：1975—1997. 北京：中央文献出版社，2004.

34. 中共中央文献研究室. 邓小平关于建设有中国特色社会主义的论述专题摘编. 北京：中央文献出版社，1992.

35. 陈云. 陈云文选：第1—3卷. 北京：人民出版社，1995.

36. 江泽民. 江泽民文选：第1—3卷. 北京：人民出版社，2006.

37. 中共中央文献研究室. 江泽民思想年编：1989—2008. 北京：中央文献出版社，2010.

38. 胡锦涛. 胡锦涛文选：第1—3卷. 北京：人民出版社，2016.

39. 习近平. 习近平谈治国理政：第1卷. 北京：外文出版社，2014.

40. 习近平. 习近平谈治国理政：第2卷. 北京：外文出版社，2017.

41. 习近平. 习近平谈治国理政：第3卷. 北京：外文出版社，2020.

42. 中共中央文献研究室. 改革开放三十年重要文献选编：上、下. 北京：中央文献出版社，2008.

43. 中共中央文献研究室. 三中全会以来重要文献选编：上、下. 北京：中央文献出版社，1982.

44. 中共中央文献研究室. 十二大以来重要文献选编：上、中. 北京：中央文献出版社，1986.

45. 中共中央文献研究室. 十二大以来重要文献选编：下. 北京：中央文献出版社，1988.

46. 中共中央文献研究室. 十三大以来重要文献选编：上、中. 北京：中央文献出版社，1991.

47. 中共中央文献研究室. 十三大以来重要文献选编：下. 北京：中央文献出版社，1993.

48. 中共中央文献研究室. 十四大以来重要文献选编：上. 北京：中

央文献出版社，1996.

49. 中共中央文献研究室. 十四大以来重要文献选编：中. 北京：中央文献出版社，1997.

50. 中共中央文献研究室. 十四大以来重要文献选编：下. 北京：中央文献出版社，1999.

51. 中共中央文献研究室. 十五大以来重要文献选编：上. 北京：中央文献出版社，2000.

52. 中共中央文献研究室. 十五大以来重要文献选编：中. 北京：中央文献出版社，2001.

53. 中共中央文献研究室. 十五大以来重要文献选编：下. 北京：中央文献出版社，2003.

54. 中共中央文献研究室. 十六大以来重要文献选编：上. 北京：中央文献出版社，2005.

55. 中共中央文献研究室. 十六大以来重要文献选编：中. 北京：中央文献出版社，2006.

56. 中共中央文献研究室. 十六大以来重要文献选编：下. 北京：中央文献出版社，2008.

57. 中共中央文献研究室. 十七大以来重要文献选编：上. 北京：中央文献出版社，2009.

58. 中共中央文献研究室. 十七大以来重要文献选编：中. 北京：中央文献出版社，2011.

59. 中共中央文献研究室. 十七大以来重要文献选编：下. 北京：中央文献出版社，2013.

60. 中共中央文献研究室. 十八大以来重要文献选编：上. 北京：中央文献出版社，2014.

61. 中共中央文献研究室. 十八大以来重要文献选编：中. 北京：中央文献出版社，2016.

62. 中共中央党史和文献研究院. 十八大以来重要文献选编：下. 北京：中央文献出版社，2018.

63. 中共中央党史和文献研究院. 十九大以来重要文献选编：上. 北京：中央文献出版社，2019.

64. 中国共产党第十二次全国代表大会文件汇编. 北京：人民出版社，1982.

65. 中国共产党第十八届中央委员会第三次全体会议文件汇编. 北京：人民出版社，2013.

66. 中共中央关于全面深化改革若干重大问题的决定. 北京：人民出版社，2013.

67. 中共中央关于全面推进依法治国若干重大问题的决定. 北京：人民出版社，2014.

68. 中共中央宣传部. 习近平总书记系列重要讲话读本（2016 年版）. 北京：学习出版社，2016.

69. 中共中央宣传部. 习近平新时代中国特色社会主义思想三十讲. 北京：学习出版社，2018.

70. 中共中央宣传部. 习近平新时代中国特色社会主义思想学习纲要. 北京：学习出版社，2019.

71. 中共中央文献研究室. 习近平关于实现中华民族伟大复兴的中国梦论述摘编. 北京：中央文献出版社，2013.

72. 中共中央文献研究室. 习近平关于全面深化改革论述摘编. 北京：中央文献出版社，2014.

73. 中共中央文献研究室. 习近平关于全面依法治国论述摘编. 北京：中央文献出版社，2015.

74. 中共中央文献研究室. 习近平关于全面建成小康社会论述摘编. 北京：中央文献出版社，2016.

75. 中共中央文献研究室. 习近平关于全面从严治党论述摘编. 北京：中央文献出版社，2016.

76. 中共中央文献研究室. 习近平关于协调推进"四个全面"战略布局论述摘编. 北京：中央文献出版社，2015.

77. 中共中央文献研究室. 习近平关于严明党的纪律和规矩论述摘

编. 北京：中央文献出版社，中国方正出版社，2016.

78. 中共中央文献研究室. 习近平关于社会主义政治建设论述摘编. 北京：中央文献出版社，2017.

79. 中共中央文献研究室. 习近平关于社会主义经济建设论述摘编. 北京：中央文献出版社，2017.

80. 中共中央文献研究室. 习近平关于社会主义文化建设论述摘编. 北京：中央文献出版社，2017.

81. 中共中央文献研究室. 习近平关于社会主义社会建设论述摘编. 北京：中央文献出版社，2017.

82. 中共中央文献研究室. 习近平关于社会主义生态文明建设论述摘编. 北京：中央文献出版社，2017.

83. 习近平. 论坚持全面深化改革. 北京：中央文献出版社，2018.

84. 习近平. 之江新语. 杭州：浙江人民出版社，2007.

85. 习近平. 在庆祝全国人民代表大会成立60周年大会上的讲话. 北京：人民出版社，2014.

86. 习近平. 在纪念红军长征胜利80周年大会上的讲话. 北京：人民出版社，2016.

87. 习近平. 在哲学社会科学工作座谈会上的讲话. 北京：人民出版社，2016.

88. 习近平. 在庆祝中国共产党成立95周年大会上的讲话. 北京：人民出版社，2016.

89. 习近平. 为建设世界科技强国而奋斗：在全国科技创新大会、两院院士大会、中国科协第九次全国代表大会上的讲话. 北京：人民出版社，2016.

90. 习近平. 在欧美同学会成立100周年庆祝大会上的讲话. 人民日报，2013-10-22.

91. 习近平. 在纪念毛泽东同志诞辰120周年座谈会上的讲话. 人民日报，2013-12-27.

92. 习近平. 切实把思想统一到党的十八届三中全会精神上来. 求

是，2014（1）.

93．习近平．在布鲁日欧洲学院的演讲．人民日报，2014-04-02.

94．习近平．在庆祝全国人民代表大会成立60周年大会上的讲话．人民日报，2014-09-06.

95．习近平．迈向命运共同体 开创亚洲新未来：在博鳌亚洲论坛2015年年会上的主旨演讲．人民日报，2015-03-29.

96．习近平．在庆祝五一国际劳动节 暨表彰全国劳动模范和先进工作者大会上的讲话．人民日报，2015-04-29.

97．习近平．在文艺工作座谈会上的讲话．人民日报，2015-10-15.

98．习近平．共倡开放包容 共促和平发展：在伦敦金融城市长晚宴上的演讲．人民日报，2015-10-22.

99．习近平．在省部级主要领导干部学习贯彻党的十八届五中全会精神专题研讨班上的讲话．人民日报，2016-05-10.

100．习近平．在庆祝中国共产党成立95周年大会上的讲话．人民日报，2016-07-02.

101．习近平．中国发展新起点 全球增长新蓝图：在二十国集团工商峰会开幕式上的主旨演讲．人民日报，2016-09-04.

102．习近平．共担时代责任 共促全球发展：在世界经济论坛2017年年会开幕式上的主旨演讲．人民日报，2017-01-18.

103．习近平．携手推进“一带一路”建设：在“一带一路”国际合作高峰论坛开幕式上的演讲．人民日报，2017-05-15.

104．习近平．抓住世界经济转型机遇 谋求亚太更大发展：在亚太经合组织工商领导人峰会上的主旨演讲．人民日报，2017-11-11.

105．习近平．携手建设更加美好的世界：在中国共产党与世界政党高层对话会上的主旨讲话．人民日报，2017-12-02.

106．习近平．在党的十九届一中全会上的讲话．求是，2018（1）.

107．习近平．在纪念周恩来同志诞辰120周年座谈会上的讲话．人民日报，2018-03-02.

108．习近平．开放共创繁荣 创新引领未来：在博鳌亚洲论坛2018年年会开幕式上的主旨演讲. 人民日报，2018－04－11.

109. 习近平. 在庆祝海南建省办经济特区30周年大会上的讲话. 人民日报，2018－04－14.

110. 习近平. 在纪念马克思诞辰200周年大会上的讲话. 人民日报，2018－05－05.

111. 习近平. 在民营企业座谈会上的讲话. 人民日报，2018－11－02.

112. 习近平. 在纪念刘少奇同志诞辰120周年座谈会上的讲话. 人民日报，2018－11－24.

113. 习近平. 在庆祝改革开放40周年大会上的讲话. 人民日报，2018－12－19.

114. 习近平. 辩证唯物主义是中国共产党人的世界观和方法论. 求是，2019（1）.

115. 习近平. 为建设更加美好的地球家园贡献智慧和力量：在中法全球治理论坛闭幕式上的讲话. 人民日报，2019－03－27.

116. 习近平. 在第二届一带一路国际合作高峰论坛记者会上的讲话. 人民日报，2019－04－28.

117. 习近平. 在纪念五四运动100周年大会上的讲话. 人民日报，2019－05－01.

118. 习近平. 一个国家、一个民族不能没有灵魂. 求是，2019（8）.

119. 习近平. 坚持历史唯物主义不断开辟当代中国马克思主义发展新境界. 求是，2020（2）.

120. 刘云山. 加强和改善党对全面深化改革的领导. 人民日报，2013－11－19.

121. 国家统计局. 奋进的四十年. 北京：统计出版社，1989.

122. 覃火杨. 海外人士谈中国社会主义. 北京：北京大学出版社，1990.

123. 王泰平. 邓小平外交思想研究论文集. 北京：世界知识出版社，1996.

124. 王珏. 辉煌二十年（1978—1998）中国改革开放二十周年大事总览. 北京：中国经济出版社，1998.

125. 宫达非. 苏联剧变新探. 北京：世界知识出版社，1998.

126. 陆南泉. 苏联兴亡史论. 北京：人民出版社，2002.

127. 曾明珠. 当前学术状况的回顾与展望：许纪霖、黄万盛、杜维明三人谈//哈佛燕京学社. 全球化与文明对话. 南京：江苏教育出版社，2004.

128. 谭索. 戈尔巴乔夫的改革与苏联的毁灭. 北京：社会文献出版社，2006.

129. 曹长盛. 世界社会主义纵论（曹长盛文集）. 北京：当代世界出版社，2006.

130. 郭春生. 勃列日涅夫 18 年. 北京：人民出版社，2009.

131. 赵汀阳. 坏世界研究：作为第一哲学的政治哲学. 北京：中国人民大学出版社，2009.

132. 李慎明. 苏联亡党亡国 20 年祭：俄罗斯人在诉说. 北京：社会科学文献出版社，2013.

133. 桂维民. 白与黑：时政演讲沉思录. 北京：中共中央党校出版社，2014.

134. 陈之骅，吴恩远，马闪龙. 苏联兴亡史纲. 北京：中国社会科学出版社，2016.

135. 普京. 普京文集. 北京：中国社会科学出版社，2002.

136. 伯恩斯. 当代世界政治理论. 北京：商务印书馆，1983.

137. 奥尔森. 国际关系的理论与实践. 北京：中国社会科学出版社，1987.

138. 亨廷顿. 变化社会中的政治秩序. 王冠华，刘为，等译. 北京：三联书店，1989.

139. 福山. 历史的终结及最后之人. 黄盛强，许铭原，译. 北京：中国社会科学出版社，2003.

140. 科兹，威尔. 从戈尔巴乔夫到普京的俄罗斯道路：苏联体制的终结和新俄罗斯. 曹荣湘，等译. 北京：中国人民大学出版社，2016.

141. 沃克. 震撼世界的六年：戈尔巴乔夫的改革怎样葬送了苏联. 张金鉴，译. 北京：改革出版社，1999.

142. 霍布斯鲍姆. 资本的年代：1848—1857. 北京：中信出版社，2014.

143. 戈尔巴乔夫. 改革与新思维. 北京：新华出版社，1987.

144. 博尔金. 戈尔巴乔夫沉浮录. 北京：中央编译出版社，1996.

145. 戈尔巴乔夫. 戈尔巴乔夫回忆录：上册. 述弢，等译. 北京：社会科学文献出版社，2003.

146. 麦德维杰夫. 苏联的最后一年. 王晓玉，等译. 北京：社会科学文献出版社，2005.

147. 雅克夫列夫. 一杯苦酒：俄罗斯的布尔什维主义和改革运动. 北京：社会科学文献出版社，2016.

148. 季诺维也夫. 列宁主义：列宁主义研究导论. 北京：东方出版社，1989.

149. 林任君. 中国经济改革历史意义与国际影响//覃火杨. 海外人士谈中国社会主义. 北京：北京大学出版社，1990.

150. 阿里吉. 亚当·斯密在北京：21 世纪的谱系. 北京：社会科学文献出版社，2009.

151. 宋士昌，孔静珣. 苏联模式社会主义与苏联七十多年社会主义的历史沿革. 当代世界社会主义问题，1994（4）.

152. 吴易风. 俄罗斯经济学家谈俄罗斯和中国经济问题：下. 高校理论战线，1995（12）.

153. 俞吾金. 从“道德评价优先”到“历史评价优先”：马克思异化理论发展中的视角转换. 中国社会科学，2003（2）.

154. 赵穗生. 中国模式：能否取代西方现代化模式. 绿叶，2009（3）.

155. 任平. 脱域与重构：反思现代性的中国问题与哲学视域. 现代哲学，2010（5）.

156. 范春燕、冯颜利. 海外中国特色社会主义研究的几个不同视角. 国外科学社会主义，2012 (2).

157. 陈之骅. 意识形态自由化的恶果：历史虚无主义搞乱苏联. 人民论坛，2013 (27).

158. 张康之. “全球化”运动行进中的概念解读. 教学与研究，2015 (10).

159. 陈先达. 文明必然趋同 文化一定求异. 新华日报，2017-07-21.

160. 于鸿君. 中国经济体制的选择逻辑及其在全球化新时代的意义. 世界社会主义研究，2018 (6).

161. 雅克. 中国：以自己方式崛起的强国. 全国新书目，2010 (3).

162. 雅克. 中国将如何改变我们的思维方式：以国家为例. 当代世界与社会主义，2011 (4).

163. 布雷斯林. “中国模式”与全球危机：从弗里德里希·李斯特到中国治理模式. 冯瑾，译. 当代世界与社会主义，2012 (1).

164. 安德烈阿尼. 变革发展中的社会主义. 科学社会主义，2007 (3).

165. 伊拉里奥诺夫. 中国经济“奇迹”的奥秘. 国外社会科学，1999 (5).

166. 季塔连科. 中华人民共和国成立的国际意义和中国改革的经验. 当代中国史研究，2009 (6).

167. 阿瑞吉. 超越华盛顿共识：新万隆联盟?. 国外理论动态，2013 (9).

168. 郑永年. 西方为何惧怕“中国模式”. 领导文萃，2009 (17).

后　记

本书是我在武汉大学工作期间立项的国家社科基金重大项目“习近平总书记关于全面深化改革的方法论思想研究”（项目批准号：15ZDA003）的最终结项成果。在项目论证过程中，我国著名马克思主义哲学家、中共中央党校原副校长杨春贵先生，国家教学名师、武汉大学石云霞教授，湖南省哲学学会副会长、湖南省委党校原副校长周正刚教授多次审读了论证书，提出了非常宝贵的指导意见。

项目批准立项后，武汉大学马克思主义学院与课题组合作筹办了国家社科基金重大项目开题报告会暨习近平总书记改革方法论研讨会。杨春贵先生亲赴武汉大学主持开题报告会；武汉大学原校长、资深教授陶德麟先生，中国人民大学张雷声教授，北京大学丰子义教授，华中师范大学张耀灿教授，武汉大学石云霞教授出席开题报告会；武汉大学校领导、课题组全体成员和在校研究生共50多人出席开题报告会；我作了开题报告。开题专家组集体评议认为，项目选题意义重大，前期研究基础扎实，研究团队力量整齐，研究内容选择合理，研究计划切实可行，同意按计划展开研究工作。专家组成员也从多个方面对项目研究提出了意见与建议。

项目研究正式启动以后，我多次主持课题研讨会。子课题负责人、武汉大学汪信砚教授、湖南省委党校周正刚教授、中共中央党校（国家行政学院）杨信礼教授，以及课题组成员分别参与了集中研讨。我指导的博士生、研究生也参与了课题研讨，部分学生承担了具体研究任务。我在充分听取课题组成员意见的基础上，最终完成了研究提纲。

在项目研究过程中，课题组成员发表了较多前期研究成果。其中《改革开放改变中国》一书作为庆祝改革开放40周年的献礼之作，2018年由人民出版社出版。其他前期成果包括学术论文和宣传理论文章。学术论文主要发表于《马克思主义研究》《政治学研究》《马克思主义与现实》《教学与研究》《改革》《党建》《湖南社会科学》《探索》《思想理论教育》《湖湘论坛》等重要学术期刊，宣传理论文章主要发表在《人民日报》《光明日报》《经济日报》《学习时报》等中央级媒体，产生了较好的社会影响。除少数相关度不高的前期成果外，大多数前期成果都作为最终成果纳入本书之中。

本书是学术团队集体攻关的产物。作为项目首席专家，我主持课题论证和申报，编写课题立项书并主持课题研讨会，拟定本书的总体思路、主体框架、写作提纲，负责全书修改、统稿、定稿，并增写、改写、重写了部分章节目。湖南省委党校周正刚教授为本研究投入了大量时间、精力，亲自执笔写作了5章，高质量、超额完成预定研究任务。书稿成型后，周正刚教授还参与了最后的集中统稿工作，为课题顺利结项作出了重要贡献。湖南大学马克思主义学院周梅玲助理教授也参加了最后的集中统稿工作。在此一并表示感谢。

本书编写分工如下：

陈曙光（中共中央党校（国家行政学院）马克思主义学院副院长、二级教授）：前言，第一章，第三章，第七章第四节，第九章，第十章，第十一章第一、三节，第十二章，第十三章，后记。

周正刚（湖南省委党校原副校长、二级教授）：第四章，第五章，第六章，第七章第一、二、三节，第八章。

崔丽华（中共中央党校（国家行政学院）马克思主义学院副教授）：第十一章第二节。

朗廷建（武汉大学马克思主义学院副教授）：第二章。

课题组其他成员和我指导的学生参与了资料收集、文献分析、文献综述、前期论证、引文校核以及其他日常事务性工作，他们是余伟如、刘影、杨洁、刘小莉、杜利娟、尹惠娟、李莹、陈世锋、李娟仙、阮华荣、陈雪雪、黄敏、蒋永发、卢静宜、郭瑜杰、赵耀等。

本书得以顺利出版，特别感谢中国人民大学出版社的精心策划，感谢责任编辑等诸位同志的辛勤付出！

新时代改革方法论博大精深，课题组成员在研究过程中付出了极大努力，但由于水平有限，肯定存在疏漏和不足，希望方家同仁提出批评意见。

陈曙光

2021 年 10 月 26 日

图书在版编目（CIP）数据

新时代改革方法论研究 / 陈曙光等著. --北京：
中国人民大学出版社，2023.1
（马克思主义理论研究与当代中国书系）
ISBN 978-7-300-31010-7

Ⅰ. ①新… Ⅱ. ①陈… Ⅲ. ①改革-研究-中国
Ⅳ. ①D61

中国版本图书馆 CIP 数据核字（2022）第 176653 号

国家出版基金项目
“十四五”时期国家重点出版物出版专项规划项目
马克思主义理论研究与当代中国书系
新时代改革方法论研究
陈曙光　周正刚 等　著
Xinshidai Gaige Fangfalun Yanjiu

出版发行	中国人民大学出版社		
社　　址	北京中关村大街 31 号	**邮政编码**	100080
电　　话	010－62511242（总编室）		010－62511770（质管部）
	010－82501766（邮购部）		010－62514148（门市部）
	010－62515195（发行公司）		010－62515275（盗版举报）
网　　址	http://www.crup.com.cn		
经　　销	新华书店		
印　　刷	天津中印联印务有限公司		
规　　格	165 mm×230 mm　16 开本	**版　　次**	2023 年 1 月第 1 版
印　　张	28.25 插页 2	**印　　次**	2023 年 1 月第 1 次印刷
字　　数	416 000	**定　　价**	108.00 元